21世纪普通高等教育"十三五"规划教材·国际经济与贸易系列

U0890402

国际商法

（第三版）

吴建斌　朱　娟　编著

上海财经大学出版社

图书在版编目(CIP)数据

国际商法/吴建斌,朱娟编著. —3版. —上海:上海财经大学出版社,2020.12

(21世纪普通高等教育"十三五"规划教材·国际经济与贸易系列)

ISBN 978-7-5642-3661-8/F·3661

Ⅰ.①国… Ⅱ.①吴…②朱… Ⅲ.①国际商法-高等学校-教材 Ⅳ.①D996.1

中国版本图书馆CIP数据核字(2020)第193190号

□ 特约编辑 朱晓凤
□ 责任编辑 袁 敏
□ 封面设计 张克瑶

国 际 商 法
(第三版)

吴建斌 朱 娟 编著

上海财经大学出版社出版发行
(上海市中山北一路369号 邮编200083)
网 址:http://www.sufep.com
电子邮箱:webmaster@sufep.com
全国新华书店经销
启东市人民印刷有限公司印刷装订
2020年12月第3版 2024年7月第3次印刷

787mm×1092mm 1/16 15印张 384千字
(习题集 2.25印张 58千字)
印数:31 001—32 000 定价:49.00元

(本教材免费赠送配套习题集,请直接向售书单位索取)

21世纪普通高等教育“十三五”规划教材

21 SHIJI PUTONG GAODENG JIAOYU “SHISANWU” GUIHUA JIAOCAI

编 委 会

BIAN WEI HUI

第三版前言

本书自初版以来已有10年，7年前第二版时稍有修改。7年来，国际国内民商法、国际经济贸易法律规则发生了翻天覆地的变化，相关司法实践、理论研究也日新月异。所以我们利用第三版修订之际，在保留原版章节基本不变并尽可能控制全书篇幅的前提下，除了对原书部分表述进行精简优化、更正个别印刷错误、替换明显过时的案例，还根据2020年5月中国颁布的《民法典》，以及近年来国内外民商法修改的情况，全面修改甚至替换了原书的内容。主要修改情况如下：

第一，根据近年来中外公司法的修改情况，大幅度修改“商事组织法”一章中第三节“公司”的相关内容，更加客观地反映全球公司法的主要规则特点和发展演变趋势。

第二，将原书中涉及国内民法基本制度的规则，特别是构成民法典各编的原《民法通则》《物权法》《合同法》《侵权责任法》的条文及其变化，均替换为《民法典》的相关规则。

第三，吸收反映近年来国际经济贸易规则的重大变化和调整内容。主要有：2020年修订《国际贸易术语解释通则》，2018年修改中国《产品责任法》、2013年撤回原有关于国际货物买卖合同非书面形式的保留，2017年修改中国《仲裁法》，2014年中国国际经济贸易仲裁委员会、联合国国际贸易法委员会、国际商会、美国仲裁协会和英国伦敦国际仲裁院修改仲裁规则，等等。

编著者

2020年11月11日于南京

第二版前言

本书自初版发行至今已逾3年，承蒙读者厚爱，其间曾经多次加印，并针对2010年《国际贸易术语解释通则》等国内外经济贸易法律法规的变化更新，做出部分技术性处理，以方便读者了解并掌握相关内容。

3年来，新的经济贸易规则不断增加，司法实践也积累了很多资料、经验，很有必要予以反映。有鉴于此，我们利用改版之际，在尽可能保留原书风格体例的前提下，着重在商事组织法的公司部分，添加了近年最高人民法院指导性案例的材料，以及学界就公司法理论与实务方面存在较大争议的重大问题的研究成果；在商事交易法部分，主要替换了原书中的案例，以体现与时俱进的精神；另外，在争议解决部分，将中国国际经济贸易仲裁委员会2012年新修改的仲裁规则具体内容，替换了原书中过时作废的内容。

编著者

2013年6月30日于南京南大北园

第一版前言

近年，除了全国各个经贸类院系普遍开设国际商法必修课，不少法律院系也陆续设置了同名选修课程，不同版本的《国际商法》教材应运而生。我们受邀编写本教材时，主要考虑如何针对不同知识背景的学生，既要避免与法律院系国际经济法、国际贸易法课程的交叉和重复，又要做到让修习过《进出口业务》《国际海上运输和保险》《国际结算》的经贸类专业学生获得新的知识，并且加强其实践性和应用性，着力培养学生分析问题、解决问题的能力。基于此，本教材力图体现以下几个特色：

第一，在国际商法基本理论和规则的讲解与梳理上，既进行适当的拓展，又避免长篇大论，力求简明扼要、通俗易懂；

第二，每章以经典或者最新案例引出问题，在介绍各章一般知识的基础上，再围绕案例中的重要知识点展开分析探讨，做到理论和实践相融合、具体和一般相呼应；

第三，尽可能反映国内甚至国际上有关国际商法的立法、司法、理论研究等的最新动态与最新成果，如有关国际商事组织法的内容、UCP600 的新规则等；

第四，考虑到本教材容量的限制，还有大量专业知识无法进行全面详尽的介绍，我们通过多种渠道收集整理出参考文献附后，以便读者扩展学习。

本教材由吴建斌与朱娟共同合作编写完成。其中，前言、绪论及组织法部分主要由吴建斌编写，交易法的内容则主要由朱娟编写，最后由吴建斌审阅定稿。

正如金无赤金、人无完人，一本教材即使当作艺术品那样编写制作，也难免存在讹误瑕疵，还望读者不吝指正，以便不断更新完善。

编著者

2010 年 2 月

目　录

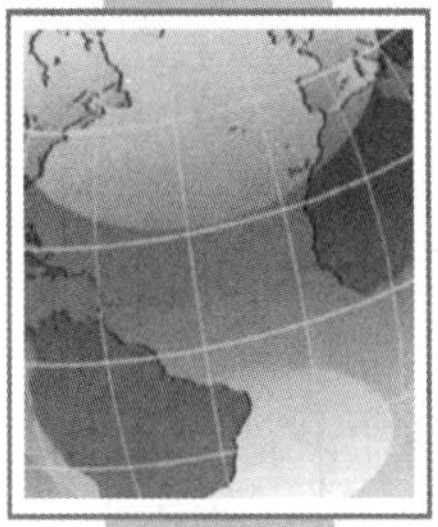

绪 论

绪论要点

1. 国际经济贸易交往离不开法律规则,国际商法应运而生

2. 国际商法通常由国际商事组织法和国际商事交易法两部分组成,前者多为国别法,后者多为双边多边条约甚至国际统一法

3. 国际商事管制法包括 WTO 那样的国际统一规则,以及欧盟对苹果进行反垄断调查、中国反垄断执法机构处罚高通滥用市场支配地位的行为那样,涉及交易及组织的双重问题

4. 大陆法系、英美法系的概念及特点

5. 了解普通法及衡平法

6. 正确把握先例拘束力原则

导入案例

萨洛蒙诉萨洛蒙有限公司案

英国制靴匠萨洛蒙于 1892 年将其制靴店改组注册为有限公司。依照章程规定,该公司的资产全部折为股本,萨洛蒙本人持股 20 001 股,1 股 1 镑,其妻子、女儿和 4 个儿子各持股 1 股,总计 20 007 股,另向萨洛蒙发行浮动担保公司债 10 000 镑。后该公司因经营失败而清算,公司总资产仅值 6 000 镑,而对其他债权人的负债则高达 7 000 镑。该案历经数审,均判决公司资产全部清偿给其他债权人,萨洛蒙不服,上诉至英国上议院。1897 年上议院作出终审判决:从法律上讲,该公司注册成立后,即具有独立于萨洛蒙的主体资格,而萨洛蒙既是公司股东,又是担保公司债的债权人,他应优先于其他债权人而受到清偿。其他债权人分文未得。①

请问:

1. 萨洛蒙制靴店属于什么类型的企业?它与萨洛蒙有限公司有何本质区别?
2. 萨洛蒙有限公司的主体资格独立于萨洛蒙个人还是两者混为一体?
3. 担保公司债与普通公司债有何不同?
4. 本案中萨洛蒙有限公司的清偿顺序是否符合破产法的一般规则?
5. 上议院在英国审判组织中处于什么样的地位?
6. 本案形成的判例在全球公司法上有何意义?

本案所涉有关国际商事组织法上的重大法律问题,为依据公司人格独立原则还是适用公司人格否认例外规则来裁决本案。上议院这一并不称为法院的英国特殊案件最高审判机构,在世界上首次确立了公司人格独立原则,从而奠定了各国公司立法的重要基础,成为千古不朽的经典判例。本案所涉法律问题远不止于此,其他如判例法与成文法各自不同的法律地位;法

---

① [英]丹尼斯·吉南著,朱羿锟等译:《公司法》(第 12 版),法律出版社 2005 年版,第 5 页。葛伟军:《英国公司法:原理与判例》,中国法制出版社 2007 年版,第 56 页。

院组织体系的国际差异；在组织法上涉及业主制企业与公司制企业各自的利弊得失；如何选择以及怎样把握不同的治理结构；怎样理解破产法上的别除权规则；在交易法上不同债权债务关系的确立、履行以及风险防范等。本案虽然并未披露争议是否具有国际背景，但结合英国当时"日不落帝国"的时代背景，恐怕不能排除争议中的国际性因素。假如这样，本案可谓国内法与国际法交错、组织法与交易法纠缠。读者也许能够初步感受到国际商法具有交叉性、综合性的特点，我们既要学会条分缕析，又要做到融会贯通，只有这样才能顺利解决国际经济贸易中的法律纠纷。

当然，为了让读者在弄清楚具体法律问题之前，能够对国际商法的基础知识有个大概的了解，我们拟在绪论部分先简单介绍国际商法的概念、内容、结构、特点，作为国际商法历史渊源的大陆法系和英美法系法律以及中国法律制度的概况。

一、国际商法的概念

国际商法，通常是指调整国际商事组织和商事交易的各种法律规范的总称。[①] 国际商事组织方面主要包括跨国投资法和国际商事组织法，特别是公司法；国际商事交易方面主要涉及合同法、国际货物买卖法、海上运输法、海上保险法、国际结算法和国际商事仲裁法等。

需要特别加以说明的是：第一，究竟怎样看待国际商法与国际贸易法的关系。早期学界通常认为国际商法包含国际贸易法甚至等同于国际贸易法，英国著名法学家施米托夫即是代表。当今学界主流观点认为，国际商法是调整平等主体之间国际商事关系的法律规范，而国际贸易法是指以 WTO 为主的国际商事管制关系的法律规范。第二，国际商法与国际经济法有何关系。国际经济法有广义和狭义之分：前者包括一切规范国际经济关系的法律规则，涵盖国际商法、国际贸易法的全部内容，其外延甚至扩展到国际投资法、国际经济技术合作法、国际税法等领域；后者一般认为是调整和规范国际经济秩序的法律规则，属于国际公法的范畴，而国际商法则属于国际私法的范畴。第三，由于篇幅有限以及课程体系的考虑，本书不可能将所有国际经济贸易交往的法律制度都包罗进来，而仅限于讲解调整平等主体之间国际商事关系的法律规范。非法律专业读者在学习国际商法知识的基础上，有必要通过其他途径，涉猎国际贸易管制法、国际投资法等其他国际经济法、国际贸易法知识，以便完善自己的知识结构。

二、国际商法的构成和特点

（一）国际商法的范围超出传统商法

大陆法传统商法，一般均包括公司法、票据法、海商法、保险法等具体制度。英美法中虽无完整的商法体系，但实际上也承认上述商法分支的存在，并侧重于调整国内商事关系。随着科学技术的发展，各国之间商事交往不断增多，形式也繁复多样。特别是第二次世界大战以来，国际技术转让、国际许可贸易、国际合作生产、国际工程承包、国际融资租赁、国际直接投资等各种国际商事活动异常活跃。这些活动已超出一国范围，其行为主体多为跨国公司，仅靠一国的传统商法已不能进行有效规范，通过一定方式形成国际统一规则势在必行。即使国内立法，也必须尽可能地吸收和借鉴国际通例，以减少乃至消除该国参与国际间经济贸易活动的障碍，将本国经济融入世界经济的循环体系之中。国际商法脱胎于市场经济发达的国家的传统商法，其内涵和外延不同于传统商法。

---

① 沈四宝等：《国际商法》，对外经济贸易大学出版社 2002 年版，第 1 页。

(二)国际商法属于跨国私法

国际商法是规范不同国家或者地区的商人进行“跨国”性商事活动的法律制度,具有国际私法性质,有别于规范国家之间关系的国际公法。公法和私法的划分发端于罗马法。古罗马法学家乌尔比尔认为:“公法是关于罗马帝国的法律,私法是关于个人利益的法律。”[①]这一公法、私法的划分方法迄今仍有影响,许多国家将关系到国家、社会整体的法律归入公法,如宪法、行政法、刑法、诉讼法等;将直接关系到个人、个体的法律归入私法,如公司法、合同法、买卖法、票据法等。调整国际关系的法律也有国际公法和国际私法两大分支,前者调整国家、国际组织相互之间的关系,后者调整不同国家的个人、个体之间的关系(包括冲突法规范),国际商法属于后者范畴。

(三)国际商法的发展轨迹不同于其他法律分支

国际法上的其他法律分支如国际刑法、国际民法、国际经济法等通常先有国内法,因国际交往而产生国际法。国际商法则不然。国际商法经历了三个发展阶段:第一阶段在中世纪。它是以商人习惯法的形式出现的,即事实上支配那些商业交易所在文明世界的各港口、集市之间的国际商事界普遍适用的国际习惯法规则。第二阶段在18～19世纪。国际商人习惯法被纳入欧洲各国的国内法,其中欧洲大陆主要通过制定成文法,英国则主要通过曼斯菲尔德(Mansfield)等大法官的审判实践将商人习惯法融入普通法之中。第三阶段开始于对19世纪过分夸大的国家主权采取公正批判态度的时期。世界社会开始重新从国际角度考虑问题,联合国及其他许多国际组织的作用越来越大,跨国公司的活动遍及世界各地,国际主义的观念逐渐觉醒,法学领域中则恢复了国际商法的概念,出现了带有世界普遍性意义的新的国际商事习惯法。[②] 国际商法的“国际法—国内法—国际法”的发展轨迹颇具特色。

(四)国际商法的渊源

国际商法的渊源为国际立法、国际商事惯例以及各国相关立法,尤以前两者为主。

国际立法是国际商法的主要渊源,即主要表现形式。国际立法是为国际上两个或两个以上的国家就经济、贸易、法律等方面所形成的权利和义务关系所制定的规范性文件,通常表现为条约、公约、宪章、盟约、规约、专约、协定、议定书、换文、最后决议书、联合宣言、联合声明等。国际立法通常经缔约国立法机关核准后,纳入该国国内法,而且该国所缔结或参加的国际条约与国内相关法律相冲突时,除声明保留者外,有义务优先适用条约的规定。这就是国际公认的条约优先适用原则。

国际商事惯例是国际商事交往中经过反复使用逐渐形成的,已被各国商事主体普遍接受和采纳的习惯性做法。其起初以不成文的“约定俗成”的形式出现,现多由一些国际组织编纂成文,既消除了历史上形成的不同国家和地区间对同一种惯例在解释和适用上的差别,又根据新技术革命带来的国际商事交往方式的变化,修改和完善了其内容和形式。国际商会制定的2020年《国际贸易术语解释通则》、2006年《跟单信用证统一惯例》(UCP600)就是最好的例证。也有某些国际组织“创制”的国际商事惯例采取“示范法”的形式,如《国际商事合同通则》《联合国电子商务示范法》《联合国国际商事仲裁示范法》等。国际商事惯例并无国际立法那样的普遍性约束力,但一旦被国际商事交易当事人选为准据法,那么该惯例对当事人就具有优先适用的效力。

---

① 沈宗灵:《比较法研究》,北京大学出版社1998年版,第118页。

② [英]施米托夫著,赵秀文译:《国际贸易法文选》,中国大百科全书出版社1993年版,第4页以下。

国内立法一般只对该国主权管辖范围内的人和事有效，不能随意延伸至国外，否则就会引起国际冲突。但是，前述国际立法和国际商事惯例事实上不可能规范所有的国际商事关系，各国在对外经济贸易方面也制定了大量的法律法规。根据国际私法中的冲突规则，处理国际商事纠纷的准据法往往是一个特定国家的国内法。因此，国内立法也可以成为国际商法的一个渊源。我们应当了解和掌握外国尤其是市场经济发达国家的民商法规定，并在处理国际商事纠纷时，首先找准准据法。

三、英美法和大陆法概要

国际商法发源于欧洲。而欧洲各国的法律制度中最具代表性的就是以法国、德国为代表的大陆法系和以英国为代表的普通法系或者英美法系。因北美长期沦为英国的殖民地，被强制施行普通法，美国独立之后又渐渐发展为政治、军事、经济强国，在国际事务中的作用日趋增强，所以美国在法律制度方面虽承袭普通法，但又有自己的特色，成为普通法系的又一代表性国家。

(一)大陆法的主要规则

大陆法系是指以罗马法为基础，以法国民法典和德国民法典为典型的法、德两国法律以及效仿其法例的其他国家法律的统称。大陆法系 13 世纪形成于西欧，除法国、德国外，其他如比利时、西班牙、葡萄牙、意大利、奥地利、卢森堡、瑞士、荷兰、丹麦、瑞典、挪威、芬兰、冰岛等欧洲大陆国家均属于大陆法系。曾受大陆法国家殖民统治的拉丁美洲、非洲的一些国家，也属于大陆法系。英美法系国家中的个别地区，如美国的路易斯安那州和加拿大的魁北克省，也实行大陆法。另外，日本、土耳其等国，中国台湾地区、澳门地区也先后引入了大陆法。中国内地实际上也秉承了大陆法传统。

大陆法的渊源主要为成文法，包括宪法、法律和行政法规，此外，还有习惯、判例甚至学理等。有的国家如法国、意大利、奥地利认为习惯的作用很小，而德国、瑞士等国则认为习惯等同于法律。对于判例，大陆法国家原则上不承认其与法律相同的普遍性约束力。一个判决仅对被判处的案件有效，对日后法院判决同类案件并无约束力。这是大陆法与英美法的一个显著区别。但在一些国家也有例外，如德国规定在《联邦公报》上发表的宪法法院判决具有法律约束力，瑞士联邦法院关于州法违宪的判决，阿根廷、哥伦比亚最高法院关于宪法的判决，都具有法律约束力。日本也在一定程度上承认判例的法律效力。至于学理，一般不能成为法的渊源，但大陆法国家的学理对法律的制定和实施起着极其重要的作用。罗马法在欧洲的复兴和传播，欧洲大陆尤其是意大利的法学家功不可没。

大陆法各国的法院组织体系基本相同，设有普通法院和专门法院，如法国设有行政法院，德国设有行政法院、劳动法院、社会法院和税收法院。普通法院又大体分为三级三审制和四级三审制。例如，法国实行前一种制度，德国和日本则实行后一种制度。法国法院系统由基层法院、上诉法院和最高法院组成，如果不服基层法院判决，可逐级上诉至最高法院。德国法院系统由地方法院、州地区法院、州高等法院、联邦高等法院组成。地方法院审理轻微民事案件，州地区法院审理较大的民事案件，不服判决可依次上诉，对上诉审不服的可依次要求上级法院复审。日本法院系统由简易法院、家庭法院或者地方法院、高等法院和最高法院组成。简易法院审理轻微民事案件，重大民事案件由地方法院作为一审法院，并分别有两级上诉审。第二审同样对讼争的事实进行审理，第三审则一般只对既判裁决的法律适用进行审理。

(二)英美法的主要规则

英美法系又称英国法系、海洋法系、普通法系，是指英国中世纪以来的法律以及受其影响或者仿此模式制定的美国及其他国家法律的总称。英美法系形成于英国，后又扩展到美国及其他曾受英国殖民统治的国家和地区，如加拿大、澳大利亚、新西兰、爱尔兰、印度、巴基斯坦、马来西亚、新加坡、中国香港等。南非、菲律宾、斯里兰卡则先采用大陆法，后又引入英美法，形成两大法系混合的局面。美国独立以后的法律制度逐渐形成了自己的特点。下面以英、美两国为例，介绍英美法的主要内容。

1. 英国法

英国法的渊源主要表现为判例法，没有大陆法国家中系统的成文法体系，也没有明确的公法与私法的划分。但是，英国的普通法与衡平法却各有特色，形成英美法中特有的二元结构体系。

普通法是指在 1066 年诺曼公爵征服英国后，国王为削弱封建领主势力、加强王权而设立王室法院，通过法官选择适用于全国各地的习惯法来审理案件而形成的判例所确立的法律制度。因普通法是以判例形式出现的，故又称为判例法。王室法院法官经常到各地进行巡回审理，并有权撤销受封建领主控制的地方法院的判决。因此，普通法的发展和英国中央集权与地方封建领主势力的斗争历程基本同步。

衡平法是普通法的对称，是指对于普通法程序无法救济的案件，经当事人向国王及其咨询机关枢密院甚至国会提出申请，由枢密院大法官不受普通法的约束，按公平与正义原则加以审理和裁判，以补充和匡正普通法不足所形成的法律制度。衡平法也表现为判例法形式，它发端于 14 世纪，兴起于 16 世纪。

起初，衡平法的救济方法、诉讼程序甚至法律术语均不同于普通法；审理衡平法案件的法院组织系统，从 14 世纪后半叶到 19 世纪后半叶期间，也与普通法院相互独立、自成体系，直到 1875 年英国颁布法院组织法，两者才合二为一。目前，两种法律在诉讼程序上的差别已基本消除，同一个法院、同一个法官可以同时适用普通法与衡平法，但在高等法院内仍设置适用普通法的王座法庭和适用衡平法的枢密大臣法庭，普通法和衡平法之间的差别仍然存在。例如，普通法案件有陪审团参加，衡平法案件则没有；普通法案件采取口头辩论方式，衡平法案件则实行书面审理；有普通法律师和衡平法律师之分，甚至连法律术语都有很大的不同。普通法一般包括合同法、民事侵权行为法等，衡平法一般包括不动产法、信托法、合伙法、公司法、破产法以及遗嘱和继承法等。衡平法优先于普通法是英国法律制度的一个重要原则。

英国法的主要渊源是判例法，并严格遵循 19 世纪上半叶确立起来的“先例拘束力原则”，但这并不意味着所有法院的判决均形成先例，也不是所有构成先例的判决的全部内容均具有法律约束力。在判例的构成上，应着重把握以下三点：第一，上议院的判决是具有约束力的先例，全国各级审判机关均须遵循，只有上议院本身可不受约束；第二，上诉法院的判决可构成对其自身以及下级法院有约束力的先例；第三，高级法院每一个庭的判决对所有低级法院均有约束力。具有约束力的判决分为判决理由和判决词中为解释判决理由所阐述的法律规则两部分，只有前者对同类案件有约束力，后者只有说服力。

除判例法外，英国法的另一重要渊源为成文法，包括法律和行政法规。但判例法是基础，成文法只是对判例法的修正或补充，其要通过判例加以解释和重新肯定后才能起作用。至于习惯，它在传统上曾经是英国法的第三个渊源，但目前已经作用不大。因为普通法就是在吸收习惯的基础上形成的，所以普通法之外仍通行的习惯已经不多。

英国的法院体系比较复杂。除了有刑事法院和民事法院之分外，在民事法院系统中又分为高等法院和低级法院两种。前者包括上议院（上诉委员会）、上诉法院和高级法院三种，后者包括王冠法院、郡法院和治安法院三种。高级法院在 1972 年改革后设有王座法庭、枢密大臣法庭(大法官法庭)和亲属法庭(家事法庭)。王座法庭又设海事与商事两个法庭,枢密大臣法庭内设公司及破产两个法庭。高级法院既审理标的额大的或者重要的一审案件,又审理不服低级法院判决的上诉案件,一般实行独任制,有陪审团参与的民事案件只是例外。上诉法院审理不服高级法院判决的上诉案件,通常采取合议制,由 3 名法官组成合议庭。如果涉及具有普遍意义的重要案件,不服上诉法院判决的当事人还可以向上议院上诉,此时,上议院才是有终审权的实际上的最高法院。有时上议院上诉委员会也受理不服海外领地和英联邦成员国最高法院判决的上诉案件,并享有终审权。郡法院和治安法院作为英国最低一级法院,分别审理辖区内争议标的额在 5 000 英镑以下的小额民事案件和轻微刑事案件,重罪案由治安法庭预审后送交王冠法院审理。郡法院的上诉案件由上诉法院管辖,治安法院的上述案件由王冠法院和王座法庭管辖,王冠法院也实行陪审制度。[①]

2. 美国法

美国独立之前,曾先后沦为荷兰、法国、英国的殖民地,而受英国法的影响最深。因此,虽然 1776 年美国不少州公开宣布禁止援用英国判例法,但仍不能改变美国法的判例法特性。美国法与英国法有许多相同之处,如以判例法为主,也有普通法与衡平法之分,实行陪审制度等。但是,美国实行联邦制而非英国式的君主立宪制,故在法律结构上与英国有很大差别。美国法律分为联邦法与州法两大部分。根据美国宪法所确定的准则,立法权原则上由各州行使,而联邦只在例外情况下行使立法权。但联邦的法律又高于州的法律,两者发生抵触时应适用联邦法。

美国的法律渊源类似于英国,判例法与成文法之间的关系也与英国相同,只是 20 世纪初叶兴起的成文法运动,导致美国成文法的数量急剧增加。不过,因商事立法权原则上归属于各州,联邦政府无法染指,而美国国内经济流转又急需统一各州商法,于是,美国诸多民间法律研究机构,如美国法学会、美国律师协会、美国统一州法委员会等就组织一流专家,拟定示范性的法律文本,向各州立法机关推荐。最著名的有 1952 年颁布的《统一商法典》及其修正文本(其第 9 编“担保交易”于 2010 年修改)[②],除了实行大陆法的路易斯安那州,其余各州均采纳了该示范法。另外,为了统一判例法,美国法学会(ALI)编纂整理了民商法方面的判例法,汇编成册,合成《法律重述》《法院的重述》以及《州与重述》,虽不是法典,没有法律效力,但对司法机关也有重要的参考价值。

美国也有类似英国的“先例约束力原则”,只是具有自己的特色,具体表现在以下四个方面:第一,在联邦法方面,须受联邦法院尤其是联邦最高法院判例的约束;第二,在州法方面,上级法院特别是州最高法院的判例对下级法院有约束力;第三,联邦法院在审理涉及州法的案件时,须受相应的州法院不违反联邦法判例的约束;第四,联邦和州的最高法院不受其先例的约束,以便依据社会经济条件的变化,扬弃过时的判例,确立新的法律原则。

由于美国实行联邦制,因而也设有联邦法院和州法院两个系统。联邦法院又分为地区法院、上诉法院和最高法院三级。前者有 94 个,分布在各州,实行独任制;中者有 13 个,实行合议制,由 3 位法官组成合议庭审理上诉案件;后者设在华盛顿,由 8 位法官和 1 位首席大法官共 9 人组成,审理案件时全体法官均参与。法官由参议院选举、总统任命,实行终身制。州法院也分为初审法院和上诉审法院两级,上诉审法院包括州上诉法院和最高法院。联邦法院仅

---

① 何玉宝:《英国合同法》,中国政法大学出版社 1999 年版,第 3 页以下。沈四宝等:《国际商法》,对外经济贸易大学出版社 2002 年版,第 10 页以下。

② NCCUSL(美国统一州法委员会)著,孙新强译:《美国〈统一商法典〉及其正式评述》,中国人民大学出版社 2004 年版,第 7 页以下。潘琪:《美国〈统一商法典〉解读》,法律出版社 2020 年版,第 7 页。

在美国宪法或国会法律的明定范围内才有管辖权，其他案件均由州法院管辖。此外，还有专门受理联邦法上特殊争议的特别联邦法院，以及准司法机构如有权审理国际贸易纠纷的商务部、国际贸易委员会等。

（三）两大法系的主要差别

两大法系虽同为资本主义国家的法律制度，但在许多方面迥然有别。两者的主要区别在以下六个方面：

第一，法律渊源不同。大陆法国家主要采取成文法形式，如法国在19世纪初叶，经过法国大革命洗礼后陆续制定了民法典、商法典、刑法典、民事诉讼法典和刑事诉讼法典，凡事以法典为据的观念根深蒂固。德国为另一个典型。英美法国家主要采取判例法形式，传统上没有成文法典。固然20世纪以来英美法国家也制定了不少成文法典，但远没有起到大陆法国家成文法那样的作用，时至今日，在民商法的许多领域，判例法仍起主要作用。

第二，法律推理方式不同。大陆法系实行从一般规则到个别案件判决的演绎法，法官的审理活动是应用通行的法律去处理个别案件的具体问题。英美法系实行从判例到判例进而总结出法律一般规则的归纳法，上诉法院以上的法官事实上可以创制新的法律规则。

第三，法律结构不同。大陆法国家不但制定成文法，而且还将全部法律制度划分为公法和私法两大部分，两者之间的关系在当代虽然相互渗透，但界限还是基本清楚的。英美法国家中并不明确划分公法和私法，但普通法和衡平法的划分却非常明显。

第四，法律分类不同。大陆法国家依据法律所调整的社会关系的性质不同，划分出不同的法律部门，如民法、商法、行政法、刑法、诉讼法等。每一个部门多以一个法典为核心，辅以对一些具体、专门问题的细则，构成一个有机的法律体系。而各个法律部门在宪法的统领下，井然有序地调整和规范该国所有重要的社会关系。如日本和中国台湾地区通常将其重要法律汇编称为“六法全书”。英美法国家没有明确的部门法划分，往往根据社会实际需要制定具体法律或改变原先的判例规则，单行法居多，灵活性较大，不太注重法律制度的系统性。

第五，诉讼制度不同。大陆法系在传统上采取职权制，英美法系在传统上采取对抗制。前者重视实体法，后者更重视程序法。在英国的法律传统上，当事人要想通过诉讼获得救济，须依一定的令状向法院起诉，而不同令状的诉讼程序也不同，且不得相互通用。这样，当事人在实体法上的权利，如对合同违约方请求赔偿经济损失，或股东要求公司分配逾期未分配红利，只能通过一定的诉讼程序才能实现，程序正义的重要性随之凸显。大陆法系因由成文法直接规定当事人的实体权利义务和诉讼权利义务，实体法往往无须假借程序法形成。当事人采取诉讼方式进行权利救济时，程序法只是实体法实施的手段和工具，此关系决定了整个社会对实体法的重视程度远甚于程序法。

第六，受罗马法影响的方式和程度不同。由于罗马帝国占领欧洲大陆时期强制推行罗马法的经历，以及罗马法本身所具有的精确和细密的特点，大陆法国家的法律受到罗马法的影响很深，有的国家的法典如1804年法国民法典、1900年德国民法典则直接继承了罗马法的传统。英美法没有大陆法那样的经历和背景，受罗马法的影响主要是间接性的。①

（四）两大法系的发展趋势

1. 大陆法系中判例的作用日益增强。大陆法国家在传统上不承认判例法的渊源，但进入

① 冯大同：《国际商法》，中国对外经济贸易出版社1991年版，第8页以下。沈宗灵：《比较法研究》，北京大学出版社1998年版，第73页、第343页以下。吴建斌、肖冰、彭岳：《国际商法》（第三版），高等教育出版社2017年版，第9—10页。

20世纪以后有所变化，有的国家如德国甚至已明确宣布联邦宪法法院的判决对下级法院具有强制性约束力，日本最高法院的判例亦然。尽管大陆法国家中判例法的地位和作用迄今仍不能与英美法国家同日而语，但那种只承认成文法而无视判例的历史确已改变。

2. 英美法系中成文法的数量迅速扩大。美国的情况最为典型。美国早在1926年就颁布了法律汇编性质的《美国法典》，并定期修订增补。同时，通过前述统一州法委员会和美国法学会等团体拟定并向各州推荐示范法，使各州法律趋于统一。此外，第二次世界大战后，美国还成立了各种各样的委员会，不但被授权制定规章、条例，而且还可以在法院诉讼程序之外的相对独立地处理案件，不受先例约束。英国的公司法、货物买卖与供应法、汇票法等是构成英联邦各国重要的法律渊源。所有这些，对成文法的发展均产生了重要影响。

3. 两大法系取长补短，逐渐融合。除了前述在法的渊源上两大法系不断靠近外，在法律种类以及具体内容上，不同法系国家之间也尽可能互相吸收对方科学合理的部分。例如，美国的反垄断法、产品责任法，对大陆法系的法国、德国、日本等影响很大；日本的公司法早期效仿大陆法系的法国和德国，战后吸收美国示范公司法的大量内容，2001年引进美国式的独立董事，2005年制定统一的公司法典时，就取消了有限公司形式，将其融合到限制股份转让的股份公司中，而后引进了美国非公司类型的有限责任公司(LLC)，从而形成混合型的法律制度；而欧洲共同体法和现在的欧盟法，更是对作为大陆法系国家代表的法、德两国和作为英美法系国家代表的英国同样适用，即使后来英国成功脱欧，其影响也没有完全消除。虽然两大法系在近期不可能完全统一，但是不断交互作用、逐渐融合的趋势是不可逆转的。

四、中国法律制度概要

中国固然既非大陆法国家，又非英美法国家，其法律制度对国际商法的产生和发展影响甚微，近现代反而受到大陆法的影响较大。不过，一国参与国际商事活动，离不开本国的法律基础，因此，了解中国法律制度的概要，也是很有必要的。

(一)中国法律制度的历史沿革

中国清末之前的封建法律制度称为中华法系，对现行法制几乎没有影响。清末欧风东渐，开始参照欧美、日本等国的法律改造中国传统法律制度，后在民国时期形成“六法体系”，由宪法、民法、刑法、行政法、民事诉讼法和刑事诉讼法构成，目前仍在中国台湾地区施行。

新中国成立后，法制建设几经曲折，自1978年改革开放，尤其是1993年开始实行社会主义市场经济体制以来，民商法的社会政治经济基础得以确立。因在历史上更多地受到前述大陆法系的影响，中国现行法律也主要采取成文法形式，并划分为明确的法律部门，形成宪法、行政法、刑法、民法、商法、经济法、民事诉讼法、刑事诉讼法和行政诉讼法等门类齐全的比较完整的法律体系。而成文法又主要采取宪法、法律、行政法规、行政规章、地方性法规和经济特区法规、特别行政区法律等形式。随着《民法通则》《合同法》《物权法》《民法总则》以及后来的《民法典》的相继颁布，中国的民法体系基本确立，商法体系已经形成，国际经济贸易方面的法律法规条约不断增加。另外，立法、司法和行政等法律解释也是中国法律的一个重要渊源。判例虽原则上不构成中国法律的渊源，但中国最高人民法院公布的指导性案例对同类案件具有参考作用。不仅如此，《中国最高人民法院公报》上公布的典型案件，也通过案例指导的形式影响着各级人民法院的裁判实践。自2020年起又推广类案检索制度。随着香港、澳门先后回归，海峡两岸交流的增加，国内特殊区域之间的不同法律制度也相互影响、日趋融合。

(二)中国民法、经济法和商法的关系

对于中国民法、商法和经济法的含义和范围,法学界颇有争议。上述《民法典》将民法界定为"调整平等主体的自然人、法人和非法人组织之间的人身关系和财产关系"的法。

中国历史上商品经济不发达,也没有形成独立的商人阶层,清末虽曾颁行商人通则,但民国时期改采民商合一体例,1949 年以后又实行计划经济,故并无商法充分发展的社会经济条件。中国的商法在传统上是依附于民法并作为其特别法的形式出现的。1978 年之后,又一度被囊括在所谓的经济法之中,20 世纪 90 年代以后才逐渐从经济法中分离出来。目前,属于商法范畴的《公司法》(1993 年公布,2018 年修改)、《票据法》(1995 年公布,2004 年修改)、《海商法》(1992 年公布)、《保险法》(1995 年公布,2015 年修改)和《企业破产法》(2006 年公布)已相继出台,作为民法的特别法,分别规范商事领域的一系列重要的社会关系,为中国市场经济的运行奠定了良好基础。另有大量的司法解释指导法院的商事审判实践。当然,随着 20 世纪 90 年代商法学列入政法院系 14 门主干课程,以及 2001 年中国法学会商法研究会的成立,商法学研究在中国逐渐繁荣。鉴于中国大民法的传统体例,有的学者呼吁制定商法总则或者商事通则,深圳经济特区还在 1999 年制定并于 2004 年修改了名为商事条例、实际上为商法总则的地方性法规,但不久即被废止。不过,法、德两国商法典在单行商事法规潮流的冲击下已经支离破碎,日本公司法典成为并列于商法典的单行立法,而商法典本身已经面目全非。反思世界上主要的民商分立国家的经验教训,结合民国时期关于民商法关系的争论,根据制度变迁的路径依赖理论,上述动议未必可取。在现有的条件下,商事通则与民法典如何协调,成为"善法"而非"恶法"的可能性有多大,民商分立与目前中国台湾式的民商合一体例究竟孰优孰劣,还有待更为广泛深入的研究探讨,特别是不同体例的"成本—效益"分析。

中国 20 世纪二三十年代曾出现过介绍外国经济法的文献,但没有引起多大的反响。后来,1979 年有人又开始提出经济法的概念,主要也是介绍外国经济法的常识。而在国外,"经济法"一词早在 1755 年法国空想社会主义者摩莱里的《自然法典》中就提到过,现代意义上的"经济法"则形成于第一次世界大战期间的德国,意为国家规制经济活动的法律。当今世界各国均有经济法性质的法律,不过含义有所变化,主要指国家干预社会经济生活的法律,以反垄断法和反不正当竞争法为代表。中国自从引入经济法概念后,主流观点曾一直认为经济法是国家管理经济和经济组织协作活动中的相关法律,但其范围不断受到民法和行政法的冲击,也没有建立起坚实的理论基础,因此作为一个法律部门日渐衰落。在中国提出建立市场经济体制目标模式前后,不少学者认为,若撇开社会制度性质,中国同西方国家的市场经济并无本质区别,故应抛弃那种包罗万象的经济法观念,使经济法回归到国家干预和调控经济生活的法律的本质特征上来,实现同国际通例的接轨。这种认识有较为扎实的理论基础,也与国外经济法学的主流观点基本相同。尽管诸多学者在晚近又提出国家协调关系论、宏观调控关系论、国家调制行为论等学说,但经济法作为国家干预之法的本质特征仍被中国学界基本接受。

从上述内容可知,中国的民商法似乎与国际商法的关系更近、更紧密一些,因此,本书涉及国别法时,也将适当介绍中国现行的民商法制度。

(三)中国的法院组织

中国的法院组织系统包括地方各级人民法院、专门人民法院和最高人民法院。地方各级人民法院分为基层人民法院、中级人民法院和高级人民法院。专门人民法院包括军事法院、森林法院、铁路运输法院、海事法院等。上级人民法院监督下级人民法院的审判工作;最高人民法院监督地方各级人民法院和专门人民法院的审判工作。

普通法院曾一度设置民事审判庭、经济审判庭和知识产权审判庭，经过 21 世纪初的整合，统一改称民事审判庭，再分设民事审判一、二、三、四等业务庭，并根据案件类型的不同，由受理法院自己决定交由哪个庭进行审理。案件实行二审终审制，实行民事诉讼法规定的地域管辖、级别管辖、指定管辖、移送管辖等制度，另有法院提审、当事人申诉以及上级检察院抗诉等审判监督程序，裁判的执行由各级法院的执行机构负责。

在不同的专门法院中，与国际商事活动密切相关的海事法院在沿海及内河的重要港口城市如大连、天津、青岛、上海、武汉、宁波、广州、厦门、湛江设置，相当于中级人民法院，并执行海事诉讼特别程序法，以其所在地的高级人民法院作为上诉审法院。其他国际商事纠纷案件原则上也由中级人民法院作为第一审法院，经济特区和其他经济发达地区的基层法院，也可以受理国际商事纠纷案件。

除法院组织外，国际商事纠纷可依当事人间的协议，提交中国国际经济贸易仲裁委员会、上海和深圳国际仲裁中心和中国海事仲裁委员会，以及省辖市的仲裁委员会等机构仲裁。其仲裁裁决书或调解书具有终局性的法律效力，当事人可申请人民法院执行机构强制执行。

本章小结

绪论部分在导入案例解释国际经济贸易纠纷复杂性的基础上，简单介绍了国际商法的概念、内容、结构和特点，作为国际商法历史渊源的大陆法系和英美法系法律以及中国法律制度的概况。内容共分以下四个部分：

<table>
<tr><th colspan="2">目　次</th><th colspan="4">主要内容</th></tr>
<tr><td rowspan="4">一</td><td>何谓国际商法</td><td colspan="4">调整国际商事组织和商事交易的各种法律规范的总称</td></tr>
<tr><td rowspan="2">国际商法内容</td><td colspan="2">国际商事组织法</td><td colspan="2">跨国投资法、国际商事组织法</td></tr>
<tr><td colspan="2">国际商事交易法</td><td colspan="2">合同法、国际货物买卖法、海上运输法、海上保险法、国际结算法、国际商事仲裁法等</td></tr>
<tr><td>相近概念比较</td><td colspan="4">国际商法与国际贸易法
国际商法与国际经济法</td></tr>
<tr><td rowspan="4">二</td><td rowspan="4">国际商法的构成和特点</td><td colspan="4">国际商法的范围超出传统商法</td></tr>
<tr><td colspan="4">国际商法属于跨国私法</td></tr>
<tr><td colspan="4">国际商法的发展轨迹不同于其他法律分支，为先国际、后国内、再国际</td></tr>
<tr><td colspan="4">国际商法的渊源：国际立法、国际商事惯例及各国相关立法</td></tr>
<tr><td rowspan="7">三</td><td rowspan="7">英美法和大陆法概要</td><td rowspan="5">大陆法系</td><td>概念</td><td colspan="2">以罗马法为基础，以法国民法典和德国民法典为典型的法、德两国法律以及效仿其法例的其他国家法律的统称</td></tr>
<tr><td>渊源</td><td colspan="2">成文法、习惯、判例、学理</td></tr>
<tr><td rowspan="3">法院组织</td><td rowspan="2">普通法院</td><td>三级三审制</td></tr>
<tr><td>四级三审制</td></tr>
<tr><td colspan="2">专门法院</td></tr>
<tr><td rowspan="2">英美法系</td><td>概念</td><td colspan="2">英国中世纪以来的法律以及受其影响或者仿此模式制定的美国及其他国家法律的总称</td></tr>
<tr><td>渊源</td><td colspan="2">判例法、成文法</td></tr>
</table>

续表

<table>
<tr><th colspan="2">目 次</th><th colspan="5">主要内容</th></tr>
<tr><td rowspan="20">三</td><td rowspan="20">英美法和大陆法概要</td><td rowspan="11">英美法系</td><td rowspan="11">法院组织</td><td rowspan="6">英国</td><td rowspan="3">高等法院</td><td>上议院</td></tr>
<tr><td>上诉法院</td></tr>
<tr><td>高级法院</td></tr>
<tr><td rowspan="3">低级法院</td><td>王冠法院</td></tr>
<tr><td>郡法院</td></tr>
<tr><td>治安法院</td></tr>
<tr><td rowspan="5">美国</td><td rowspan="3">联邦法院</td><td>地区法院</td></tr>
<tr><td>上诉法院</td></tr>
<tr><td>最高法院</td></tr>
<tr><td rowspan="2">州法院</td><td>初审法院</td></tr>
<tr><td>上诉审法院</td></tr>
<tr><td rowspan="9">两大法系的主要区别和发展趋势</td><td rowspan="6" colspan="2">主要区别</td><td colspan="2">法律渊源不同</td></tr>
<tr><td colspan="2">法律推理方式不同</td></tr>
<tr><td colspan="2">法律结构不同</td></tr>
<tr><td colspan="2">法律分类不同</td></tr>
<tr><td colspan="2">诉讼制度不同</td></tr>
<tr><td colspan="2">受罗马法影响的方式和程度不同</td></tr>
<tr><td rowspan="3" colspan="2">发展趋势</td><td colspan="2">大陆法系中判例的作用日益增强</td></tr>
<tr><td colspan="2">英美法系中成文法的数量迅速扩大</td></tr>
<tr><td colspan="2">两大法系取长补短，逐渐融合</td></tr>
<tr><td rowspan="3">四</td><td rowspan="3">中国法律制度概要</td><td colspan="5">中国法律制度的历史沿革</td></tr>
<tr><td colspan="5">中国民法、经济法和商法的关系</td></tr>
<tr><td colspan="5">中国的法院组织</td></tr>
</table>

关键概念

国际商法；国际贸易法；大陆法系；英美法系；普通法；衡平法；先例拘束力原则

思考与练习

1. 何谓国际商法？如何理解它与国际贸易法的关系？
2. 大陆法系和英美法系的主要区别有哪些？
3. 什么是普通法？什么是衡平法？
4. 如何理解先例拘束力原则？

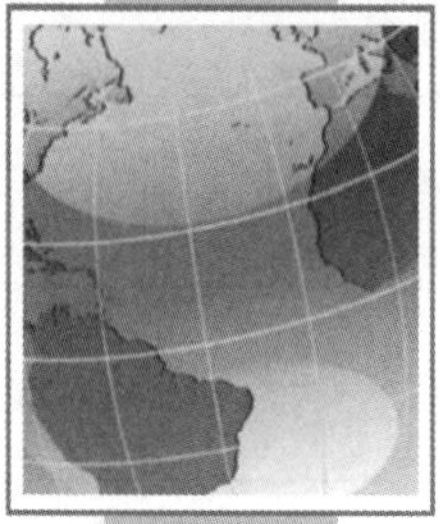

第一章 商事组织法

本章要点

1. 合伙为合同关系，以合意为准则；公司为章程关系，通常适用资本多数决原则
2. 股东责任有限和公司人格独立构成公司设立及营运的基础，公司法人格否认规则作为例外，可以实现矫正的正义
3. 世界各国公司治理机制殊途同归
4. 公众公司议事规则大多适用强制性规范，而封闭式公司则相反
5. 强化公司董事义务和责任有利于降低代理成本
6. 公司僵局的司法介入应当受到严格限制

导入案例

中国信达资产管理公司成都办事处诉四川泰来装饰工程有限公司、四川泰来房屋开发有限公司、四川泰来娱乐有限责任公司借款担保合同纠纷案

原告(被上诉人)：中国信达资产管理公司成都办事处(以下简称信达成都办)

被告(上诉人)：四川泰来装饰工程有限公司、四川泰来房屋开发有限公司、四川泰来娱乐有限责任公司(以下分别简称装饰公司、房产公司和娱乐公司)

本案原审中国四川省高级人民法院及二审最高人民法院经审理查明，房产公司为沈华源设立的沈氏兄弟投资(香港)有限公司(以下简称沈氏公司)，是于1992年投资成立的港商独资企业，注册资本300万元人民币；翌年，该公司又投资成立另一家港商独资企业——装饰公司，注册资本1 032万元人民币；1995年，娱乐公司成立，股东为房产公司和装饰公司，注册资本50万美元；装饰公司于2004年变更为中外合资经营企业，股东除沈氏公司之外，还引入了上述装饰公司和房产公司共同投资设立的娱乐公司。① 装饰公司、房产公司和娱乐公司的法定代表人均为沈华源；三家公司办公地址、电话号码相同；财务管理人员在同一时期内存在相同的情况。三家公司部分财务会计资料显示，装饰公司借款大部分投入其他公司，对内对外的投资、收入、支出互相交叉，手续不清。典型例子如娱乐公司1998年审计报告载明，将对装饰公司欠款7 392万元和对房产公司欠款1 086万元转为两公司对娱乐公司的投资款，但装饰公司2001—2005年度审计报告反映其投资仅有2 795万元；将中国酒城项目的经营收益用于支付实际上并不存在的泰来集团名下所有公司的房租、水电费、员工工资；将沈氏公司对房产公司的投资用于支付中国酒城项目设计费；装饰公司、房产公司、娱乐公司还共同为装饰公司贷款还本付息。这些情形均表明，上述三家公司人格和财产持续发生混同。三家公司均认为，对"流金岁月"及"茵梦湖"项目的资产享有处分权，致使贷款人也无法区分三者间的人格及财产。

本案讼争的原因是，在历年经营中，装饰公司累计拖欠数千万元银行债务不能偿还。1999年10月18日，装饰公司、房产公司和娱乐公司与中国银行成都市蜀都大道支行(以下简称中行蜀都支行)签订《债务重组

---

① 在1995年房产公司和装饰公司共同投资设立娱乐公司的50万美元注册资本中，装饰公司的具体持股比例是否构成母子公司关系，判决书没有涉及；即使不是，娱乐公司反向投资装饰公司后，也形成相互持股关系，实际上造成在抽回出资的同时维持对方股东地位的效果。日本公司相互持股现象曾盛行一时，1990年"泡沫经济"破灭以来受到多重因素的影响，其弊病逐渐显露，目前已经大为减少。

协议》，对装饰公司原在中国银行成都市分行信托部的逾期贷款 2 200 万元进行债务重组，并约定：由装饰公司向中行蜀都支行承担全部贷款及欠息；装饰公司、房产公司、娱乐公司共同承诺用装饰公司和房产公司投资组建的娱乐公司在中国酒城内开发的“西南名商会所”项目形成的各种资产和权益作为装饰公司上述借款的抵押担保；担保手续完成后，上述三家公司与中行蜀都支行重新签订借款合同、抵押合同及其他相关补充合同。同日，上述三家公司又共同向中行蜀都支行出具《还本付息计划书》，承诺以该三家公司的经营收入和其他资金来源履行还款义务。第二天，上述三家公司还分别向中行蜀都支行出具《保函》，保证用“西南名商会所”项目的各种资产和权益作为装饰公司上述借款的抵押物，并委托装饰公司同中行蜀都支行签订有关法律文件并办理相关手续，并于 1999 年 11 月 18 日重新确立借款、担保关系，包括完成《最高额抵押合同》登记手续。后几经调整延期，装饰公司履行了部分还款义务。中行蜀都支行先后于 2003 年 1 月 28 日、2004 年 5 月 17 日向该三家公司发出《贷款催收通知书》和《催促尽快履行担保责任通知书》，主张装饰公司尚欠借款本金 1 991 万元、利息 14 173 340.44 元。装饰公司签收予以确认，娱乐公司和房产公司签章承诺继续为上述借款承担连带保证责任。

2004 年 6 月 25 日，中行蜀都支行与信达成都办签订《债权转让协议》，核定截至 2004 年 5 月 31 日，装饰公司尚欠借款本金 1 986 万元。2004 年 8 月 19 日，中行蜀都支行向装饰公司送达《债权转让通知》，同时向房产公司和娱乐公司送达《担保权利转让通知》，告知后者向信达成都办履行还款义务和担保义务。2006 年 6 月 17 日，信达成都办刊登了《债权催收公告》。因债务人仍不履行债务，终于形成诉讼。

信达成都办就受让债权诉请房产公司和娱乐公司承担连带清偿责任，其主要理由有二：一是后者为装饰公司借款合同的连带责任担保人；二是三家公司虽为有限责任公司，却受同一实际控制人支配，没有独立财产和人格，装饰公司和房产公司大量财产转移至娱乐公司名下，与娱乐公司形成财产混同和主体混同，三家公司实为同一主体。

双方就本案的第一个诉讼理由并无实质性争议。就原告的第二个理由，四川省高级人民法院认为：“装饰公司、房产公司、娱乐公司股权关系交叉，实际均为沈氏公司出资设立，沈华源作为三家公司的董事长，对公司拥有绝对的控制权，沈华源对此本应依照诚实信用和权利不得滥用原则，严格遵守财产分离原则，尽力维护法人制度和公司利益。但本案中，沈华源无视三家公司的独立人格，滥用对公司的控制权，将装饰公司贷款大量投入娱乐公司中国酒城项目。”“装饰公司、房产公司、娱乐公司在同一地址办公，其联系电话相同、财务管理人员在一段时期内相同的情况，也是沈华源滥用控制权、公司人格混同的表现。装饰公司无法偿还到期大量债务，损害了贷款人的合法权益，沈华源以其对公司的控制权，利用公司独立人格来逃避债务，违背了法人制度设立的宗旨，违反了诚实信用和公平原则，故装饰公司的债务应由娱乐公司和房产公司承担连带清偿责任。”“综上，装饰公司对信达成都办负有到期债务拒不偿还，信达成都办要求装饰公司还本付息的诉讼请求应予支持。”“装饰公司、房产公司、娱乐公司人格和财产混同，娱乐公司和房产公司应当对装饰公司债务承担连带清偿责任。”

对于主张上述三家公司主体人格并不混同的上诉理由，最高院终审判决所陈述的事实基本相同，而在三家公司行为性质的认定上，却与四川省高院大相径庭。其核心内容照录如下：“根据原审查明的本案事实，装饰公司、房产公司、娱乐公司股权关系交叉，均为关联公司，实际均为沈氏公司出资设立，沈华源作为公司的董事长，同时身兼三家公司的法定代表人，其利用对三家公司的控制权，将装饰公司贷款大量投入娱乐公司中国酒城项目。”“装饰公司、房产公司、娱乐公司还存在同一地址办公、联系电话相同、财务管理人员在一段时期内相同的情况。”“上述事实表明，装饰公司、房产公司、娱乐公司表面上是彼此独立的公司，但各公司之间已实际构成了人格混同。其行为违背了法人制度设立的宗旨，违反了诚实信用和公平原则，损害了债权人利益。”“因此，原审法院判令装饰公司的债务应由娱乐公司和房产公司承担连带清偿责任并无不当，本院予以维持。”遂在 2008 年 9 月 3 日(2008)民二终字第 55 号民事判决中，作出“驳回上诉，维持原判”的终审判决。①

请问：

1. 本案公司法人格否认的主要依据是什么？两级法院判决理由有何差异？

---

① 参见《最高人民法院公报》2008 年第 10 期，第 27 页以下。

2. 本案涉及港商投资企业及其在中国境内投资的企业，法律适用有何不同，现行法律是如何修改的？

3. 本案未涉被告公司的实际投资人沈氏兄弟投资(香港)有限公司及实际控制人沈华源，他们依法是否应当承担责任？

4. 公司法人格否认原理是采取成文化还是保留判例规则更合适？

上述案例仍然涉及绪论中提到的有关国际商事组织法上的重大争议之一，即案件的审理究竟是贯彻公司人格独立原则还是适用公司法人格否认法理问题。中国两级法院均根据装饰公司与另外两个关联公司人格、财产、业务、人员混同的事实，责令房产公司和娱乐公司连带清偿装饰公司的银行债务，与英国上议院创设萨洛蒙诉萨洛蒙有限公司案所确立的原则正好相反。此仅为公司法律制度在司法审判中如何应用所遇疑难问题的冰山一角。

国际商事交往中首先遇到的法律问题是有哪些主体参与交易，这些主体是如何设立和营运的，它们之间有何异同，怎样把握与不同商事主体进行交易时的不同风险，这就是商事主体法或者商事组织法规范的范畴。本章在探讨商事组织的概念和立法概况后，着重介绍合伙法和公司法知识。

第一节 概 述

一、概念

国际商事组织法，顾名思义，即有关参与国际经济交往的商事组织设立、营运、解散、清算的各种法律规范的总称。

在国际上，通行的商事组织有业主制企业、合伙制企业及公司制企业三种，另外在诸多国家或者地区，各种各样的合作社组织也广泛存在，只是合作社是否属于商事组织，学界争议很大，各国立法各异。还有美国法上的有限责任公司(LLC)，则是介于公司与合伙之间的特例。

(一)业主制企业

业主制企业，也称独资企业、个人企业、个体商人，是指由一个出资者单独出资，并以其自己的财产对企业债务承担无限责任的经营实体。独资企业不是法人，并无法人资格，也没有独立的财产，独资企业的人格和财产与出资人混为一体，出资人以其个人所有的财产对企业的债务负责。这类企业风险很大，兴衰存亡与出资者个人的信用、能力甚至生死存亡关系密切，是人类历史上最早出现的一类企业，在当今各国的企业总数中所占比例仍然很高，但大多为小型企业，在国民经济中仅起辅助作用。

业主制企业与中国城乡个体工商户、原外商独资企业并不完全相同。个体工商户中有的为一人单独投资，有的为两人或两人以上甚至全体家庭成员合伙；外商独资企业指的是无中国投资者参与投资的企业，其可能是一个外商单独投资的公司，也可能是采取个体商人或者合伙企业的形式，尽管后两者在实践中并不多见。

(二)合伙制企业

合伙制企业通常是经济学上的称谓，如主要研究公司治理结构的产权经济学就是这样称呼的。法学上一般称其为合伙企业，是指由两个或两个以上的合伙人通过订立协议，约定共同出资、合伙经营、共享收益、共担风险，并对合伙企业债务承担法定或者约定责任的营利性组织。合伙企业产生于独资企业之后。独资企业经营者去世，其继承人之间约定不分割财产，在共有的基础上继续维持和经营企业，独资企业随之转变成合伙企业，这是合伙企业产生的主要途径。也有关系密切、互相信赖的亲朋好友之间依协议设立合伙企业的。

合伙企业可以分为普通合伙和有限合伙，两者在美国法上又分别派生出有限责任合伙(LLP)和有限责任有限合伙(LLLP)。普通合伙为全体合伙人对外承担无限连带责任的合伙形式；除了无限责任合伙人之外起码有一人以上有限责任合伙人参与的合伙为有限合伙。有限责任合伙中负责某项专业服务的普通合伙人就其执行业务的过错所发生的债务承担无限连带责任，其余的普通合伙人仅以其在合伙中的资产份额对外承担清偿责任，其余的财产权益可以不用抵债。它比较适合于如医师、律师、会计师那样的专业人员合伙。有限责任有限合伙中的有限合伙人当然受到有限责任的保护，而普通合伙人的风险承担则与 LLP 相同。以股权私募基金为例，作为普通合伙人的基金管理人(自然人)也享有有限责任合伙(LLP)中普通合伙人有条件的有限责任的保护，即普通合伙人只对自己的过失给风险投资企业造成的损失承担无限责任，而对其他普通合伙人在管理风险投资基金过程中产生的过失不承担连带责任。它起源于美国自 20 世纪 70 年代以来兴起的风险投资企业，并逐渐风行全球。[①] LLP 在中国被称为特殊的普通合伙；LLLP 在中国的实践中已经大量存在，而合伙企业法尚未引入相应规范。

(三)公司

公司通常是指依法定程序设立的营利性的社团法人。不过，近来有的国家如日本修改公司法规范时，已不再对其营利性及社团性提出要求。在大陆法国家，传统上有无限公司、两合公司、有限责任公司、股份有限公司和股份两合公司 5 种，在英美法国家则主要有封闭式公司和开放式(公众)公司 2 种，相当于大陆法国家中的有限责任公司和股份有限公司(尤其是上市公司)，均具有独立的法人资格，明确区分公司法人财产与投资者的其他财产，股东均以其认购股份的金额或投入公司的出资额为限对公司债务承担责任，而公司以其全部资产对公司债务负责。不过，日本前些年在考虑公司法制现代化的思路时，整合股份公司和有限公司的相关规则，将有限公司法统一到公司法典之中，并作为限制股份转让的股份公司对待，这实际上是转采英美法国家的公司分类方法，但同时又保留无限公司与两合公司形态，值得我们密切关注。2001 年欧盟部长理事会通过的《欧洲公司法》(European Company Statute)也并不刻意区分有限公司和股份公司，可见受英国公司法的影响很大。

(四)合作社

合作社是指由法定人数以上的社员出资组成的，在互助的基础上，以共同经营的方式谋求社员经济利益或提供生产和生活服务的社团法人。合作社起源于 19 世纪初的德国，并先后传入法国、日本等国。中国台湾地区也有专门的《合作社法》。日本还有被称为“协同组合”的特别法上的合伙，类似于合作社，因为它有法人资格、以互助为目的、主要对内为社员提供服务、进出自由、实行 1 人 1 票制，等等。至于中国大陆 20 世纪 50 年代城乡合作社运动中出现的各种形式合作社，如农业生产合作社、手工业合作社、供销合作社、信用合作社等，还不是严格的法律意义上的合作社，而 20 世纪 80 年代末出现的股份合作企业，只是参考部分合作社和公司营运机制的一种非规范化的企业形式，很难归入特定的经济类型或法律形态，近些年已经出现分化，大多转换成其他企业类型。21 世纪初开始出现的所谓新型的合作组织，如农村新型合作社，尽管并不十分规范，但由于其适应社会经济实际需要，因而逐渐显示出旺盛的生命力。

---

① 沈四宝等:《美国统一合伙法及典型案例分析》，对外经济贸易大学出版社 2007 年版。

另外，有的国家还在商法典中确立隐名合伙的规定。它是指隐名合伙人与出名经营人之间的一种对内契约关系，参与出名经营人的营业活动，由隐名合伙人出资，按约分享经营利润并以出资额为限承担经营责任，经营人则以自己的名义对外经营并承担相应风险。不过，隐名合伙通常不属于组织法上的商事组织，而是一种商事合同(契约)。

在各种商事主体中，个体商人严格而言并非商事组织；合伙企业更多地体现为契约关系。不过，个体商人往往不会事必躬亲，除有可能出现下章中介绍的国际商事代理问题外，还有商业使用人或者其他业务主管的聘任、激励和监督事宜。合伙企业内部也有合伙人之间相互代理的代理权安排等。这些企业的治理结构远没有公司治理结构那样复杂，故本章重点放在公司制度上。

二、商事组织发展轨迹

合伙企业的产生比独资企业晚，而公司又晚于合伙企业，而且几种公司类型不是同时问世的。最早出现的公司形式为无限公司。无限公司的组织机构比合伙企业完备，投资者间的权利、义务也较为明确和具体，有的国家至今仍然规定无限公司也具有法人资格，与合伙企业并无本质区别。在无限公司之后出现了两合公司，它是由两人以上共同投资，其中至少有一人以上对公司债务承担有限责任、一人以上对公司债务承担无限连带责任的公司。两合公司似乎脱胎于隐名合伙或者有限合伙。两合公司为拥有资金、想投资获利却又不愿亲自经营的人，与具有经营能力、具有冒险精神但又缺乏资金的人之间的携手合作，打开了方便之门。但它除对部分投资者负有限责任外，其他方面无异于无限公司，无法适应高风险、高回报的营利性事业，并未给市场经济下的企业制度带来创新和突破。

为了适应大规模海外贸易的需要，欧洲在 17 世纪初叶创造出了股份公司形式。股份公司是对各国乃至世界经济最有影响的一种公司形式，是现代公司的代表。它是指由法定人数以上的股东组成，全部资产划分为均等的股份，全体股东仅就其所认购的股份金额对公司承担责任，公司以其全部资产对债务承担责任的公司。18 世纪末，有的国家出现了股份两合公司。它是由至少一个负无限责任的股东和至少一个仅就所认购股份金额对公司债务承担责任的股东所组成的公司，将两合公司的机制引入股份有限公司中，从而改变股份公司部分股东的有限责任性质，但终因其不适应市场经济高度发达的社会实际需要而不断萎缩甚至遭到淘汰。有限责任公司出现的时间最迟。1892 年德国制定《有限责任公司法》，这种公司制度才得以正式确立。有限责任公司是指由法定人数以上的股东共同投资，所有股东仅以其所认缴的出资额为限对公司承担责任，而公司以其全部资产对债务承担责任的公司。股份公司尤其是上市公司具有筹资方便、风险分散、组织严密等诸多优点，对大公司特别适宜。随着股份公司法律制度的完善，企业法人制度得以最终确立，从而引起了企业制度史上的一场伟大革命。但因股东人数众多，股份自由转让，公司很难控制，再加上实行公示主义，不易保守商业秘密，法律上的规范也比较严格，令不少人望而却步。相比之下，有限责任公司将股份有限公司注重资金组合与无限公司注重人的信任两者有机结合，灵活性大，适应性强，已成为市场经济社会中数量众多、实力不可小觑的重要公司类型。在有大陆法传统的国家，将有限公司作为限制股份转让的股份公司，也即英美法中的封闭式公司对待，似乎更便于节约法制成本。

1977 年出现第一部有限责任公司法之后，美国的有限责任公司(LLC)就大量涌现，但它并非大陆法国家法定意义上的有限责任公司，甚至不是公司，而是一种介于合伙和封闭式公司之间并吸收两者优点的非公司企业。其最大的特点是具有高度的灵活性，可由企业成员约定责任形式等事项。日本在 2005 年制定公司法典时引入了 LLC 形态。

中国的情况有点特殊。主要原因是 1956 年完成工商业社会主义改造后，全面实行计划经济体制，伴随着公有制企业制度的推行，清末、民国以来的个体商人、合伙企业、公司企业相继退出历史舞台，直到改革开放以后才渐次恢复，以至于形成了企业的经济分类和法律分类并存的局面。

中国在 20 世纪 50 年代对私改造完成后至 70 年代末，商事组织只有国营企业(后又相继改称为全民所有制企业、国有企业)和集体所有制企业。不过，当时的企业根本不能称为商事组织，因为既没有商事立法，又没有商法观念，更没有商事组织应当具备的独立性，充其量只不过是各级政府机关的分支机构。改革开放以来，中国先后涌现出一系列新的企业类型，国家统计局在 20 世纪 90 年代初将其归纳为 9 类，即国有企业、集体企业、私营企业、个体企业、联营企业、股份制企业、外商投资企业、港澳台商投资企业和其他类型企业。1998 年 8 月重新分类，形成内资企业、港澳台商投资企业、外商投资企业三大类。其中，内资企业又包括国有企业、集体企业、股份合作企业、联营企业、有限责任公司、股份有限公司、私营企业和其他企业 8 种。港澳台商投资企业包括港、澳、台合资经营企业，港、澳、台合作经营企业，港、澳、台商独资经营企业，港、澳、台商投资股份有限公司 4 种。外商投资企业包括中外合资经营企业、中外合作经营企业、外资企业和外商投资股份有限公司 4 种。之后又增设外商以及港、澳、台商合伙企业。

如今，上述分类的社会经济基础已经发生变化，个体商人、合伙企业、公司、新型合作社等法律类型企业不断增多。从未来的发展趋势看，也许企业的经济分类标准会逐渐淡化乃至取消，法律分类标准将占据主导地位。此消彼长的具体路径可能不同，但大体方向不会改变，中国的商事组织最终将形成与西方发达国家并无根本性差异的公司企业、合伙企业、独资企业和合作社并存的格局。如在《外商投资法》施行的同时废止原先的若干外商投资企业法后，外商投资企业经法定 5 年过渡期后即可一体适用公司法、合伙企业法等格局基本形成。

三、商事组织立法

国际上迄今尚无统一的国际商事立法，前述《欧洲公司法》为区域性跨国公司法法例，并需转化为欧盟成员国国内立法才能得以施行。1976 年经济合作与发展组织(OECD)制定了《跨国公司行为准则》(Guidelines for Multinational Enterprises)，并于 2000 年进行了修订，重点放在对跨国公司履行企业社会责任方面的指导上。其后，OECD 还先后出版了《OECD 公司治理原则》《公司治理：对 OECD 各国的调查》《OECD 国有企业公司治理指引》等重要文献，丰富和发展了准则，对 OECD 成员国和非成员国开展公司治理改革、建立本国的公司治理规范、制定新的立法和采取新的监管举措都产生了重要影响。1982 年联合国公布《跨国公司行为准则(草案)》，可惜因成员国间分歧太大，该草案仍未正式通过。

在大陆法系国家中，1673 年法国路易十四时代商事条例中有关公司的规定为世界上最早的公司立法。1807 年的《法国商法典》第一编“商行为”中的第三章为公司。法国现行的公司法为 1966 年商事公司法，2003 年作了重大修订。另外，《法国民法典》第九编第 1832 条至 1873 条也对公司作了规定。[①] 德国最早的公司立法始见于 1861 年的旧商法，1897 年的新商法第二编“商事公司及隐名合伙”的一到四章，分别规定了无限公司、两合公司、股份公司和股

① 罗结珍译：《法国公司法典(上)》，中国法制出版社 2007 年版，第 9 页以下。

份两合公司的具体规则。另在 1892 年制定了世界上第一部有限责任公司法。1937 年将商法典中有关股份公司和股份两合公司的内容单独立法，1965 年经修订后形成新的股份公司法。现行公司法规范分布在德国商法典、德国股份公司法和德国有限公司法中，2008 年又有较大修改。[①] 日本公司立法可以追溯到 1890 年的旧商法，1899 年的新商法第二编规定了有限公司之外的其他公司形式，1938 年参照欧美公司立法，对商法作了重大修订，并制定颁布了有限公司法，第二次世界大战结束以来修改频繁，2005 年 6 月 29 日正式通过《公司法典》，近年又经历多次修订，共有 8 编、979 条，成为大陆法系传统与英美法系传统混合的典型。[②]

英国虽是英美法的发源地，也是资本主义经济发展最早的国家之一，但在 19 世纪以前只有关于特许公司的法律规定，1844 年允许私人设立公司，1855 年的公司法确立了公司的有限责任制，在公司立法史上具有划时代意义。1948 年英国制定新公司法，经 1967 年、1976 年、1980 年、1985 年的修订和补充后，2006 年终于完成重大修改，并于 2012 年又做了较大的修改和调整。[③] 美国的公司法原以判例法为主要渊源。公司立法权属于各州，最早为 1807 年纽约州公司法，而特拉华州公司法最为灵活，故在纽约证券交易所上市的公司约有半数在该州注册。为统一各州公司法，美国法学会于 1950 年拟定美国示范公司法，并进行不定期的修改，作为公司立法范本向各州推荐，2016 年又进行了彻底修改，该范本已被美国多数州采用。[④] 安然公司财务丑闻爆发后，美国公布了《公众公司会计改革和投资者保护法》或者《萨班斯—奥克斯利法》(简称《萨班斯法》或《SOX 法》)。它对美国《1933 年证券法》《1934 年证券交易法》作了不少修订，在会计职业监管、公司治理、证券市场监管等方面作出了许多新的规定，对强化公司财务的透明度，严格董事、经理的信息披露责任提出了一系列新要求，并适用于所有在美国上市的美国及外国公司。虽然有人认为过于仓促，但仍有许多地方值得借鉴。[⑤]

光绪二十九年末，即 1904 年 1 月 21 日清政府颁布的《公司律》为中国最早的公司立法。1929 年民国政府颁布了公司法。新中国成立后，废除了民国政府包括公司法在内的一切伪法统。1950 年和 1951 年政务院的《私营企业暂行条例》及其实施办法曾规范大陆法国家中的 5 种公司类型。对私改造完成后一度废止公司立法，直到 1979 年公布《中华人民共和国中外合资经营企业法》，才重新出现法律形态上的企业——有限公司。1993 年制定《中华人民共和国公司法》，2005 年进行全面修改，2013 年修改公司资本制度，推行认缴资本制，2018 年又拓展了公司回购股份的情形，由 13 章 218 条组成。1979 年公布、2001 年修订的《中外合资经营企业法》，1988 年公布、2000 年修订的《中外合作经营企业法》，1986 年公布、2000 年修订的《外资企业法》，成为公司法的特别法。不过，随着《外商投资法》于 2020 年 1 月 1 日施行，前述"三资企业法"同时废止，标志着我国实行了 40 年的外商投资企业法退出了历史舞台。

除中国 1999 年公布的《个人独资企业法》外，其他国家和地区通常并无个体商人的专门规范，相关规则散见于民法典或者商法典以及普通法中。大陆法系的合伙规范亦然。英国有普通合伙法和有限合伙法，美国则在 20 世纪初公布了统一普通合伙法和统一有限合伙法，供各州参照其制定相应的法律。中国的《合伙企业法》公布于 1997 年，2006 年修订时增加了有限

---

① 刘志军：《德国有限责任公司法之最新修订——〈德国有限责任公司法现代化及防止滥用法〉》，载南京大学—哥廷根大学中德法学研究所编：《中德法学论坛》(第 6 辑)，南京大学出版社 2008 年版。

② 吴建斌等译：《日本公司法典》，中国法制出版社 2006 年版。吴建斌编译：《日本公司法：附经典判例》，法律出版社 2017 年版。

③ 葛伟军译：《英国 2006 年公司法》(2012 年修订译本)，法律出版社 2012 年版。

④ 沈四宝：《最新美国标准公司法》，法律出版社 2006 年版。黄辉：《现代公司法比较研究——国际经验及对中国的启示》(第二版)，清华大学出版社 2020 年版，第 13 页。

⑤ 张卫国：《我国应如何借鉴美国〈萨班斯—奥克斯利法〉》，《中国证券报》，2004 年 8 月 2 日。

合伙及有限责任合伙的规定。

第二节 合 伙

【案例 1—1】

2013 年 7 月，深圳吾思基金管理有限公司（以下简称吾思基金）的前身深圳吾思股权投资基金管理有限公司与上海金元百利资产管理有限公司（以下简称金百资产）的前身上海金元惠理资金管理有限公司签订《合伙协议》，约定吾思基金为普通合伙人，金百资产为有限合伙人，双方共同出资设立深圳吾思十八期股权投资基金合伙企业（有限合伙）（以下简称吾思合伙），对外进行股权、债权或组合投资，目标企业为云南丰华鸿业房地产开发有限公司（以下简称丰鸿房地产公司），所募资金除合伙企业费用及投资所产生的相关费用外，其余资金通过中国银行以委托贷款的方式全部投资于丰鸿房地产公司的宝华寺项目。协议签订后，金百资产向吾思合伙实缴出资 49 230 万元，吾思合伙随后与中国银行深圳上步支行、丰鸿房地产公司签订《人民币委托贷款合同》，将该款转贷给丰鸿房地产公司。

金百资产曾向广东省高级人民法院起诉请求丰鸿房地产公司、吾思合伙等额还本付息并获得法院支持①；上海市高级人民法院也曾在刑事判决书中认定丰鸿房地产公司实际控制人李锐锋将部分资金挪作他用的事实②。在本案中，金百资产在云南省高级人民法院起诉吾思合伙、吾思基金和丰鸿房地产公司，主张吾思基金在签订《合伙协议》时存在告知其虚假情况、隐瞒真实情况的欺诈行为，特别是吾思基金在尽职调查报告中夸大基金管理实力和项目盈利前景，诱使其作出签订合伙协议的错误的意思表示，故请求撤销《合伙协议》，返还出资款项。撇开本案诉讼请求与前一民事案件实质性争议部分是否重合不谈，以原合同法上的欺诈为由请求撤销合伙协议，势必会导致合伙企业的解散和清算，故属于合伙合同与合伙组织法交叉问题的争议纠纷。一审法院主要考虑撤销合伙协议对于合伙企业组织存续的影响，以及指控被告欺诈证据不足，合伙企业并未进行解散清算，故在未清理合伙期间发生债权债务的情况下，诉请判令吾思合伙返还出资款项不符合法律规定，因而驳回起诉。二审最高人民法院则着重强调双方在签订合伙协议时被告并无欺诈行为，吾思基金提供的尽职调查报告即使虚构其自身的管理水平、投资业绩等情况，隐瞒涉案投资项目以及还款来源的真实情况并虚构相关事实，隐瞒涉案项目以及还款人存在严重债务负担的真实情况，但这也仅仅是对拟开展项目的一个整体介绍而非邀约，金百资产作为专业的基金投资公司，在上亿元资金投入前负有必要的注意义务，应对吾思基金的真实实力进行必要的核实，否则风险自负。至于吾思基金、吾思合伙和丰鸿房地产公司是否应当向金百资产返还出资并承担相应损失的问题，最高院也进行了逐一阐明：首先，吾思基金管理公司是合伙企业而非另一合伙人取得出资，故吾思基金并无返还出资的义务；其次，丰鸿房地产公司是合伙企业而非另一合伙人的债务人，另一合伙人无权请求其返还出资；最后，在合伙企业并未解散清算，另一合伙人也无欺诈的情况下，金百资产无权直接要求合伙企业返还出资。最终驳回上诉，维持原判。③

① 参见(2015)粤高法民二初字第 11 号民事判决书。
② 参见(2016)沪刑终 42 号刑事判决书。
③ 参见(2018)最高法民终 539 号民事判决书。

请问：

1. 本案金百资产与吾思基金之间属于何种合伙关系？
2. 本案中的合伙关系与普通合伙、隐名合伙有何不同？
3. 吾思基金作为普通合伙人，与公司法的规定有无冲突？
4. 吾思基金作为普通合伙人，在合伙企业法上有无法律依据？
5. 本案判决与民法典的相关规定有无冲突？

正如前述，世界各国大体上有普通合伙、有限合伙以及隐名合伙3种合伙形式。普通合伙衍生出有限责任合伙、有限合伙衍生出有限责任有限合伙、隐名合伙仅仅对隐名出资人和出名经营人产生法律约束力。中国在2006年修改《合伙企业法》时，有选择地引进了有限合伙形式以及被称为特殊普通合伙企业的有限责任合伙企业形态。上例中的合伙性质属于有限合伙，有限合伙人仅以出资额为限承担责任，普通合伙人则对合伙企业的全部债务承担无限责任，两个以上的普通合伙人之间承担连带责任，隐名出资人仅按约向出名经营人承担责任，而不对出名经营人的对外债务承担责任。现行公司法仍然禁止有限责任公司成为普通合伙人，而2006年修改后的《合伙企业法》已经有所放宽，符合国际上的立法趋势。2020年通过的《民法典》则对此并无具体规定，仍以现行法律规定为准。

一、普通合伙企业

(一)概念及设立条件

普通合伙企业，是指由两个或两个以上的合伙人通过订立协议，约定共同出资、合伙经营、共享收益、共担风险，并对合伙企业债务承担无限连带责任的营利性组织。其合伙人均为普通合伙人。

设立普通合伙企业，通常应具备以下条件：

第一，有两个以上合伙人，并且依法均承担无限责任。

第二，签订书面合伙协议，这是判断合伙企业成立的基本依据。协议一般包括企业的名称和主要经营场所的地点、合伙目的和经营范围、经营期限、合伙人的姓名及其住所、合伙人出资的方式和数额以及缴付出资的期限、利润分配和亏损分担办法、合伙企业事务的执行、入伙与退伙、合伙企业的解散与清算、违约责任及争议的解决方式。合伙协议经全体合伙人签名、盖章后生效。不过最高人民法院终审裁定已经认可口头合伙协议。[①]

第三，有各合伙人实际缴付的出资。出资形式可以是货币、实物、土地使用权、知识产权或者其他财产权利。对货币以外的出资需要评估作价的，可以由全体合伙人协商确定，也可以由全体合伙人委托法定评估机构进行评估。经全体合伙人协商一致，合伙人也可以用劳务出资，其评估办法由全体合伙人协商确定。

第四，有合伙企业的名称。普通合伙不得使用“有限”或者“有限责任”字样。

第五，有经营场所和从事合伙经营的必要条件。

(二)普通合伙企业的财产

关于普通合伙企业的财产，主要把握以下几点：(1)合伙企业存续期间，合伙人的出资和所有以合伙企业名义取得的收益均为合伙企业的财产，由全体合伙人依法共同管理和使用，有的国家或者地区法律规定为属于全体合伙人共同所有。(2)合伙企业进行清算前，除法律明定

① 参见(2016)最高法民申775号民事裁定书。

外，合伙人不得请求分割合伙企业的财产。(3)合伙人向合伙人以外的人转让其在合伙企业中的全部或部分财产份额时，须经其他合伙人一致同意；合伙人之间转让在合伙企业中的全部或部分财产份额时，应当通知其他合伙人；合伙人依法转让其财产份额的，在同等条件下，其他合伙人有优先受让的权利。(4)经全体合伙人同意，合伙人以外的人依法受让合伙企业财产份额的，经修改合伙协议后即成为合伙企业的合伙人，依照修改后的合伙协议享有权利、承担责任。(5)合伙人以其在合伙企业中的财产份额出资的，须经其他合伙人一致同意；未经其他合伙人一致同意，合伙人以其在合伙企业中的财产份额出资的，其行为无效，或者作为退伙处理；由此给其他合伙人造成损失的，依法承担赔偿责任。

(三)普通合伙企业的事务执行

各合伙人对执行合伙企业事务享有同等的权利，可以由全体合伙人共同执行合伙企业事务，也可以由合伙协议约定或者全体合伙人决定，委托一名或者数名合伙人执行合伙企业事务。

执行合伙企业事务的合伙人，对外代表合伙企业。其他合伙人不再执行合伙企业事务，但有权监督执行事务的合伙人，检查其执行合伙企业事务的情况。合伙人为了解合伙企业的经营状况和财务状况，有权查阅账簿。业务执行人应当依照约定向其他不参加执行事务的合伙人报告事务执行情况以及合伙企业的经营状况和财务状况。

合伙人执行合伙企业事务所产生的收益归全体合伙人所有，所产生的亏损或者民事责任由全体合伙人承担。合伙企业的利润和亏损，由合伙人依照合伙协议约定的比例分配和分担；合伙协议未约定利润分配和亏损分担比例的，由各合伙人平均分配和分担。合伙协议不得约定将全部利润分配给部分合伙人或者由部分合伙人承担全部亏损。

合伙协议约定或者经全体合伙人决定，合伙人分别执行合伙企业事务时，合伙人可以对其他合伙人执行的事务提出异议。提出异议时，应暂停该项事务的执行。如果发生争议，可由全体合伙人共同决定。被委托执行合伙企业事务的合伙人不按照合伙协议或者全体合伙人的决定执行事务的，其他合伙人可以决定撤销该委托。合伙人依法或者按照合伙协议对合伙企业有关事项作出决议时，除法律规定或者合伙协议另有约定外，经全体合伙人决定可以实行一人一票的表决办法。

合伙人对合伙企业及其他合伙人负有忠实义务。所有合伙人均不得自营或者同他人合作经营与本合伙企业相竞争的业务，不得从事损害本合伙企业利益的活动。除合伙协议另有约定或者经全体合伙人同意外，合伙人不得同本合伙企业进行交易。

合伙企业的下列事务必须经全体合伙人同意：(1)处分合伙企业的不动产；(2)改变合伙企业名称；(3)转让或者处分合伙企业的知识产权和其他财产权利；(4)向企业登记机关申请办理变更登记手续；(5)以合伙企业名义为他人提供担保；(6)聘任合伙人以外的人担任合伙企业的经营管理人员；(7)依照合伙协议约定的其他有关事项。

(四)合伙企业与第三人的关系

合伙企业对合伙人执行合伙企业事务以及对外代表合伙企业权利的限制，不得对抗不知情的善意第三人。

合伙企业对其债务，应先以其全部财产进行清偿。合伙企业财产不足以清偿到期债务的，各合伙人应当承担无限连带清偿责任。以合伙企业财产清偿合伙企业债务时，其不足部分由各合伙人按照约定比例，用其在合伙企业出资以外的财产承担清偿责任。合伙人由于承担连带责任，所清偿数额超过其应当承担的数额时，有权向其他合伙人追偿。但中国《合伙企业法》规定，合伙人个人财产不足以清偿其个人所负债务的，该合伙人可以从合伙企业中分取的收益用于清偿;债权人也可以依法请求法院强制执行该合伙人在合伙企业中的财产份额用于清偿。对该合伙人的财产份额,其他合伙人有优先受让的权利,以适当控制普通合伙人的经营风险。

(五)入伙和退伙

新合伙人入伙时,应当经全体合伙人同意,并依法订立书面入伙协议,原合伙人应当向新合伙人告知原合伙企业的经营状况和财务状况。入伙的新合伙人与原合伙人享有同等权利,承担同等责任。入伙协议另有约定的,从其约定。入伙的新合伙人对入伙前合伙企业的债务承担连带责任。

合伙协议约定合伙企业经营期限的,有下列情形之一时,合伙人可以退伙:(1)合伙协议约定的退伙事由出现;(2)经全体合伙人同意退伙;(3)发生合伙人难以继续参加合伙企业的事由;(4)其他合伙人严重违反合伙协议约定。合伙协议未约定合伙企业经营期限的,合伙人在不给合伙企业事务执行造成不利影响的情况下,可以退伙,但应当提前 30 日通知其他合伙人。合伙人擅自退伙的,应当赔偿由此给其他合伙人造成的损失。合伙人有下列情形之一的,当然退伙:(1)死亡或者被依法宣告死亡;(2)被依法宣告为无民事行为能力人;(3)个人丧失偿债能力;(4)被人民法院强制执行在合伙企业中的全部财产份额。合伙人有下列情形之一的,经其他合伙人一致同意,可以决议将其除名:(1)未履行出资义务;(2)因故意或者重大过失给合伙企业造成损失;(3)执行合伙企业事务时有不正当行为;(4)合伙协议约定的其他事由。对合伙人的除名决议应当书面通知被除名人。被除名人自接到除名通知之日起,除名生效,被除名人退伙。被除名人对除名决议有异议的,可以在接到除名通知之日起 30 日内,向人民法院起诉。

合伙人退伙的,其他合伙人应当与该退伙人按照退伙时合伙企业的财产状况进行结算,退还退伙人的财产份额。退伙时有未了结的合伙企业事务的,待了结后进行结算。退伙人在合伙企业中财产份额的退还办法,由合伙协议约定或者由全体合伙人决定,可以退还货币,也可以退还实物。退伙人对其退伙前已发生的合伙企业债务,与其他合伙人承担连带责任。合伙人退伙时,合伙企业财产少于合伙企业债务的,退伙人应当依法分担亏损。合伙企业登记事项因退伙、入伙、合伙协议修改等发生变更或者需要重新登记的,应当于作出变更决定或者发生变更事由之日起 15 日内,向企业登记机关办理有关登记手续。

二、特殊的普通合伙企业

特殊的普通合伙企业,是指一个合伙人或者数个合伙人在执业活动中因故意或者重大过失造成合伙企业债务的,应当承担无限责任或者无限连带责任,其他合伙人以其在合伙企业中的财产份额为限承担责任的合伙企业。合伙人在执业活动中非因故意或者重大过失造成的合伙企业债务以及合伙企业的其他债务,由全体合伙人承担无限连带责任。当然,在合伙企业内部,其他合伙人仍有权请求该合伙人按照合伙协议的约定对给合伙企业造成的损失承担赔偿责任。

特殊的普通合伙企业,是中国合伙企业法上的称谓。中国 2006 年修改的《合伙企业法》增设了特殊的普通合伙企业与有限合伙企业形式,它们原为英美法上的企业制度。特殊的普通合伙即有限责任合伙是美国法上的创新,日本在 2005 年以单行法的形式加以引进,中国则将其纳入合伙企业法中,其名称依法应当标明“特殊普通合伙”字样。特殊的普通合伙主要适用于专业服务机构,而有限合伙则主要适用于风险投资企业。[①]

---

① 参见 2006 年修订的《中华人民共和国合伙企业法》第二章第六节。

不过，中国特殊的普通合伙企业的合伙人享受有限责任保护的范围小于美国法上的有限责任合伙。特殊的普通合伙企业应当建立执业风险基金，办理职业保险。执业风险基金用于偿付合伙人执业活动造成的债务。执业风险基金应当单独立户管理。

三、有限合伙企业

有限合伙企业，是指由对企业债务承担无限责任的普通合伙人，与对企业债务承担有限责任的有限合伙人组成的合伙企业。对于有限合伙企业，中国《合伙企业法》修改时增设了专章规定。

依据中国法律的现行规定，有限合伙企业由 2 个以上 50 个以下合伙人设立，其中至少有一个普通合伙人。

设立有限合伙企业，也应签订合伙协议，该协议除了符合有关普通合伙协议的规定之外，还应载明下列事项：(1)普通合伙人和有限合伙人的姓名或者名称、住所，企业名称中应当标明“有限合伙”字样；(2)执行事务合伙人应具备的条件和选择程序；(3)执行事务合伙人权限与违约处理办法；(4)执行事务合伙人的除名条件和更换程序；(5)有限合伙人入伙、退伙的条件、程序以及相关责任；(6)有限合伙人和普通合伙人相互转变的程序。应予注意的是，有限合伙人不得以劳务出资。其原因与承担有限责任的公司股东不得以劳务出资的原因相同。

有限合伙企业由普通合伙人执行合伙事务。执行事务合伙人可以要求在合伙协议中确定执行事务的报酬及报酬提取方式。有限合伙人不执行合伙事务的，不得对外代表有限合伙企业。第三人有理由相信有限合伙人为普通合伙人并与其交易的，该有限合伙人对该笔交易承担与普通合伙人同样的责任。有限合伙人未经授权以有限合伙企业名义与他人进行交易，给有限合伙企业或者其他合伙人造成损失的，该有限合伙人应当承担赔偿责任。但是，有限合伙人的下列行为，不视为执行合伙事务：(1)参与决定普通合伙人入伙、退伙；(2)对企业的经营管理提出建议；(3)参与选择承办有限合伙企业审计业务的会计师事务所；(4)获取经过审计的有限合伙企业财务会计报告；(5)对涉及自身利益的情况，查阅有限合伙企业财务会计账簿等财务资料；(6)在有限合伙企业中的利益受到侵害时，向有责任的合伙人主张权利或者提起诉讼；(7)执行事务合伙人怠于行使权利时，督促其行使权利或者为了本企业的利益以自己的名义提起诉讼；(8)依法为本企业提供担保。

中国法律还对有限合伙企业的法定解散事由，转为普通合伙企业的条件，利润分配，有限合伙人的自我交易、竞业行为、财产转让、债务清偿以及强制执行，入伙、退伙，合伙人资格承受，合伙人身份转换等作了专门规定。

四、有限责任有限合伙企业

有限责任有限合伙企业是指由有限合伙人与普通合伙人组成的特殊有限合伙企业，其特殊性表现在不仅有限合伙人受有限责任的保护，而且普通合伙人也享有有限责任合伙中普通合伙人有条件的有限责任的保护，即普通合伙人对自己执行业务的过失给企业造成的损失承担无限责任，而其他普通合伙人仅以其在合伙企业中的财产份额承担责任。

正如前述，有限责任有限合伙产生于美国。此前的有限合伙虽然限制了有限合伙人的责任风险，但执行业务的普通合伙人仍无法逃脱无限连带责任的命运。一旦有限合伙人介入企业经营，其后果与普通合伙人相同。为规避风险，有限合伙中的普通合伙人可能通过组建公司执行业务，在获取合伙企业税收待遇的同时又享受公司的有限责任好处。但这种责任限制保护机制的设计，不仅使有限合伙内部结构复杂化，而且作为普通合伙人的管理公司仍难免公司所得税负担。有限责任有限合伙应运而生，最终得到法律的确认。有限责任有限合伙中的普通合伙人不必为公司，其自然人身份既可行使合伙企业的管理权，又享有有条件的有限责任的保护，实际上综合了有限合伙及有限责任合伙的优点，故在美国风险投资业中风行一时。

中国《合伙企业法》修改时，仅引进有限合伙和有限责任合伙，也许更多地是出于对现有的经济发展水平及社会认知、政府监督管理能力方面的考虑，避免法律制度设计过于复杂而增加社会成本，但同时又限制了风险投资企业选择企业形式的自由，一旦时机合适，再次修法时最好予以吸收。在法理上，并无排斥 LLLP 的充足理由。

第三节　公　司

由于公司组织法律的复杂性以及国际差异巨大的现实，本节大体依据公司的基本知识及公司从设立到解散清算的顺序来安排具体内容，且尽可能顾及中国现行制度，并进行适当的国际比较。

一、公司及其法律特征

世界上并无统一的公司概念，采取列举式及概括式定义的均有。如《日本公司法典》规定，“公司是指股份公司、无限公司、两合公司或合作公司”。中国《公司法》中只有股份公司和有限公司的定义。美国《标准商事公司法》则将公司定义为“以营利为目的的非外州（国）公司”。

传统公司法学界一般称公司为依法设立的营利性社团法人。它具有营利性、法人性、社团性和依法认可性四个特征。现在，公司的社团性受到冲击，营利性也不再是所有国家公司立法确定的法律特征。

（一）法人性

法人是具有民事权利能力和民事行为能力，依法独立享有民事权利和承担民事义务的组织。其须具备依法成立，有必要的财产或者经费，有自己的名称、组织机构和场所，能够独立承担民事责任等基本条件。企业法人还须经登记注册，才能成为拟制主体，具有除自然人生理机能以外的所有人格。法人的人格独立性、财产独立性及责任独立性乃国际通例。在各国公司法传统上，公司由全体股东共同出资组成，股东投入公司的财产权利转移给公司，并从公司取得股权。公司对外以财产所有权人的身份和名义开展活动、从事交易，独立享受权利、承担义务。而在公司对内与股东的关系上，公司的所有资产及其权益属于全体股东，公司在全体股东之外没有“自己独立的利益”。撇开在实际经济生活中不起主导性作用的无限责任制的公司，其法人性尚有争议不说，大陆法中的有限公司和股份公司，以及英美法中的开放式（公众）公司和封闭式公司，均具有法人性。法人性是公司区别于合伙、独资企业的一个重要法律特征。

（二）营利性

传统公司法上公司的营利性是从商人的性质延伸出来的。公司以营利为目的而组建及营运，是当然的商人，营利性是其本质性的特征。正因如此，公司才有别于机关法人和社会团体法人。但是，这种本来毫无争议的认识，在现代社会的多样性面前已经失去了理论基础和实定法的依据。现实中已经有大量的非营利性组织，如学校、医院、幼儿园、律师事务所、会计师事务所等采取公司的形式。《日本公司法典》也顺应世界潮流，将公司的营利活动扩展为事业活动。不过，中国公司与其他国家一样，极大部分从事营利活动，只是公司法已经不再专门规范营利性法人而已。另外，对于从事非营利性事业的组织，究竟如何认识及处理，尚待探讨。美国营利性高等教育公司方兴未艾，其对教育机构非营利性传统带来了相当大的冲击。① 中国新东方教育科技集团有限公司（New Oriental Education & Technology Group Inc.）于2006年在美国纽约证券交易所上市。该公司虽属于教育培训而非学历教育机构，但仍从事传统上属于非营利性的教育行业。当然，国家也可以改变对教育、医疗等行业非营利性的传统认识，允许公司等商事组织进入并从事营利性活动，但在财政、税收信贷等政策上，将其与同行业中的非营利性组织区别对待。

（三）社团性

本来，公司不但是法人，而且还是社团法人，即由两个以上的社员在投资基础上组合而成的法人团体。公司不是从独资企业或个体商人，而是从合伙企业演化而来的。世界各国早期的公司法几乎均规定公司必须由数人共同制定章程出资组成，不得自始设立一人公司，即使多元投资公司，也在股权归入一人名下时解散。另外，公司也不是财团法人。与社团法人相对应的财团法人，是以财产捐助为基础设立的，通过一定方式选任管理机关管理的法人组织。财团法人通常可以对外投资成为公司股东，但其本身不是公司。财团法人没有组织成员，当然也谈不上对成员分配营运利润。

问题的关键在于如何认识不断增多的"一人公司"。学界有"社团否定说"与"社团肯定说"两种相反观点。前者强调一个成员构不成社团，后者认为一人公司与多人公司并无本质区别，一人股东可以随时通过转让股权而形成多个股东的局面，而公司法人地位不受任何影响。折中理解，可以认为多元投资公司无疑具有社团性，一人公司不具有社团性；而当一人公司转换为多元投资公司时，则丧失的社团性得以恢复。

（四）依法认可性

公司须经依法认可、登记注册，才能取得主体资格。在中国，它与其他商事主体并无实质性区别，但在西方国家则不同。西方多数国家承认所谓的事实商人，即只要以一定行为表明从事商事活动，即使不作商事登记，其活动也有法律效力，对独资企业尤为灵活。凡设立公司者，必须进行登记注册。若公开发行股份的，还须事先经证券监管部门核准。只是登记机关大多不是中国式的行政机关，而是法院附设机构。

近年由全球9位顶级公司法学者合著的《公司法剖析——比较与功能的视野》，将公司特征归纳为法律人格、有限责任、股份自由转让、授权经营以及出资者共同所有权五大特征。②不过，即使是上市公司，某些特定股份如限售股、期股，也可依法依规限制流通。

二、公司的设立

公司的设立是指促成公司成立并取得法人资格的一系列活动的总称。一般涉及如何选择不同公司形态、发起人资格、出资形式、设立条件、设立程序、公司章程、设立中公司的机关、发起人责任等问题。

（一）有限责任类型公司的特征

中国有限责任类型公司主要为有限公司和股份公司两种。它们均为法人，均不能享有合伙、独资企业那样不负担法人所得税的好处。它们成为当今世界各国主要的企业形态，是由其特征决定的，而两者之间也有区别。因此，我们先介绍其特征及差异。应予说明的是，虽然我

---

① [美]理查德·鲁克著，于培文译：《高等教育公司——营利性大学的崛起》，北京大学出版社2006年版。

② [美]莱纳·克拉克曼、[美]亨利·汉斯曼等著，罗培新译：《公司法剖析——比较与功能的视角》(第2版)，法律出版社2012年版，第6页。

们仍沿用有限公司及股份公司的称谓，但实际比较的是英美法系分类上的封闭式公司和开放式(公众)公司。

第一，两类公司都是法人，股份公司的法人性最为典型。法人制度的萌芽在欧洲很早就出现了，但最终确立并得以完善，则有赖于股份公司的发展。股份公司坚实的财产基础、完善的组织机构、独立的法律人格、明确的责任限制，都充分体现了法人的主要特性。有限公司虽是法人，但并不典型。撇开一人公司，即使是多元投资公司，股份公司的法人组织也远比有限公司完备。

第二，股份公司为最典型的资合公司，有限公司含有人合因素。无论在英美法国家还是大陆法国家，股份公司的设立和营运，均完全建立在资金组合的基础之上，至于资金由谁投入、股东的身份是尊贵还是卑贱、股东个人的信用状况如何，则无关紧要。通过证券交易所挂牌交易，股份可以自由转让，特定的股东瞬间转化为非股东，非股东转化为股东，而公司本身通常不受影响。有限公司虽以资本为基础，但股东之间需要相互信任，股权转让限制较大，甚至实行合意原则而不采用资本多数决原则。

第三，两类公司股东承担有限责任。这与独资、合伙企业，无限、两合公司均有不同。不过，两类公司股东承担的有限责任也有差异。依据中国《公司法》第 3 条，有限公司的股东以其认缴的出资额为限对公司承担责任，股份公司的股东(在设立中应当为发起人及认股人)以其认购的股份(应当为股份金额)为限对公司承担责任。有限公司股东的出资组成公司的股本或者资本金，而股份公司高于股票面额的发行溢价，虽然包含在股份认购金额中，但要扣除发行费用，其余作为资本公积金处理。因此，两者责任依据不同。

第四，股份公司资本划分为均等的股份，有限公司的份额可以不同。股份通常既是股份公司资本的最小单位，又是计算股东权益的最小单位。股份持有者为股东，股东权利大小依其所持有的股份多少来衡量，而全体股东持有的股份总额，即为总股本或者公司资本。为了便于划一化处理股份事宜，节约成本，股份实行均等化并通常采取有价证券化的股票形式。有限公司资本的组成部分为份额而非股份，在日本法中以"持分"和"株式"区别之。份额可以均等，也可以不均等，而且不采取股票形式。股份均等化是股份公司与有限公司的重大区别之一。当然，英美法国家并无股份与份额的区分，而份额均等也已成为常态。另外，美国公司法以及公司实践早已放开对于同股同权的限制，同样的普通股可以赋予不同的权利，如特别表决权股份，2005 年《日本公司法典》也允许发行不同权利的普通股，中国香港特区最终在 2018 年 4 月放弃了同股同权原则，为阿里巴巴回归香港联交所二次 IPO 扫清了法律障碍。2019 年中国证监会修改《非上市公众公司监督管理办法》，引进了特别表决权股份制度。不过，上述做法实际上是将普通股再细分为 A、B、C 等含有不同权能的股份，同类普通股仍然是均等同权的。

第五，组织和行为高度规范化。股份公司尤其是开放式公司通常规模庞大、人数众多、涉及面广、关系复杂，设立、运行、解散、清算的一系列环节，已经形成了一套高度科学化、规范化的制度，其基本模式可以超越仍有巨大差异的不同法系、不同社会政治经济制度，具有世界趋同性。而有限公司可以设立股东会、董事会和监事会，也可以不设立，公司事务由全体股东讨论决定，由若干董事执行公司业务，若干监事负责监督事宜。例如，中国的外商投资企业和国有独资公司就不设股东会；中外合资经营企业的董事会是公司的最高权力机构。

第六，强制性规范较多。相对于其他公司以及非公司企业，适用于两类公司的强制性规范较多，而股份公司特别是开放式公司是公司法规范的重点对象，有关条文占公司法的绝大部分篇幅。结合被称为"动态的公司法"的证券法规范，开放式公司尤其是上市公司的强制性规范则更多。相反，关于有限公司的规定，则以任意性规范居多。2005年中国《公司法》修改时，吸收全球放宽公司管制的理念，大大扩展了有限公司股东自治的空间，但股份公司的强制性规范仍有很多保留甚至强化。

第七，两类公司的开放程度不同。股份公司股份公开发行并可自由转让，经营及财务情况要定期甚至即时公开，具有开放性。与有限公司股东人数有限、股东转让出资需股东会讨论决定或者其他股东同意不同，股份公司一般公开发行股份，认购人并不特定，即使以发起设立方式设立的公司，股份也可自由流通转让，如符合上市条件，还可在证券交易所公开挂牌交易。有限公司不能募集设立，也不能发行股份，股东出资转让有严格限制，经营及财务情况无须公开。对股东所认缴的出资额，由公司发给出资证明或股权证或股单。股单也代表一定的财产价值，但非法律意义上的有价证券，不能像股份公司股票那样自由流通转让。2005年中国修改《公司法》对有限公司的股权转让设置了专章规定。

第八，两类公司所有权与经营权分离状况不同。股份公司尤其是开放式公司作为典型的法人，通过设立股东大会、董事会和监事会来组织营运。股东大会作为公司的权力机关，代表全体股东行使公司财产所有权人的权力，而公司的经营管理事务，则由董事会或经理负责。虽然股东大会的决议或董事会、经理的行为均以公司的名义进行，但在公司内部组织机构之间有着明确的所有权职能与经营权职能之分，实行所有权与经营权分离。不过，在公司的对外关系上，即使是上市公司，其所有权与经营权也不是分离而是合一的，只是两项权能在公司内部不同机关间适当分配，与中国国有企业改革思路中的“两权分离”根本不同。至于有限公司，则通常由股东兼任董事、经理，实行两权合一。

（二）发起人资格

所谓公司发起人的资格，是指投资设立公司的主体的资格或者能力。发起人包括英美公司法上不分有限公司与股份公司的发起人，以及设立中有限公司的股东。通常情况下，各国商法一般仅对商事主体的目的范围作出限制，但不会限制公司发起人的资格。美国《标准商事公司法》第2.01节规定：一人或者多人向州务卿递交公司章程备案，即可作为公司发起人。依据《特拉华州普通公司法》第101条，任何人、合伙、团体或公司，可通过在州务卿办事处备案公司章程的方式，依照本法之规定成立或组建一个公司，无论该人、合伙、团体或公司为单独经营还是与其他实体联合经营，亦不论该人或该实体的居住地、所在地在何处或位于哪个州。日本公司法典第26条中只规定设立股份公司应由发起人作成章程并签名或记名按印，法院也以是否在章程上签章为依据认定发起人。至于发起人是本国人还是外国人、是自然人还是法人、有无民事行为能力等，则无关紧要。

中国《公司法》及其司法解释没有对股份公司发起人及设立中有限公司的股东资格设置原则规定，但并不意味着无任何争议，也不能断定没有任何限制。依据该法第78条的规定，设立股份公司的发起人中，须有半数以上在中国境内有住所。在现行法律上，外国自然人可以在中国境内取得住所；外国法人也可以通过在中国境内设立外商投资公司，拥有外国公司和中国公司双重身份。另外，2001年修改的《中华人民共和国中外合资经营企业法》第1条仍规定中国允许外国公司、企业和其他经济组织或个人，经中国政府批准，在中国境内同中国的公司、企业或其他经济组织共同举办合营企业。《中华人民共和国中外合作经营企业法》也有类似规定。可见，中国自然人仍被排除在中外合资经营企业和中外合作经营企业的中方投资者行列之外，这是当年相关法律引进外资的立足点为主要面向采取公有制形式的各类企业使然。现在市场经济体制下，自然人的自由空间得到极大扩展，自然人应当与法人、其他经济组织享有同样的投资权限。2019 年国务院《外商投资法实施条例》第三条则明确《外商投资法》第二条第二款第一项、第三项所称其他投资者，包括中国的自然人在内。

(三)设立条件

关于公司设立的条件，多数国家公司法未作专门规定，而只是明确股东或者发起人的人数，或者最低资本限额，有的国家两方面均有要求。从近年全球公司法缓和规制的趋势来看，许多国家均取消了原来上述两方面的要求。中国 2005 年《公司法》修改时，尽管并未彻底放开，但发展方向还是与世界趋势一致的。

中国《公司法》规定，设立有限公司，应当具备下列条件：(1)股东符合法定人数，原来设有除国有独资公司外为 2 人以上 50 人以下的限制，现法定最低人数的限制已经撤除，任何人均可设立一人公司，而保留 50 人以下的限制，以便维持其小型、封闭的特点；(2)有符合公司章程规定的全体股东认缴的出资额，废除了原法定最低资本金以及实缴出资的要求，特定行业的公司仍然维持原来规定；(3)股东共同制定公司章程；(4)有公司名称，建立符合有限公司要求的组织机构；(5)原有固定的生产经营场所和必要的生产经营条件改为"有公司住所"。

在中国设立股份公司，应当具备下列条件：(1)发起人符合法定人数，原规定 5 人以上改为 2 人以上 200 人以下，国有企业改建为股份公司时发起人可少于 5 人的规定予以取消，表明不同经济成分的发起人设立股份公司享受同等待遇，但仍然要求半数以上发起人须在中国境内有住所；(2)有符合公司章程规定的全体发起人认购的股本总额或者募集的实收股本总额，意味着发起设立实行认缴制、募集设立施行实缴制，特定行业公司仍执行特殊规定；(3)股份发行、筹办事项符合法律规定；(4)发起人制定公司章程，采用募集方式设立的经创立大会通过；(5)有公司名称，建立符合股份公司要求的组织机构；(6)"有公司住所"的修改与有限公司相同。可见，股份公司设立的实质性条件依据设立方式不同予以区别对待，发起设立的股份公司与有限公司基本相同，募集设立的股份公司虽然取消最低股本金要求，但仍维持实收实缴制，与西方大多数发达国家以及中国香港和台湾地区做法存在差异。

(四)公司章程

【案例 1—2】

被告南京富邦实业有限公司(以下简称富邦公司)和案外人南京福致化工实业有限公司、南京马赫影视艺术广告制作有限公司、南京倍克工贸公司均为有限责任公司。1996 年 10 月 6 日，被告和上述三家公司共同制定章程，投资组建新的有限责任公司——南京富安邦实业有限公司(以下简称富安邦公司)，注册资本为 1 000 万元。公司章程规定各股东均采取实物出资的方式入股。富邦公司以 400 万元的实物投资入股，包括一辆作价 18 万元的桑塔纳轿车和办公用房等，占总股本的 40%，成为富安邦公司的第一大股东。富邦公司的董事长兼任新公司富安邦公司的董事长。第二大股东的公司负责人兼任富安邦公司的总经理。经对实物出资凭证验资后，1996 年 10 月 18 日，南京市工商行政管理局依照公司法的规定核准富安邦公司成立，并颁发了公司法人营业执照。富安邦公司成立后，富邦公司即将牌照号为苏 A·30523 的桑塔纳轿车交付富安邦公司使用，富安邦公司多次催促富邦公司协助办理车辆过户手续，富邦公司多次以种种借口推诿拖延。1997 年 1 月 20 日，富安邦公司发现该车失踪而报警，后来才得知是富邦公司派人擅自将该车开走并转移藏匿。富安邦公司旋即与富邦公司交涉未果，无奈之下诉诸法院，要求其返还车辆。本案的案情并不复杂，但诉讼过程却颇费周折。富安邦公司先后 3 次更换代理律师，并变更诉讼请求。一开始提出违约之诉，后来变更为侵权之诉，最后确定为违反章程之诉。法院经过多次开庭审理才判决富安邦公司胜诉，双方均未上诉。

法院认为，被告与案外人共同盖章制定的公司章程中已明确规定其实物出资的义务。被告交付原告使用的苏A·30523桑塔纳轿车，虽然由于尚未办理过户登记手续，所有权仍属于被告，但并不等于被告就可以随意取回和处分。原告公司正式成立后，其章程对公司本身及所有股东均产生法律约束力，被告的行为违反章程的规定，侵害了原告的权益，应当承担相应的法律责任。现原告坚持要求被告返还出资标的，并协助原告在规定期限内办理过户登记手续，应予准许。[①]

请问：

1. 公司的章程行为与合伙的契约行为有何本质区别？

2. 本案原告为何既无法提起违约之诉，也不宜提起侵权之诉？

3. 您是如何评价公司的合同理论的？

4. 应当怎样理解公司章程的性质？

与设立其他企业不同的是，设立公司必须制定章程。公司章程，是指由有限公司的股东或者股份公司的发起人订立的有关公司组织及行为基本规则的法律文件。它像一个国家的宪法那样，是公司的根本大法，属于公司的自治性规则。在大陆法国家，公司章程通常用一个文件表示；在英美法国家多由公司章程大纲及章程细则组成，前者具有对外效力，后者具有对内效力。另外，大陆法国家的公司章程内容一般分为绝对必要事项、相对必要事项和任意记载事项。前者为法律规定必须记载，若不记载或记载有误，会导致整个章程无效的事项；中者为法律条文所列举，但只有准确记载于章程方有效，若不记载或记载有误，则本身无效，但不影响章程效力的事项；后者为法律既未列举也未禁止，发起人记载于章程即生效，若不记载或记载有误，则不影响章程效力的事项。对此，国内有的学者提出了不同的看法，并运用爱森伯格对于章程条款新的分类方法，认为不能轻易否定在表面上违背公司法强制性规则的公司章程规定的效力。[②] 依据《中华人民共和国公司法》（以下简称《公司法》）第11条的规定，公司章程对公司、股东、董事、监事、高级管理人员具有约束力。

英美法国家公司法学界有很多人提倡公司的合同理论，认为公司实际上是由提供不同要素的各个主体之间的合同关系形成的合同束。这种源自经济学界的理解有一定的道理，但不能完全用合同理论解释公司法上的所有问题，如构成公司法律制度基础之一的资本多数决原则就不同于合同法上的合意原则。本案原告遇到的诉讼难题即是例证。推及各种不同类型的公司诉讼，也非民事诉讼中的违约之诉或者侵权之诉所能涵盖的。[③]

---

① 吴建斌：《公司章程行为的认定及其实际运用》，《南京大学法律评论》2002年秋季号。吴建斌：《合意原则何以对决多数决——公司合同理论本土化迷思解析》，《法学》2011年第2期。

② 刘志文：《论公司章程》，载梁慧星主编《民商法论丛》（第6卷），法律出版社1997年版，第194页以下。蒋大兴：《公司章程与法律关系》，载蒋大兴著《公司法的展开与评判》，法律出版社2001年版，第279页以下。时建中：《公司法与公司章程在公司治理中的协调》，《中国发展观察》2006年第2期。

③ 国内有关公司合同理论的主要参考文献有：汤欣：《论公司法的性格——强行法抑或任意法》，《中国法学》2001年第1期。张民安：《公司契约理论研究》，《现代法学》2003年第2期。罗培新：《公司法的合同路径与公司法规则的正当性》，《法学研究》2004年第2期。蒋大兴：《公司自治与裁判宽容——新〈公司法〉视野下的裁判思维》，《法学家》2006年第6期。江苏省高院民二庭：《审理有限责任公司治理结构案件中的三个基本问题》，《人民司法·案例》2007年第4S期。罗培新：《公司法强制性与任意性边界之厘定——一个法理分析框架》，《中国法学》2007年第4期。钱玉林：《公司章程"另有规定"检讨》，《法学研究》2009年第2期。吴建斌：《合意原则何以对决多数决——公司合同理论本土化迷思解析》，《法学》2011年第2期。钱玉林：《公司章程对股权转让限制的效力》，《法学》2012年第10期。吴飞飞：《"公司章程另有规定"条款的理论争点与司法解说——以公司合同理论与股东平等原则为认知路径》，《甘肃政法学院学报》2014年第1期。吴飞飞：《论公司章程的决议属性及其效力认定规则》，《法制与社会发展》2016年第1期。黄辉：《对公司法合同进路的反思》，《法学》2017年第4期。蒋大兴：《公司法中的合同空间——从契约法到组织法的逻辑》，《法学》2017年第4期。沈朝晖、朱慈蕴：《不完全合同理论视角下的公司治理规则》，《法学》2017年第4期。罗培新：《公司法的合同解释》，北京大学出版社2004年版。[美]弗兰克·伊斯特布鲁克等著，张建伟等译：《公司法的经济结构》（中译本第二版），北京大学出版社2014年版。吴飞飞：《公司章程司法裁判问题研究》，商务印书馆2020年版。

(五)公司资本

1. 公司资本制度

公司资本制度,是指法律或者章程确定的有关公司资本的规则。与经济学上能够给其所有者带来增值效应的资产价值不同,法学意义上的资本因公司资本制度的不同而具有不同的含义。① 在公司法发源地——欧陆国家,早期几乎均实行法定资本制。依据传统公司法理论的解释,法定资本制是指法律要求公司章程载明资本或者股本总额,设立时须由全体股东足额认购或者认缴,否则公司不能成立的资本制度。在有限公司为认缴资本总额,在股份公司为认购均等的额面股份后由额面金额组成股本总额。该制度可适用于有限公司和股份公司。在此制度下,公司资本在登记机关登记在册,构成股东最高责任限额,作为公司对外担保最低财产基础的公司资产数额。正是因为全体股东向公司让渡了这一构成公司自己所有的“原始自有资金”,才能换来股东的有限责任待遇,公司的法人人格才能真正独立,以至于完全不同于独资企业及合伙企业。因此,欧陆国家公司法上早期的公司资本,实际上就是公司股本,由于法律要求设立登记时作为法定登记事项,因而延伸出注册资本的概念。这就是学界认为注册资本是公司资本同义词的原因。与欧陆国家传统公司法理念不同的是,英美法国家最早出现的公司并非注册公司而是特许公司,是王室授权而非公司资本构成公司设立和营运的基础,何况英美法国家的商事公司法律制度的出发点不是为了充分保障债权人的权益,而是在实用主义哲学思想的指导下,为了更好地鼓励投资、促进交易,这在美国表现得尤为明显。美国《标准商事公司法》就只规范股份、股票,而没有规定公司资本制度。至于如何防止滥设公司,如何平衡债权人的利益,则通过公司法或者公司法外的其他制度来规定,如判例法上的公司法人格否认法理,公司信息的公开化与透明化,合同、交易的担保制度,发达的保险市场等。当然,在英美公司法理念中,法定资本制不但限制投资,而且教条僵化。因为公司一旦成立,其“原始自有资金”就处于不断变化之中,设立登记时登记在册的数额没有实际意义,也无法真正发挥公司对外最低财产担保基础的作用,反而会给债权人造成幻觉,弊大于利,与其坚守不切实际的法定资本制,还不如转而采用偿债能力测试、净资产数额测试标准等方式规范公司分红等行为。②

英美法国家一度实行授权资本制,它是指法律通常要求公司章程或者设立登记(备案)文件中载明公司可发行股份总数,公司设立时仅需发行一部分后即可登记成立,其余部分可授权董事会根据公司的业务发展需要酌情发行的资本制度。发行额面股的,原则上由每股面额乘以发行数量确定股本总额(如英国曾有这样的规定);发行无额面股的,公司可以在发行数量与每股发行价乘积范围内确定资本金数额,股本概念在此时已经失去意义(如日本)。该制度仅适用于股份公司。有的国家如 2005 年新公司法改采授权资本制的大陆法国家——日本,则要求章程规定或者设立中公司的发起人一致同意决定首发股份的数量、金额、资本金、公积金事项。③ 在授权资本制下,公司资本的含义非常复杂,有可能出现授权资本、发行资本、认购资本、实缴资本(实收资本)、注册资本等不同的资本概念。授权资本为公司章程确定的公司成立后若干年内业务发展需要的自有资金总额;发行资本为股份公司章程确定的成立时首次发行股份筹资形成的资本;认购资本为股东、发起人或者认股人在公司设立时认购、认缴的资本;实缴资本为全体股东或者发起人实际缴付并经公司登记机关依法登记的出资额或者股本总

① 冯果:《现代公司资本制度比较研究》,武汉大学出版社 2000 年版,第 11 页。
② 参见刘燕:《公司法资本制度改革的逻辑与路径——基于商业实践视角的观察》,《法学研究》2014 年第 5 期。
③ 吴建斌等合译:《日本公司法典》,中国法制出版社 2006 年版,第 14 页。

额;[①]注册资本的概念应当与法定资本制中的资本概念相同。2006 年英国公司法已经放弃了授权资本制。美国《标准商事公司法》第 6.01 节仍有公司章程须规定授权股份而非授权资本(股本)的要求,但特拉华州普通公司法则已对授权股份或者股本不作要求。

另一个典型的资本制度为认可资本制或者折衷授权资本制。它是指法律要求公司章程或者设立登记(备案)文件中载明公司可发行股份总额,公司设立时须发行一定比例以上的股份,剩余部分可授权董事会在一定期限内发行完毕的资本制度。发行额面股的,原则上由每股面额乘以发行数量确定股本总额;发行无额面股的,公司可以在发行数量与每股发行价乘积范围内确定资本金数额。该制度仅适用于股份公司。它与授权资本制的区别主要有二:其一是限定首发比例下限;其二是限定授权董事会募集部分的年限。其期限,《法国商事公司法》第 75 条、《德国股份公司法》第 202 条规定为 5 年。它是法定资本制与授权资本制折衷调和的产物,故称折衷授权资本制。因高度灵活的授权资本制易被不法分子用来欺诈公司债权人,扰乱社会经济秩序,没有高度规范法制基础的国家难以推行,而严格的法定资本制又缺乏授权资本制的灵活性,也容易造成公司成立之初的资金积压和浪费,故逐渐被大陆法国家所摒弃,欧陆国家改采认可资本制,不失为一种理性的选择。

此外,澳大利亚公司法近年实行一种新的公司资本制度即声明资本制,它是指法律要求公司章程或者设立登记(备案)文件中载明公司股份发行数额,在公司设立时全部发行并认足,任由公司在实收股款中确定资本金数额并向登记机关申明的资本制度。该制度无须公司将实收股款全部列入资本总额之内,未列入资本总额之内的股款,通常列入资本公积金。它实际上比授权资本制或者折衷资本制更加灵活便利。[②]

2. 中国资本制度改革

中国 2005 年修改《公司法》,改变了原来严格的法定资本制,实行分期缴纳的折衷法定资本制,同时降低了法定最低资本限额,与允许设立一人公司等措施相配套,为吸引更多的人士设立公司、参与创业创造条件。具体而言,新法将有限公司的注册资本从全体股东实缴的出资额改为认缴的出资额;将发起方式设立的股份公司注册资本从实收股本总额改为全体发起人认购的股本总额;募集方式设立的股份公司仍维持实收股本的注册资本制,发起人认购不低于 35%,其余公开发行全部认足,一次缴纳;一人公司的注册资本则实行实缴制。有限公司的法定资本最低限额不分行业,一律改为 3 万元并允许分期缴纳。公司全体股东的首次出资额不得低于注册资本的 20%,也不得低于 3 万元,其余部分由股东自公司成立之日起 2 年内缴足,投资公司可以放宽为 5 年内缴足。股份公司法定资本最低限额降为 500 万元,发起方式设立的股份公司设立时发行的股份须由全体发起人一次性认购,但股款可以分批缴纳,首期实缴部分不得低于 20%,其余部分由发起人自公司成立之日起 2 年内缴足,投资公司可以放宽为 5 年内缴足。日本股份公司在 1948 年之前实行法定资本、分期缴纳制,实践中遇到公司催缴股东未缴纳部分的困难,处置成本偏高,1948 年改为法定资本、全额缴纳制,1950 年商法大修改时又改采美国式的授权资本制,但设置了美国法上所没有的设立时发行股份的数额不得低于拟发行股份总数 1/4 的限制。[③] 中国台湾在 1966 年之前亦仿日本法例实行分期缴纳的折衷法定资本制,当年修改公司法,实行 1950 年日本式的授权资本制,2005 年修改时,与日本一样

---

① 参见 2005 年新的《公司注册资本登记管理规定》第 3 条。

② 黄辉:《公司资本制度:国际经验及对我国的启示》,《商事法论集》2012 年第 1 期。黄辉:《现代公司法比较研究——国际经验及对中国的启示》(第二版),清华大学出版社 2020 年版,第 72 页。

③ 吴建斌:《最新日本公司法》,中国人民大学出版社 2003 年版,第 48 页。

实行完全的授权资本制。中国2013年公司资本制度改革，除了以公募方式设立的股份公司以及特殊公司，其他的普通公司一律实行汇缴制并取消最低资本限额。

3. 公司资本三原则

大陆法国家传统公司法上的公司资本三原则，即资本确定原则、资本维持原则和资本不变原则。

资本确定原则，是指公司设立时，必须将公司资本总额明确记载于公司章程，并须由股东全部认足，否则公司不能成立。因公司成立时公司资本就得以确定下来，故根据资本确定原则形成的资本制度，即为上述法定资本制。

资本维持原则，是指在公司存续期间必须经常保持与其资本额相当的财产，以保证公司的清偿能力，切实维护债权人的利益。为确保贯彻这一原则，各国公司法均规定了许多具体措施，如未认足第一次发行股份或未缴足股款的，发起人负连带补足责任；禁止公司以低于票面金额发行股份；不得对实物出资进行过高估价；原则上不允许公司收回或购买自己的股份等。因此，资本维持原则也称资本充实原则。

资本不变原则，是指经公司章程确定的资本总额，不得任意变动。因特殊情况需要改变的，必须经过严格的法律程序，否则，不得对抗善意第三人。如果第三人对公司非法变动资本尤其是减少资本并不知情，又没有恶意，公司仍然在原股本总额内承担清偿责任；公司承担不了的，由股东填补。这一原则既是资本确定原则和资本维持原则的内在要求，又是两者的进一步深化。若没有资本不变原则，即使公司设立时将资本确定下来，在公司存续期间又加以维持，也会因资本不断变动而动摇前两个原则的根基，前两个原则将失去意义。

4. 资本的增加和减少

资本的增加简称增资，是指公司依法定的条件和程序，增加公司的资本总额。资本的减少简称减资，是指公司依法定的条件和程序，减少公司的资本总额。

增加公司资本虽然对公司债权人只有好处、没有坏处，但可能会影响股东的利益。例如，一家注册资本为1 000万元的公司，分成1 000万股，某股东持有100万股，占总股本的10%，就拥有提议召开临时股东大会的权力。当注册资本增加到5 000万元时，原股东可以行使优先认股权，要想保持其在公司的相对地位，就必须再出资购买400万股，否则就有可能失去原先的权利。而假如该公司发展前途实际上并不乐观，这新买入的400万股可能发生亏损或者扩大亏损，此时该股东将陷于左右为难的境地。因此，各国公司法大多规定，公司增资应经股东会或者股东大会审议决定，修改公司章程，并办理变更登记手续。增资的方式主要有增加股份数额而每股金额不变、增加每股金额而股份数额不变、同时增加股份数额和每股金额三种。

减少资本会削弱公司的财力，加大公司经营风险，从而危及公司债权人的利益，并最终影响股东权益。因此，资本三原则中的资本不变原则，主要是限制公司任意减少资本。然而，因公司资本过剩或严重亏损，经过法定程序减少资本，反而能使公司资本与实际营运资金两相契合，只是在程序上要比增资严格，主要有：(1)股东大会作出公司减资决议，且大多采取特别决议方式，至少经代表2/3以上有表决权的股东的多数同意方可通过，同时修改公司章程。(2)通知或公告债权人，债权人组成债权人会议也要对减资进行表决。在债权人人数不多的情况下，可以征求个别债权人的意见。对不同意减资的债权人，公司要么清偿其债权，要么对其债权提供担保，否则不得减资。(3)办理减资登记手续，并进行公告。至于减资方式，相对于增资而言，也有三种，即减少股份数额而每股金额不变，减少每股金额而股份数额不变，股份数额和每股数额同时减少。有限公司的资本增减方式要简单得多。

5. 出资形式

对于公司出资形式的规范，是在增加选择机会、鼓励投资创业与追求资本充实、保障交易安全及债权人利益之间进行权衡，效率与公平之间进行博弈的结果。对此，国际上并无统一的模式，各国法律也在不断地修改变化之中。中国 2005 年修改《公司法》就对 1993 年《公司法》的规定作了一些调整，新的《公司登记管理条例》以及《公司注册资本登记管理规定》还进行了补充。

对公司的出资形式，新法没有沿袭旧法列举式的规范方式，而是采取列举式与概括式相结合的方式，消除了原规定的弊端。据此，有限公司的股东、股份公司的发起人均可以用货币出资，也可以用实物、知识产权、土地使用权等可以用货币估价并可以依法转让的非货币财产作价出资；但是，法律、行政法规规定不得作为出资的财产除外。原先关于有限公司的股东、股份公司的发起人货币出资金额不得低于注册资本的 30％的规定，现已取消。而依据新的《公司登记管理条例》第 14 条以及《公司注册资本登记管理规定》第 8 条的规定，股东不得以劳务、信用、自然人姓名、商誉、特许经营权或者设定担保的财产等作价出资。

近年来，中国法学界受人力资本理论的影响，主张劳务甚至人力资本作为公司出资者的情况日趋增多。《日本公司法典》第 576 条是明确排除有限责任股东以劳务出资的，而美国《标准商事公司法》第 6.21 节规定已提供的劳务、待履行的服务合同均可以作为股份的对价也即股东出资，《特拉华州普通公司法》第 152 条更是将资本股的发行对价扩及“带给公司的受益”。究竟如何对待劳务等出资形式或者股份对价，国内学者虽然已有不少讨论，[①]但还有待更多的理论探讨及实践尝试。

（六）设立程序

有限公司的设立程序比较简单，通常采用准则主义或者登记主义，由全体股东订立章程并签名、盖章。中国要求申请名称预先核准，按期缴纳章程规定的各自所认缴的出资额。股东以货币出资的，将货币出资足额存入有限公司在银行开设的账户；以非货币财产出资的，应当进行评估作价，办理其财产权的转移手续，然后由全体股东指定的代表或者共同委托的代理人向公司登记机关报送公司登记申请文件，申请设立登记。外商投资企业自 2019 年初起从原来的审批制改为商务主管部门备案制，而国有独资公司的设立登记（备案）手续也与其他公司基本相同，甚至可以使用互联网申报。[②]

股份公司的设立程序不同于有限公司。西方国家对于股份公司的设立，早期采取特许主义，在经历了核准主义阶段后，现大多采取准则主义，即在法定成立要件和设立责任的规范下，国家一般在登记之前不进行专门审批，但对关系到国计民生的特定公司，仍须事先核准，方可登记成立。美国《标准商事公司法》则仅对公司登记注册提出形式要求，规定申请人或者其代理人将公司章程等文件报州务卿备案即可。中国 1993 年《公司法》规定实行省级以上人民政府事先审批的核准主义，2005 年改为准则主义，只有通过公开发行股份的方式募集设立的，才需要事先取得中国证监会的核准文件。

股份公司的设立方式不同，设立程序也不一样。设立方式分为两种：一是发起设立，二是募集设立。正如前述，发起设立是指由发起人认购公司应发行的全部股份而设立公司；募集设立是指由发起人认购公司应发行股份的一部分，其余股份向社会公开募集或者向特定对象募

---

① 李友根：《人力资本出资研究》，中国人民大学出版社 2004 年版。朱锦清：《公司法学》（修订本），清华大学出版社 2019 年版，第 74—75 页。

② 参见 2019 年 1 月 2 日市场监管总局《关于印发〈企业登记申请文书规范〉〈企业登记提交材料规范〉的通知》。

集而设立公司。

发起设立程序比较简单。募集设立时,通常由发起人订立协议和起草公司章程,在中国要申请名称预先核准,发起人除了率先认购股份总数的一定比例,如中国法律规定的35%以上外,还要向特定对象募集,或者公告招股说明书并制作认股书,向证券监管部门申请公开发行股份。取得核准文件后,与有证券承销资格的证券公司签订承销协议,与银行签订代收股款协议,证券公司以代销或者包销方式代理发行股份,银行代收股款,出具收款收据及收款证明,经依法设立的验资机构验资并出具证明后,发起人自股款缴足之日起的一定期限,如30日内主持召开公司创立大会,作出公司设立或者不设立的决议。公司创立大会决定设立公司的,会议选出的董事会在会后一定期限,如30日内向登记机关报送公司设立登记文件,一经登记成立,即依法取得法人资格。从2019年初市场监管总局发布的《企业登记提交材料规范》可知,募集设立的股份有限公司提交依法设立的验资机构出具的验资证明。涉及发起人首次出资是非货币财产的,提交已办理财产权转移手续的证明文件。募集设立的股份有限公司公开发行股票的应提交证监会的核准文件。实践中股份公司设立时就公开募集股份的情况几乎没有。

(七)设立中公司的地位

由于设立中的公司还不是正式成立以后的公司,即使获取预先核准的公司名称,也没有独立的商事主体资格,因而只能从事与设立事务有关的活动,不能从事营业范围内外的经营活动,有人称此时的公司为准法人,或者没有权利能力的社团。有人称设立中公司与成立后公司在本质上属于同一体,只是前者如自然人处于胎儿状态,尚未取得独立人格。一旦登记设立,设立中公司的认股人即转化为成立后公司的股东,发起人或者创立大会选任的董事及监事即成为公司的机关,发起人代表设立中公司的行为结果归属于公司。当然,并非所有设立中公司的行为均可转归成立后公司承担。按照通常理解,凡是以公司设立作为目的的一切行为都是有效的;与公司相关联的法律上和经济上必要的行为,比如制作认股书等,具有经济上的合理性,应当有效;而那些开业准备行为也属于设立中公司的有效行为。美国公司设立采行备案制而非注册制,设立中公司的地位没有大陆法系传统国家那样突出。①

设立中公司的行为由发起人机关实施。设立中公司的议事机关,在有限公司时,为签署章程的所有股东,尽管他们还不是正式的股东。在股份公司发起设立时,为发起人会议。由于没有其他认股人,发起人会议的参加者也就是签订发起人协议和制定公司章程的全体发起人。在募集设立时,为创立大会,它是设立中公司的发起人、认股人组成的决定有关设立事务的临时性议事机关,类似于公司成立之后的股东大会。创立大会一般由发起人代表召集并主持,通常应有代表股份总数过半数的发起人、认股人出席,方可举行;会议决议经出席会议的认股人所持表决权过半数通过。

创立大会一般行使下列职权:(1)审议发起人关于公司筹办情况的报告;(2)通过公司章程;(3)选举董事会成员;(4)选举监事会成员;(5)对公司的设立费用进行审核;(6)对发起人用于抵作股款的财产的作价进行审核;(7)发生不可抗力或者经营条件发生重大变化直接影响公司设立的,可以作出不设立公司的决议。

(八)设立登记

公司设立事务完成后,需要办理公司登记手续。不过,市场经济发达国家通常采取形式审查、备案性质的登记制度,中国从2004年开始也转为类似的制度。

---

① 参见朱锦清:《公司法学》(修订本),清华大学出版社2019年版,第143—153页。

在中国，有限公司由全体股东指定的代表或者共同委托的代理人，国有独资公司由国务院或者地方人民政府授权的本级国资委，股份公司由董事会向公司登记机关报送公司设立登记文件，申请设立登记。

公司的登记事项包括：名称；住所；法定代表人姓名；注册资本；实收资本；公司类型；经营范围；营业期限；有限公司股东或者股份公司发起人的姓名或者名称，以及认缴和实缴的出资额、出资时间、出资方式。

依法设立的公司，由公司登记机关发给《登记证》，在中国为《企业法人营业执照》。公司营业执照签发日期为公司成立日期。公司营业执照应当载明公司的名称、住所、注册资本、实收资本、经营范围、法定代表人姓名等事项。公司凭公司登记机关核发的《企业法人营业执照》刻制印章，开立银行账户，申请纳税登记。

（九）设立责任

发起人主宰公司的设立事务，并享有某些特权，如只准发起人用非货币形式出资等。为了保障公司设立的顺利进行，维护股东及债权人的利益，中国公司法对设立责任作了原则规定。

有限公司的股东不按规定缴纳出资的，除应当向公司足额缴纳外，还应当向已按期足额缴纳出资的股东承担违约责任。公司成立后，发现作为设立公司出资的非货币财产的实际价额显著低于公司章程所定价额的，应当由交付该出资的股东补足其差额；公司设立时的其他股东承担连带责任。

股份公司成立后，发起人未按照公司章程的规定缴足出资的，应当补缴；其他发起人承担连带责任。作为设立公司出资的非货币财产的实际价额显著低于公司章程所定价额的，应当由交付该出资的发起人补足其差额；其他发起人承担连带责任。另外，依据中国 2005 年修改《公司法》第 95 条的规定，股份公司的发起人应当承担下列责任：(1)公司不能成立时，对设立行为所产生的债务和费用负连带责任；(2)公司不能成立时，对认股人已缴纳的股款，负返还股款并加算银行同期存款利息的连带责任；(3)在公司设立过程中，由于发起人的过失致使公司利益受到损害的，应当对公司承担赔偿责任。

以上责任，大体上分属连带补足责任、股款返还责任和损害赔偿责任。中国公司法没有同时规定日本公司法上首任董事的连带责任。

（十）公司法人格否认制度

公司法人格否认法理，亦称揭开公司面纱或者直索责任，是指在承认公司法人人格独立的前提下，当特定法律关系中的公司独立人格不复存在或者被用于非法目的时，将公司背后的实际责任人与公司视为同一体，责令其与公司承担连带责任的一项原则或者制度。在市场经济发达国家，该法理仍主要表现为由司法裁判机关针对个案谨慎适用的衡平工具，并根据不同情形逐渐衍生出既相互联系又各自独立的深石原则、自动居次原则、衡平居次原则和实质合并原则等判例规则。

中国 2005 年修改《公司法》第 20 条第 3 款以及第 64 条[①]的规定，为我国引进公司法人格否认法理确立了成文规则，来自学界的溢美之声不绝于耳。其中最具代表性的意见有："公司法人格否认制度的确立是我国公司法制度的一个重大突破，同时也是世界公司立法的一个创

① 其中第 20 条第 3 款的内容为："公司股东滥用公司法人独立地位和股东有限责任，逃避债务，严重损害公司债权人利益的，应当对公司债务承担连带责任。"第 64 条(现行《公司法》第 63 条)的内容为："一人有限责任公司的股东不能证明公司财产独立于股东自己财产的，应当对公司债务承担连带责任。"

新。”[①]“《公司法》寥寥几十字，就将英美判例法上发展了几十年的一项判例制度以成文法的方式引入，不能不说是一个创举。”[②]“我国立法者有着足够的睿智和勇气，把这一制度写入成文法本身就是一大创举，是我国公司法对世界公司法的一大贡献。”[③]有人更进一步指出：“虽然这一制度本身早被许多国家所采用，但把它作为一个成形的法律制度统一、明确、系统地规定在成文法中，的确是我国公司法的重大创新。”[④]公司法成为“在成文法中最明确地规定公司法人格否认（揭开公司面纱）的立法例”。[⑤]

当然，也有学者对其采取较为谨慎的态度，主张严格限制其适用范围。[⑥] 有人虽然一方面认为：“新《公司法》在吸取国际公司法经验以及因应国内司法实践难题的基础上大胆地作出了原则性的成文法规定是国际公司法上的一大突破”，但同时又心存疑虑：“对此规定在中国公司法中的实践图景却不能盲目乐观，因为成文法固有的局限性和公司实践的多样性和多变性始终是一个矛盾，揭开公司面纱规则的成文法做法是否妥当、有效，目前尚无法得出结论。”[⑦]来自司法裁判第一线的法官更是深表忧虑，甚至认为：“由于实践中公司股东滥用公司法人格的情形多种多样且相当隐蔽，因此以立法的形式来固定公司法人格否定法理的适用要件和场合，已经远远超出了立法者之能力，即使在强调成文法和法律体系逻辑性的大陆法系国家亦是如此。因此，人民法院只能根据公平、正义的法律理念去判断某一具体案情，并依据诚实信用、善良风俗和权利滥用禁止等民法基本原则，在个案中实现这一制度规则的公平、正义的价值目标，从而更好地体现出公司法人格否定制度的精髓。”“修订后的《公司法》第 20 条属于衡平性规范，体现出原则性、模糊性和补充性的品质，未对公司法人格否定制度或揭开公司面纱规则的具体适用标准作出明确规定，为最高人民法院的后续司法解释工作预留了‘制度接口’。”[⑧]最高人民法院还将“关于关联企业破产实体合并法律适用问题的调研”列入 2008 年公开招标的重点调研课题，从某个侧面反映出我国最高司法审判机关对上述规则司法适用难点的关注程度。本章导入案例中最高人民法院的终审判决所体现的公司法人格否认法理的内涵是：在同一控股股东名下又有相互持股资金互通利益共享关系的关联公司之间，某公司不能清偿的债务由姐妹公司共同承担。作为典型的大陆法系传统法域，虽然上述案例所体现的法理无法形成如英美判例法那样的判例，但成为最高司法审判机关的指导案例还是不成问题的。其中的法理价值，或者体现公司法人格否认法理真谛的关键点，以及与我国学界主流理论的不同之处，起码可以提炼出如下几点：

第一，“人格滥用”情形，并非我国公司纠纷裁判的唯一依据。在该案中，当年沈华源在香港设立沈氏公司，以及沈氏公司先后到中国内地设立房屋公司、装饰公司和娱乐公司，后来的装饰公司改设为由沈氏公司和娱乐公司共同投资的中外合资经营企业，虽然形成关联公司关系，但并未出现违法情节。以装饰公司名义向中国银行分支机构取得贷款，以及后来由关联公司相互担保，均无证据证明有哪个主体进行了欺诈或者恶意串通。直至在该银行不良债务转

---

① 赵旭东：《公司法学》（第二版），高等教育出版社 2006 年版，第 10 页。
② 朱慈蕴：《公司法人格否认：从法条跃入实践》，《清华法学》2007 年第 2 期。
③ 刘俊海：《新公司法中揭开公司面纱制度的解释难点探析》，《同济大学学报（社会科学版）》2006 年第 6 期。
④ 赵旭东：《公司法学》（第二版），高等教育出版社 2006 年版，第 10 页。
⑤ 王保树、崔勤之：《中国公司法原理》，社会科学文献出版社 2006 年版，第 48 页。
⑥ 石少侠：《公司人格否认制度的司法适用》，《当代法学》2006 年第 5 期。
⑦ 吴越：《公司法先例初探》，法律出版社 2008 年版，第 281 页。
⑧ 刘建功：《公司法第 20 条的适用空间》，《法律适用》2008 年第 1、2 期。李国光、王闯：《审理公司诉讼案件的若干问题——贯彻实施修订后的公司法的司法思考》，载奚晓明《民商事审判指导》（2005 年第 2 辑），人民法院出版社 2006 年版，第 54 页以下。李国光、王闯：《公司人格否定制度和揭开公司面纱规则的法律适用》，载 http://www.9ask.cn/blog/user/leijingqi/archives/2007/15905.html，2009 年 1 月 11 日访问。

让给该案原审原告，进入诉讼程序后，娱乐公司以除斥期间或者诉讼时效已过作为免除连带担保责任的抗辩理由，也是行使其正当的诉讼权利，难以判定其具有逃避银行巨额债务的主观恶意。证明几个关联公司具有"客观恶意"，同样困难重重。因此，尽管四川省高院法官刻意围绕现行《公司法》第 20 条第 3 款的构成要件陈述其判决理由，最高院实际是否决此种尝试的，这一案例所体现的公司法人格否认法理精髓，可能成为风向标，对各级法院审理同类案件具有很强的指导意义。

第二，"人格混同"可以扩及一人公司之外的普通公司。该案中的房屋公司为港商独资企业，装饰公司一开始也是港商独资企业，根据我国《公司法》第 217 条有关法律适用顺序的规定，应当适用该法中有关一人公司的规定，特别是在否认其法人格时，完全可以适用第 64 条，起码在最高院并不赞同下级法院有关"人格滥用"情节的认定，转而留意于关联公司之间人格混同时，适用一人公司法人格否认的特殊规则，也许更加合理。但也有无法逾越的障碍，即娱乐公司不仅不是一人公司，而且还是由两个港商独资企业共同投资的内资企业，讼争时已有十余年历史，尽管其背后的实际控制人也是沈华源，但轻言其为实际上的一人公司，甚至认定其设立无效，显然不妥。装饰公司变更为中外合资经营企业后，亦然。最高院不以担保责任为由，维持下级法院有关三家公司对外承担连带清偿责任的做法，不管是有意还是无意，结果无疑将"人格混同"的法人格否认法理适用情形扩及一人公司之外的普通公司，蕴含着该法理同时适用于"人格混同"情形的思想。

第三，适用公司法人格否认法理的直索对象包括股东但不限于股东。正如上所述，我国理论界以及司法实务界通常认为公司法人格否认法理的直索对象，应当严格局限于躲在公司面纱背后的股东。前述在我国法学界公司法人格否认法理研究领域处于领先地位的朱慈蕴教授，在其代表作《公司法人格否认法理研究》一书中就强调：适用公司法人格否认法理的主体要件包括"公司法人格的滥用者"，而"公司法人格之滥用者应限定在公司法律关系的特定群体之中，即必须是该公司之握有实质控制能力的股东"。① 尽管有人对此提出质疑，甚至举出反证，②司法实务界也在公司法修改之后做出积极回应，并从体系解释的角度论证立法本意中直索对象扩展的原因③，朱教授还适时对其观点进行修正，不仅将公司法人格否认法理的适用主体扩展至姐妹公司，而且主张"在特定场合下反向适用公司法人格否认规则，令子公司承担母公司的债务，保护债权人的利益，同样符合立法意图"④，但没有进行充分的理论论证，所以此观点并未取得主流地位。上述最高院判决的示范意义在于：其人格混同的姐妹公司当然被视为同一体，即使不是股东也没有直接投资关系的关联公司，在一定条件下仍难以逃脱连带清偿责任。

第四，公司面纱背后的实际责任人并不限于补充责任。前述最高院判决案例所体现的公司法人格否认法理的另一个亮点，是最终判定涉案人格混同的三个姐妹公司对外承担共同连带责任而非主从连带责任。关于法人格否认之后公司面纱背后的实际责任人，应当与第一债务人公司之间处于何种连带地位，是共同连带还是主从连带，债权人是否必须先向主债务公司主张债权，只有当该公司倾其所有仍不能清偿或者不能全部清偿时，公司背后的实际责任人才

---

① 朱慈蕴：《公司法人格否认法理研究》，法律出版社 1998 年版，第 153 页。

② 吴建斌等：《论脱壳经营直索责任效力范围的扩张》，载王保树主编《商事法论集》（第 8 卷），法律出版社 2005 年版，第 65 页以下。

③ 刘建功：《公司法第 20 条的适用空间》，《法律适用》2008 年第 1、2 期。

④ 朱慈蕴：《公司法人格否认：从法条跃入实践》，《清华法学》2007 年第 2 期。

须承担补充责任，国际上做法并不统一，国内学界也众说纷纭、莫衷一是。[①] 由于最高院自1994年至2007年期间所作的一系列司法解释都是坚持有限补充责任的立场，实际上与公司法人格否认法理的本意，即在特定法律关系中无视公司人格的独立性，将公司与其背后的责任人视为同一体的精神，存在本质区别。本案中最高院判决可谓一反常态，冲破藩篱，正本清源。尽管由此引发的连锁反应以及如何构建配套制度防止"滥用法人格否认法理"对于公司股东有限责任原则造成的冲击尚待研究，但此种尝试的学理依据起码是能够经得起推敲的。

第五，公司面纱背后的实际责任人的责任不受注册资本数额的限制。根据上述最高院判决案件披露的数据，不考虑相互持股所形成的实际注册资本数额的抵消因素，案件中三个姐妹公司总资本额不足2 000万元，而终审判决确定装饰公司偿还借款本金1 986万元，分段计算出2006年5月16日之前的利息为1 417万元，两者合计就有3 400余万元，远远大于三个姐妹公司的累计资本总额。因上述三个姐妹公司在同一控股公司的支配之下，资产、人员、业务、权益严重混同，要想分清相互之间的真实资产状况，以及与注册资本相比孰大孰小，几乎不可能，或者费用太高。为节省审理成本，也为债权人争取更多的实际利益，完全不考虑三个姐妹公司本身的注册资本数额以及清偿顺序，直接判决它们以合计总资产对外承担清偿责任是明智的。[②]

有关美英德日的公司法人格否认判例规则的研究，国内学者著述或者译注也不断增加。[③]

三、股份和股票

【案例1—3】

1999年大阪地方法院判决的两起大和银行股东代表诉讼案，因诉讼标的超过10亿美元，涉案董事、监事多达数十位而轰动一时。原审法院的判决意见还特别强调，董事不仅要对董事会表决的事项负责，还要对建立和完善防止员工违法行为的内部监管体系负责，即使并非主管董事，或者仅为外部独立董事、监事，也不能免除责任。[④] 其中一起案件的判决结果认定由该银行纽约分行行长、内部执行董事井口1人承担5.3亿美元的赔偿责任，其他38位被告不予赔偿；另一起案件的49位被告中，有11位被认定对公司承担赔偿责任。由于他们发现上述行长及其下属的不法行为后，没有依法及时报告或者做出虚假报告，结果被美国主管当局课以3.4亿美元的罚金，连同支付律师费1 000万美元，造成公司3.5亿美元的经济损失。两案在上诉审中达成和解，以被告同意赔偿2.5亿美元结案，引起日本企业界的极大震动。[⑤]

请问：

1. 股东代表诉讼的提诉人是否具有代表和代位公司起诉的法律地位？

---

① 江平、赵旭东、陈甦、王涌：《纵论〈公司法〉的修改》，http://www.ccelaws.com/shangshifaxue/2009－01－01/3822.html，2009年4月12日最后访问。

② 吴建斌：《公司法人格否认成文规则适用困境的化解》，《法学》2009年第7期。另外，2013年1月公布的最高人民法院指导案例15号"徐工集团工程机械股份有限公司诉成都川交工贸有限责任公司等买卖合同纠纷案"，原审依据民法规定，终审参照《公司法》第20条判决关联公司对外承担连带清偿责任，而全体自然人股东免于承担责任，尽管存在瑕疵，但实际上已经确认了公司人格混同这一种新的法人格否认的适用情形。

③ 朱锦清：《公司法学》(修订本)，清华大学出版社2019年版，第162—220页。[英]保罗·戴维斯、莎拉·沃辛顿著，罗培新等译：《现代公司法原理》(第九版)，法律出版社2016年版，第211—220页。葛伟军：《英国公司法讲义》，法律出版社2014年版，第65—75页。高旭军：《我国公司人格否认制度适研究——以与德国比较为视角》，法律出版社2014年版，第67—77、103—127页。[日]山本为三郎著，朱大明等译：《日本公司法精解》，法律出版社2015年版，第17—21页。黄辉：《现代公司法比较研究——国际经验及对中国的启示》(第二版)，清华大学出版社2020年版，第105页以下。

④ [日]清水真：《外部董事的责任》，《商事法务》2000年第1575期。

⑤ [日] 河本一郎：《谈谈大和银行股东代表诉讼案的和解》，《董事法务》2002年第1期。

2. 股东代表诉讼中公司的地位应当如何理解?

3. 提起代表诉讼的股东与被告实行和解的效力如何?

4. 如何防止股东恶意诉讼?

本案涉及股东权利之一——股东代表诉讼权问题,而股权为持有公司股份的人的权利。在股份公司,股份通常采取股票这样的有价证券形式,下面分别予以介绍。

(一)股份

传统公司法理论认为股份既是股份公司资本的构成单位,又是公司社员也即股东在公司中的地位股权的象征,一般表现为股票这一有价证券的形式。而有限公司中象征股东权利的则为出资份额,通常用股权证、出资证明书等表示。随着公司法理论的发展以及各国公司法的不断修改,很多国家公司股份与公司资本之间已经不再关联,在额面股溢价发行、额面股与无额面股混合发行以及仅发行无额面股时,更是如此。因此,股份为公司发行的用于表彰股东在公司中身份和财产权利的比例单位,持有股份的人就是公司股东。①

股份的形式一般有额面股和无额面股之分。额面股是指在章程中规定股份的金额,并将其明确标示于股票上的股份。无额面股是指在章程中不规定股份的金额,在股票上也不标明面额,而仅标明股份数量的股份。额面股和无额面股的区别只是股份所采取的不同形式而已,并不涉及股份所包含的具体股权内容的不同。中国《公司法》第 127 条规定,股票发行价格可以按票面金额,也可以超过票面金额,但不得低于票面金额。可见,中国允许发行额面股,但并未对无额面股作出规定,实践中一般也不发行无额面形式的股份。在公司制改革初期,常常出现各个公司股份面额大小不一的情况,目前通常为一股一元,其面额意义不大。海外发行上市的公司股份面额差异很大,如阿里巴巴拆分股份后到香港联交所二次 IPO 的面额就很小。

股份的均等化,体现的是股权平等化,但它指的是同一种类的每一个股份应当具有相同的权利。在实践中,考虑到投资者的投资目的以及风险偏好有所差异,为了更方便、广泛地筹集社会资金,法律上允许以章程设置权利内容不同的股份,以适应企业调度资金的需要。因此,同股不同权的争议放在这一视野下,将其视为特别表决权股份等特殊安排,争议也许会自然平息。

常见的股份分类有普通股和特别股。特别股中又有优先股与劣后股。还有赎回股和非赎回股、转换股和非转换股、表决权股和无表决权股等。记名股和无记名股虽然并无权利内容上的差别,但在权利的行使、转让方式上等有所不同。下面介绍不同的股份类型。

1. 普通股与特别股

普通股与特别股的划分标准是其持有人所享有的权利不同。普通股是其持有人既享有自益权又享有共益权,地位与其他股东平等,并无差别待遇的股份。特别股是其持有人的某项权利不同于其他股东的股份,包括优先股和劣后股。优先股按章程或股东大会确定的股息率,可以在普通股股东分红之前优先分取股息的股份。具体又可分为累积优先股和非累积优先股,以及参加优先股和非参加优先股。累积优先股在当年盈余不足以按预先约定的股息率分配时,可将未分配部分移到下一年累积计算。参加优先股在按约定的比例分得股息后,还可参加普通股的分红,股东的自益权比非累积或非参加的优先股大。劣后股亦称后配股,其只能在满足普通股红利分配要求之后分配公司盈余。一旦发行劣后股,普通股实际上变成了优先股。在经济萧条、筹资困难,而发起人又看好公司发展前景,并争取先机之利时,可以认购劣后股为

① [日]近藤光男著,梁爽译:《最新日本公司法》(第 7 版),法律出版社 2016 年版,第 50 页。

筹码,激发社会公众认购普通股或者优先股的热情。已经成立的公司发行劣后股,也可以产生不损害原有股东利益的功效。

至于近年出现的同股不同权的新型股份,如美国很多公司普通股再作A、B、C股等区分,创始股东所持股份的表决权通常为对外发行股份的5～10倍,以免在股份稀释时失去创始股东的实际控制权,中国新浪、京东等公司纷纷效仿,京东实际控制人刘强东所持股份表决权中就是其他股份的20倍;阿里巴巴则在引入软银、雅虎等战略投资者时,通过协议安排“湖畔合伙人”那样的公司核心员工,包括马云等人所持的股份,享有推选2/3以上董事会候选人的权利。这可以理解为是对于普通股和特别股分类的突破和发展,具有创新意义。我国在非上市公众公司规范中率先认可上述股份发行方式,其实上海证券交易所和深圳证券交易所的科创板、创业板上市中,已经不乏此类公司。如2020年1月20日科创板上市的优刻得科技股份有限公司。

2. 赎回股和非赎回股

赎回股和非赎回股是按照股份是否规定期限并届期由公司归还本金后予以收回而划分的。赎回股也称偿还股、返还股,是公司按章程规定的期限及条件收回股票,返还股款的股份,类似于公司债。非赎回股也称非偿还股、非返还股,是不规定期限也不能由公司赎回的股份。赎回股的发行通常与优先股相结合。优先股可以使得公司方便地筹集社会资金,但时间一长,势必会增加公司的资金成本,对普通股的股东也不公平,在发行累积的参加优先股时更是如此,而设置赎回股,问题就可以迎刃而解。当然,发行赎回股与其他特殊的股份一样,须在章程中明确预定发行的数额及内容。在实务中,发行公司一般从可分配盈余中事先提取偿还基金。全部偿还与部分偿还均可,但为了遵循股东平等的原则,通常采取从证券市场购入、抽签或者按持股比例偿还等方法。

近年中国各地法院处理了不少公司按照原始章程或者修改章程规定收回离职、退休等特定股东股权的纠纷案件,大多将《公司法》第71条第4款章程有关股权转让特殊规定作为裁判依据,而实际上为章程附条件回购或者赎回规定或者股东会修改章程决议的效力争议。最高院指导性案例已经认可原始章程规定的效力,[①]还有很多地方法院同样认定修改章程相关条款的效力。[②] 尽管上述纠纷多出现在有限公司,涉及股权而非股份,但股份公司依据章程或者与股东间的协议收购股份的纠纷也时有发生。[③]

3. 转换股和非转换股

转换股和非转换股是依据股份能否转换为其他种类的股份或者公司债来划分的,以股份之间的相互转换居多。转换股是指按照公司章程的规定,股东可以请求公司将其所持有的股份转换为其他种类股份的股份。非转换股则不能转换。发行转换股的,须在章程中规定转换条件、转换期间等内容。如章程未规定的,在公司设立之时,以发起人全体同意决定;在公司成立后,由股东大会或者董事会决定。原有的股份因转换而消灭,并以发行的新股取代之,新旧股份的发行价一般相同。转换请求权人请求转换的,须向公司提出载明转换数量及日期的转

① 2018年最高人民法院指导案例96号“宋文军诉西安市大华餐饮有限公司股东资格确认纠纷案”的裁判要点如下:国有企业改制为有限责任公司,其初始章程对股权转让进行限制,明确约定公司回购条款,只要不违反公司法等法律强制性规定,可认定为有效。有限责任公司按照初始章程约定,支付合理对价回购股东股权,且通过转让给其他股东等方式进行合理处置的,人民法院应予支持。另见(2014)西中民四终字第00277号民事判决书;(2014)陕民二申字第00215号民事裁定书。另见(2015)民申字第2819号民事裁定书。

② 参见(2012)苏民监字第0059号民事裁定书。(2013)宁商终字第1337号民事判决书。(2017)0102民初8552号民事判决书。(2020)苏01民终1996号民事判决书。

③ 吴建斌:《股份转让自由原则再审视》,《南京大学学报(哲学·人文科学·社会科学)》2015年第3期。

换申请书,申请书通常随附相应的股票。转换的效力自请求时发生,但为了计算上的方便,有关盈余、股息的分配截止日期,可以章程规定或者董事会决议确定为申请当年或者上年的会计年度结束之时。

4. 表决权股和无表决权股

表决权股和无表决权股是依据持股人有无表决权所进行的分类。表决权股与无表决权股的区别在于,其持有人对股东大会议决的事项有无表决权。表决权股通常为普通股,无表决权股通常为优先股。表决权本来是股份共益权中最基本和最主要的权利,但有的投资者无意参与公司的管理事务,随着大型公司股份的高度分散化,单个股东也往往无力参与公司的管理事务或者因参与成本太高而放弃权利。为了适应这部分投资者的需要,同时保护其合法权益,贯彻股东平等的原则,通常通过赋予其盈余分配上的优先权加以平衡。公司发行无表决权股的另一个目的,是在调度资金的同时,维持原股东对公司的控制权,同时,也不妨碍其参与特定种类股份的股东会议以及表决的权利。表决权的表决事项,表决权权重的不同安排,近年在各国公司尤其是上市公司实践中频频被采纳。

5. 记名股和无记名股

记名股和无记名股的划分依据是股份的证券形式即股票上是否记载持有人姓名。凡记载者为记名股份,否则为无记名股份。两者发行、转让及权利行使方式不同。记名股份发行时须将股东姓名或名称记载于股票,并录入公司的股东名册,转让时以股东名册记载为向公司主张股东权利的对抗要件,股东行使权利时无须出示股票。无记名股份凭交付发行和转让,但出席股东大会会议时,持有人应当于会议召开前将股票交存公司,直至会议结束。由于公司难以了解和掌握无记名股份股东的持股动态,股份事务的处理较为复杂,股票丧失后的救济也困难重重,故中国现行《公司法》第 129 条规定,公司发行的股票,可以为记名股票,也可以为无记名股票。公司向发起人、法人发行的股票,应当为记名股票,并应当记载该发起人、法人的名称或者姓名,不得另立户名或者以代表人姓名记名。这里的无记名股票为无记名股的凭证,实践中通常不发行无记名股。

(二)股东

1. 股权及其分类

股东即持有公司所发行的股份(包括有限公司股权)的人,包括自然人、法人和其他组织。公司应当根据持股比例平等地对待每一位股东,而不允许对持有同一种类的相同数量股份的股东实行差别待遇,这就是股东平等原则。如前所述,在股东与公司的关系上,表现为股东凭其所持股份拥有的股东权与公司作为在全体股东投资财产基础上的公司财产所有权的关系。公司作为独立的财产所有权人,参与商事交易,独立承担交易后果,又按法定的分配顺序让股东分享盈余。公司的其他财产利益最终也归全体股东所有,但要在公司解散或破产清算后,股东才能实现其最终所有权人的权利。在公司存续期间,股东通过行使表决权、账簿查阅权等来表达自己的意思,通过参与分红、配股、剩余财产分配乃至转让股份,实现自己的财产权利。股权一般可以分成自益权和共益权、单独股东权和少数股东权,以及固有权和非固有权等几组。

(1)自益权和共益权。这是根据股权内容的不同性质所进行的区分。自益权是指股东为自己的利益而行使的权利,如盈余分配请求权、剩余财产分配请求权、新股认购权、股份收购请求权、股票交付请求权、过户请求权等。共益权是指股东为公司、全体股东或者某类股东的利益而行使的参与公司经营管理的权利,主要为参与股东大会及其投票表决权,另外如选举权、提案权、质询权、撤销股东大会决议之诉的起诉权、代表诉讼提起权、股东大会召集请求权、股东大会召集权和主持权、公司账簿查阅权、公司解散请求权等。

(2)单独股东权和少数股东权。这是根据股权行使的基数不同所进行的区分。单独股东权是指即使持有一股的股东也能行使的权利,少数股东权是指持股的数量或者比例达到一定程度后方能行使的权利。前者包括各种自益权,以及共益权中的表决权、董事和监事选举权、质询权、撤销股东大会决议之诉的起诉权、代表诉讼提起权、公司解散请求权等。后者为共益权中的提案权、股东大会召集权、公司账簿查阅权等。

(3)固有权和非固有权。这是根据股权是否涉及股东的根本利益,能否通过股东大会决议剥夺而进行的区分。固有权涉及股东的根本利益,即使通过股东大会决议也不能剥夺,如大部分自益权;其他的则是非固有权。这一区分目前已无实际意义。[①]

2. 股东的义务

股份公司作为典型的资合公司,与股东的个性没有多大关系。正因为如此,其股东对公司所负的义务也与人合公司有明显不同。例如,人合公司中的无限责任股东负有竞业限制义务,而对股份公司的股东根本不作这样的要求。通常而言,股东对股份公司仅负出资义务。不过,对这一结论要做具体分析。在公司正式成立之前,设立时发行的股份须全部认足并按照章程规定缴纳,即使非货币出资,也要实际给付并办理财产权属的过户登记手续,转变为公司所有的财产。然而,履行出资义务的人实际上并非股东,而是认股人。履行了出资义务的认股人随着公司的登记成立,转化为股东后,其实对公司不承担任何义务。当然,未履行或者部分履行出资义务的认股人转化为股东的,以及新股发行时行使新股认购权尚未履行或者部分履行出资义务的股东,仍不能免除出资义务。有限公司的情形基本相同。至于中国《公司法》第 20 条以下有关“公司股东不得滥用权利、公司的控股股东、实际控制人等不得利用其关联关系损害公司利益,否则承担赔偿责任”的规定,则是针对特定股东的特殊规则。而英美国家公司法上的控股股东、实际控制人诚信(信托、信义)义务以及在公司纠纷裁判中的适用,近年逐渐引起国内学界的注意,相关文献也日趋增多。[②] 但股东诚信义务与权利不得滥用原则之间的关系仍需进一步澄清。

3. 少数股东权利的保护

少数股东是与多数股东相对应的概念,是指在特定公司中持股的数量或者比例达到一定程度,但仍处于不足以影响公司决策地位的单个或者数个股东。少数股东与小股东、散户并不完全相同。相对于大股东的小股东是完全从持股数量或者比例上小于大股东的那部分股东,但假如若干小股东联合起来,结成统一战线,采取一致行动,就可能在公司股东会议表决时处于优势地位,决定公司的意志,这样,小股东联合成为多数股东,而意见对立的大股东则反而沦为少数股东。

本来,股份均等、股权平等、实行资本多数决,是公司尤其是股份公司营运应当遵循的基本规则。公司的民主式治理结构和资本多数决原则符合法学和经济学原理。但真理跨前一步就有可能变成谬误。由于少数股东出资较少,对公司的贡献、承担的义务不多,决定其不能享有

---

① [日]前田庸:《公司法入门》(第 12 版),北京大学出版社 2012 年版,第 66 页。

② 汤玉枢:《关于支配股东诚信义务的理论思考》,《华侨大学学报(哲学社会科学版)》2002 年第 2 期。郭富青:《公司收购中目标公司控股股东的诚信义务探析》,《法律科学》2004 年第 3 期。朱慈蕴:《资本多数决原则与控制股东的诚信义务》,《法学研究》2004 年第 4 期。朱慈蕴:《对股东诚信义务的再思考》,《中国法律》2007 年第 4 期。刘凯:《控制股东的信义义务及违信责任》,《政法论坛》2009 年第 2 期。张学文:《封闭式公司中的股东信义义务:原理与规则》,《中外法学》2010 年第 2 期。王心怡:《我国机构投资者信义义务体系的反思与重构——以尽责管理义务的引入为视角》,《法商研究》2017 年第 6 期。朱锦清:《公司法学》(修订本),清华大学出版社 2019 年版,第 16 章。

更多的权利，在资本多数决原则的作用下，因多数股东滥用该原则，形成多数股东的意志即为公司意志，并完全无视甚至严重侵害少数股东权益的专制统治，使得以股份均等、股权平等为基础形成的资本多数决原则，最终走向平等、公平理念的反面，因此，对资本多数决原则进行适当限制和矫正，对少数股东予以特别保护，符合扶助弱者的法制精神。[①]

2004 年 12 月，中国证监会发布《关于加强社会公众股股东权益保护的若干规定》，引入不同于国外规范分类的流通股、非流通股分类表决制度。2005 年修改《公司法》则强化、改进、新增了诸多保护股东权利，主要是保护少数股东权利的规则。除了前述控股股东、实际控制人的消极义务外，另有有限公司股东账簿查阅权，临时股东会议召集请求权、提案权，股东大会召集主持权，股份公司董监事累积投票制，股权收购请求权，损害赔偿请求权，股东代表诉讼权，公司财务会计报告查阅权以及解散公司请求权。

股东账簿查阅权。账簿查阅权为公司股东对公司的会计账簿、会计凭证和有关记录进行查阅的权利。它是股东知情权的一种，是保障股东了解、掌握公司实情，保证其对公司业务进行有效监督的前提和手段。不过，股东账簿查阅权与管理层控制管理公司、维护公司的正常营运之间会产生矛盾和冲突，应适当平衡。2005 年《公司法》修改时赋予了有限公司股东一定的权利。根据该法第 33 条第 2 款，股东可以要求查阅公司会计账簿。股东要求查阅公司会计账簿的，应当向公司提出书面请求，说明目的。公司有合理根据认为股东查阅会计账簿有不正当目的，可能损害公司合法利益的，可以拒绝提供查阅，并应当自股东提出书面请求之日起 15 日内书面答复股东并说明理由。公司拒绝提供查阅的，股东可以请求人民法院要求公司提供查阅。股东账簿查阅权虽非为少数股东特设，但显然多为小股东或者少数股东所利用。

临时股东会议召集请求权、提案权。中国《公司法》虽已将有限公司股东会议的议事规则交由公司章程自治处置，但仍在第 39 条第 2 款中规定“代表 1/10 以上表决权的股东等，有权提议召开临时股东会议”；该法第 100 条第 3 项则规定“单独或者合计持有公司 10%以上股份的股东请求时”，公司“应当在 2 个月内召开临时股东大会”；而依据该法第 102 条，“单独或者合计持有公司 3%以上股份的股东，可以在股东大会召开 10 日前提出临时提案并书面提交董事会；董事会应当在收到提案后 2 日内通知其他股东，并将该临时提案提交股东大会审议。临时提案的内容应当属于股东大会职权范围，并有明确议题和具体决议事项。股东大会不得对前两款通知中未列明的事项作出决议”。

股东大会召集主持权。这是 2005 年中国修改《公司法》根据司法实践的经验，特别增加的股份公司少数股东权利。因涉案公司福建省宏智科技王姓第一大股东提议召集临时股东大会，改选全部董监事未被采纳，该股东实际行使股东大会召集权后，与原董事会发生会议主持权争夺战，造成两个会场就同一议案分别作出截然相反的股东大会决议，并均被法院判决无效的戏剧性结果。1993 年公司法确定董事长主持会议，中国证监会上市公司股东大会规范意见虽有召集股东主持的规则，但未被法院采信。[②] 修法时直接作出规定，有利于定分止争。

股份公司董监事累积投票制。累积投票制是指规定股东大会选举董事或者监事时，每一股份拥有与应选董事或者监事人数相同的表决权，股东拥有的表决权可以集中使用的制度。

---

① 吴建斌：《跨国投资中少数股东在中国的保护问题》，载《第三届企业跨国经营国际研讨会会议论文集》(1999 年)。赵旭东：《公司法修改中的中小股东保护》，载《公司法修改国际研讨会论文集》(2004 年)。黄健：《保护少数派股东的法理基础与价值探析——以美国的理论和实践为参照》，载王保树主编《转型中的公司法的现代化(21 世纪商法论坛)》，社会科学文献出版社 2006 年版，第 580 页以下。王志诚：《闭锁性公司少数股东之保护》，载王保树主编《转型中的公司法的现代化(21 世纪商法论坛)》，社会科学文献出版社 2006 年版，第 475 页以下。

② 汪恭彬：《宏智控股权之争考验　公司法修改立法理念之惑》，《21 世纪经济报道》2004 年 6 月 19 日。

此为美国首创，现已被许多国家公司法采用。中国证监会原已对上市公司提出要求，现作为任意性规范推荐给所有股份公司。据此，股份公司股东大会选举董事、监事，可以依照公司章程的规定或者股东大会的决议，实行累积投票制。

股权收购请求权。这是股东在一定条件下请求公司收购其持有的股权的权利。因公司此时回收发行在外的股份，故有人也称其为股份回购，但股份回购容易与银行的国债回购业务相混淆，因此，我们仍用“股权收购请求权”表示。我们在前文一再强调，股东投入公司的资产已经归属于公司，股东无权再予处分，公司成立后，股东也不得抽逃出资。股权可以转让给除公司以外的其他人，否则构成退股，与抽逃出资无异。但是，股东的股权构成其与特定公司之间的关系，股东的目的是投资获利，当公司出现特殊情况而股东又无法或者不便转让股权时，应当给予他们顺利退出公司的机会，股权收购请求权应运而生。

损害赔偿请求权。在侵权行为法上，损害赔偿请求权为主要的、基本的权利救济方式。《公司法》作为商事组织法，在两个层面上设置了特别规定。一是该法第 152 条，即“董事、高级管理人员违反法律、行政法规或者公司章程的规定，损害股东利益的，股东可以向人民法院提起诉讼”。此为对加害董事等的损害赔偿请求权。二是该法第 214 条，即“公司违反本法规定，应当承担民事赔偿责任和缴纳罚款、罚金的，其财产不足以支付时，先承担民事赔偿责任”。包括公司的行为侵害特定股东权益的，受害股东可以直接行使损害赔偿请求权。

股东代表诉讼权。股东代表诉讼是指当公司权利受到损害，应当行使诉权的公司拒绝或怠于行使权利时，公司股东可以代表公司进行诉讼的法律制度。该制度是现代公司法的一项重要内容，成为弥补公司治理结构缺陷及其他救济方法不足的必要手段，在保护中小股东权益等方面发挥着重要作用。[①] 该制度最早由 1828 年英国的衡平法判例所创立，也称派生诉讼或代位诉讼。大陆法系国家如法国、德国、日本先后引入此项制度，具有代位性和代表性双重性质。中国 2005 年修改《公司法》第 152 条(现行第 151 条)将其引入，对遏制公司董事、高管人员恣意侵害公司权益的行为发挥了一定的作用。

公司财务会计报告查阅权。现行《公司法》第 33 条规定有限公司股东有权查阅、复制公司章程、股东会会议记录、董事会会议决议、监事会会议决议和财务会计报告。该法第 165 条还规定，有限公司应当依照公司章程规定的期限将财务会计报告送交各股东。股份公司的财务会计报告应当在召开股东大会年会的 20 日前置备于公司，供股东查阅；公开发行股票的股份有限公司必须公告其财务会计报告。当然，此为单独股东权而非少数股东权。

解散公司请求权。公司成立之后，如果营运正常，即使经营期满也可延长。但对经营陷于困境，或者发生内讧，形成僵局，股东又无法找到其他退出机制的情形如何处理，1993 年《公司法》没有对应办法。现行《公司法》第 180 条第 5 项、第 182 条弥补了上述缺陷。据此，公司经营管理发生严重困难，存续会使股东利益受到重大损失，通过其他途径不能解决的，持有公司全部股东表决权 10%以上的股东，可以请求人民法院解散公司。法院一旦裁判解散，公司即进入清算程序。最高院关于公司法司法解释(二)第 1 条则又加以细化。

4. 股东名册

股东名册是公司为了确定股东及有关股权、股份的事项，记载公司法规定内容的账簿。但

① 刘俊海：《论股东的代表诉讼提起权》，载王保树《商事法论集》(第 1 卷)，法律出版社 1997 年版，第 85 页。周剑龙：《日本的股东代表诉讼制度》，载王保树《商事法论集》(第 2 卷)，法律出版社 1997 年版，第 262 页。吴建斌：《股东代表诉讼制度及其在我国的确立和完善》，《南京大学学报(哲社版)》2000 年第 1 期。刘俊海：《股东的代表诉讼提起权比较研究》，《中国民商审判》2002 年第 1 卷。

因其并不载明公司的营业及财产状况，故不属于商业账簿。由于股份公司特别是上市公司的股东处于不断变动之中，公司很难即时掌握股东的实际状况，因而无法处理其与股东之间集团性、划一性的法律关系，在公司确定盈余分配或者发送股东大会通知时，更需要确定究竟谁是股东。因此，中国《公司法》第 32 条、第 130 条分别要求有限公司和股份公司置备股东名册，作为处理公司与股东之间关系的一种技术性制度。

股东名册具有确定的效力，即使有人受让股份而成为实质上的股东，只要并未办理股东名册变更登记手续的，就不得对抗公司。在与公司的关系中，只能将登记在册的股东作为公司股东对待。另外，凡是登记在公司股东名册中的股东，无须证明其是否为实质上的股东，也可行使权利，此为股东名册的资格授予效力。股东名册还具有免责的效力，即公司让股东名册上的股东行使权利，即使该股东不是实质上的权利人，也在原则上不承担法律责任。

有限公司的股东名册应当记载下列事项：股东的姓名或者名称及住所；股东的出资额；出资证明书编号。股份公司发行记名股票的，股东名册记载下列事项：股东的姓名或者名称及住所；各股东所持股份数；各股东所持股票的编号；各股东取得股份的日期。发行无记名股票的，公司应当记载其股票数量、编号及发行日期。

公司在召集股东大会或者进行分红(盈余分配)时，需要采取一些技术上的措施，以便确定处于变动状态的股东。主要有冻结股东名册及确定基准日两种办法。公司可以规定在某个期间内，例如自 3 月 11 日起至 3 月 30 日召开股东大会年会时止，冻结股东名册，停止办理股权转让和设质过户登记手续。在此期间，即使发生股权转让或者设定质权，也对公司不发生效力。公司的股东仍然以被冻结的股东名册上的名单为准。公司还可以采取确定基准日的办法，即规定以某一日如 3 月 30 日为基准，在当天记载或者记录于股东名册上的股东或者质权人，视为可以行使权利的股东或者质权人。第二天即使将股份转让给他人，转让人仍然享有原股份上的权利；相反，受让人虽然实际取得股份的所有权，但不能取得基准日以前的表决权、分红配股权等部分权利。因此，基准日的翌日往往称为除权日，受让人取得的也是除权股。由于冻结股东名册及确定基准日关系到股东的切身利益以及股份转让的价格，因此，除在章程中已经规定相应的事宜之外，公司须于一定日期公告冻结股东名册的期间或者基准日，但已有章程指定的期间或者日期的除外。有限公司也可采取类似的方法。

(三)股份的转让

在股份公司中，以股份自由转让为原则，禁止或者限制转让为例外。有限公司的股权转让原则上受到法律或者章程的限制，以便维持其封闭性以及一定的人合性。中国 1993 年《公司法》对有限公司的股权转让仅设了两条规定；有关股份公司股份转让的地点和方式，发起人及董事、监事、高级管理人员转让，公司收购本公司股份的限制也过于严格。2005 年修改《公司法》就有限公司的股权转让设置了专章规定，就股份转让也进行了一些调整。

现行《公司法》第三章分别对有限公司股权的合意转让、强制转让以及自然转让进行了规定。据此，股东之间可以相互转让其全部或者部分股权。股东向股东以外的人转让股权，应当经其他股东过半数同意。股东应就其股权转让事项书面通知其他股东征求同意，其他股东自接到书面通知之日起满 30 日未答复的，视为同意转让。其他股东半数以上不同意转让的，不同意的股东应当购买该转让的股权；不购买的，视为同意转让。经股东同意转让的股权，在同等条件下，其他股东有优先购买权。两个以上股东主张行使优先购买权的，协商确定各自的购买比例；协商不成的，按照转让时各自的出资比例行使优先购买权。公司章程对股权转让另有规定的，从其规定。这是合意转让。强制转让有新增的依强制执行程序转让及依前述股权收购请求权转让两种。前者应当通知公司及全体股东，其他股东在同等条件下有优先购买权。其他股东自人民法院通知之日起满 20 日不行使优先购买权的，视为放弃优先购买权。关于自然转让的新规则为该法的第 75 条，即“自然人股东死亡后，其合法继承人可以继承股东资格；但是，公司章程另有规定的除外”。有关“继承股东资格”与“继承股权”之间究竟为何种关系，立法未予以明确，从字面上理解，似乎差别不大。

修改以后的股份转让规则有：(1)增加转让方式。原规定限于“依法设立的证券交易场所进行”，现增加“按照国务院规定的其他方式进行”，上市或者上柜交易的股份在特定交易场所转让是可行的，其他股份应当允许通过别的渠道进行转让，并由公设机构集中办理过户登记手续。(2)明确无记名股份转让凭交付生效。原规定记名股票由股东以背书方式或者法律、行政法规规定的其他方式转让，转让后在股东名册上进行变更登记。无记名股票(股份)也须在“依法设立的证券交易场所”进行交付方能生效，不符合无记名股票的特性，实践中也无法监督，现改为不限场所凭交付即生效，比较合理。(3)缩短发起人股份冻结期限。原规定发起人股份在公司成立之日起的 3 年内不得转让，现改为发起人持有的本公司股份，自公司成立之日起 1 年内不得转让。公司公开发行股份前已发行的股份，自公司股票在证券交易所上市交易之日起 1 年内不得转让。(4)公司高管股份禁售改限售。原规定公司高管任职期间股份不得转让，现改为公司董事、监事、高级管理人员应当向公司申报所持有的本公司的股份及其变动情况，在任职期间每年转让的股份不得超过其所持有本公司股份总数的 25%；所持本公司股份自公司股票上市交易之日起 1 年内不得转让。上述人员离职后半年内，不得转让其所持有的本公司股份。公司章程可以对公司董事、监事、高级管理人员转让其所持有的本公司股份作出其他限制性规定。(5)扩大允许收购公司自己股份的范围。就公司能否收购自己股份，中国未采取美国式的公司事先放开、事后监管的模式，而是选择大陆法国家原则禁止、例外允许的办法。首先规定不得收购本公司股份。其次将原来减资及合并时可收购的两种例外情形扩大为四种，新增将股份奖励给本公司职工和股东行使股份收购请求权的情形。同时，规定前三种应经股东大会决议；减资收购的，在 10 日内注销，其他途径应当在 6 个月内转让或者注销；为奖励职工，收购部分不得超过本公司已发行股份总额的 5%，并于收购后的 1 年内转让给职工；收购资金限于税后利润。2018 年再次修改扩大股份回购的情形，允许为兑现转换公司债回购股份，并设置了“上市公司为维护公司价值及股东权益所必需”这样的兜底条款。另外，公司不得接受本公司的股票(股份)作为质权标的。原则禁止收购公司自己股份的基本理由为德国立法机构提出的公司作为社团不能成为自己的成员；原则放开的出发点为美国公司法学界首倡的公司自己的股份也有财产价值，故公司可以持有，仅需规制资金来源、取得方式和途径即可。日本公司法自 21 世纪初就已经放弃原则禁止立场，改采原则放开、事后规制的准则。

正如前述，近年国内各级人民法院审理了大量股权股份转让纠纷案件，无论是司法实务界还是法学理论界，均对公司限制股权转让甚至附条件强行收购特定股东股权的效力存在争议。“否定说”主要依据为，股权属于私权性质，为保证资源优化配置，除了法定情形之外不得设限，股权自由转让为公司法的一项基本原则；未经权利人同意不得强行处分。“肯定说”认为，股权虽有私权性质，但只是股东在公司中相对地位的表彰，并无财产所有权那样的绝对权(对世权)，股东通过投资加入公司，就意味着默示承认其不违反强行法的自治性治理规则，股份自由转让只是公众公司的基本规则而非公司法的基本原则，允许有例外，故不仅初始章程而且修改章程设定或者添加特定规则甚至设限均原则上有效，因此受到妨碍的股东不能因其持有异议而不受拘束，以免动摇现行公司法所确认的多数决机制，而应当寻求其他救济途径，如行使异议股东股权收购请求权，法律本身规定不周延的，可在章程中予以补充，当然立法本身也有待完善。

(四)股票

1. 股票及其记载内容

股票是股份公司签发的证明股东所持股份的凭证。由于股份的有价证券形式表现为股票，因此在法律上，股票是彰显股份即股东在公司中地位的有价证券。股票与股份的关系为形式和内容的关系。依据中国《公司法》第128条的规定，股票采用纸面形式或者中国证监会规定的其他形式。股票应当载明下列主要事项：公司名称；公司成立日期；股票种类、票面金额及代表的股份数；股票的编号。股票由法定代表人签名，公司盖章。发起人的股票，应当标明发起人股票字样。股票作为股份的书面凭证、有价证券，属于要式证券和证权证券。不过，其要式性并没有票据那样严格。股票只是证明股东投资于公司后已经存在的权利，故与具有设权证券性质的票据有所不同。

有限公司成立后，通常不向股东发行股票，而是签发由公司盖章的出资证明书、股单或者股权证。该出资证明书应当载明下列事项：公司名称；公司成立日期；公司注册资本；股东的姓名或者名称、缴纳的出资额和出资日期；出资证明书的编号和核发日期。

有关股票的发行，中国公司法中仅设置了若干原则性规定，具体由证券法予以规范。随着互联网的发展，通过网络发行、交易股票的做法越来越普遍，“无纸化股份”“无纸化股票”相继出现，股票的数字化、电子化记载基本可以解决股票记载瑕疵的问题。

2. 股票的集中托管

股份采取股票的有价证券形式之后，大大方便和促进了股份的转让流通。但是，股票的数量一多，转让的处理工作量就会增加，反过来又会妨碍股份的流通。假如将股票集中于一处不予移动，只通过账簿记载或者记录及更新的方式反映流通转让的情况，处理事务就变得十分简单。正是出于这样的考虑，中国于20世纪90年代开始建立股票的统一登记、集中托管制度。据此，在各省设置的证券登记机构的基础上发展起了股权托管中心，或者由证券公司统一办理股东账户。后来，各省的股权托管中心并入产权交易中心，非上市公众公司股票则进入全国中小企业股份转让系统(以下简称全国股转系统)，上市交易的股票(股份)由两个证券交易所附属的证券登记结算中心合并而成的中国证券登记结算中心集中托管。该中心直属于中国证监会，主要负责证券账户和结算账户的设立和管理、证券和资金的清算与交收等业务，在北京设立总部，上海、深圳设立分公司，通过视频会议系统进行中国证券登记结算中心京、沪、深三地的联通。

有限公司的出资证明书或者股权证并无集中托管制度，也不必设置。

3. 股票的丧失及救济

依据中国现行《公司法》第143条的规定，记名股票被盗、遗失或者灭失，股东可以依照民事诉讼法规定的公示催告程序，请求人民法院宣告该股票失效。人民法院宣告该股票失效后，股东可以向公司申请补发股票。

股份公司未向股东交付的股票因丧失而不产生股票发行的效力。而股票发行完毕，股东持有之后，如果因被盗、遗失、灭失而丧失的，股东并未立即失去股权。但对于原股东而言，股票丧失后既不能转让和设质，也不能请求公司进行变更登记；对于公司而言，如果随意地再次发行股票，就可能会导致在同一股权上有两份股票出现，并且难以确定原股东与善意持有人之间究竟谁是真正的权利人。因此，法律规定了股票的公示催告程序。丧失股票的人通过该程序，经法院的除权判决，认定丧失的股票失效，申请人据此可以请求公司再次发行股票。

股票最后的持有人以及质权人有权申请公示催告，一般由发行股票的总公司所在地的基层法院管辖。法院经审查后受理的，在3日内发出公告，催促利害关系人申报权利。公示催告期间由法院决定，但不得少于6个月。如果有人提交股票申报权利的，终止公示催告程序，由当事人协商确定实际权利人，协商不成的，通过普通民事诉讼程序解决。公示催告期限届满而无人主张权利的，法院即作出除权判决，丧失的股票依该判决而失效，公示催告申请人由此恢复持股人的地位。

除了股票丧失的公示催告制度外，有的国家还有股票丧失登记制度，如《日本公司法典》第二编第2章第9节股票部分的第3分节。据此，股票发行公司须设置股票丧失登记簿，丧失股票之人可依法务省令的规定申请股票丧失登记，自登记次日起届满1年的，相应股票失效。[①]该制度与上述公示催告制度相辅相成，免去股票丧失之人的讼累，中国再次修改公司法时可以考虑引入该项制度。

(五)公司债

公司债是指公司依照法定程序向社会公众发行的，约定在一定期限还本付息而形成的金钱债务关系，其有价证券形式为公司债券。

公司债反映持有人与公司之间债权债务关系，而股份反映持有人与公司之间股权投资关系，两者虽然都是公司通过融资与投资者形成的法律关系，但在社团法色彩仍较浓厚的股份公司中，股份持有人即股东为公司的成员，而公司债的债权人不是，他们与银行债权人、其他业务债权人在本质上并无区别。考虑到公司债的发行、交易、管理与股份多有类似之处，本书将公司债放在股份部分的最后予以扼要介绍。

1. 公司债与股份的主要区别

第一，持有人的地位不同。公司债确立的是一种债权债务关系，公司作为债务人，对公司债债权人的关系与其他债权人并无本质区别。公司债债权人享有取息和收回本金的权利，他们不是公司成员，对公司没有决策权和管理权。股份所表示的是一种社团与其成员间的关系，股份持有人作为公司成员，有权通过股东大会参与公司重大事务的表决，也有权通过查阅公司账簿等行为监督公司营运，公司解散时还可分配剩余财产。

第二，风险责任不同。购买公司债是一种出借行为，而认购股份是一种出资行为。公司债债权人到期请求公司还本付息，至于公司经营业绩如何，是否亏损，则无关债权人的利益，即使公司解散或破产，公司债债权人也先于股东得到清偿。股东与公司间并非固定的还本付息关系，股东通常既不能请求公司退股，又得不到固定收益，公司亏损时，甚至有可能连股本都无法收回，公司破产或解散，也只能在满足了债权人清偿要求后，方可参与剩余财产的分配，因此所承担的投资风险大于公司债债权人。

第三，利益分配不同。首先，分配的依据不同，公司债按事先约定的比率，股份则按公司盈利状况；其次，分配的方式不同，公司债为固定式，股份为浮动式；最后，分配的顺序不同，债息在公司税前开支，列入公司的营运成本，公司债的还本在公司解散或破产时也先于股份。股份分红源于公司盈利，不列入公司成本，股东也只能在公司缴纳法人税或者公司税后参与盈余分配，并在清偿公司债务后参与剩余财产的分配。

第四，投资期限不同。公司债和股份的购买虽都属于投资活动，但公司债一般规定有还本

① 吴建斌编译：《日本公司法：附经典判例》，法律出版社2017年版，第116—120页。

期限，届期由公司向公司债债权人归还本金，收回债券。股份除赎回股外，一般不规定期限，股份持有人若不予转让或者请求公司收购，则永远可以成为存续公司的股东。①

2. 公司债的分类

公司债可以根据很多不同的方法进行分类，如按照是否在债券上署名，分为记名公司债与无记名公司债；按照是否参与公司的盈余分配，分为普通公司债与参与公司债；按照是否为公司的偿债义务提供担保，分为附担保公司债与无担保公司债；按照是否可以转化为股份，分为转换公司债与非转换公司债；按照在国内发行还是在海外发行，分为本国公司债与外国公司债；按照是否赋予持有人新股认购权，分为附新股认购权公司债与无新股认购权公司债；按照是否在公司债登记机构进行登记，分为登记公司债与非登记公司债；按照是否以公开募集的方式发行，分为公募债与私募债；按照发行公司行业性质不同，分为金融公司债、一般公司债与特定公司债(电力公司债等)，还有外国公司在本国发行的外汇公司债等。前述记名公司债、无记名公司债、普通公司债、附担保公司债、转换公司债在中国较常见。

3. 公司债的发行和转让

中国公司发行公司债券的条件由 2019 年新《证券法》规定。现行发行条件为：具备健全且运行良好的组织机构；最近 1 年平均可分配利润足以支付公司债券 1 年的利息；国务院规定的其他条件。发行申请报中国证监会或者国务院授权部门核准，并公告募集办法。

公司债券募集办法应当载明的主要事项有：(1)公司名称；(2)债券募集资金的用途；(3)债券总额和债券的票面金额；(4)债券利率的确定方式；(5)还本付息的期限和方式；(6)债券担保情况；(7)债券的发行价格、发行的起止日期；(8)公司净资产额；(9)已发行的尚未到期的公司债券总额；(10)公司债券的承销机构。

公司以实物券方式发行公司债券的，必须在债券上载明公司名称、债券票面金额、利率、偿还期限等事项，并由法定代表人签名，公司盖章。

发行公司债券的公司应当置备公司债券存根(登记)簿。发行记名公司债券的，应当在公司债券存根(登记)簿上载明下列事项：(1)债券持有人的姓名或者名称及住所；(2)债券持有人取得债券的日期及债券的编号；(3)债券总额、债券的票面金额、利率、还本付息的期限和方式；(4)债券的发行日期。发行无记名公司债券的，应当在公司债券存根簿上载明债券总额、利率、偿还期限和方式、发行日期及债券的编号。

公司债券可以转让，转让价格由转让人与受让人约定。公司债券在证券交易所上市交易的，按照证券交易所的交易规则转让。记名公司债券由债券持有人以背书方式或者法律、行政法规规定的其他方式转让，转让后由公司将受让人的姓名或者名称及住所记载于公司债券存根(登记)簿；无记名公司债券的转让，由债券持有人将该债券交付给受让人后，即发生转让的效力。

4. 可转换公司债

中国现行《公司法》第 161 条以下规定，上市公司经股东大会决议，可以发行可转换为股票的公司债券，并在公司债券募集办法中规定具体的转换办法。上市公司发行可转换为股票的公司债券，应当报中国证监会核准。发行可转换为股票的公司债券，应当在债券上标明可转换公司债券字样，并在公司债券存根(登记)簿上载明可转换公司债券的数额。发行可转换为股票的公司债券的，公司应当按照其转换办法向债券持有人换发股票，但债券持有人对转换股票或者不转换股票有选择权。

---

① 江平：《新编公司法教程》，法律出版社 1994 年版，第 112 页。

5. 公司债债权人会议

公司债债权人会议是指由公司债债权人组成的，就关系到公司债债权人利益的特别重大事项进行议决的机关。公司发行不同种类公司债的，应当按公司债的不同种类分别组成债权人会议。其权限通常为：决定对全部公司债的延期支付、免除债务或者和解；有权就全部公司债实施诉讼行为，或者就与破产程序、和解程序、整顿程序、特别清算程序有关的所有行为作出决议；发现公司怠于付息或者分期偿还的，作出通知公司限期清偿，否则即丧失期间利益的决议；对公司合并、分立及减少资本进行决议；选任与解任债权人会议主席；债权人会议的延长或者延期；等等。另外，还可以对法院同意的事项进行决议。中国公司法未就公司债债权人会议作出规定。

公司债发行公司有权召集债权人会议；持有公司债总额一定比例如10%以上的债权人有权请求召集权人召集会议，假如仍然不予召集的，请求人经法院同意后可以自行召集。对债权人会议的召集程序和会议记录要求与股东大会基本相同，有关费用由发行公司负担。在公司债债权人会议上，每个公司债的最小单位额拥有一个表决权，无记名公司债的持有人应当在会议召开日的1周前，将公司债债券提交，方可行使表决权。原则上采取占出席会议的表决权数半数以上同意的方式通过决议，而不要求出席会议债权人的最低法定人数。但是，在审议某些重要事项时，则采取与股东大会特别决议相同的议事规则。

6. 还本付息

公司债的利率及支付方式等发行条件经发行公司董事会决议后，与其他发行条件一并公告，并记载或者记录于债券以及公司债存根（登记）簿中。公司债债权人有权按约获取本息。在实务中，有的公司发行无记名公司债并附息票，息票往往可以和债券分离并独立流通转让。公司可以通过收购自己公司债的方式，消灭已经发行的公司债，以避免到期还本付息。

四、公司的机关

【案例1—4】

ST宏智的前身是福建省宏智科技发展有限公司，由福建省邮电管理局机关工会和福建省邮电学校工会在1996年共同投资120万元设立。后经增资及股权转让，至2001年4月28日由王栋、李少林、福建大乾数字信息有限公司、泉州市闽发物业发展有限公司、陈大勇、朱芳和石狮融盛企业集团公司7个股东组成，其持股比例依次是28.34%、24.81%、20.66%、8.19%、7%、6.5%和4.5%。王栋当时为ST宏智的董事总经理、技术总管，而大乾数字的5位股东全部是ST宏智的高管人员，其中ST宏智董事长林启泰占股55%。2002年6月，ST宏智通过上交所发行4 000万新股，公司总股本增至11 000万股。上述7个股东的持股比例依次为：王栋18.03%，李少林15.79%，大乾数字13.15%，第4到第7大股东共持股16.67%，其余36.36%为流通股。同年7月9日，公司股份在上交所挂牌交易。

公司控制权纠纷的起因是以王栋、林起泰为代表的ST宏智创始人与增资扩股后引入的股东对于公司运作方式的分歧。为了调和矛盾，2002年年底至2003年6月间，以王栋、李少林、林起泰为代表的大乾数字和闽发物业之间订立复杂的股权转让及托管协议。但在2003年6月25日的ST宏智2002年度股东大会有关公司董事会换届选举中，公司第一大股东王栋落选，后被聘为公司总经理。同年8月25日，以新任董事长黄曼民为首的公司第二届董事会免去了王栋的总经理职务，矛盾集中爆发，相关当事人先后宣布终止股权转让及托管协议。2002年11月19日，王栋请求公司董事会召集临时股东会议改选董事、监事被拒绝。同年12月11

日，王栋发布公告，定于2004年1月11日自行召集并主持2004年公司第一次临时股东大会，审议关于更换ST宏智现任董事、监事的议案。ST宏智也于同日发布一则针锋相对的公告，称此次临时股东大会的召集因由王栋私自提议，故对其有效性不予认可。事后，公司及王栋股权受托人胡海仁诉请法院禁止王栋召集股东大会，2004年1月8日，福州市鼓楼区人民法院以民事裁定的方式予以驳回。[①] ST宏智董事会并未另行答复王栋的请求，但2004年1月10日突然公告决定出席并由董事长主持股东会议。

第二天即2004年1月11日上午8:30，纷争双方均出现在会议公告会场福州美伦华美达酒店。王栋召集的ST宏智2004年临时股东大会在该酒店四楼召开。届时，公司董事长黄曼民到会，要求王栋交出股东报名登记资料并由其本人主持会议，遭到拒绝后，ST宏智董事会宣布会议地点改到三楼会议室，并将会议开始时间推迟到10点。于是，在上下楼层两个会场里，两场股东大会上就同一个议案审议出截然相反的两个结果。第一场由王栋主持的股东大会与会股东50余人，拥有表决权股2 464万股，占ST宏智总股本的22.40%，会议以99.80%的赞成票审议通过了王栋提交的《关于改选公司董监事的议案》，形成以姚雄杰为董事长的董事会；第二场股东大会与会股东有第二大股东李少林、第三大股东大乾数字、第四大股东闽发物业、第七大股东石狮融盛及一名持有0.26万股的股东5人，拥有表决权股4 071.46万股，占ST宏智总股本的37.01%。会议以接近100%的反对票否决了王的上述议案。双方均聘请有证券从业资格的律师出席股东大会。见证王栋主持会议的律师认为，由于现任董事会没有尽到召开本次临时股东大会的协助义务，视同其放弃主持会议的资格，故会议由王栋本人主持合法有效。而见证由董事长黄曼民主持会议的律师则认为，王栋作为第一大股东虽有权要求召开临时股东大会，但应依法律法规与公司章程，由董事会委派董事主持会议，王栋本人不是本届董事会成员，无权主持股东大会。[②] ST宏智由此形成了两套董事会班子“双头鹰”的尴尬局面，后由王栋主持的临时股东大会所选的董事会强行接管公司。

2004年3月17日，王栋起诉ST宏智，请求判令被告立即结束法人治理的混乱状态，合理合法地使用公章、营业执照和财务资料，正常开展生产经营活动，停止对原告作为被告股东所享有的合法权益的侵害，确认其提议召开的临时股东大会决议的效力。同月18日，法院裁定扣押被告公司的营业执照正、副本、印章及财务资料，上述印章将根据保障生产经营和投资人、客户、员工利益的原则由法院监管使用；公司的公告暂由两个董事会同时发布。后来的公司年度报告、重大诉讼等重要信息，均由两个董事会同时发布公告予以披露。其事实与理由如下：2003年11月19日，王栋向被告提出了召开2004年度第一次临时股东大会的议案，议案内容为“选举姚雄杰、林起泰、林立新、陈为健、李忠、程国谦、侯金光、翟圣岗、高维佳为公司新一任董事，选举任超、辛春燕为公司新一任监事”。但被告时任董事会无故拒不接收原告提案，原告随即依照《公司法》《上市公司股东大会规范意见》和《公司章程》的规定，决定自行召开临时股东大会，依法向被告时任董事会公证邮寄送达了议案，并将议案向证监会福州特派办进行了报备，2003年12月11日又依照法定程序在《中国证券报》《上海证券报》《证券时报》上刊登了召开2004年第一次临时股东大会的公告。2004年1月11日，原告提议召开的被告2004年第一次临时股东大会顺利按照公告的内容召开，通过了原告提出的议案。但被告时任董事会却对原告合法股东权利的行使进行破坏和干扰，在原告召开股东大会的当日，被告时任董事会宣

① 容月玲：《省政府与法院皆介入　宏智解“死结”曙光初现》，《东南快报》2004年2月27日。
② 林东晖、杨文：《宏智科技股权纷争升级　“双头班子”尴尬出现》，《证券日报》2004年1月13日。

称股东大会改换地点进行，并在原告依法公告了的会议地点之外的地方召开了另一场所谓的"股东大会"，对原告的议案进行了否定。根据《公司法》《上市公司股东大会规范意见》和《公司章程》的规定，上市公司临时股东大会的召开必须履行法定的公告程序，被告时任董事会未在事先进行公告、报备的情况下召开的所谓股东大会违反了法定程序，根本无效，并对原告的股东权利构成了侵害。由于被告时任董事会的上述破坏行为，原告召开的股东大会所选举的新任董事会不能正常接管被告的生产经营，公章、营业执照的使用混乱，导致被告的客户无法辨别被告的法人治理情况和真正有效的经营管理班子，对被告的商业信誉造成了极大的损害，市场份额大幅流失。被告2003年度已严重亏损，目前被告的法人治理情况混乱，经营管理权归属不明，无法进行正常的生产经营，骨干员工大量离职，大额订单纷纷被取消，若2003年度的年报无法发布，即将面临被摘牌的处理。被告的上述情况，直接导致原告作为被告第一大股东的权益受损，由于被告的每股净资产缩水，原告从召开股东大会至今的损失已达上千万元。作为被告第一大股东，原告认为，被告应立即结束目前的经营管理混乱状况，正常开展业务，使原告的合法股东权益得到保证。原告同时提请财产和证据保全。

福州中院于2004年4月作出民事判决，当月30日送达ST宏智，判决书认定2004年1月11日由王栋、黄曼民分别主持召开的ST宏智2004年第一次临时股东大会程序不合法，所产生的决议均无效，并驳回原告王栋的其他诉讼请求。在案件审理期间，ST宏智向福州市中院申请先予执行，要求姚雄杰等人组成的董事会退出公司，由黄曼民等人组成的董事会接管公司，并要求王栋立即结束公司法人治理混乱的状况。法院裁定，2004年1月11日产生的董事会、监事会停止对ST宏智的管理；ST宏智全体员工均有义务保护公司财产，并根据裁定所指定的行使公司管理权的董事会的安排，履行各自义务；由福州中院保全的ST宏智的印章、财务专用章和黄曼民私章及《企业法人营业执照》，暂由福州中院继续监管使用。法院判决的依据是两个股东大会程序上违法。按照有关规定，有一定比例的股东只要议题合适，就有权提议召开公司临时股东大会，但该股东大会必须由现董事会召集，由现董事长主持。如果现任董事长不主持，则要出具书面意见，但王栋亲自主持了由他提议的会议，从而剥夺了董事会对该次股东大会的召集权及董事长黄曼民的主持权。另外，王栋在给董事会的通知中，增加了罢免董、监事的内容。① 而黄曼民主持的会议在股东大会召开之际临时变更了会议地点，也不符合程序，因为变更会议召开地点必须在股东大会召开前5个工作日公告，告知全体股东。王栋与被告不服，均提出上诉。2004年6月21日，福建省高院下达前述终审判决书。该院认为，王栋自行召开的ST宏智2004年第一次临时股东大会决议的内容和程序存在违反规定的瑕疵，决议应无效，其上诉请求无理，应予驳回。ST宏智请求确认黄曼民主持召开的2004年第一次临时股东大会决议有效，由于黄曼民主持召开的该次会议在程序方面也违反了有关规定，其上诉要求改判黄曼民主持召开的2004年第一次临时股东大会所产生的决议有效的诉讼请求亦不能给予支持，应予驳回。②

请问：

1. 本案公司召集董事会会议不符合法定程序，是否导致当然决议无效？
2. 股东大会召集权和主持权如何分配？
3. 中国公司法有关机关决议瑕疵诉讼有什么规定？

---

① 王兵：《法学家赵旭东专访宏智科技双股东大会判决在即》，载网易商业报道。
② 何军、陈建锋：《王栋无缘执掌ST宏智》，《上海证券报》2004年6月22日。

本案是涉及公司机关议事规则的一个典型案例，虽然公司事后进行了补救，但毕竟实实在在地当了一回被告，影响了公司的正常营运。有关公司机关决议瑕疵诉讼的类型，中国 2005 年修改《公司法》规定了决议撤销之诉和决议无效确认之诉，学界称之为"二分法"，经 2016 年最高院有关于适用公司法司法解释(四)补充公司机关决议不成立确认之诉，已经实行了"三分法"。司法实践中还有机关决议有效确认之诉，法院支持与驳回起诉的裁判均有。[①]

公司机关是指表达公司法人组织意志，管理公司内外事务的机构。有限公司一般由股东会、董事、监事三机关组成，股份公司通常由股东大会、董事会和监事会三机关组成。按西方国家公司法理论，公司三机关是三权分立的政治制度在经济组织中的体现，其权力分工和制约关系，反映了公司经济民主化的要求。[②] 其中，股东会或者股东大会为公司权力机关，董事或者董事会是公司的业务决策、执行机关，监事或者监事会为公司的监督机关。公司三机关分工配合，互相制约，保证公司营运合理化、科学化、规范化。第二次世界大战以来，由于生产的复杂化和管理的专门化，西方各国推行所谓的人民资本主义，导致很多公司股份高度分散化，股东大多无力也无意参与管理庞大的股份公司。因此，股东大会日趋流于形式，公司管理大权逐渐落入董事会甚至经理层手中。然而，三机关之间的基本格局尚无根本性变化，只是英美法国家一般采取"一元制"，不设与董事会平行的监事会那样的专门监督机关，而是在董事会中引入与内部执行董事相对应的外部独立董事，由独立董事组成的审计委员会、提名委员会及薪酬委员会，加上股东大会、个别股东和社会监督机构来实施多重监督。2001 年美国能源巨头安然公司财务丑闻爆发之后，美国迅即颁布公司会计改革法，强化公司监管措施。美国证监会、纽约证券交易所、纳斯达克交易系统要求上市公司的外部独立董事达到 2/3 以上以及审计委员会成员的全部。从 2006 年 7 月 15 日开始，在美国上市的所有外国公司也须达到上述要求。[③] 德国公司法以及吸收德国法例的欧洲公司法第 5 号指令规定有"二元制"治理结构，即由股东大会选举产生监事会，董事由监事会选任，并对股东大会和监事会负责。有人认为在德国式的公司治理结构中，监事会相当于董事会，而董事会反而成了实际上的经理会。[④] 法国 1966 年商事公司法中也有同样的选择性规定。日本公司机关设置规则可以溯源到欧洲大陆，但有所变通，2001 年、2002 年修法时引进美国的外部独立董事及设置委员会公司制度，并在 2005 年制定新公司法典时予以最后确认。据此，日本取消了有限公司制度，原来的有限公司作为特殊股份公司继续保留。股份公司按照大小、封闭或者开放分为四大类，大型开放公司可以选择设置监事会公司或者设置委员会公司。前者为传统模式，后者须同时设置审计委员会、提名委员会和薪酬委员会，各委员会的过半数成员须为外部独立董事。设置委员会公司不得同时设置监事会。[⑤] 之后经过多次修改，仍然采取列举式选择性的公司机关或者治理结构制度安排。中国证监会在 2001 年要求上市公司建立独立董事制度，在保留监事会的前提下，在董事会中选任 1/3 以上的独立董事，而审计委员会、提名委员会和薪酬委员会等专门委员会也已普遍设置。究竟何种模式更为合理，不能一概而论，如何权衡公司投资者与经营者之间的关系，也成为公司治理结构研究的永恒课题。中国 2005 年修改《公司法》确定在上市公司设立独立董事，

① 俞巍：《股东请求确认股东会决议有效的诉讼不宜受理》，《法学》2008 年第 9 期。范黎红：《股东请求确认股东会决议有效并非一律不具有诉的利益》，《法学》2008 年第 9 期。另见(2014)沪二中民四(商)终字第 1261 号民事判决书。

② [日]铃木竹雄、竹内昭夫：《公司法》，有斐阁 1989 年版，第 200 页。

③ [英]巴尼・乔普森：《美国萨—奥法即将执行》，英国《金融时报》2006 年 7 月 10 日。孙琎：《萨班斯法案逼近 中国高科技企业难承成本重压》，《第一财经日报》2006 年 7 月 12 日。

④ 梅慎实：《现代公司机关权力构造论(修订本)》，中国政法大学出版社 2000 年版，第 153 页。

⑤ [日]江头宪治郎：《股份公司法》，有斐阁 2006 年版，第 284 页。

具体办法由国务院规定。有限公司的机关设置基本尊重股东的自主权利,任意性色彩更重。因此,我们主要从股份公司的角度扼要介绍公司机关。

(一)股东会

股份公司股东会在中国称为股东大会,它是指由股份公司全体股东组成的、行使法定职权的公司非常设性权力机关。随着公司治理结构从股东会中心主义向董事会中心主义甚至经理中心主义的转化,世界各国公司的股东会从万能的最高权力机关演变为法定权力机关,有的国家还特别规定公司的权力除法律明文规定属于股东会的之外,均由董事会行使或者在董事会指导下行使。

依据中国《公司法》第 99 条的规定,股份公司股东会的职权适用该法第 37 条关于有限公司股东会职权的规定,具体有 11 项。

股东大会分年会和临时会议两种,与有限公司的股东会定期会议和临时会议并无本质区别。股东大会年会是股份公司依据法律规定并以章程确定的每年至少定期召开一次的股东大会会议;有限公司股东会定期会议则是依据章程规定按时召开的股东会。临时会议是公司依据法律规定的特定情形召开的股东大会或者股东会会议。年会或者定期会议究竟何时召开,法律并未规定,留待公司章程予以具体化。临时会议不定具体时间,而有法定情形。中国《公司法》第 100 条就规定了六种情形。

股东大会或者股东会通常由董事会召集,董事长主持;董事长不能履行职务或者不履行职务的,由副董事长主持;副董事长不能履行职务或者不履行职务的,由半数以上董事共同推举 1 名董事主持。有限公司不设董事会的,股东会会议由执行董事召集和主持。股份公司董事会不能履行或者不履行召集股东大会会议职责的,监事会应当及时召集和主持;监事会不召集和主持的,在中国连续 90 日以上单独或者合计持有公司 10%以上股份的股东可以自行召集和主持。有限公司董事会或者执行董事不能履行或者不履行召集股东会会议职责的,由监事会或者不设监事会公司的监事召集和主持;监事会或者监事不召集和主持的,代表 10%以上表决权的股东可以自行召集和主持。不过,有限公司首次股东会会议由出资最多的股东召集和主持。

关于有限公司股东会的召集办法及议事规则,主要由公司自主决定,法律规定非常宽松。中国对此有几个方面较具特色:(1)允许书面表决。对股东会的议决事项,股东以书面形式一致表示同意的,可以不召开股东会会议,直接作出决定,并由全体股东在决定文件上签名、盖章,即可产生股东会决议同样的效力。(2)较短通知时间。召开股东会会议,应当于会议召开 15 日前通知全体股东;公司章程可另作规定或者全体股东另作约定。(3)股东签名。与股份公司股东大会出席股东签到、出席董事在会议记录上签名不同,有限公司股东会应当对所议事项的决定作成会议记录,出席会议的股东应当在会议记录上签名。(4)更多章程自治。股东会会议由股东按照出资比例行使表决权,公司章程也可另作规定;有关股东会议事方式和表决程序的其他事宜,均由公司章程规定。有关上市公司股东大会的规则,按照中国证监会发布的《上市公司股东大会规则》执行。

(二)董事会

董事会是由股东大会选举产生的董事(欧洲某些国家经监事会选任)组成的负责公司业务决策的公司常设性机关。董事是由股东大会或监事会选任的,代表公司对外进行商务活动,对内管理公司事务的专门人才。欧洲国家早期规定董事直接代表公司开展业务,因不能适应公司大型化、董事复数化的现实,引起公司管理上的混乱,备受诟病。美国创设董事会制后,董事会与其成员的职能被严格分开。董事会作为公司常设性业务决策机构，决定公司经营管理的基本方针和主要规则，而董事只能通过董事会或者在董事会的授权下，才能参与公司的管理，绝不能越过董事会自行其是。董事会可将具体的执行事务交由特定的董事，还可设置专务董事、常务董事、执行董事等在董事会授权范围内负责公司的专门事务，也可设置经理机构处理公司的日常生产经营事务。中国规定经理为股份公司必设机构。

董事有权代表公司对外进行商事活动，其权力从何而来？这就涉及董事与其所任职的公司之间的关系。在欧美公司法理论上，如何看待前述两者之间的关系，历来意见纷呈，莫衷一是。归纳起来，大致有三种观点，有的还有立法依据。德国和日本以委托代理或者代表关系为通论；英国和美国以代理和信托关系或者信义关系为通论，也有认为是单纯代理关系或者单纯信托关系的。中国以委托代理关系论为主流观点，但英美法国家的通常理解似乎更加贴切，因为委托代理关系中，委托人对代理人的代理权限有严格限制，不利于董事贯彻经营判断原则，假如董事作为公司的代理人，又可将公司事务作为信托事务进行处理，则董事虽受代理权的制约，但可像处理信托财产那样处理公司事务，其发挥主观能动性的余地就要大得多。在全球化的商业环境中，这一点至关重要。不过，撇开上述争论，无论董事与公司之间属于何种关系，均离不开相互之间的高度信任，董事负有诚信义务、信托义务或者信义义务。否则，公司绝不会将关系到全体股东利益以及公司兴败存亡的经营管理事务托付给董事。①

由于董事的经验、水平、能力、素质等在相当大的程度上影响着董事会的效率，进而决定着公司的成败，因而各国通常对董事任职资格设有详细规定。依据中国《公司法》第 146 条，有下列情形之一的，不得担任公司的董事、监事、高级管理人员：(1)无民事行为能力或者限制民事行为能力；(2)因贪污、贿赂、侵占财产、挪用财产或者破坏社会主义市场经济秩序，被判处刑罚，执行期满未逾 5 年，或者因犯罪被剥夺政治权利，执行期满未逾 5 年；(3)担任破产清算的公司、企业的董事或者厂长、经理，对该公司、企业的破产负有个人责任的，自该公司、企业破产清算完结之日起未逾 3 年；(4)担任因违法被吊销营业执照、责令关闭的公司、企业的法定代表人，并负有个人责任的，自该公司、企业被吊销营业执照之日起未逾 3 年；(5)个人所负数额较大的债务到期未清偿。公司违反上述规定选举、委派董事、监事或者聘任高级管理人员的，该选举、委派或者聘任无效。董事、监事、高级管理人员在任职期间出现上述情形的，公司应当解除其职务。此为董事等的消极资格。其积极资格即符合何种任职条件，法律通常不作硬性规定，交由公司自主把握。董事可以但不必由股东担任。中国要求在两个以上的国有企业或者两个以上的其他国有投资主体投资设立的有限公司董事会成员中，应有公司职工代表；其他有限公司以及股份公司董事会成员中可引入职工代表。职工董事由公司职工通过职工代表大会、职工大会或者其他形式民主选举产生。其他董事，包括上市公司独立董事，通常由股东会或者股东大会选任。

在中国，股份公司董事会为 5～19 人，有限公司董事会为 3～13 人。股东人数较少或者规模较小的有限公司，可不设董事会而仅设 1 名执行董事并可兼任公司经理。

董事任期由公司章程规定，每届任期不得超过 3 年。董事任期届满，连选可以连任。董事任期届满未及时改选，或者董事在任期内辞职，导致董事会成员低于法定人数的，在改选出的董事就任前，原董事仍应当依照法律、行政法规和公司章程的规定，履行董事职务。至于董事任期届满前是否可以提前解任，甚至整个董事会进行改选，在域外似乎不成问题，中国《公司

---

① 吴建斌:《论董事的竞业禁止义务》，载《南京大学中德经济法研究所年刊》(1992)，第 99 页。

法》未予规定，但最高院关于适用公司法司法解释(五)第3条作了反面解释，实际上赋予公司提前解任权，但应当予以合理补偿。实践中已有因上市公司实际控制人变化而提前进行董事会换届的事例。①

董事会设董事长1人，并可设副董事长。在有限公司，董事长、副董事长的产生办法由公司章程规定。在股份公司，董事长和副董事长由董事会以全体董事过半数选举产生。设立董事长的，公司法定代表人通常由其担任，也可另定总经理担任。股份公司董事长召集和主持董事会会议，检查董事会决议的实施情况。副董事长协助董事长工作，董事长不能履行职务或者不履行职务的，由副董事长履行职务；副董事长不能履行职务或者不履行职务的，由半数以上董事共同推举一名董事履行职务。有限公司董事会会议由董事长召集和主持；董事长不能履行职务或者不履行职务的，由副董事长召集和主持；副董事长不能履行职务或者不履行职务的，由半数以上董事共同推举一名董事召集和主持。

在中国，董事会对股东大会或者股东会负责，行使下列职权：(1)召集股东大会或者股东会会议，并向其报告工作；(2)执行股东大会或者股东会的决议；(3)决定公司的经营计划和投资方案；(4)制订公司的年度财务预算方案、决算方案；(5)制订公司的利润分配方案和弥补亏损方案；(6)制订公司增加或者减少注册资本以及发行公司债券的方案；(7)制订公司合并、分立、解散或者变更公司形式的方案；(8)决定公司内部管理机构的设置；(9)决定聘任或者解聘公司经理及其报酬事项，并根据经理的提名决定聘任或者解聘公司副经理、财务负责人及其报酬事项；(10)制定公司的基本管理制度；(11)公司章程规定的其他职权。不设董事会而仅设执行董事的，其职权由公司章程规定。

股份公司董事会每年度至少召开两次会议，每次会议应当于会议召开10日前通知全体董事和监事。代表1/10以上表决权的股东、1/3以上董事或者监事会可以提议召开董事会临时会议。董事长应当自接到提议后10日内召集和主持董事会会议。董事会召开临时会议，可以另定召开董事会的通知方式和通知时限。

股份公司董事会会议应有过半数的董事出席方可举行。董事会会议，应由董事本人出席；董事因故不能出席的，可以书面委托其他董事代为出席，委托书中应载明授权范围。董事会作出决议，必须经全体董事的过半数通过。董事会决议的表决，实行一人一票。有限公司董事会的议事方式和表决程序，除公司法有规定的之外，其余由公司章程规定。另外，上市公司董事与董事会会议决议事项所涉及的企业有关联关系的，不得对该项决议行使表决权，也不得代理其他董事行使表决权。该董事会会议由过半数的无关联关系董事出席即可举行，董事会会议所作决议须经无关联关系董事过半数通过。出席董事会的无关联关系董事人数不足3人的，应将该事项提交上市公司股东大会审议。

董事会应当对会议所议事项的决定作成会议记录，出席会议的董事应当在会议记录上签名。

(三)经理

公司经理是由公司董事会聘任或者解聘的主持公司业务执行的行政负责人。在商法制度中，公司经理为公司任意选任的商业使用人，有代理公司实施有关营业活动的诉讼内及诉讼外一切行为的权利。② 依中国《公司法》第113条有关“股份有限公司设经理，由董事会决定聘任或

① 参见天泽信息产业股份有限公司董事会2020年6月10日发布的《关于董事会提前换届选举的公告》。
② 吴建斌编译：《日本公司法：附经典判例》，法律出版社2017年版，第7页。

者解聘”的规定,经理为股份公司的法定必设机关,但仍处于辅助董事会的公司商业使用人地位。公司董事会虽可决定由董事兼任经理,但董事与公司的关系属于前述委任或者信托关系,而经理与公司的关系则属于雇佣关系。董事兼任经理的,该董事具有委任与雇佣双重身份。

有关股份公司经理的职权与有限公司无异,包括以下几项:(1)主持公司的生产经营管理工作,组织实施董事会决议;(2)组织实施公司年度经营计划和投资方案;(3)拟订公司内部管理机构设置方案;(4)拟订公司的基本管理制度;(5)制定公司的具体规章;(6)提请聘任或者解聘公司副经理、财务负责人;(7)决定聘任或者解聘除应由董事会决定聘任或者解聘以外的负责管理人员;(8)董事会授予的其他职权。公司章程对经理职权另有规定的,从其规定。经理列席董事会会议。不过,就有限公司的经理,现行《公司法》已将原来的公司必设机关改为可以设置的任意机关。2012 年最高院指导案例 10 号“李建军诉上海佳动力环保科技有限公司公司决议撤销纠纷案”确立了这样的司法裁判规则:人民法院在审理公司决议撤销纠纷案件中,解聘总经理职务的决议所依据的事实是否属实、理由是否成立,不属于司法审查范围,也即公司有权无因解聘公司总经理,但也要予以合理补偿。

(四)监事会

监事会又称监察委员会,是公司中对公司财务会计或者业务活动进行监督的机关。与德国“二元制”治理结构中由股东大会选举产生监事会,再由监事会选任董事不同的是,中国采用日本传统式的由股东大会同时选任董事会与监事会的模式。在中国 2005 年修改《公司法》时,股份公司监事会、有限公司监事会或者监事的职权得到了一定的加强。

公司设监事会的,其成员不得少于 3 人。股东人数较少或者规模较小的有限公司,可设 1 至 2 名监事而不设监事会。

监事会应当包括股东代表和适当比例的公司职工代表,其中职工代表的比例不得低于 1/3,具体比例由公司章程规定。监事会中的职工代表由公司职工通过职工代表大会、职工大会或者其他形式民主选举产生。

股份公司监事会设主席 1 人,可设副主席;有限公司监事会设主席 1 人。监事会主席和副主席由全体监事过半数选举产生。监事会主席召集和主持监事会会议。监事会主席不能履行职务或者不履行职务的,在股份公司由监事会副主席召集和主持监事会会议;监事会副主席不能履行职务或者不履行职务的,由半数以上监事共同推举 1 名监事召集和主持监事会会议。在有限公司,直接由半数以上监事共同推举 1 名监事召集和主持监事会会议。

监事的任期每届为 3 年。监事任期届满,连选可以连任。监事任期届满未及时改选,或者监事在任期内辞职导致监事会成员低于法定人数的,在改选出的监事就任前,原监事仍应当依照法律、行政法规和公司章程的规定,履行监事职务。董事、高级管理人员不得兼任监事。

在中国,监事会、不设监事会公司的监事行使下列职权:(1)检查公司财务;(2)对董事、高级管理人员执行公司职务的行为进行监督,对违反法律、行政法规、公司章程或者股东会决议的董事、高级管理人员提出罢免的建议;(3)当董事、高级管理人员的行为损害公司的利益时,要求董事、高级管理人员予以纠正;(4)提议召开临时股东会会议,在董事会不履行本法规定的召集和主持股东会会议职责时召集和主持股东会会议;(5)向股东会会议提出提案;(6)依法代表公司对董事、高级管理人员提起诉讼;(7)公司章程规定的其他职权。另外,监事可以列席董事会会议,并对董事会决议事项提出质询或者建议。监事会、不设监事会的公司的监事发现公司经营情况异常,可以进行调查;必要时,可以聘请会计师事务所等协助其工作,费用由公司承担。股份公司监事会行使职权所必需的其他费用也由公司承担。

股份公司监事会每6个月至少召开1次会议,有限公司监事会每年度至少召开1次会议,监事可以提议召开临时监事会会议。监事会决议应当经半数以上监事通过。监事会应当对所议事项的决定作成会议记录,出席会议的监事应当在会议记录上签名。监事会的其他议事方式和表决程序由公司章程规定。

(五)董事等的义务和责任

公司机关的权力能否正确行使,有赖于每个董事、监事和高级管理人员的一言一行。在中国,2005年修改《公司法》首次确定了"高级管理人员"的定义,它是指公司的经理、副经理、财务负责人、上市公司董事会秘书和公司章程规定的其他人员。本来,传统公司法的公司常设性机关只有董事或者董事会,监事或者监事会并非必设机关,实行"一元制"的国家至今未设,经理也只是任意机关,且其地位及权力首先来自雇佣合同而非委任关系,因此,国外通常侧重于规范董事的义务和责任。2005年中国修改《公司法》时,对上述传统进行了改造,对上述董事、监事和高级管理人员作出统一规定,明确其忠实、勤勉的总括性义务,并就具体的义务及责任予以调整与廓清,对责任追究的方式和途径予以明确。英美法系国家公司法注重诚信或者信义义务的规制和铺陈,但也有学者认为董事与公司间的受信关系是有别于信托关系的。[①]《日本公司法典》规范的所谓公司高级管理人员,则包括董事、监事、执行官等,与中国《公司法》的指称并不完全相同。

忠实义务和勤勉义务来源于代理人或者受托人对委托人或者信托人的法定义务[②],公司法只是移植而已。勤勉义务与忠实义务的关系在国外至今仍有争议,与同质说相比,异质说为主流意见。不过,真正追究董事等违反勤勉义务责任的判例并不多见,日本公司法也仅以第355条概括性地规定了董事的忠实义务。中国公司法不但对董事等的忠实、勤勉义务作出总括性规定,而且也明确了竞业限制、与公司利益冲突交易限制、不得越权等义务。在学理上一般认为后三项是前两项义务的具体化。

忠实义务,是指要求董事等遵循忠于职守、维护公司的利益,当自己的利益和公司的利益发生冲突时应以公司的利益为重的义务。

勤勉义务亦称善管注意、合理履行技能或者注意义务,是指要求董事等在领导和处理公司业务时,应当具有一个正直的、有责任心的业务领导人的细心,对于有关公司的秘密,特别是那些在董事会工作中了解到的经营或者商业秘密,必须做到守口如瓶的义务。对此,英国的衡平法判例有三个判断标准:一是对不具有专业资格和经验的非执行董事,应适用主观标准,视其是否尽了最大努力;二是对执行董事应适用客观标准,他们只有在履行了具有同类专业水平或者经验的专业人员应履行的技能和注意时才算履行义务;三是对执行董事适用推定知悉原则,即推定其有专业水平或者经验。[③]

竞业限制义务,是指要求董事等遵循未经公司股东会或者董事会同意,不得从事与本公司业务相同的事务的义务。中国公司法原来一律禁止董事的竞业行为,后在上市公司中有所放宽,2005年修改《公司法》改为竞业限制义务,是顺应世界潮流,也是合理的。与竞业限制义务有联系的还有不得篡夺公司商业机会的义务及兼业禁止或者限制义务。前者为董事等遵循不得篡夺或者谋取属于公司的商业机会的义务,2005年修改《公司法》已经引进;后者为董事等

① 葛伟军:《英国公司法讲义》,法律出版社2014年版,第236页。

② 沈四宝等:《国际商法》,对外经济贸易大学出版社2002年版,第33页以下。吴建斌:《国际商法新论》(第二版),南京大学出版社2005年版,第117页。

③ 董安生等编译:《英国商法》,法律出版社1991年版,第268页以下。

遵循不得兼任从事同类业务公司的董事或经理的义务，中国目前仅在部门规章中有所要求，现行《公司法》中尚未规定。

与公司利益冲突交易限制义务，是指董事等遵循未经公司股东会或者董事会同意，不得与本公司订立合同、进行交易，或者从事其他与公司利益冲突交易的义务。在民法上通常有禁止双方代理及自我代理的规则，为方便交易、扩大竞争，现代公司法通常有所放宽，中国亦然。

不得越权义务，是指要求董事等严格遵循法律、章程、股东大会和董事会决议行事，在法律规定或者公司授权的范围内履行职责，不得越权的义务。对董事越权行为的后果，仍由公司承担，以保护善意第三人的权益，但董事要对公司承担赔偿责任。正如前述，早期英美法公司法上公司仅对董事授权范围内的事务负责的越权原则，已在 20 世纪 80 年代先后被有关国家所废除。

中国 2005 年修改《公司法》第六章为董事等资格和义务的专门规定。就具体义务而言，属于忠实义务的居多，例如，董事等不得利用职权收受贿赂或者其他非法收入；不得侵占公司财产；不得挪用公司资金；不得将公司资金以其个人名义或者以其他个人名义开立账户存储；不得违反公司章程的规定，未经股东会、股东大会或者董事会同意，将公司资金借贷给他人或者以公司财产为他人提供担保；不得违反公司章程的规定或者未经股东会、股东大会同意，与本公司订立合同或者进行交易；不得未经股东会或者股东大会同意，利用职务便利为自己或者他人谋取属于公司的商业机会，自营或者为他人经营与所任职公司同类的业务；不得将他人与公司交易的佣金归为己有；不得擅自披露公司秘密；等等。而且，在实践中，因法律上并未如日本、英国那样设置有关董事特别是外部独立董事责任的减免制度，故一旦公司尤其是上市公司违法违规，如虚假披露信息，则主管机关往往在处罚公司的同时，也要处罚相关董事。① 不过，2020 年修改《证券法》施行前，董事与公司承担连带民事赔偿责任的案例并不多见。

对于有限公司董事等的勤勉义务，中国修改《公司法》未设具体规则，对于股份公司董事等违反勤勉义务的责任仅列举了一种情形，即该法第 112 条规定的表决责任：董事应当对董事会的决议承担责任。董事会的决议违反法律、行政法规或者公司章程、股东大会决议，致使公司遭受严重损失的，参与决议的董事对公司负赔偿责任。但经证明在表决时曾表明异议并记载于会议记录的，该董事可以免除责任。另外，证券法规定的上市公司董事包括独立董事的责任则相对明确且更加严格，中国 2019 年修改《证券法》在围绕 IPO 注册制改革，完善信息披露义务和责任的同时，对董事在违法信息披露、违规增减持、短线交易以及内幕交易等方面的行政、民事和刑事法律责任，进行了强化。

董事等违反忠实义务的责任或者公司的救济方式，主要有归入权及损害赔偿请求权。归入权亦称介入权，是指董事等违反忠实义务，特别是违反竞业限制义务时，公司将其竞业行为所得的收入收归公司所有的权利。损害赔偿请求权，是指董事等执行公司职务时违反法律、行政法规或者公司章程的规定，给公司造成损失的，应当承担赔偿责任。

五、公司的其他问题

【案例 1—5】

2001 年 9 月 27 日，中国证监会根据有关证券法规对郑州百文股份有限公司（以下简称

① 参见中国证监会〔2017〕2 号行政处罚决定书（文峰大世界连锁发展股份有限公司、江苏文峰集团有限公司、陆永敏等 16 名责任人员）。(2017)京行终 5308 号行政判决书。

"郑百文公司")及有关中介机构违反证券法规的行为作出行政处罚;对涉嫌犯罪的主要责任人员,中国证监会依法移送公安机关追究其刑事责任。具体事由如下:

"郑百文公司"上市前披露虚假信息。1996年郑州百文股份有限公司在其披露的相关年度报告中称,1994年该公司净利润为2 513万元、1995年为2 740万元。经查明,"郑百文公司"在上市前的1994—1995年,采用虚提返利、少计费用、无依据冲减成本、费用跨期入账等手段,虚增利润1 908万元。其中,1994年284万元,1995年1 624万元。1992年12月,"郑百文公司"实施增资扩股时,应募集资金19 562万元,而1992年末实际到位资金仅334万元,其余资金直至上市(1996年4月)后的1997年才陆续到位。"郑百文公司"1994—1995年度,累计有22家外地分公司的经营情况未并入股份公司会计报表。"郑百文公司"向中国证监会提供的上市申报材料和上市公告书存在严重虚假和重大遗漏,未能真实、完整地反映该公司的经营情况。

上市后披露虚假信息。1997—1999年,"郑百文公司"在其披露的相关年度报告中称,该公司1996年净利润为4 989万元、1997年为7 843万元、1998年为—50 241万元。经查明,"郑百文公司"上市后3年采用虚提返利、费用挂账、无依据冲减成本及费用、费用跨期入账等手段,累计虚增利润14 390万元。"郑百文公司"家电分公司经"郑百文公司"董事会及董事长批准,于1996年11月,先后通过国泰证券公司郑州营业部、广发证券公司、广发证券咨询公司,将36 446万元资金投入证券市场,共获投资收益4 504万元。以上投资及投资收益"郑百文公司"均未对外披露,隐瞒了这一大额投资及投资收益事项。1997年12月31日,"郑百文公司"家电分公司所属的发达部、凯歌部、广电一部、广电二部、牡丹部等五个经营部的会计报表说明书与上报的会计报表利润金额不符。在五个经营部的会计报表说明书中,1997年五个经营部的亏损挂账共计2 764万元,而在上报的会计报表中,五个经营部上报的"利润总额"本年累计均为"0",隐瞒了实际亏损。1998年10月,"郑百文公司"家电分公司报送到股份公司财务处的利润报表中"利润总额"本期数为—25 535万元,本年利润总额累计数为—26 296万元,遭到财务处的拒收。于是,"郑百文公司"家电分公司对报表进行了二次处理,将本年利润总额累计数进行了调整,从而隐瞒了当期亏损25 538万元。1996—1998年度,"郑百文公司"累计有23家外地分公司的经营情况未汇入股份公司会计报表中。在上述年度的年报中存在严重虚假和重大遗漏,未能真实、完整地反映该公司的经营情况。1998年4月,"郑百文公司"在配股说明书中披露了配股资金用途,承诺将投资1.26亿元再建设30个商品配售中心。同年7月,"郑百文公司"实施配股,配股金额1.55亿元。经查明,"郑百文公司"配股资金到位后,除按配股说明书披露的配股项目投入600万元兼并郑州市化工原料公司外,其余资金用于偿还银行贷款,该公司实际用于配股项目的资金仅占配股资金总额的0.4%。"郑百文公司"的配股资金实际使用情况与配股说明书及1998年年报披露的配股资金使用情况不符。

中国证监会经查明认定:"郑百文公司"董事长李福乾对上述问题负有领导责任和直接责任,董事乔鸿祥、钟文珍、平玉兰、赵三焕、李安民、王金凤、李新阳、陆家豪负有直接责任;副董事长、总经理卢一德应对该公司1998年4月以后的虚假信息披露问题负有领导责任和直接责任,董事杨东负有直接责任。依据《股票交易与管理暂行条例》第74条的规定,决定:(1)对"郑百文公司"处以警告,并罚款200万元;(2)对"郑百文公司"董事长李福乾处以罚款30万元;(3)对"郑百文公司"副董事长、总经理卢一德处以罚款20万元;(4)对"郑百文公司"董事乔鸿祥、钟文珍、平玉兰、郭玉兰、赵三焕、李安民、王金凤、李新阳、杨东、陆家豪分别处以罚款10万元。

请问：

1. 上市公司财务公开的方式主要有哪些？

2. 上市公司董事对其年度报告承担怎样的责任？

3. 中国上市公司财务造假屡禁不止，其根源何在？

(一)公司的财务会计

1. 基本规则

公司的财务会计本属公司的内部事务，涉及公司的商业秘密，外界不得而知，他人也无权干预。但是，为了让股东充分了解公司的真实情况，各国法律均对公司财务会计的有关问题，如会计报表的形式、种类、编制方法、送交或者公布时间等设置了若干强制性规定。中国规定，所有公司均须依法建立财务会计制度，在每一会计年度结束时编制财务会计报告，并依法经会计师事务所审计。公司除法定的会计账簿外，不得另立会计账簿。对公司资产，不得以任何个人名义开立账户存储。公司聘用、解聘承办公司审计业务的会计师事务所，依照公司章程的规定，由股东会、股东大会或者董事会决定。公司股东会、股东大会或者董事会就解聘会计师事务所进行表决时，应当允许会计师事务所陈述意见。公司应当向聘用的会计师事务所提供真实、完整的会计凭证、会计账簿、财务会计报告及其他会计资料，不得拒绝、隐匿、谎报。

有限公司应当按照公司章程规定的期限将财务会计报告送交各股东。股份公司的财务会计报告应当在召开股东年会的一定期限，如中国规定的 20 日以前置备于公司，供股东查阅，而公开发行股份的股份公司必须公告其财务会计报告。

2. 财务会计报告及其公示

财务会计报告是反映公司生产经营成果和财务状况的总结性书面文件。中国《会计法》第 20 条第 2 款规定："财务会计报告由会计报表、会计报表附注和财务情况说明书组成。"会计报表主要包括资产负债表、利润及利润分配表、现金流量表等。资产负债表又称平衡表，是反映公司在某一特定日期实有资产和现有负债状况的会计报表；利润及利润分配表是反映公司在一定时期内经营成果、利润分配以及年末分配利润结余情况的会计报表；现金流量表是反映企业现金和现金等价物流入和流出情况的会计报表。会计报表附注是为了便于会计报表使用者理解会计报表的内容而对会计报表的编制基础、编制依据、编制原则和方法及主要项目等所做的解释。财务情况说明书是对企业一定会计期间内生产经营、资金周转和利润实现及分配等情况的综合性说明。公司财务会计报告的格式和编制办法由财政部具体规定。

正如前所述，公开发行股份的股份公司，尤其是上市公司的财务会计报告实行公示主义。每年年度结束后，由董事会负责编制并审议，在德国还要经监事会审议后，置备于公司本部，供股东查阅，经股东大会审议通过，报送主管机关、证券交易所，并在规定的报刊上公告。上市公司的中期报告、季度报告也实行相应的制度。中国证监会对年度报告、中期报告、季度报告的内容与格式有详细的规定。

3. 公积金制度

各国公司法均规定有公积金制度。公积金又称储备基金，是指公司为了增强自身的财力，扩大经营规模，预防意外风险，依照法律或公司章程规定从资产或者盈余中提取的积累资金。公积金主要分为法定公积金和任意公积金。公司的公积金用于弥补公司的亏损、扩大公司生产经营或者转为增加公司资本。

法定公积金依法强制提取，依其来源不同，分为盈余公积金和资本公积金。盈余公积金是指公司在分配股利前按一定比例从盈余中提取的公积金，幅度从 5% 到 25% 不等。中国为

10%，法定公积金达到股本50%以上时可不再提取。资本公积金是指直接由资本或资产增值以及其他原因所形成的公积金。资本公积金的构成通常有股票溢价额、资产增值额、因合并而取得其他企业的净资产额等。以股票溢价额为例，假如某公司的股票面值为每股1元，其发行价为10元，其中1元为发行成本，1元为股本，另外8元的溢价应列入资本公积金。中国《公司法》第167条规定，股份公司以超过股票票面金额的发行价格发行股份所得的溢价款以及财政部规定列入资本公积金的其他收入，应当列为公司资本公积金。法定公积金转为资本时，所留存的该项公积金不得少于转增前公司注册资本的25%。

任意公积金又称特别盈余公积金，是指公司根据章程规定或股东大会决议在法定盈余公积金之外自愿提取的公积金。公积金一般用于应付公司的突发事件、弥补营业亏损等，当公积金达到一定数额后，经股东大会讨论决定，有的国家还须经主管当局批准，可以转为红利或者红股分配，后者同时实行增资。

4. 盈余分配

公司经营所得和其他所得，依法缴纳所得税后的利润即为公司盈余。公司盈余的分配顺序为：(1)弥补历年亏损；(2)提取法定盈余公积金；(3)提取任意公积金；(4)发放优先股股息；(5)分配普通股红利。

依中国公司法的规定，公司分配当年税后利润时，应当提取利润的10%列入公司法定公积金。原来规定有再提取利润的10%列入法定公益金作为职工福利基金的做法，但随着工资制度、住房货币化改革的推行而取消。公司法定公积金累计额为公司注册资本50%以上的，可不再提取。公司的法定公积金不足以弥补以前年度亏损的，在提取法定公积金之前，应当先用当年利润弥补亏损。公司在从税后利润中提取法定公积金后，经股东会或者股东大会决议，还可从税后利润中提取任意公积金。

有关公司盈余分配的原则、办法，中国2005年修改《公司法》有三项重大调整：一是明确有限公司股东按照实缴的出资比例而非笼统的出资比例分取红利；二是允许公司章程自主决定；三是明确公司持有的本公司股份不得分配利润。有限公司全体股东约定不按照出资比例分取红利，股份公司章程规定不按持股份比例分配的，可以另定办法。公司违法分配的，股东须将违法分配的利润退还公司。

(二)公司的合并、分立、组织变更和修改章程

公司的合并、分立、组织变更和修改章程，以及增资、减资，均须由公司的股东会或者股东大会作出决议，并且是特别决议，由占公司参与表决股东表决权数的2/3以上同意方能通过。有的国家规定前两种及后一种情形须由债权人同意。当然，有的还须经公告程序。

1. 公司的合并

公司合并是指两个或者两个以上的公司组合成一个公司的行为。公司合并有吸收合并和新设合并两种形式。吸收合并是一个公司吸收其他公司，吸收的公司存续，被吸收的公司解散的合并行为，可以用A+B=A或者A+B=B来表示。新设合并是两个以上公司组合成一个新的公司，合并各方解散的合并行为，可以用A+B=C来表示。

中国公司法规定，公司合并，应当由合并各方签订合并协议，并编制资产负债表及财产清单。公司应当自作出合并决议之日起10日内通知债权人，并于30日内在报纸上公告。债权人自接到通知书之日起30日内，未接到通知书的自公告之日起45日内，有权要求公司清偿债务或者提供相应的担保。不清偿债务或者不提供相应担保的，公司不得合并。公司合并时，合并各方的债权、债务应当由合并后存续的公司或者新设的公司承继。

2. 公司的分立

公司分立是指一个公司通过重新组合，变成两个或者两个以上公司的行为。公司分立的重组方向和轨迹，正好与公司合并相反。其形式，相对于公司合并也有两种，即派生分立和新设分立。前者是一个公司通过分出其一部分，设立一个或者数个新的公司，原公司继续存在的分立方式，可以用 A＝A＋B 或者 B＝A＋B 来表示。后者是一个公司通过分割，设立一个或者数个新的公司，原公司不复存在的分立方式，可以用 A＝B＋C 来表示。

中国公司法规定，公司分立时，应当编制资产负债表及财产清单。公司应当自作出分立决议之日起 10 日内通知债权人，并于 30 日内在报纸上公告。可见，其债权人的保护程序应当与公司合并基本一样，但 2005 年修改《公司法》对此有所简化。公司分立前的债务由分立后的公司承担连带责任。

公司合并或者分立，登记事项发生变更的，应当依法向公司登记机关办理变更登记；公司解散的，应当依法办理公司注销登记；设立新公司的，应当依法办理公司设立登记。

为了促进公司重组，2005 年中国修改《公司法》简化了公司合并或者分立的程序，表现在取消原《公司法》第 183 条要求经政府行政审批的规定，改连续 3 次公告为 1 次公告，公司合并公告期限从 90 日缩短到 45 日，以分立后公司承担连带责任的方式取代债权人保护程序。

3. 公司的组织变更

公司的组织变更是指公司从一种法律形态转变为另一种法律形态。通常为相同或者类似责任形式的公司之间的变更，如无限公司与两合公司之间的变更、两合公司与股份两合公司之间的变更、有限公司与股份公司之间的变更等。有的国家法律规定只能发生相同或者类似责任形式的公司之间的变更，而禁止不同责任形式的公司之间的变更，如果将原来的无限公司变为有限公司，则原公司解散，设立新的公司，那就不是公司变更的问题了。

依据 2005 年中国修改《公司法》第 9 条的规定，有限公司变更为股份公司，应当符合公司法规定的股份公司的条件。股份公司变更为有限公司，应当符合公司法规定的有限公司的条件。公司组织变更的，须经股东会或者股东大会特别决议，同时修改公司章程，因公司变更前的债权、债务由变更后的公司承继，故法律未强制要求启动债权人保护程序。

（三）公司的解散和清算

公司解散是指通过一定程序使公司组织解体，消灭其法人资格的行为。公司清算是指当公司解散事由出现后，依法组成清算组处理公司债权债务关系，消灭其法人资格的程序。

中国 2005 年修改《公司法》规定的公司解散原因有：(1)公司章程规定的营业期限届满或者公司章程规定的其他解散事由出现，但通过修改公司章程决定公司存续的除外。此时的章程修改，有限公司须经持有 2/3 以上表决权的股东同意通过，股份公司须经出席股东大会会议的股东所持表决权 2/3 以上同意通过。(2)股东会或者股东大会决议解散。(3)因公司合并或者分立需要解散。(4)依法被吊销营业执照、责令关闭或者被撤销。(5)公司经营管理发生严重困难，存续会使股东利益受到重大损失，通过其他途径不能解决的，持有公司全部股东表决权 10％以上的股东可以请求人民法院解散公司。

除因合并或者分立解散公司无须清算之外，应当在解散事由出现之日起 15 日内成立清算组，开始清算。公司一旦进入清算程序，虽然公司存续，仍具有商事主体资格，但权利能力受到一定的限制，就像进入破产程序的公司那样不得开展与清算无关的经营活动。其原公司机关的代表、代理权力终止，由清算组对外代表公司。清算组就是在公司清算程序中代表公司清理财产、了结业务以及处理其他清算事务的临时性机关。有限公司的清算组由股东组成，股份公司的清算组由董事或者股东大会确定的人员组成。逾期不成立清算组进行清算的，债权人可以申请人民法院指定有关人员组成清算组进行清算。人民法院应当受理该申请，并及时组织清算组进行清算。对于实践中常见的空壳公司、歇业公司，债权人也可以行使诉权，甚至诉求清算义务人进行清算。

清算组在清算期间行使下列职权：(1)清理公司财产，分别编制资产负债表和财产清单；(2)通知、公告债权人；(3)处理与清算有关的公司未了结的业务；(4)清缴所欠税款以及清算过程中产生的税款；(5)清理债权、债务；(6)处理公司清偿债务后的剩余财产；(7)代表公司参与民事诉讼活动。

清算组应当自成立之日起 10 日内通知债权人，并于 60 日内在报纸上公告。债权人应当自接到通知书之日起 30 日内，未接到通知书的自公告之日起 45 日内，向清算组申报其债权。债权人申报债权，应当说明债权的有关事项，并提供证明材料。清算组应当对债权进行登记。在申报债权期间，清算组不得对债权人进行清偿。

清算组在清理公司财产、编制资产负债表和财产清单后，应当制定清算方案，并报股东会、股东大会或者人民法院确认。公司财产在分别支付清算费用、职工的工资、社会保险费用和法定补偿金，缴纳所欠税款，清偿公司债务后的剩余财产，有限公司按照股东的出资比例分配，股份公司按照股东持有的股份比例分配。公司财产在未依法清偿前，不得分配给股东。公司清算结束后，清算组应当制作清算报告，报股东会、股东大会或者人民法院确认，并报送公司登记机关，申请公司注销登记，公告公司终止。

清算组成员应当忠于职守，依法履行清算义务。清算组成员不得利用职权收受贿赂或者其他非法收入，不得侵占公司财产。清算组成员因故意或者重大过失给公司或者债权人造成损失的，应当承担赔偿责任。

清算组在清理公司财产、编制资产负债表和财产清单后，发现公司财产不足以清偿债务的，应当依法向人民法院申请宣告破产。公司经人民法院裁定宣告破产后，清算组应当将清算事务移交给人民法院。公司被依法宣告破产的，依照有关企业破产的法律实施破产清算。

(四)外国公司的分支机构

欧洲国家的公司法一般不对外国公司设置专门规定，美国《标准商事公司法》、日本公司法典设有外国公司规范。中国新《公司法》第十一章规定的则是“外国公司的分支机构”，“外国公司是指依照外国法律在中国境外设立的公司”。

日本法规定，外国公司要在日本进行连续性交易时应确定其在日本的代表人并设置营业所。该营业所应予登记，方式和条件与日本本国同类公司或者分公司相同，即基本上实行国民待遇。依中国 2005 年修改《公司法》，外国公司可在中国境内依法设立分支机构，从事生产经营活动。具体要向中国主管机关提出申请，并提交其公司章程、所属国的公司登记证书等有关文件，经批准后，向公司登记机关依法办理登记，领取营业执照。外国公司的分支机构应当在其名称中标明该外国公司的国籍及责任形式。外国公司的分支机构应当在本机构中置备该外国公司章程。外国公司在中国境内设立的分支机构不具有中国法人资格，其在中国境内进行经营活动的民事责任由外国公司承担。外国公司撤销其在中国境内的分支机构时，必须依法清偿债务，依照本法有关公司清算程序的规定进行清算。未清偿债务之前，不得将其分支机构的财产移至中国境外。

外国公司在中国境内设立分支机构，必须在中国境内指定负责该分支机构的代表人或者代理人，并向该分支机构拨付与其所从事的经营活动相适应的资金。对外国公司分支机构的经营资金需要规定最低限额的，由国务院另行规定。

经批准设立的外国公司分支机构，在中国境内从事业务活动，必须遵守中国的法律，不得损害中国的社会公共利益，其合法权益受中国法律保护。

本章小结

本章着重介绍了国际商事组织的基本知识以及合伙、公司法律制度。全部内容共分概述、合伙、公司三节。其重点主要体现在下述关键概念及思考与练习中。

关键概念

国际商事组织法；业主制企业；合伙企业；普通合伙；有限合伙；有限责任合伙；有限责任有限合伙；公司；有限公司；股份公司；公司章程；注册资本；法定资本制；授权资本制；认可资本制；声明资本制；公司法人格否认法理；股份；股票；优先股；公司债；累积投票制；股权收购请求权；股东代表诉讼；股东大会；董事会；董事；监事会；忠实义务；勤勉义务；公司介入权；公积金；公司合并；公司分立

思考与练习

1. 简述公司与合伙的主要区别。
2. 世界上主要的合伙企业形式有哪些？
3. 简述公司的概念及特征。
4. 简述公司章程的法律性质。
5. 世界上主要的资本制度有哪些？
6. 何谓资本三原则？
7. 谈谈您对公司法人格否认制度的认识。
8. 简述优先股的概念及类型。
9. 简述重要的少数股东保护措施。
10. 简述公司债与股份的主要区别。
11. 公司治理结构的法理依据何在？
12. 简述董事、经理的义务和责任。
13. 简述公司公积金制度。

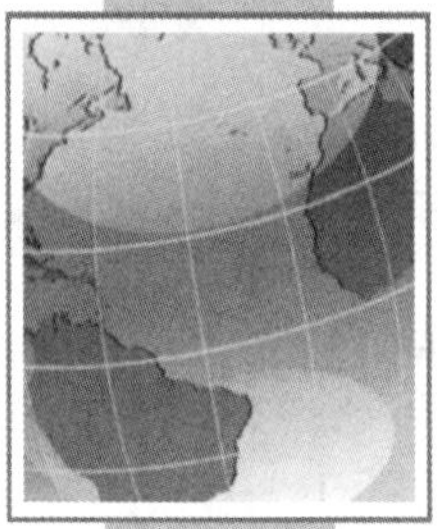

第二章 商事代理法

本章要点

1. 代理法律关系中各主体的权利与义务
2. 无权代理、表见代理、隐名代理的法律责任承担

导入案例

中国电子进出口东方贸易有限公司诉中电通信科技有限责任公司代理合同纠纷案[①]

原告(被上诉人):中国电子进出口东方贸易有限公司(以下简称东方公司)

被告(上诉人):中电通信科技有限责任公司(以下简称中电公司)

2004年8月27日,中电公司给东方公司出具委托书,约定中电公司委托东方公司代理进口U8800型GSM手机散件,进口数量为30 000套,总价值为300万美元。2004年8月19日,国家商务部颁发了U8800型GSM手机散件自动进口许可证,载明进口商为东方公司,进口用户为中电公司,贸易地区和原产地区均为中国台湾。2004年9月2日至10月8日,上述货物分批由台湾金马空运至北京,进口手机散件的总数量为16 000套。捷达国际运输公司(以下简称捷达公司)为上述货物办理了进口货物报关手续,九张报关单上的收货单位均为中电公司。2004年8月31日至9月29日,东方公司分别为上述进口货物缴纳了进口关税人民币2 452.79元、进口增值税人民币2 168 663.42元。东方公司将上述《海关进口关税专用缴款书》《海关进口增值税专用缴款书》交中电公司,后者进行了税款抵扣。根据16 000套U8800型GSM手机散件的中华人民共和国出入境检验检疫入境货物调离通知单显示,收货人为中电公司。

货物进关后,中电公司取得了其中15 000套U8800型GSM手机销售给创佳公司的增值税发票。为代理进口此笔手机散件,东方公司垫付货款人民币12 773 301.9元、支付银行手续费人民币15 072.07元、支付海关代征进口关税人民币2 452.79元、支付海关代征增值税人民币2 168 663.42元,中电公司对上述款项金额没有异议。东方公司与中电公司未就代理手续费的收取进行约定,关于东方公司主张的代理进口手续费人民币132 092.68元,东方公司称其是按照行业惯例计算的代理手续费,即货款总额的1.3%。

一审法院经审理认为,东方公司与中电公司就代理进口U8800型手机散件所签订的委托书未违反国家法律及行政法规的禁止性规定,应属有效,据此委托书在双方当事人之间形成了委托代理进口法律关系,故判决中电公司给付东方公司人民币15 091 582.86元。

中电公司不服一审法院判决并提起上诉。二审法院另查明:2004年中电公司与创佳公司签订了全国销售总代理合同、技术服务合同,约定:中电公司允许创佳公司使用中电公司CECT的名称、商标和标识,创佳公司向中电公司支付每台手机人民币35元或人民币25元的报酬;中电公司委托创佳公司指定的代理商办理手机散件的进口报关事宜,创佳公司承担由此发生的各项税、费。此后,创佳公司向中电公司支付"贴牌费用",中电公司向创佳公司出具了收款收据以及进账单。2005年7月1日,创佳公司向中电公司出具一份收条,证明截止到2005年6月30日,创佳公司从中电公司领取U8800型系列移动电话机的进网标志大约

---

① 北京市高级人民法院(2008)高民终字第927号。

15 000 枚。同时,2006 年创佳公司出具一份证明,内容为:"2004 年创佳公司与东方公司达成一致,创佳公司委托东方公司代为办理从台湾进口 U8800 手机的全部事宜,因创佳公司无法取得进口许可证并办理进口相关批准手续,故创佳公司以中电公司的名义办理各项手续。创佳公司委托东方公司为进口代理商。此后,创佳公司与东方公司直接履行代理合同,东方公司直接将进口手机散件交付给创佳公司,创佳公司以中电公司的名义办理各项手续。东方公司多次向创佳公司讨要进口的货款、进口代理费以及垫付的进出口增值税,确因创佳公司目前资金周转困难无法全部支付,但创佳公司承诺一定会尽快组织资金偿还东方公司的债务。以上为创佳公司委托东方公司进口 U8800 手机散件的事实情况。"

请问:

1. 本案中是否存在委托代理关系?
2. 若存在委托代理关系,则委托人为中电公司还是创佳公司?
3. 在本案的委托代理关系中,双方当事人是否履行了自己所应承担的义务?
4. 若您是二审法院法官,您会如何处理该案?

在早期社会中,人们参与一定业务、进行社会交往大多亲力亲为。随着商品经济的产生和发展,社会关系日益复杂,人们不可能总是事必躬亲,因而在 17 世纪逐步衍生出商业代理关系。在国际贸易中,许多业务工作都通过各种代理人来进行,上述海洋运输货物代理就是常见的一例。代理制度的存在和发展在很大程度上弥补和扩张了民事主体的行为能力,在当今商事交易活动中发挥着重要作用,因此,各国都十分重视有关代理的法律问题,形成了诸多成文与不成文的规则对其加以规制。本章着重介绍各国代理法的基本原理和规则,并结合国际贸易实务,对实践中的各种代理制度予以介绍。

第一节　概　述

一、代理的概念

根据大多数国家的法律规定,代理是指代理人根据被代理人的授权,代表被代理人与第三人订立合同或从事其他法律行为,由此而产生的权利义务直接归属于被代理人的行为。其中,被代理人又被称为委托人、本人,是将自己的事务委托给代理人,要求其代为办理的人;代理人又被称为受托人,是接受被代理人委托,为其办事的人;第三人则是在被代理人与代理人之外,在代理人完成委托事务的过程中与代理人打交道的人。不同的国家对代理的概念有着不同的理解,其中颇具典型意义的是两大法系的不同国家所赋予代理的不同内涵。

大陆法的代理制度建立在区别论的理论基础之上,即把委任与授权视作两个独立的行为,委任是被代理人与代理人之间的法律行为,属于代理的内部关系;而授权则是代理人得以与第三人从事法律行为的依据,属于代理的外部关系。与英美法系相比,大陆法系更侧重于对第三人信赖权(对代理人具有合法、完整的代理权的信赖)的保护。即便第三人知道或者有理由知道代理人事实上并未得到授权或其代理权限受到一定限制,被代理人也不得以对代理人授权的限制来减轻自己的责任。

英美法系的代理制度建立在等同论的理论基础之上,即代理人的行为被视同为被代理人的行为。因此,代理人与被代理人二者究竟谁与第三人直接进行交易并不重要,不论代理人是以委托人的名义还是以自己的名义行事,均视为被代理人的行为。英美法系这种无须公开被代理人身份便可将代理人行为的法律后果直接归属于被代理人的做法,在一定意义上更符合商事代理迅捷、高效的特点。

二、与相近概念的比较

作为一个具有特定法律内涵的专有名词，代理与其他相近法律概念之间存在着严格区分，更与我们日常生活中的一些与代理相类似的行为大相径庭。比较它们之间的异同有助于我们更为准确地理解和把握代理的法律内涵及其法律后果。

（一）代理与传达

所谓传达，是指传达人（又称使者）将委托人的意思表示传递给第三人的行为。从表面来看，无论是代理人还是传达人的行为，其行为后果皆由委托人承担。尽管如此，二者的区别也十分明显：

1. 对于行为人的行为能力要求不同。在代理情形中，代理人不仅必须具备完全民事行为能力，同时还须具备完成委任事务的专业能力；而传达对于传达人的行为能力通常没有特殊要求。

2. 行为人是否具有独立意志不同。在代理情形中，代理人完成代理事务尽管是依据本人的授权，但至于具体如何执行代理任务、完成代理事项，则可由代理人自行决定。也就是说，在完成代理事务的过程中，代理人可以具有自己独立的意志。而在传达过程中，传达人仅是机械地将委托人的意思转达给第三人，是一种单纯的劳务提供，传达人不具有自己独立的意志。

3. 行为人所为行为的性质不同。这一区别系由前一区别推导而来。在代理情形中，代理人为完成委托事务，须与第三人签订合同或从事其他法律行为。而在传达过程中，传达人完成委托事项一般并不与第三人发生法律关系。

例：A. 董事会秘书向公司各级员工传达董事会会议内容和精神，该传达行为仅是机械地将会议有关内容披露给公司员工，其中并无该秘书个人的意思表示，亦未与公司其他员工发生法律关系。B. 公司业务员受公司之托，对外采购原料。在这一过程中，该业务员首先必须具有识别原料优劣及合同谈判的能力，同时在履行代理义务的过程中，其可选择合适的途径，譬如招标，从数家原料生产企业中选择出最合适者，与其签订购销合同，从而与该原料生产者之间建立合同关系。可见，A 系通常所谓之传达，B 乃本章所谓之代理。

（二）代理与代表

按照经济学上的委托代理理论，法人组织与其成员之间的关系为典型的委托代理关系，但在民法上，法人的代表对外并非为独立的民事主体，其代表法人组织所为的行为不适用代理制度调整，而是视作代表行为。从学理上来说，其与代理存在如下区别：

1. 代表人与本人是一个民事主体，而代理人与本人则是两个独立的民事主体。

2. 代表人的行为即本人的行为，而代理人的行为并非本人的行为，但其效力最终归属于本人。

例：在一个法人组织如公司内，公司的法定代表人为公司这一法人组织的代表，法定代表人的行为直接视为法人组织的行为，而无须再进行权利义务的概括转移。公司的其他雇员则与公司之间构成代理关系，譬如前例中公司业务员对外采购原料的行为，其对外所签订的购销合同从学理上来说是代理人的行为，要将这一行为的法律后果转归本人即公司承担，在大陆法系国家则须由另一合同（一般为委托合同）进行约定。

三、代理的类型

对代理这一制度进行理论上的划分将有助于我们对其进行更为深入的了解，而划分的标准则直接取决于对代理内涵的理解。如上所述,各国对于何为代理并无一致见解,区别最典型者乃两大法系对于代理所形成的不同理论体系,在此基础上又形成了不同的类别划分法。

在大陆法系国家,根据不同标准可对代理做不同划分。其中较为常见的划分法为:

第一,按照代理人是以委托人名义还是以代理人自己的名义从事代理行为,将代理分为直接代理与间接代理。所谓直接代理,是指代理人根据委托人的授权,以委托人的名义订立合同或从事其他法律行为,并由委托人直接承担行为后果的法律制度。间接代理则是指代理人根据委托人的委托,以代理人自己的名义与第三人订立合同或从事其他法律行为,行为后果最终亦由委托人承担的法律制度。

第二,根据代理人是否基于代理权而从事法律行为,将代理分为有权代理与无权代理。所谓有权代理,系代理人基于代理权所为之代理;所谓无权代理,则是指代理人并非基于代理权而为之代理。其中,无权代理又可分为狭义的无权代理和表见代理。狭义的无权代理是指代理人既无本人授权,也没有使第三人可资信赖其有代理权的假象,而仍所为之代理,其行为后果由代理人自行承担,除非本人事后追认;表见代理则是指代理人虽无代理权,但善意第三人有充分理由相信代理人具有代理权,并基于此项信赖而与代理人从事法律行为,其行为后果由本人承担。

英美法系国家对代理所进行的最重要的分类为:

第一,根据是否披露代理关系以及是否指明本人身份,将代理区分为三种:指明本人(代表公开姓名的本人)的代理;披露代理关系但不指明本人(代表不公开身份的本人)的代理;不披露代理关系但事实上存在代理权(代表不公开身份的本人)的代理。其中,前两种相当于大陆法系中的直接代理,最后一种则类同于大陆法系中的间接代理。

第二,英美法上还根据代理人是否具有代理权而将代理划分为有代理权限的代理和无代理权限的代理。有代理权限的代理与大陆法系的有权代理相似,即指代理人通过被代理人的事先授权或者事后追认的方式而获得代理权限进而形成的代理关系;无代理权限的代理则是指代理人虽然未通过被代理人事先授权或事后追认而获得代理权限,但根据法律规定,代理人在某种行为下具有拘束被代理人的代理权力从而构成的代理关系。无代理权限的代理完全不同于大陆法系所谓的无权代理,因为这种代理产生有权代理的法律效果,即本人须对无代理权限的代理人的行为承担责任。

我国对于代理的分类可从法律规范与学理两个角度加以探讨。从法律规范的角度来看,我国民法通则中对代理制度所作的原则性规定,更多地是将代理作为一种法律行为而非具体制度来进行规范的。合同法则在民法通则的基础上引进了西方国家代理制度的一些内容,主要规定了委托合同和行纪合同。从学理角度而言,合同法中的委托合同又包括两类:其一为显名的委托,其二为隐名的委托,前者所体现的代理关系相当于大陆法系国家的直接代理,而后者所体现的代理关系则相当于大陆法系国家的间接代理。

四、代理权的产生

(一)大陆法系国家

按照代理权是否基于委托人自己的意思而产生,大陆法将代理分为意定代理与法定代理。意定代理,顾名思义,是基于委托人的意思表示而发生,即委托人基于自己的意志而将一定事务托付给自己所选择的代理人,由其完成代理事务,故又称委托代理。在意定代理中,委托人授权的意思表示既可向代理人表示,也可向与代理人打交道的第三人表示。授予代理权的意思表示一般来说没有形式上的要求,既可采取书面形式,又可采取口头形式。但在一些特殊情形下，法律规定代理权的授予必须采取特定的形式。法定代理则是指代理人直接根据法律的规定而非被代理人的授权取得代理权的情形，如父母对于未成年子女所享有的代理权、有的国家商法中商业使用人对于商人的代理权等。

(二)英美法系国家

根据英美法规定，代理权可以基于明示授权、默示授权、不容否认的代理、客观必需的代理以及追认的代理而产生。

1. 明示授权(express authority)

明示授权是指由本人以明示的方式指定某人为他的代理人。按照英美法例，代理协议的成立并不要求采取特定形式，既可以采用口头方式，也可以采用书面或蜡封(盖印)方式。

2. 默示授权(implied authority)

默示授权是指被代理人以其言辞或行动使代理人有权以他的名义签订合同，并且受该合同的拘束，就像他明示地指定了代理人一样。其中，较为典型的是配偶间的默示代理和合伙人之间的默示代理。

3. 不容否认的代理(agency by estoppel)

不容否认的代理是指一个人以其言辞或行动使善意第三人合理地相信某人是其代理人，有权以其名义签订合同，则他须对该人以其名义所为的行为承担责任，不能事后否认某人是其代理人。这类同于大陆法中的表见代理。

例：Jason 负责 Walter 公司的原料采购，长期代表 Walter 公司从 Zigzag 公司采购某种原料，且通常采取货到一个月后结清货款的方式。数年后，Jason 因故被所在公司解雇。在被解雇后的第二个月，Jason 又以 Walter 公司名义从 Zigzag 公司处采购了一批原料。Zigzag 公司事先并未得到 Walter 公司关于 Jason 已非其职员的任何通知。其后 Zigzag 公司向 Walter 公司请求支付货款而被拒绝，遂向法院起诉。法院最终判决 Walter 公司败诉，原因在于 Walter 公司解雇 Jason 后因未及时通知不知情的 Zigzag 公司，使得 Zigzag 公司有理由相信 Jason 仍是 Walter 公司的职员，享有合法代理权，从而构成不容否认的代理。①

4. 客观必需的代理(agency of necessity)

客观必需的代理权是在一个人受委托照管另一个人的财产，遇特殊情况时为保全这些财产所必需的代理权。在这种情况下，虽然受委托管理财产的人并没有得到采取此种行动的明示授权，但由于客观情况的需要可以视为具有此种授权。这种情况在国际贸易中时有发生。

例：Cosmo 系温哥华 Saatchi 水产公司的一名货车司机。2003 年夏天，Cosmo 受公司之托，将一批冷冻鳕鱼从温哥华运至坎昆交给买受人。运输途中，因不可归责于 Cosmo 的原因，货车冷冻库发生故障无法制冷，导致该批鳕鱼在高温下迅速解冻并面临腐烂变质的危险，如不就地销售则可能会产生更大损失。Cosmo 数次联系公司，但均未得到关于如何处理该批货物的明确指示。无奈之余，Cosmo 只得擅作主张，将这批鳕鱼就地降价销售。事后，Saatchi 公司以 Cosmo 降价销售该批货物未经公司同意为由，要求其赔偿公司因此而遭受的损失，遭其拒绝后将其告上法庭，但未获法院支持。②

由上述案例可以发现，客观必需的代理权的生成具有严格条件，主要包括：(1)必须是情况危急，并且在这种危急情况下唯有授予代理权才能较好地保护被代理人的利益；(2)危急情况

① 张圣翠：《国际商法》，上海财经大学出版社 2002 年版，第 100 页。
② 何长松等：《国际商法学》，国防科技大学出版社 2005 年版，第 62 页。

发生时，代理人无法与被代理人取得联系以得到被代理人的指示；(3)代理人采取措施必须是基于善意并且合理有效。

5. 追认的代理(agency by ratification)

早在1843年，英国法官廷德尔就在威尔逊一案中对追认代理做出了概括：如果某人(代理人)未经授权而为他人(本人)而非为自己实施了某一行为，而且本人事后追认了该行为，那么，该行为就成为本人自己的行为。追认的效果是使该合同对本人具有拘束力，如同本人授权代理人替他订立了该合同一样。追认具有溯及力，即自该合同成立时起就对本人生效。

追认的代理必须具备下列条件：(1)代理人在与第三人订立合同时，必须声明他是以代理人的身份订立合同的；(2)合同只能由订立该合同时已经指出姓名的本人或可以确定姓名的本人来追认；(3)追认该合同的本人必须是在代理人订立合同时已经取得法律人格的人；(4)本人在追认合同时必须了解其主要内容。[①]

(三)我国法律规定

我国法律具有大陆法系传统，在代理权的来源上与大陆法系颇有相似之处，表现为代理权的来源主要包括意定代理与法定代理；不同之处在于，在意定代理(委托代理)、法定代理之外，还增加了指定代理。

意定代理在我国一般被称作委托代理，是代理人依照委托人的委托行使代理权的一种代理。《中华人民共和国民法典》(以下简称《民法典》)第163条规定："代理包括委托代理和法定代理。委托代理人按照被代理人的委托行使代理权。法定代理人依照法律的规定行使代理权。"委托代理是实践中最为常见、应用最广泛的一种代理形式，只要是非身份性质的行为且不违反强行法的规定，如民事法律行为、申请行为、申报行为及诉讼行为等，当事人均可将之委托给他人办理。

法定代理则是基于法律的直接规定而发生的代理，法定代理人依照法律的规定行使代理权。法定代理主要适用于被代理人无行为能力或限制行为能力的情形。如《民法典》第23条规定："无民事行为能力人、限制民事行为能力人的监护人是他们的法定代理人。"法定代理人的权限十分广泛，依《民法典》第34条关于监护职责的规定，凡及于被监护人的人身、财产及其他合法权益的均可代理。

指定代理是基于法院或有关机关的指定行为而产生的代理。此处的"有关机关"系指依法对被代理人的合法权益负有保护义务的组织，如被监护人住所地的村民委员会、居民委员会以及民政部门等。指定代理人的代理权限根据法律规定和指定机关的指定来确定。

指定代理与法定代理存在着紧密联系。一般来说，法定代理和指定代理前后衔接，互为补充。法定代理人的人选如果较为明确且无异议，则通常无须指定代理，只有在没有法定代理人或对担任法定代理人存有争议或者法定代理人具有正当理由不能履行代理职责的情况下，才依法产生指定代理。

五、代理的终止

(一)终止的原因

代理终止的原因归纳起来主要包括如下几种情形：

---

① 沈四宝、王军：《国际商法教学案例(英文)选编》，法律出版社2007年版，第230页。

1. 基础法律关系终结

代理产生于本人的授权。当本人取消或终止授权,或因其他原因而导致产生代理的基础法律关系终结时,代理关系也随之消灭。如《日本民法典》第 111 条第 2 款即规定:“因委托产生的代理权……因委托的终止而消灭。”[①]综合各国立法与实践,这些情形主要包括:(1)代理目的实现;(2)代理期限届满;(3)本人和代理人协议终止代理关系;(4)本人或代理人单方终止代理关系。

2. 本人死亡

对于本人死亡是否一定能够导致代理终止,理论上尚存争议。但主流观点认为,本人死亡原则上应当成为代理终止的事由,因为授权意思不可能继承,本人对代理人的信任亦随本人的死亡而消灭,本人的信任并不等于继承人的信任。基于此,绝大多数国家均将本人死亡作为代理终止的事由之一。但有些国家和地区,如德国、中国台湾地区的民法,均未规定本人死亡是代理终止的事由。

3. 本人丧失行为能力

对本人丧失行为能力是否当然引起代理关系的消灭,各国民法均未作明确规定。但从理论上来看,代理权的授予具有人身性质,以本人对代理人的信任为前提,与本人的行为能力密切相关,如本人丧失行为能力,则其无法对代理人的代理活动进行监督,也不能行使对代理权的撤销权利。因此,本人丧失行为能力,包括因破产(本人是法人的情形)而丧失行为能力,在一般情况下均作为代理终止的事由。但如有特殊情况存在,或是商法上的代理权,则本人行为能力的丧失并不必然导致代理关系的消灭。[②]

4. 代理人死亡、破产或丧失行为能力

代理权的行使和代理事务的完成以代理人具有相应的意思能力与行为能力为前提。代理人死亡、破产或丧失行为能力均使得这一前提不复存在,故各国法律均规定在这一情形下代理关系归于消灭。

5. 我国法律的规定

我国《民法典》第 173 条规定,有下列情形之一的,委托代理终止:(1)代理期限届满或者代理事务完成;(2)被代理人取消委托或者代理人辞去委托;(3)代理人丧失民事行为能力;(4)代理人或者被代理人死亡;(5)作为代理人或者被代理人的法人、非法人组织终止。第 174 条规定,被代理人死亡后,有下列情形之一的,委托代理人实施的代理行为有效:(1)代理人不知道且不应当知道被代理人死亡;(2)被代理人的继承人予以承认;(3)授权中明确代理权在代理事务完成时终止;(4)被代理人死亡前已经实施,为了被代理人的继承人的利益继续代理。作为被代理人的法人、非法人组织终止的,参照适用前款规定。第 175 条又规定,有下列情形之一的,法定代理终止:(1)被代理人取得或者恢复完全民事行为能力;(2)代理人丧失民事行为能力;(3)代理人或者被代理人死亡;(4)法律规定的其他情形。

(二)终止的法律效果

1. 本人和代理人之间的法律效果

代理一旦终止,代理人即丧失代理权。如果代理人再行代理,则将承担无权代理的后果。代理终止后,本人应及时收回能够证明代理权的法律文件,如介绍信、授权委托书等,否则若使

---

① 渠涛编译:《最新日本民法》,法律出版社 2006 年版,第 29 页。
② 任荣明、侯兴政:《国际商法》,清华大学出版社 2004 年版,第 71 页。

第三人有合理理由相信代理人仍具有代理权，则根据表见代理或者不容否认的代理的规则，本人将承担代理人代理行为的法律后果。

2. 对第三人的法律效果

代理的终止对第三人是否有效，主要取决于第三人是否知情或是否应当知情。根据各国法律，代理关系终止时，本人必须及时通知第三人才能对第三人发生效力。如果代理关系终止后本人并未通知第三人，后者由于对此不知情而与代理人订立合同或从事其他法律行为，则为保护其善意而要求本人对代理人的有关行为承担责任，即适用有关表见代理或者不容否认的代理的规则，当然本人有权要求代理人赔偿其损失。若代理权终止后本人已及时通知第三人，后者仍与代理人签订合同或从事其他法律行为，则本人对此无须负责。

第二节　代理法律关系

代理究其实质，乃是由一组合同所构成的，包括本人与代理人之间所形成的包含委任意思的基础合同，以及代理人为完成委任事务而与第三人所签的合同或所为的其他法律行为。基于此，在本人、代理人与第三人之间即形成一个三角关系：第一，本人与代理人之间的关系。这是整个代理关系所赖以形成的基础关系，也被称作代理的内部关系。第二，代理人与第三人之间的关系。第三，第三人与本人之间的关系。后两者统称为代理的外部关系。

一、代理的内部关系

【案例 2—1】

原告 Carrier 所使用的热水器坏了，被告 McLlarky 为其置换了一套新的热水器。同时，被告告诉原告，所置换下来的那套热水器应该是有质保的，他可以帮助原告从热水器生产商那里争取部分资金补偿。嗣后，被告便将撤换下来的那套热水器交给供货商以履行为获取资金补偿所必需的有关手续，但之后，原告并未从被告处获得该笔补偿金，被告对此解释说他根本未能从生产商那里获得所谓的资金补偿。原告遂起诉被告，要求其承担热水器的置换费及其他有关费用。地区法院认为被告违背了代理人的勤勉义务，故支持原告的诉求；被告不服，并提起上诉。①

作为整个代理关系发生的前提，代理的内部关系主要体现为代理人对本人的义务和本人对代理人的义务。

(一)代理人的义务

1. 勤勉谨慎义务

根据各国法律规定，代理人应当如同处理自己的事务一样，以代理人所应有的知识与技能，以足够的勤勉、谨慎和小心，履行其代理职责，妥善地完成代理事务。如果未能尽职或者处理代理事务存在过失，代理人须承担赔偿责任。前述案例中，上诉法院 Johnson 法官在案件的审理过程中分析指出：代理人负有以一定程度之勤勉与技能完成本人事务的义务，且该义务应根据本人的授权范围加以衡量。本案中，被告在接受代理之时并未肯定地表示他一定能够拿到该笔资金，而只是承诺对此进行尝试；同时，被告在代理关系形成之后便将置换下来的那套热水器交还给供货商，表明其已为完成代理事务，即从生产商处获取资金补偿做出了合理的尝

① 沈四宝、王军：《国际商法教学案例(英文)选编》，法律出版社 2007 年版，第 217～219 页。

试，故而本案中被告已经尽到代理人的勤勉义务，并无违反代理人义务的情形，原审法院的判决缺乏事实依据，应裁定撤销原判，发回重审。

2. 诚信、忠实义务

代理权产生的前提乃是本人对代理人的信任，故代理人应当仅为本人利益而行动，以不负本人所望。具体而言，代理人的诚信、忠实义务包括：不得从代理行为中谋取任何私利或收受任何贿赂，或与第三人串通损害本人利益；不得自己购买代理标的；不得向本人出售自己的财产（禁止自己代理）或同时兼任合同双方的代理人（禁止双方代理）；不得与本人进行竞争性的商业活动（竞业禁止）。此外，代理人还应向本人公开其所掌握的有关客户的一切必要情况，以供本人考虑决定是否同该客户订立合同。

3. 保密义务

在代理协议有效期限以及代理协议终止后的一段合理时间内，代理人都负有保密义务，不得用代理过程中所得到的保密情报或资料为自己谋利，非为本人利益不得擅自将其披露给第三人，从而损害本人的利益。

4. 申报账目义务

代理人有义务对所有代理交易保持正确的账目，并应根据代理合同的约定向本人申报账目。代理人为本人收取的所有款项均须交给本人，但若本人欠付代理人佣金或其他款项，则代理人可对其所占有的本人款项在所欠金额范围内享有留置权或法定情形下的抵消权。

5. 不得擅自转委托义务

本人将自己的事务委托给代理人完成，系出于对代理人品德与专业素养的高度信任，因此，代理权具有高度的人身性，代理人在一般情形下应亲自履行代理义务，完成本人所委托的事项。但如果客观情况确有需要，或为贸易习惯所允许，或事先征得本人同意，则不在此限。例如，我国《民法典》第 169 条规定："代理人需要转委托第三人代理的，应当取得被代理人的同意或者追认。转委托代理经被代理人同意或者追认的，被代理人可以就代理事务直接指示转委托的第三人，代理人仅就第三人的选任以及对第三人的指示承担责任。转委托代理未经被代理人同意或者追认的，代理人应当对转委托的第三人的行为承担责任；但是，在紧急情况下代理人为了维护被代理人的利益需要转委托第三人代理的除外。"

6. 不得越权义务

代理人须在本人授权范围内从事代理行为，而不得超越代理权，否则即构成无权代理。除本人事后予以追认外，代理人超越代理权所为行为的法律后果由其自行承担，对本人不发生效力。

（二）本人的义务

本人的义务主要体现在以下两个方面：

1. 支付佣金或酬劳的义务

本人必须按照委托合同的约定向代理人支付佣金或酬劳。如果本人和代理人所建立的乃是独家代理关系，则若本人非经代理人而直接与代理人代理地区的第三人签订买卖合同，本人是否应对代理人支付佣金，一般情况下可由代理合同作出约定。若无约定，根据大陆法系国家的法律规定，凡是在指定地区享有独家代理权的独家代理人，对于本人与该地区内的第三人所达成的交易，不论其是否参与，均有权从本人处收取佣金。同时，商业代理人对其在代理期间内为本人建立的商誉亦有权请求本人给予补偿。按照英美国家的判例，若合同的签订乃是代理人努力的结果，则代理人有权获取佣金；若合同未经代理人努力而由本人与第三人直接签订,则代理人无权获取佣金。

2. 偿还代理人为履行代理义务而产生的费用

一般而言,代理人履行代理义务的劳务支出将从本人处获取的佣金或酬劳而得到补偿,因而其应自行支付履行代理义务过程中所产生的费用,而不得再行向本人索取这一费用。不过,若其因执行本人指示的任务而产生正常业务支出以外的费用或招致额外损失时,其有权要求本人对此予以赔偿。我国《民法典》第921条规定:"委托人应当预付处理委托事务的费用。受托人为处理委托事务垫付的必要费用,委托人应当偿还该费用并支付利息。"

此外,本人还负有明确授权范围、让代理人检查核对其账册等义务。

二、代理的外部关系

代理的外部关系包括代理人与第三人的关系以及本人与第三人的关系,但这两个关系并非独立存在,而是作为一个纠结的整体,在不同的情形下可体现为不同的法律形态并产生不同的法律效果。正如前述,从不同代理关系的法律形态的角度,根据不同的标准,可对代理进行不同的分类。大陆法系按照代理行为的名义以及法律后果由谁直接承受为标准,将代理分为直接代理和间接代理;而英美法系以代理人是否披露本人和代理身份为标准,将代理分为显名代理和隐名代理。一般来说,在功能上,大陆法系的直接代理与英美法系的显名代理较为相似,而大陆法系的间接代理与英美法系的隐名代理较为相似。

(一)代理人以本人名义签约或为其他法律行为时,本人及代理人与第三人的关系

【案例2—2】

1997年6月6日,安徽东方房地产开发有限公司(以下简称东方公司)与合肥合利物业发展有限公司(以下简称合利公司)签订《翠竹园小区整体转让协议书》,约定东方公司将小区以1.5亿元人民币转让给合利公司。合利公司根据东方公司的全权委托书组建经营、管理、销售、财务机构,保证翠竹园项目的交接。移交后小区项目所发生的债权、债务由合利公司负责。自协议书签订之日起,东方公司向合利公司移交土地证、规划许可证、建筑执照、施工图纸及相关技术资料、东方公司总经理给合利公司的全权委托书,此外还有东方公司的公章、财务专用章、合同专用章及有关法律文件等。1997年6月24日,东方公司总经理宋芦生出具委托书一份,内容是:根据东方公司业务发展需要,即日起授权丁华荣(时任合利公司副总经理、华侨公司副总经理、华丰公司董事)全权负责经营有关公司业务。该委托书上有宋芦生的签名和东方公司签章。

1997年6月25日,华侨公司向江苏省土产进出口集团股份有限公司(以下简称土产公司)出具盖有公司公章与法定代表人名章的文件一份,内容是:经1997年6月25日土产公司与华侨公司核对往来账项,截至1996年12月31日,华侨公司尚欠土产公司48 743 616.8元,华侨公司确认上述债务无误。1997年7月2日,丁华荣用华侨公司的信函纸出具收条一张,内容是:今收到东方公司公章、财务专用章、营业执照副本、贷款证。"即日起如发生有关一切问题,由我负责全权处理并承担一切法律责任。"

1997年7月15日,东方公司致函合利公司、华侨公司、华丰公司法定代表人丁华俊和合利公司副总经理丁华荣,称因合利公司没有履行完毕《翠竹园小区整体转让协议书》中约定的有关付款的协议内容,同时获知合利公司用东方公司印章和土地证在银行签订贷款抵押担保合同书,因此东方公司决定收回其公司印章并取消对丁华荣的委托。7月19日,华侨公司致函东方公司总经理宋芦生,称15日来函收悉,"我方所拿贵公司印章仅为作土地变更之用,在

办理完土地变更手续后印章完好交还贵公司”。但直至1998年10月，东方公司印章仍未收回。

1997年12月11日，丁华荣代表东方公司与土产公司、华侨公司签订《翠竹园小区商品房预售(购)合同》一份，合同约定：土产公司向东方公司预购工程编号为A114、B110、B111、B113、B114、B116栋，建筑面积20 155.28平方米的住宅房屋，售价每平方米2 425元，购房款合计48 876 550元。并约定，土产公司以华侨公司出具的“债务确认书”载明的债权中相当于购房款的部分全额充抵其应付的购房款，1元债权充抵1元购房款。合同一经签订，土产公司对华侨公司的债权中相当于购房款的部分即转让给东方公司。对剩余部分债权，土产公司保留对华侨公司的追索权，但此时应视同土产公司已向东方公司全额支付购房款，东方公司应立即向土产公司开具已收到全额购房款的收款收据。东方公司向华侨公司主张债权的时间和方式由双方另行协商，但不影响东方公司和土产公司双方的权利义务。东方公司应于1998年7月31日前将房屋交付土产公司，否则除非土产公司同意，土产公司有权随时解除合同，并且东方公司向土产公司支付购房款总额10%的违约金。合同解除后，三方的债权债务转让关系随之解除，土产公司有权依华侨公司出具的债务确认书向华侨公司主张债权。该合同盖有华侨公司、土产公司的印章，丁华荣代表东方公司签名，丁华俊代表华侨公司签章，张云龙代表土产公司签名。合同签订当天，丁华荣向土产公司出具了其为经办人并签字的总计48 876 549.93元的购房款收据，加盖了东方公司的财务专用章，但财务主管、记账、出纳、审核各项皆为空白。东方公司没有收到土产公司实际的购房款。土产公司于1998年1月更名为江苏汇鸿国际集团土产进出口股份有限公司(以下简称汇鸿公司)。翠竹园小区B区房屋没有取得《商品房预售许可证》。

1998年10月19日，东方公司、华侨公司、汇鸿公司签订协议书一份，载明：东方公司要求延迟交付汇鸿公司购买的翠竹园住宅小区6栋房屋。由于东方公司不能按期交房构成违约，应于1999年2月28日前支付给汇鸿公司购房款10%的违约金。汇鸿公司同意东方公司在1999年2月28日前向汇鸿公司交付房屋。华侨公司、华丰公司为东方公司延迟履行交房义务提供保证并愿意对东方公司交付房屋及支付违约金承担连带责任。合同盖有东方公司、华侨公司、华丰公司的印章，丁华荣代表东方公司、华侨公司、华丰公司三家在合同上签字。东方公司与合利公司签订的《翠竹园小区整体转让协议书》，因合利公司的法定代表人丁华俊被举报涉嫌诈骗被捕，合同没有得到全部履行。

2001年2月28日，汇鸿公司向安徽省高级人民法院起诉，请求东方公司、华侨公司、华丰公司履行交付房屋的义务并支付违约金。

根据代理人是否拥有真实的代理权及其权利外观，可做如下分类：

1. 代理人与本人之间存在真实的代理与授权关系

只要代理人与本人之间存在真实、合法、有效的代理与授权关系，且代理人以本人名义签订合同或从事其他法律行为的，该民事法律行为即直接约束第三人与本人，本人应对代理人的代理行为承担责任，而代理人在完成代理事务后即退出该民事法律关系。

2. 代理人与本人之间并无真实的代理与授权关系

代理人并无真实有效的代理权，却以他人名义签订合同或从事其他法律行为，同时第三人又为善意的，则构成无权代理。无权代理一般存在三种情形：(1)代理人根本未经授权；(2)代理人虽有代理权，但该权利已终止；(3)代理人虽经授权，但其行为已超出授权范围。无权代理的法律后果为：如果本人事后对代理人以本人名义所为的行为予以追认，则该代理行为对本人有效，由本人承担代理行为的法律后果；如果本人不予追认，则该行为对本人不生效，由代理人自行对其行为承担责任。

3. 代理人与本人之间虽无真实代理与授权关系，但第三人有理由相信行为人有代理权

在这一情形下，代理人的行为完全符合上述无权代理的一切表面特征，唯有一点除外，即第三人有理由相信行为人有代理权，此谓表见代理。表见代理所产生的法律效果为：首先，代理合同成立，代理人的表见代理行为产生如同有权代理的法律效果，本人对代理人的行为不享有撤销权，并对代理人所实施的行为承担责任；其次，本人因表见代理成立而承担责任，若因此给其带来损失，则本人有权要求行为人予以赔偿。实践中一般认为在如下两种情形下，可认定第三人有理由相信行为人有代理权：(1)行为人与本人之间曾存在雇佣关系，但本人未能及时将二者雇佣关系终止的事实予以公告或未能及时收回行为人所持之表明雇佣关系存在的法律文件。(2)行为人与本人之间曾有委托授权关系，但代理终止后，行为人仍持有本人证明文件，如盖有公章的业务介绍信、空白委托授权书、盖有合同专用章或公章的空白合同书等。当然，可据以认定第三人有理由相信行为人有代理权的情形包括但不限于上述情形，并且，即便事实结构中包括了上述两种情形，也不能就此简单地认为一定构成表见代理。

前述案例中，一审法院经审理后认为：东方公司出具委托书、公章及翠竹园小区的开发资料的真实意思是为办理翠竹园小区转让手续。丁华荣以东方公司名义与汇鸿公司签订商品房预售合同，没有东方公司的追认，丁华荣的行为应属无权代理行为。但根据《中华人民共和国合同法》第 49 条的规定："行为人没有代理权、超越代理权或代理权终止后以被代理人名义订立合同，相对人有理由相信行为人有代理权的，该代理行为有效。"丁华荣以东方公司名义签订商品房预售合同时，出具了东方公司的授权委托书、公司公章、财务专用章、营业执照副本和翠竹园小区的相关开发资料，客观上形成了丁华荣有签订商品房预售合同的代理权的表象。尽管东方公司曾函告丁华俊和丁华荣收回其授权委托，丁华俊也回函称东方公司印章仅为办理土地使用权变更手续之用，但此函件没有对外公示，东方公司未能收回其公章，因此汇鸿公司有理由相信丁华荣有代理权。丁华荣代表东方公司与汇鸿公司签订商品房预售合同所产生的法律后果应由东方公司承担。在 1998 年 10 月 9 日的协议书中，丁华荣虽然代表东方公司、华侨公司、华丰公司三家签字，但系代表合同一方为保证汇鸿公司债权实现所为，不符合双方代理的特征。认定合同责任由东方公司承担，并就此作出对东方公司较为不利的判决。东方公司不服一审判决，向最高人民法院提起上诉，请求撤销一审判决，驳回汇鸿公司的诉讼请求。

最高人民法院经审理后认为：丁华荣作为合利公司和华侨公司的副总经理，在 1997 年 12 月 11 日代表东方公司与土产公司、华侨公司签订《翠竹园小区商品房预售(购)合同》时明知东方公司总经理委托书的授权目的和范围，在东方公司已取消对其委托授权的情况下，仍代表东方公司与汇鸿公司签订与《翠竹园小区整体转让协议书》无关的商品房预售合同，是没有代理权的行为。《翠竹园小区商品房预售(购)合同》的内容本身不是单纯的商品房销售，该合同的目的就是为了使汇鸿公司实现其对华侨公司的债权，其实质是华侨公司以东方公司的房屋向汇鸿公司抵偿其债务，商品房预售只是以上目的的表现形式。对于以东方公司的房屋抵偿华侨公司的债务，丁华荣没有东方公司任何形式上的授权，汇鸿公司也没有理由相信丁华荣有代理权。一审法院认定本案中表见代理成立不当。丁华荣身为华侨公司副总经理，代理东方公司表示以其房产为华侨公司偿债，属于自己代理的行为，该代理行为不发生法律效力。因此，《翠竹园小区商品房预售(购)合同》中关于汇鸿公司付款行为的约定是无效的。一审法院认为丁华荣开具的收款收据表明东方公司同意代华侨公司承担对汇鸿公司的债务的认定是没有依

据的。丁华荣签订该合同时代理东方公司的行为明显损害东方公司的权益，汇鸿公司明知丁华荣的身份，在签订《翠竹园小区商品房预售(购)合同》时未尽合理的审查义务，存在疏忽和懈怠，对该代理行为无效负有过错。丁华荣以东方公司名义向汇鸿公司开具收款收据的代理行为，也是不发生法律效力的。汇鸿公司未支付购房款，一审法院认定翠竹园小区B区预售合同因未取得预售许可证而无效，却判决东方公司向汇鸿公司返还购房款，系适用法律错误。综上，最高人民法院对汇鸿公司起诉要求东方公司、华侨公司、华丰公司交付房屋的诉讼请求不予支持，根据《中华人民共和国合同法》第48条、第49条，《中华人民共和国民事诉讼法》第153条第1款第(二)项和第(三)项的规定，判决撤销安徽省高级人民法院(2001)皖民一初字第02号民事判决；驳回汇鸿公司的诉讼请求；一审案件受理费252 288元，财产保全费211 030元，二审案件受理费252 288元，均由汇鸿公司负担。[①]

(二)代理人未以本人名义签约或为其他法律行为时，本人、代理人与第三人的关系

【案例2—3】

1994年5月1日，时任村办企业湖北省秭归县燎原建筑安装工程公司(以下简称燎原公司)经理的韩某，因公司投资兴建砖厂且资金不足，以自己的名义向罗某借款50 000元。双方约定，借款期限为3年，按年利率30%付息，每年付息15 000元，1997年4月30日一次性付清本息。韩某借得该款后，以罗某丈夫徐某的名字记入公司财务账册，用于公司砖厂建设。韩某之后数次到罗某家中，以收旧条、立新据的方式向罗某付息。1997年3月，燎原公司经工商行政管理机关审核批准注销。1998年5月1日，韩某在向开办单位村委会移交燎原公司债务清理分类明细移交表上载明，从徐某(实为罗某)处所借的50 000元欠款由其本人负责偿还。2000年9月28日，韩某向罗某重新写下一份借据，内容为："借到罗某原借款金额56 000元，今年9月26日结算数为58 000元。春节前还清不另计息，若还不清的部分按年计15%息金。经手人：韩某。"2000年11月5日，罗某诉至一审法院，要求韩某立即偿还欠款58 000元。韩某作出该欠款系职务行为，应由燎原公司的开办单位松树坳村委会偿还的抗辩后，罗某仍未变更诉讼请求，继续坚持要求韩某清偿欠款。一审法院认为：罗某以借据为证要求韩某偿还欠款，理由正当，应予支持。韩某辩称，该借款不是个人借款，因其未提供相应证据，故应承担举证不能之责。遂于2001年4月判决韩某向罗某偿还借款本息56 000元。韩某上诉称，该款是为燎原公司建砖厂所借，系企业行为而非个人借款，本人不应成为被告。请求二审法院驳回罗某的诉讼请求。二审法院认为，韩某借款时任燎原公司经理，其向罗某出具的借据虽有其本人签名，但不能因此简单地认为属个人行为，应追加燎原公司为被告以查清事实。遂撤销原判，发回重审。一审法院重审时，将燎原公司的开办单位松树坳村委会追加为被告。松树坳村委会辩称，该款属于韩某个人债务，应由其个人偿还。罗某则增加了利息的诉请。审理认为，罗某是基于其对韩某个人的信任而向韩某提供借款，该借款行为引发了两个不同的法律关系：一个是罗某与韩某之间的民间借贷法律关系；另一个是韩某与燎原公司之间的单位内部集资法律关系。且韩某向松树坳村委会移交的公司财务明细上并无罗某之名，罗某与燎原公司并不存在直接的民间借贷关系。本案审理的是罗某与韩某之间的民间借贷纠纷，应认定该借款为韩某的个人借款。松树坳村委会不是本案债务的承担人，应退出诉讼。遂判决韩某偿还罗某借款及利息63 800元。韩某仍以职务行为为由提起上诉。二审法院认为，双方债权债务关系明确，借款应由韩某个人偿还，遂驳回韩某的上诉，维持原判。韩某仍然不服终审判决，向二

① 薄守省：《中国合同法案例》，对外经济贸易大学出版社2004年版，第85～95页。

审法院提出再审申请。二审法院以原一审、二审漏列、漏判当事人为由，撤销一、二审判决，将案件再次发回原审法院重审。一审法院(再审一审)认为：韩某无论是在担任公司经理期间，还是在公司注销后，每次向罗某付息以及更换借条，都是亲自上门办理，并签署自己的名字；其在1998年5月1日向村委会出具的关于燎原公司债务清理分类明细移交表中已承诺罗某的借款由其个人偿还；在罗某向法院起诉前，韩某对清偿债务并未表示过异议。这些均表明其一直将该款视为自己个人所借。另从罗某主张权利的过程分析，她从未向燎原公司或开办单位村委会行使过债权，而一直是向韩某个人主张权利，直至起诉前韩某也并未提出异议，这说明双方对权利义务关系的主体十分清楚。罗某基于其对韩某个人的信任而提供借款，至于韩某借款后如何使用、如何做账，罗某并不明知也从未过问，故不宜将民间借贷和单位内部集资两个不同的法律关系混同处理。本案审理的是罗某与韩某之间的民间借贷纠纷，故罗某要求韩某立即偿还欠款的理由正当，主张成立。遂判决：韩某偿还罗某借款及新增利息63 800元；松树坳村委员会不承担清偿罗某债务的民事责任。韩某再次上诉称借款属于企业行为；其承诺偿还仅表明与松树坳村委会的内部法律关系，不具有对外效力；其与松树坳村委会应承担连带清偿责任。二审法院认为，韩某向罗某借款虽为燎原公司建砖厂所用，但这只是韩某为完成企业内部集资而以个人名义向他人借款。韩某与罗某之间的民间借贷法律关系及其与单位内部的集资关系是两个不同的法律关系，其行为属于个人借贷，其要求与松树坳村委会承担连带清偿责任的理由不能成立。遂于2005年4月判决驳回上诉，维持原判。[①]

1. 虽未披露本人身份，但代理人以代表身份签约或为其他法律行为

这类代理的特征为：代理人具有合法有效的代理权，虽未披露本人身份，但第三人在订约时知道代理人与本人之间存在代理关系。当代理人以代表身份签约时，该合同就是第三人与本人之间的合同，合同的双方当事人就是第三人与本人，合同的权利义务直接归属于本人，由本人直接对第三人负责。当然，在英美法中也存在例外。根据英美法例，在下列情形下，代理人均须自行承担合同责任：(1)代理人以其自身名义在签字蜡封合同上签名；(2)代理人以其自身名义在汇票上签名；(3)行业惯例认为代理人应自己承担责任。

2. 代理人从事代理行为时不仅未披露本人身份，也未披露代理关系的存在

这类代理系大陆法上的间接代理(英美法上又称隐名代理)，在我国对外贸易实践中大量存在。其特征为：代理人具有合法有效的代理权，但其以自己的名义从事代理行为，且第三人在订约时并不知道代理关系的存在。例如大陆法系国家的行纪，行纪人以自己的名义为委托人从事贸易活动，委托人向其支付报酬，行纪人对其与第三人订立的合同直接享有权利并承担义务。原则上，此类代理所订立的合同只约束代理人与第三人，与本人无涉，但在如下两种情况下也会涉及本人：(1)合同订立后，代理人因第三人的原因对本人不履行义务的，代理人应向本人披露第三人，此时本人即取得介入权，可以行使代理人对第三人的权利；同时，第三人也取得抗辩权，即以其对代理人的抗辩权来对抗本人。(2)合同订立后，代理人因本人的原因对第三人不履行义务的，代理人应当向第三人披露本人，第三人因此取得选择权，其既可以选择代理人，也可以选择本人作为相对人主张其权利，但一经选择即不得变更。同时，本人取得两项抗辩权：一为其对代理人的抗辩权，二为代理人对第三人的抗辩权，本人可以这两项抗辩权对抗第三人。

前述案例完全符合代理人既不披露本人身份也不披露代理关系的存在的代理，因代理人

① 引自法律快车网 http://www.lawtime.cn/info/anli/jjfhetong/2007011750055.html，2009年1月30日访问。

韩某并未向第三人罗某披露代理关系的存在，亦未披露本人，罗某对代理关系的存在以及韩某借款的用途也并不知情，故而该借款合同的法律后果应由代理人韩某自行承担，由其承担还本付息的义务。如果韩某向罗某披露代理关系以及本人，则罗某可取得选择权，其既可以选择代理人韩某，也可以选择本人的开办单位松树坳村委会求偿(因此时本人已被注销)，但二者只能择其一，故而也不存在如韩某后来所主张的由松树坳村委会与其承担连带责任的可能。尽管在 1999 年《合同法》实施之前，类似本案的单位工作人员为了单位的经营需要而以自己的名义与他人发生交易从而形成债权债务关系，被债权人诉至法院，法官又以工作人员的行为属于职务行为而认定其不承担付款责任，从而驳回原告诉讼请求的情形十分常见，但既然新《合同法》已确立了间接代理制度，且该案的审理也发生在新《合同法》实施之后，则审理人员摒弃传统观念，按照新的法律理念处理案件实属应当。

第三节　承担特别责任的代理人

前文业已指出，各国代理法的一般原则是代理人在授权范围内代表本人与第三人签订合同或从事其他法律行为，若本人违约，则代理人一般无需对第三人承担责任。同样地，在第三人不履行合同时，其对本人也无需承担责任。但各国法律在以上一般原则之外均例外地允许代理人与第三人或本人进行特别约定或按某行业的商业惯例，由代理人对第三人或本人承担特别责任。这种承担特别责任的代理人主要包括保付代理人、保兑银行、保险经纪人、运输代理人和信用担保代理人。依据承担特别责任的对象，承担特别责任的代理人可分为对第三人承担特别责任的代理人和对本人承担特别责任的代理人两类。以下逐一予以介绍。

一、对第三人承担特别责任的代理人

(一)保付代理人

保付代理人是代表国外的买方(本人)向本国的卖方(第三人)订货，并在国外买方的订单上加上保付代理人自己的保证，由他担保国外的买方将履行合同，如果国外的买方不履行合同或拒付货款，保付代理人负责向本国的卖方支付货款。保付代理制度在一些发达市场经济国家较为常见，一般由出口协会的出口商设立，所以又称为出口商行(export house)或保付商行(confirming house)。保付代理的目的在于减少国际贸易中供货人在出口货物时的潜在风险，解除本国卖方对国外买方资信能力的顾虑，通过将国际贸易转换为国内贸易的方法，可以确保本国卖方不会因国外买方的信用缺失而蒙受损失，有利于促进本国的出口。不过，通过保付代理人订立的货物进出口合同中的卖方并非无条件地被保证能够坐收货款，该卖方必须严格按照合同的规定交付货物和有关单据，否则，因卖方违反合同而使买方有合理理由延迟或拒付货款时，保付代理人即可解除其对卖方的保付责任。

(二)保兑银行

在国际商事交往中，当事人经常采取开立信用证的方式支付货款，但其中一些卖方当事人对国外某些中小银行所开立的信用证不甚放心，便要求买方通过买受人所在国的银行(开证行)对其所开立的信用证取得其他银行的保兑。实践中，保兑行通常是卖方所在国的通知行，有时也可能是卖方所在国的其他银行或第三国银行。通知行承担保兑责任时，一般在信用证通知书上加注保兑文句，其他银行的保兑文句则一般直接加于信用证上。根据《跟单信用证统一惯例》(UCP600)，保兑行自对信用证加具保兑之时起即不可撤销地承担承付或议付的责

任。保兑行对第三人(卖方)的承付或议付责任是第一位的责任,即第三人不必先向开证行要求付款,嗣开证行拒付后再要求保兑行付款或议付,而是可以直接向保兑行要求付款或议付。保兑行议付后,即便开证行无理拒付或倒闭,它也不能向受益的第三人追索。可见,保兑行对第三人的责任相当于其本身单独开立信用证,其后不论开证行发生什么变化,它都不能单方面撤回其保兑的责任。如此一来,通过保兑银行的信用证保兑,出口商便可获得开证行与保兑行议付或付款的双重保证,从而大大增强了自己的收汇安全。此外,值得注意的是,与保付代理人相比,保兑信用证的方式仅以保兑银行的金融地位保证信用证的安全可靠,而保付代理人则不仅仅是在资金方面向出卖人提供保护,还通过发出采购订单的方式向出卖人承担个人责任。①

(三)保险经纪人

保险经纪人是基于投保人的利益,代表被保险人(投保人)签订保险合同,并向保险人收取佣金的人。保险经纪人是被保险人(投保人)的代理人,当投保人(本人)不支付保险费时,保险经纪人必须向保险人(第三人)缴纳该保险费。如果保险标的物因承保范围内的风险发生损失,则由保险人(第三人)直接向被保险人(本人)赔付。在保险行业中较为特殊的是,作为投保人的代理人,保险经纪人的佣金并非由投保人支付,而是由第三人,即保险人予以支付,这不同于其他行业中代理人或行纪人的佣金或报酬由本人予以支付的通常做法。

(四)运输代理人

运输代理人是指受货主或承运人的委托,在授权范围内办理货物运输业务的人。在国际贸易中,运输代理人(forwarder)居于十分重要的地位。运输代理人对不同运输具有专门知识,对国内外的海关手续、运费、折扣、港口、路站及机场的习惯与惯例、运输货物的包装和安置等都十分精通,有时还承担代验商品和催收债款的业务,在国际商事交往中发挥着不可替代的作用。运输代理人对第三人的特别责任体现在:运输代理人受货主或承运人(本人)的委托,向船公司(第三人)预定舱位,代理人自己须向船公司负责。如本人届时并未如约装运货物,代理人须向第三人支付空舱费。当然,运输代理人事后可就该费用向本人追偿。另外,如果本人拖欠代理人佣金、手续费或其他酬金,则代理人对在其占有下的本人的货物享有留置权,至本人付清各项费用为止。

二、对本人承担特别责任的代理人

代理人需要对本人承担特别责任的代理主要为信用担保代理。

所谓信用担保代理,是指信用担保代理人作为外国卖方(本人)的代理人,为本人寻找本国买方(第三人)。经由其介绍的第三人如果不履行货款支付义务,则由信用担保代理人赔偿卖方(本人)由此所遭受的损失。这么做的好处在于,由于本人对国外市场情况的了解有限,无法判断买方资信是否可靠,且由于竞争的需要,往往要用赊销的方式销售货物,一旦买方破产或赖账,本人就会遭受重大损失。因此,如果代理人同意为买方保付,本人即可避免这种风险。另一种好处在于,由于代理人承担了信用担保责任,其便不会因贪图佣金而在替本人兜揽订单时只图数量而忽视买方的资信能力。从法律上来看,在信用担保代理人与本人之间存在两个合同关系:其一为代理合同,其二为代理人就第三人的履行合同义务对本人承担保证责任的担

① 吴建斌:《国际商法新论》(第三版),南京大学出版社 2008 年版,第 168 页。张圣翠:《国际商法》(第 8 版),上海财经大学出版社 2020 年版,第 100 页。

保合同。

大陆法系国家对信用担保代理人都有专门规定,如《德国商法典》《瑞士债务法典》等。这些法律均要求信用担保条款须以书面形式作出,而对一般代理则无此要求。英美法国家对信用担保虽无成文法规定,但判例法上已形成一套完整的规则。早期的英国判例法认为信用担保代理人的责任是第一位的责任,但 19 世纪以后的判例已修改了这一规则,认为信用担保代理人只承担第二位的责任,即只有当买方无力支付货款或因类似原因致使本人不能收回货款时,信用担保代理人才负有对本人的赔偿义务。同时,信用担保代理人的责任仅限于担保第三人的清偿能力,而不对其是否实际履行合同负责。因此,如果本人未依约履行合同致使第三人拒付货款,则代理人无须对此向本人负责。①

三、保付代理人与信用担保代理人的异同

由前文可以看出,保付代理人与信用担保代理人之间具有较多的共性,较易引起混淆。因此,以下试对二者予以比较分析,以期读者能够更好地把握两者的异同。

保付代理人与信用担保代理人之间既有相同之处,又有不同之处。相同之处在于:

第一,两种代理人都并非在本人授权范围内同第三人订立合同之后即退居合同之外,而是都要承担特别责任。

第二,两种代理人都是为了适应当代经济生活的需要,特别是为了适应国际贸易发展的需要而出现的新的代理制度。

不同之处主要表现为:

第一,担保对象不同。保付代理人以第三人为担保对象,由他担保国外的买方将履行合同义务,如果国外的买方不履行合同或拒付货款,保付代理人负责向本国的卖方(第三人)支付货款;信用担保代理人则以本人为担保对象,在买方(第三人)不支付货款时,由他赔偿本人因此而遭受的损失。

第二,责任性质不同。在保付代理中,如果在合同履行前,国外买方(本人)无正当理由取消订单,保付代理人仍须对本国卖方(第三人)支付货款;信用担保代理人的责任则是第二位的责任,只有当买方无力支付货款或因类似的原因致使本人不能收回货款时,信用担保代理人才负有赔偿本人的义务。且若因没有履行合同致使买方(第三人)拒付货款的,代理人不负责任。

第三,本人不同。保付代理人是国外买方即进口商的代理人,信用担保代理人则是国外卖方即出口商的代理人。

第四,所处国家不同。保付代理人与卖方处于同一国家,即都在出口国。也正因为此,决定了保付代理可以将国际贸易转化为国内贸易,使交易可以在卖方所在国履行并支付货款;信用担保代理人则是与买方处于同一国家,即都在进口国,故而对于处于出口国的卖方而言,不存在把国际贸易转化为国内贸易的可能。

第五,所从事的业务不同。保付代理人的业务除代理订货与担保外,自己也可能作为买方订购货物;信用担保代理人的业务除承担担保责任外,则仅限于为了获取佣金而以代理人的身份代理一方与另一方从事相关活动,自己不直接作为一方当事人从事交易活动。②

---

① 任荣明、侯兴政:《国际商法》,清华大学出版社 2004 年版,第 80 页。
② 韩宝庆:《保付代理人与信用担保代理人的比较分析》,《对外经贸实务》2007 年第 11 期。

本章小结

本章着重介绍了各国代理法的基本原理与原则，全部内容共分三节：

<table>
<tr><th colspan="2">目　次</th><th colspan="4">主要内容</th></tr>
<tr><td rowspan="12">第一节</td><td>代理的概念</td><td colspan="4">代理人根据被代理人的授权，代表被代理人与第三人订立合同或从事其他法律行为，由此而产生的权利义务直接归属于被代理人的行为</td></tr>
<tr><td rowspan="2">与相近概念的比较</td><td colspan="4">代理与传达</td></tr>
<tr><td colspan="4">代理与代表</td></tr>
<tr><td rowspan="2">代理的类型</td><td colspan="4">大陆法系：直接代理与间接代理</td></tr>
<tr><td colspan="4">英美法系：指明本人(代表公开姓名的本人)的代理；披露代理关系但不指明本人(代表不公开身份的本人)的代理；不披露代理关系但事实上存在代理权(代表不公开身份的本人)的代理</td></tr>
<tr><td rowspan="3">代理权的产生</td><td colspan="4">大陆法系：本人的意思、法律的规定</td></tr>
<tr><td colspan="4">英美法系：明示授权、默示授权、不容否认的代理、客观必需的代理、追认的代理</td></tr>
<tr><td colspan="4">我国：本人的意思、法律的规定、有权机关的指定</td></tr>
<tr><td rowspan="4">代理的终止</td><td>终止的原因</td><td colspan="3">基础法律关系终结、本人死亡、本人丧失行为能力、代理人死亡、破产或丧失行为能力</td></tr>
<tr><td rowspan="3">终止的效果</td><td>本人和代理人之间</td><td colspan="2">代理人丧失代理权
如果代理人再行代理将承担无权代理的后果</td></tr>
<tr><td rowspan="2">与第三人之间</td><td>已通知</td><td>对第三人生效</td></tr>
<tr><td>未通知</td><td>对第三人不生效
可能产生表见代理的后果</td></tr>
<tr><td rowspan="3">第二节</td><td>代理的内部关系</td><td colspan="4">本人与代理人的义务</td></tr>
<tr><td rowspan="2">代理的外部关系</td><td colspan="4">代理人以本人名义签约或从事其他法律行为时，本人、代理人与第三人的关系</td></tr>
<tr><td colspan="4">代理人未以本人名义签约或从事其他法律行为时，本人、代理人与第三人的关系</td></tr>
<tr><td rowspan="2">第三节</td><td>对第三人承担特别责任的代理人</td><td colspan="4">保付代理人、保兑银行、保险经纪人、运输代理人</td></tr>
<tr><td>对本人承担特别责任的代理人</td><td colspan="4">信用担保代理</td></tr>
</table>

关键概念

直接代理；间接代理；显名代理；隐名代理；无权代理；表见代理；保付代理人；信用担保代理

思考与练习

1. 两大法系分别对代理作怎样的分类？
2. 英美法上的代理权有哪些来源？
3. 代理人的义务包括哪些？
4. 无权代理会产生何种法律效果？
5. 表见代理的构成要件及其法律效果分别是什么？
6. 保付代理与信用担保代理存在哪些区别？

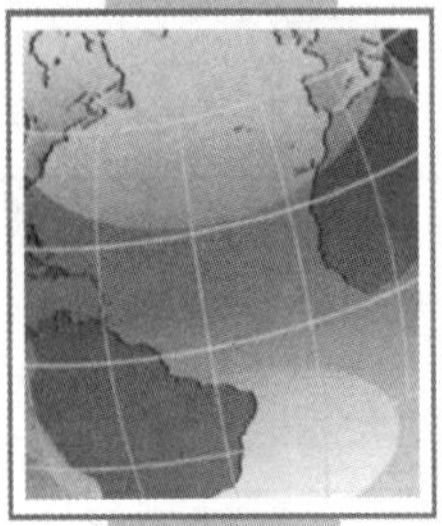

第三章 商事合同法

本章要点

1. 合同法的基本原则
2. 要约与承诺的构成要件及其法律效力
3. 无效合同、可撤销合同的法律效力
4. 合同履行中的抗辩权的种类及其构成要件
5. 违约及其救济方法

导入案例

成都市国土资源局武侯分局与招商(蛇口)成都房地产开发有限责任公司、成都港招实业开发有限责任公司、海南民丰科技实业开发总公司债权人代位权纠纷案①

申请再审人(一审原告、二审上诉人):成都市国土资源局武侯分局

被申请人(一审被告、二审被上诉人):招商(蛇口)成都房地产开发有限责任公司

原审第三人:成都港招实业开发有限责任公司

原审第三人:海南民丰科技实业开发总公司

招商(蛇口)进出口贸易公司于1993年在成都投资设立招商局(蛇口)成都实业开发总公司,又由招商局(蛇口)成都实业开发公司投资成立了全民所有制的招商局公司。1995年,招商局(蛇口)成都实业开发总公司改制为成都港招公司。1999年2月,成都港招公司投资开办了四川港招公司。1999年8月,招商局公司改制为有限责任公司,并更名为招商(蛇口)成都房地产开发有限责任公司(以下简称招商房地产公司)。在改制过程中,成都港招公司与招商局公司协商,改制更名后的招商房地产公司保留原招商局公司在成都市武侯区桂溪乡长寿村七组、桐梓林村一组的13 241.4平方米的土地使用权(该土地与泰丰国际商务中心项目用地为同一地块),同时承担原招商局公司230万美元债务,其余资产、债权、债务由成都港招公司承担,注册资金由800万元增加为1 000万元。1999年8月11日,成都港招公司将其所有的招商房地产公司的全部股权1 000万元转让给四川奇峰房地产开发有限责任公司及另外两位自然人。同年8月23日,招商房地产公司成立并开始营业。2004年1月30日,成都市工商行政管理局以《成工商处字(2003)第06133号处罚决定书》,吊销了成都港招公司的营业执照。

1998年4月12日,成都港招公司曾与招商局公司签订《债权债务清算协议书》,约定招商局公司将占地13 241.4平方米的泰丰国际商贸中心项目用地的土地使用权以评估价34 441 941元抵偿给成都港招公司,用以抵偿招商局公司欠成都港招公司的3 481.55万元欠款,双方之间债权债务全面结清;招商局公司应于协议生效之日起第二日将土地交成都港招公司开发使用。但该土地使用权至今未转移至成都港招公司名下。

2004年11月17日,海南民丰科技实业开发总公司(以下简称海南民丰公司)与成都鑫达房地产开发有限公司(以下简称鑫达公司)签订了《招商(蛇口)成都房地产开发有限公司股份转让协议书》,约定海南民丰公司将其持有的招商房地产公司49%的股份转让给鑫达公司,并约定招商房地产公司在2003年4月前的债权

① 引自最高人民法院公报案例库,(2011)民提字第210号。

债务由海南民丰公司承担。

2002 年 6 月 28 日，成都市武侯区人民法院针对成都市国土资源局武侯分局（以下简称武侯国土局）与四川港招实业股份有限公司（以下简称四川港招公司）拖欠征用土地费两案，分别作出（2001）武侯民初字第 1924 号、1925 号民事判决。该两份判决均认定：1999 年 7 月 20 日由武侯国土局、四川港招公司、招商局（蛇口）成都房地产开发公司（以下简称招商局公司）三方共同签订的《债务关系转移合同》系各方当事人真实意思表示，其内容合法，应受法律保护。根据《债务关系转移合同》约定，招商局公司欠武侯国土局土地征用费 21 833 446.50 元债务全部由四川港招公司承担。后四川港招公司与武侯国土局先后于 2000 年 7 月 20 日、2001 年 3 月 29 日签订两份《交款合同》，分别约定：四川港招公司应于 2000 年 9 月 30 日前、2001 年 12 月 20 日前各向武侯国土局支付 800 万元、1 000 万元，但四川港招公司并未履行付款义务，故成都市武侯区人民法院在上述两份判决书中分别判决四川港招公司支付武侯国土局 1 000 万元、800 万元。该两份民事判决书生效后，成都市武侯区人民法院于 2003 年 5 月 28 日发出（2003）武侯民一再字第 3 号、4 号民事裁定，对该两案进行再审，并于 2003 年 10 月 15 日作出（2003）武侯民一再字第 3 号、4 号民事判决，撤销了该院（2001）武侯民初字第 1924 号、1925 号民事判决，确认武侯国土局与招商局公司、四川港招公司于 1997 年 7 月 20 日签订的《债务关系转移合同》无效。宣判后，招商局公司不服，向成都市中级人民法院提出上诉，该院于 2004 年 12 月 1 日作出（2004）成民再字第 42 号、43 号民事判决，驳回上诉，维持原判。之后，招商局公司继续向四川省高级人民法院提起申诉，该院于 2006 年 7 月 5 日分别作出（2005）川民再终字第 41 号、42 号民事判决，撤销了（2003）武侯民一再字第 3 号、4 号及（2004）成民再字第 42 号、43 号民事判决，维持了（2001）武侯民初字第 1924 号、1925 号两份判决。四川省高级人民法院在两份再审判决中，确认了武侯国土局、四川港招公司与招商局公司三方签订的《债务关系转移合同》以及武侯国土局与四川港招公司签订的《交款合同》均为有效合同，同时认定四川港招公司为成都港招实业开发有限责任公司（以下简称成都港招公司）投资开办的公司，而成都港招公司未按规定将注册资本金注入四川港招公司，应承担投资不实的责任。2006 年 9 月 1 日，成都市武侯区人民法院在执行前述两案过程中，分别作出（2006）武侯执裁字第 69 号、70 号民事裁定，认定成都港招公司在向其开办的四川港招公司投入注册资金时，未将其应当投入四川港招公司的价值 21 441 941 元的泰丰国际商贸中心项目用地土地使用权转移到四川港招公司，构成投资不实，故裁定追加第三人成都港招公司为被执行人，成都港招公司应在注册资金不实的 21 441 941 元范围内对武侯国土局承担责任。

因成都港招公司既不向武侯国土局承担注册资金不实的赔偿责任，也不以诉讼或者仲裁方式向招商房地产公司主张到期债权，已造成武侯国土局债权受损，故武侯国土局于 2006 年 11 月 29 日向成都市中级人民法院提起代位权诉讼，请求判令由招商房地产公司履行成都港招公司对武侯国土局负有的 21 441 941 元债务，并承担本案诉讼费、保全费。

四川省成都市中级人民法院经审理认为：根据四川省高级人民法院（2005）川民再终字第 41 号、42 号民事判决，本案武侯国土局与招商局公司、四川港招公司于 1999 年 7 月 20 日签订的《债务关系转移合同》为合法有效。根据该合同，招商局公司欠武侯国土局征地费 21 833 446.50 元的债务应由四川港招公司承担。其次，根据前述四川省高级人民法院民事判决，成都市武侯区人民法院（2001）武侯民初字 1924 号、1925 号民事判决以及成都市武侯区人民法院（2006）武侯执裁字第 69 号、70 号民事裁定，武侯国土局对四川港招公司享有本金 1 800 万元及利息的债权，成都港招公司因出资不实，在 21 441 941 元范围内对武侯国土局承担责任。成都港招公司与招商局公司于 1998 年 4 月 12 日签订的《债权债务清算协议书》为双方当事人真实意思表示，不违反法律规定，应属合法有效。根据该协议约定，招商局公司对成都港招公司负有给付占地 13 241.40 平方米的泰丰国际商贸中心项目用地的土地使用权之义务，但未履行。招商局公司经改制更名后，变更为招商房地产公司，故招商局公司所负给付成都港招公司土地使用权的义务由改制更名后的招商房地产公司承担。最高人民法院《关于适用〈中华人民共和国合同法〉若干问题的解释（一）》（以下简称《合同法解释（一）》）第十三条规定："合同法第七十三条规定的'债务人怠于行使其到期债权，对债权人造成损害的'，是指债务人不履行对债权人的到期债务，又不以诉讼方式或者仲裁方式向其债务人主张其享有的具有金钱给付内容的到期债权，致使债权人的到期债权未能实现。"根据此规定，债权人行使代位权的前提条件之一是，债权人怠于行使具有金钱给付内容的到期债权，从而导致债权人的到期债权未能实现。而在本案中，武侯国土局所主张的成都港招公司对招商房地产公司享有的债权为土地使用权给付之债，并非具有金钱给付内容的债权，故武侯国土局提出的其有权代位行使成都港招公司对招商房地产公司的享有债权的主张，不符合最高人民法院《合同法解释(一)》有关代位权构成要件之规定，对其诉讼请求不予支持。根据最高人民法院《关于审理与企业改制相关的民事纠纷案件若干问题的规定》第五条“企业通过增资扩股或者转让部分产权，实现他人对企业的参股，将企业整体改造为有限责任公司或者股份有限公司的，原企业债务由改造后的新设公司承担”之规定，招商局公司在改制为招商房地产公司后，其所负债务应全部由招商房地产公司负担，对于海南民丰公司提出的招商房地产公司不是本案适格被告的答辩意见不予支持。对于海南民丰公司提出的成都港招公司对招商房地产公司享有之债权已超过诉讼时效的问题，因海南民丰公司并非该债权债务关系之当事人，无权提出债权超过诉讼时效的主张。招商房地产公司、成都港招公司经依法传唤无正当理由未到庭，在本案一审中放弃了对武侯国土局起诉事实和诉讼请求的抗辩、陈述权利，因放弃上述权利所引起的诉讼后果，应由招商房地产公司、成都港招公司自行承担。该院判决：驳回武侯国土局的诉讼请求；第一审案件受理费 117 220 元，诉讼保全费 110 520 元，合计 227 740 元，由武侯国土局负担。

武侯国土局不服上述民事判决，向四川省高级人民法院提起上诉称：案涉 1998 年 4 月 12 日的《债权债务清算协议书》约定“以物抵债”的条款因违反国家强制性规定而属无效协议。依照《中华人民共和国合同法》(以下简称《合同法》)第五十八条关于“合同无效后因该合同取得的财产，应当予以返还”的规定，成都港招公司与招商房地产公司之间的债权仍为金钱给付内容的债权。根据现有证据证明，到期债权已由“土地过户”转化为返还借款、赔偿的金钱债权，原审判决驳回武侯国土局的诉讼请求属法律适用不当。招商局公司系全民所有制公司，其在改制过程中未经国资委审批，事后又未补办审批手续，故其与成都港招公司签订的《债权债务及资产处置协议》无效，不应作为证据使用。《债权债务及资产处置协议》约定的土地资产总地价 29 448 874 元系依据无效的《资产评估价格书》，该评估价格不具有合法性，且与同一土地评估之间差了 500 多万元，具有故意低价评估国有资产之嫌。招商局公司注销工商档案资料，《土地估价报告》不具有真实性、合法性以及与本案的关联性；招商(蛇口)成都实业公司改制成为成都港招公司没有事实依据。综上，请求二审法院撤销原判，依法改判。

招商房地产公司答辩称：招商房地产公司不是本案适格被告。案涉清算协议的债务人是招商局公司，招商房地产公司与招商局公司是两个不同的法人主体，招商房地产公司对招商局公司的债务不负有清偿责任。武侯国土局的代位权主张无法律依据和合同依据。一方面，清算协议中成都港招公司享有的权利是获得土地使用权，武侯国土局对非金钱给付内容的债权无权主张代位权。另一方面，武侯国土局的债务人是四川港招公司，该局只能对四川港招公司的债务人行使代位权，而无权对成都港招公司的债权人行使代位权。武侯国土局主张的清算协议中对招商局公司约定的合同义务是向成都港招公司交付土地，其只能诉请交付土地，而无权要求给付金钱。成都港招公司与招商房地产公司和招商局公司没有合法、确定的债权债务关系，该两公司不负有清偿债务的义务。案涉清算协议载明的债务金额不具有真实性，从招商局公司和成都港招公司同期的资产负债表来看，招商局公司的资产负债为 1 079 万元，成都港招公司债权合计为 619 万元，与清算协议约定的差距太大，证明该协议属虚假协议；即使该协议真实，也因成都港招公司与招商局公司签订的《债权债务及资产处置协议》而致双方的债权债务关系归于消灭。武侯国土局提起诉讼时已过诉讼时效，已丧失胜诉权。请求二审法院驳回上诉，维持原判。

海南民丰公司的答辩理由和请求与招商房地产公司的理由和请求相同。

四川省高级人民法院经审理查明的事实，除招商局公司与招商房地产公司的关系外，其余发生纠纷的原因、过程等主要事实与原审判决认定一致，该院予以确认。该院另查明：

1. 1999 年 8 月 22 日，招商局公司办理的《企业申请注销登记注册书》主要载明：注销理由为由全民所有制改为有限责任公司；在企业人员安置、债权债务处理情况栏中，明确除招商房地产公司保留涉案土地外，其余资产及债权、债务均由成都港招公司承担；招商局公司在招商银行贷款 230 万美元(折合人民币 19 125 309.82 元)及该贷款在 1999 年 6 月 30 日后产生的利息，由招商房地产公司承担，招商局公司其余自开业至 1999 年 8 月 9 日的全部债权债务由成都港招公司承担，另注明招商局公司人员由成都港招公司安置。

2. 1999 年 8 月 10 日，成都港招公司与招商局公司签订《债权债务及资产处置协议》，该协议约定的主要内容与上述工商企业注销注册书内容相同。

3. 招商局公司系经成都市城乡建设管理委员会于1993年7月3日批准，并经工商机关核定的招商局(蛇口)成都实业开发公司投资注册资金800万元设立的全民所有制企业。该公司因改制于1999年8月23日注销。

4. 成都港招公司1997年12月31日的《资产负债表》载明其他应收款期末数为6 197 415.85元。招商局公司1997年12月31日的《资产负债表》载明其期末数合计为1 079万元。

5. 2002年10月30日，招商房地产公司将19 056 597.56元人民币汇至中国外汇交易中心。同年11月1日，该款解汇兑换230万美元偿还给了招商银行成都市分行。

6. 1999年8月23日，招商房地产公司的《公司设立登记申请书》，载明其股东发起人为四川奇峰房地产开发有限责任公司、叶文金、刘宗明。

四川省高级人民法院经审理认为，本案诉争主要问题是武侯国土局能否对招商房地产公司行使代位权。

根据《合同法》第七十三条关于"因债务人怠于行使其到期债权，对债权人造成损害的，债权人可以向人民法院请求以自己的名义代位行使债务人的债权，但该债权专属于债务人的除外。代位权行使的范围以债权人的债权为限"的规定原则，代位权的构成要件，一是债务人需对第三人享有权利，二是债务人怠于行使权利，三是债务人已陷入迟延，四是已对债权人造成损害，债权人有保全债权的必要。

武侯国土局因土地征用费问题与招商局公司、四川港招公司签订的《债务关系转移合同》，以及武侯国土局与招商局公司签订的《交款合同》，已被前述生效判决确认为有效。之后，在该案执行过程中，成都市武侯区人民法院裁定追加成都港招公司为被执行人，认定其在四川港招公司注册资金不实的21 441 941元范围内承担责任。据此可以确认，成都港招公司是武侯国土局的债务人。

武侯国土局在本案中主张行使代位权，其主要依据是成都港招公司与招商局公司签订的《债权债务清算协议书》，该协议确定由招商局公司将其泰丰国际商贸中心项目用地使用权以评估价34 441 941元抵偿其所欠成都港招公司的3 481.55万元，双方债权债务结清，招商局公司应于协议生效第二日将土地交成都港招公司使用。现招商地产公司辩称该清算协议是成都港招公司为设立四川港招公司签订的虚假协议，该协议确定的欠款数额没有基础证据证明，但其并未提交充足证据；依据该协议，可以确定协议双方存在债权债务关系，即招商局公司对成都港招公司负有债务，且为金钱债务；至于协议关于以土地作价清偿的约定，只是双方选择的了结债权债务的方式，其是否合法有效，不影响这一基本事实认定。

招商局公司若按清算协议约定履行，即其不再对成都港招公司负有债务，但其实际并未将土地使用权转移过户至成都港招公司名下，清算协议未得到实际履行，协议双方的债权债务仍然存在。此时，武侯国土局可以招商局公司为次债务人，依法行使代位权。但综合本案现有证据，其后招商局公司确有改制的事实存在，且因改制而注销；招商局公司改制注销时，就其债权、债务及资产与成都招商实业开发有限公司签订了《债权债务及资产处置协议》并记载于工商机关的相关登记档案中，明确除由招商房地产公司代招商局公司偿还230万美元外，其他债权债务和资产均由成都港招公司承担。该230万美元业已偿还。据此，依照《债权债务及资产处置协议》，招商房地产公司承受的仅是招商局公司原欠相关银行的金融债务，且已实际履行，其他债权债务及资产由成都港招公司自行承担；而成都港招公司本系武侯国土局的债务人，不存在行使代位权的问题。现武侯国土局虽对招商局公司改制行为及相关协议持有异议，但其并未提交充足证据，其主张不能成立。

招商房地产公司是工商管理机关核准，以新公司设立标准设立的股份制公司，其注册资金数额、股东构成、企业性质等，均有别于招商局公司，两者并非简单更名关系。换言之，原招商局公司所欠成都港招公司的债务，不能等同于现招商房地产公司所欠成都港招公司债务。现有证据表明，招商房地产公司只是保留了原招商局公司的涉案土地，并以代其偿还230万美元作为对价，除此之外，未承受招商局公司的其他债务，包括所欠成都港招公司的债务，其没有为招商局公司代偿其他债务的依据。因此，武侯国土局将招商房地产公司作为次债务人，要求由承担原招商局公司所欠成都港招公司的债务，不符合《合同法》第七十三条以及最高人民法院前述司法解释的规定，其上诉请求的事实及法律依据不足，不能成立，该院不予支持。该院依照《中华人民共和国民事诉讼法》第一百五十三条第一款第(一)项之规定，判决：驳回上诉，维持原判。二审案件受理费117 220元，由武侯国土局承担。

武侯国土局不服四川省高级人民法院的上述民事判决，向最高人民法院申请再审称：第一，原二审法院采信招商房地产公司改制前与成都港招公司签订的《债权债务及资产处置协议》证据是错误的。招商房地产公司由招商局公司改制设立，不论是招商局公司注销工商档案，还是招商房地产公司设立工商档案，都无国资行政部门合法审批手续，且评估单位无国资行政单位颁发的《资产评估资格证书》，其改制行为因违法而应无效。1999 年招商局公司改制时签订的《债权债务及资产处置协议》约定土地评估总地价为 29 448 874 元，而 1997 年 12 月该宗土地评估价 34 441 941 元，二者相差 500 多万元。前后两次评估价格相差 500 多万元，说明改制时故意低估国有资产，导致国有资产的流失。招商局公司改制时将优良资产土地交由改制后的招商房地产公司承继，却把全部债务交由成都港招公司承担，其行为本身就是利用企业改制之机，悬空、逃废债务的表现，属恶意串通，损害国家、申请人及其他债权人利益。根据最高人民法院《关于人民法院在审理企业破产和改制案件中切实防止债务人逃废债务的紧急通知》第八条"当事人双方恶意串通，损害国家或债权人利益的，应当依法确认有关协议无效"的规定，应当认定《债权债务及资产处置协议》无效。第二，原二审法院认为招商房地产公司不应当承继改制前招商局房地产公司债务，缺乏法律依据和事实依据。招商局房地产公司是通过增资扩股的方式(由 800 万元注册资金增资 1 000 万元注册资金)实现他人(四川奇峰房地产开发有限责任公司、叶文金、刘宗明)对企业的参股并将企业改造为有限责任公司的。根据最高人民法院《关于审理与企业改制相关的民事纠纷案件若干问题的规定》第五条"企业通过增资扩股，实现他人对企业的参股，将企业整体改造为有限责任公司的，原企业债务由改造后的新设公司承担"之规定，招商局公司原债务应由招商房地产公司来承担，但二审法院却未适用该司法解释。招商房地产公司通过承担并偿还招商银行贷款 230 万元美元即人民币 19 056 597.56 元债务的方式，取得招商局公司改制前价值 3 400 多万元的土地，就算按改制评估价值 2 900 余万元计算也有 1 000 多万元盈利。原审法院以"招商房地产公司只是保留了原招商局公司的涉案土地并以代其偿还 230 万美元作为对价"为由，认为其不再承担债务，违背了债务承继原则和企业债务随企业财产变动原则。第三，原二审法院单以"注册资金、股东构成、企业性质"作为判断招商局公司与招商房地产公司之间的关系，从而得出"并非简单更名关系，原招商局公司欠成都港招公司债务，不能等同于现招商房地产公司所欠成都港招公司债务"的结论，违背企业变更债务承继的法定原则。1999 年 8 月 6 日，成都市工商行政管理局向武侯工商行政管理局出具《企业名称变更核准通知书》载明："招商局蛇口房地产公司"企业名称变更登记材料收悉。经审查，核准该企业名称变更为"招商蛇口房地产公司"。这可以证明招商蛇口房地产公司仅是企业改制名称的变更。招商房地产公司为变更《国有土地使用证》均以"名称变更"为由向成都市国土资源局报送材料，并经成都市国土资源局审查"该宗地使用者名称原为招商局蛇口房地产公司，该公司名称变为招商蛇口房地产公司"。原二审法院简单从企业注册资金、股东构成、企业性质方面对两家企业进行对比，从而得出两家企业并非简单"更名关系"的结论，过于草率。既然是国有企业改制，两家企业前后在性质、股东构成上肯定不同。法律并未规定企业注册资金、股东构成、企业性质发生了工商变更，变更后的企业不承担企业变更前的债务。综上，请求撤销本案一、二审判决，改判支持其一审诉讼请求，并判令招商房地产公司承担诉讼费和保全费。

招商房地产公司辩称：第一，《再审请求书》所陈述的再审申请理由不能成立。原《债权债务及资产处置协议》是双方当事人真实意思的表示，并记载于工商登记资料中，原一审法院和二审法院均确认其有效，再审申请人至今并未提供足以推翻原判决的新证据，二审法院采信《债权债务及资产处置协议》作为证据，不构成法律适用错误。招商房地产公司的设立过程合法，不存在恶意串通、逃废债务的行为。招商房地产公司与招商局公司为两个独立法人，彼此的债权债务关系早已消灭，不存在所谓的债务承继问题，自应独立承担民事责任。第二，原审法院的判决理由认定事实清楚，证据充分确实。原判决认定的主要事实是，"招商房地产公司是在承接了招商局公司的土地和相应的 230 万美元的债务、向原招商局公司出资人支付了 1 000 万元货币资金的基础上，以新公司设立标准设立的股份制公司"。原判决据此认为，原招商局公司所欠成都港招公司债务，不能等同于现招商房地产公司所欠成都港招公司债务，判决驳回了再审申请人的诉讼请求，原判决认定主要事实的证据充分确实。第三，原判决适用法律正确，企业改制司法解释不适用于本案。武侯国土局引用 2002 年《关于人民法院审理企业破产和改制案件中切实防止债务人逃废债务的紧急通知》(以下简称《通知》)第八条规定，以招商局公司的改制未经批准为由，认为《债权债务及资产处置协议》无效，从而认为原判决适用法律错误。武侯国土局的上述观点违背法律事实，故意曲解法律。《通知》第八条是针对国有企业改制作出的规定,而招商局公司在1999年前已经不属于国有企业,不适用《通知》第八条的规定,不存在所谓的改制审批问题。再审申请人故意曲解企业改制司法解释,把企业设立公司的合法行为认定为企业借改制逃避债务的违法行为。本案招商房地产公司的设立行为,完全符合《公司法》和《公司登记管理条例》的相关规定,不存在把优质资产转移出去,进而导致企业丧失基本生产经营能力和对外偿债能力的现象,不属于逃废企业债务的违法行为。综上,武侯国土局的再审申请理由不能成立,请求驳回其再审申请。

最高人民法院认为,本案的诉讼焦点是:武侯国土局能否对招商房地产公司行使代位权。该焦点问题可以分解为两个具体问题:其一,武侯国土局能否对改制前的招商局公司行使代位权?其二,改制后的招商房地产公司是否应对原招商局公司的债务承担责任?

关于第一个问题,即武侯国土局能否对改制前的招商局公司行使代位权问题。最高院认为,根据《合同法》第七十三条关于"因债务人怠于行使其到期债权,对债权人造成损害的,债权人可以向人民法院请求以自己的名义代位行使债务人的债权,但该债权专属于债务人自身的除外"之规定,债权人代位权是债权人为了保全其债权不受损害而以自己的名义代债务人行使权利。本案中,武侯国土局因土地征地费问题与招商局公司、四川港招公司签订的《债权债务转移合同》以及武侯国土局与四川港招公司签订的《交款合同》已为人民法院生效法律文书确认为有效,武侯国土局对四川港招公司的债权合法确定,因此四川港招公司是武侯国土局的债务人。成都港招公司因在开办四川港招公司过程中出资不实而被生效的裁判文书认定应在注册资金不实的21 441 941元范围内对武侯国土局承担责任,故成都港招公司亦是武侯国土局的债务人,武侯国土局对成都港招公司的债权亦属合法且已确定。成都港招公司与招商局公司于1998年4月12日签订《债权债务清算协议书》,约定招商局公司应将其泰丰国际商贸中心项目用地土地使用权以评估价34 441 941元抵偿其所欠成都港招公司的3 481.55万元的债务。该协议书系双方当事人真实意思表示,不违反法律、行政法规强制性规定,应属有效。根据该协议,招商局公司对成都港招公司负有3 481.55万元的金钱债务,招商局公司对成都港招公司负有给付泰丰国际商贸中心项目用地土地使用权的义务。成都港招公司与招商局公司双方协议以土地作价清偿的约定构成了代物清偿法律关系。依据民法基本原理,代物清偿作为清偿债务的方法之一,是以他种给付代替原定给付的清偿,以债权人等有受领权的人现实地受领给付为生效条件,在新债务未履行前,原债务并不消灭,当新债务履行后,原债务同时消灭。本案中,成都港招公司与招商局公司虽然签订了《债权债务清算协议书》并约定"以地抵债"的代物清偿方式了结双方债务,但由于该代物清偿协议并未实际履行,因此双方原来的3 481.55万元的金钱债务并未消灭,招商局公司仍对成都港招公司负有3 481.55万元的金钱债务。据此,招商局公司是成都港招公司的债务人,进而是武侯国土局的次债务人。根据《合同法》第七十三条以及《合同法解释(一)》第十一条、第十三条之规定,因为成都港招公司既未向武侯国土局承担注册资金不实的赔偿责任,又未以诉讼或者仲裁方式向招商局公司主张已到期债权,致使债权人武侯国土局的债权未能实现,已经构成《合同法》第七十三条规定的"债务人怠于行使其到期债权,对债权人造成损害",因此,武侯国土局有权代位行使成都港招公司基于《债权债务清算协议书》而对招商局公司享有的合法金钱债权,但该代位权的行使范围应以其对成都港招公司的债权即注册资金不实的21 441 941元范围为限。

关于第二个问题,即改制后的招商房地产公司是否应对原招商局公司的债务承担责任问题。据本案现已查明的事实表明,成都港招公司本来就对四川港招公司出资不实,未将其应当投入四川港招公司的价值21 441 941元的泰丰国际商贸中心项目用地土地使用权投入四川港招公司,却于1999年7月20日与武侯国土局、四川港招公司签订《债务关系转移合同》,将其欠武侯国土局的征地费21 833 446.5元转移给其出资不实设立的四川港招公司。在该《债务关系转移合同》签订后尚不到一个月,成都港招公司便于同年8月10日与招商局公司签订《债权债务以及资产处置协议》,将招商局公司改制为招商房地产公司,将本应投入四川港招公司的泰丰国际商贸中心项目用地土地使用权留给了改制后的招商房地产公司,并由其负责偿还招商局公司欠招商银行的230万美元贷款,其余资产及其债权债务以及职工安置均由成都港招公司承担;同年8月22日,招商局公司办理了《企业申请注销登记注册书》,并于8月23日因改制而注销。该改制系采取增资扩股的方式进行,即招商局公司在由800万元注册资金增资1 000万元注册资金的同时,将其对增资后更名的招商房地产公司享有的1 000万元股权转让给四川奇峰房地产开发有限责任公司、叶文金、刘宗明,从而实现他人对企业的参股并将企业改造为有限责任公司。招商局公司与成都港招公司的上述出资不实、债务转移、债权债务和资产处置以及采增资扩股方式的企业改制等一系列行为，暂且不论其是否真正存在恶意逃债、损害债权人利益的动机和目的，但实际结果的确导致武侯国土局不能实现对四川港招公司和成都港招公司的债权，因而不得不对其上述系列行为的动机产生怀疑。为了更好地审理企业改制相关的民事纠纷案件，最高人民法院专门制定了《关于审理与企业改制相关的民事纠纷案件若干问题的规定》，该规定所确立的法人财产原则、企业债务承继原则以及企业债务随企业财产变动原则，旨在防止企业在改制过程中造成企业财产流失，避免损害债权人的利益。企业改制或者改造只是企业变更的一种形式，根据法人财产原则和企业债务承继原则，变更设立后的公司应当承继原企业的债权债务。虽然招商局公司在改制时与成都港招公司签订了《债权债务及资产处置协议》，但无论是招商局公司对成都港招公司负有的 3 481.55 万元的债务，还是招商局公司欠招商银行的 230 万美元的贷款，均是招商局公司改制前的对外负债，根据法人财产原则以及企业债务承继原则，改制后的招商房地产公司均应负责偿还改制前的招商局公司的债务。尽管改制后的招商房地产公司在注册资金数额、股东构成、企业性质等方面均有别于原招商局公司，但企业改制只是转换企业的组织形式和变更企业的经济性质，原企业的债权债务并不因改制而消灭。根据法人财产原则和企业债务承继原则以及《关于审理与企业改制相关的民事纠纷案件若干问题的规定》第五条关于“企业通过增资扩股，实现他人对企业的参股，将企业整体改造为有限责任公司或者股份有限公司的，原企业债务由改造后的新设公司承担”之规定，原招商局公司对成都港招公司的债务应由改制后的招商房地产公司承担。故武侯国土局将招商房地产公司作为次债务人，要求其承担原招商局公司所欠成都港招公司的债务，不仅符合《合同法》第七十三条和《合同法解释(一)》关于债权人代位权制度及其构成要件之规定，而且符合《关于审理与企业改制相关的民事纠纷案件若干问题的规定》的原则和规定。因此，武侯国土局关于要求招商房地产公司承担原招商局公司所欠成都港招公司债务的请求，于法有据，应予支持，招商房地产公司应在 21 441 941 元范围内向武侯国土局承担清偿责任。根据《合同法解释(一)》第二十条关于“债权人向次债务人提起的代位权诉讼经人民法院审理后认定代位权成立的，由次债务人向债权人履行清偿义务，债权人与债务人、债务人与次债务人之间相应的债权债务关系即予消灭”之规定，招商房地产公司向武侯国土局履行 21 441 941 元的清偿责任后，武侯国土局与成都港招公司、武侯国土局与四川港招公司、成都港招公司与招商房地产公司(原招商局公司)之间相应的债权债务关系即予消灭。

综上，最高人民法院认为，武侯国土局对成都港招公司所享有的债权合法有效，成都港招公司对原招商局公司所享有的债权亦经生效法律文书所确定，合法有效并已到期；成都港招公司既未向武侯国土局承担注册资金不实的赔偿责任，又怠于行使其对招商局公司或者改制后的招商房地产公司的到期债权，致使武侯国土局的债权未能实现，故武侯国土局关于要求招商房地产公司承担原招商局公司所欠成都港招公司债务的再审请求和理由成立，应予以支持。原一、二审判决认定事实基本清楚，但适用法律不当，应予以纠正。依照《中华人民共和国合同法》第七十三条，《关于适用〈中华人民共和国合同法〉若干问题的解释(一)》第十三条、第十九条、第二十条，《关于审理与企业改制相关的民事纠纷案件若干问题的规定》第五条以及《中华人民共和国民事诉讼法》第一百五十三条第一款第(二)项、第一百八十六条第一款之规定，判决如下：

一、撤销四川省高级人民法院(2008)川民终字第 90 号、四川省成都市中级人民法院(2007)成民初字第 19 号民事判决；

二、招商(蛇口)成都房地产开发有限责任公司向成都市国土资源局武侯分局支付 21 441 941 元；

三、上述给付义务履行后，成都市国土资源局武侯分局与成都港招实业开发有限责任公司、成都市国土资源局武侯分局与四川港招实业股份有限公司、成都港招实业开发有限责任公司与招商(蛇口)成都房地产开发有限责任公司之间相应的债权债务关系即予消灭。

一审、二审案件诉讼费各 117 220 元，诉讼保全费 110 520 元，由招商(蛇口)成都房地产开发有限责任公司负担。

请问：

1. 债务承担的生效要件包括哪些？

2. 行使代位权须具备哪些法律要件？

3. 合同当事人的权利和义务分别有哪些？

4. 合同履行的原则包括哪些？

合同法是关于国际商事主体之间交往规则的最重要的法律。除公司事务受章程规范之外，几乎所有的国际商事关系均由合同联结。正如第一章所介绍的那样，德国有限责任公司法中已将公司章程改为公司合同，英美法国家甚至从来就把公司章程视为合同的一种，合同的普遍性由此可见一斑。[①] 本章侧重于对两大法系的合同制度进行比较分析，并对《国际商事合同通则》的内容以及我国《合同法》的有关内容一一做出介绍，内容主要涉及合同的订立与效力、履行与变更、转让与消灭以及违约责任等。

第一节　概　述

一、合同的概念

“合同”一词，滥觞于罗马法上的契约概念“contractus”。从古至今，合同一直是一种促成并反映交易的法律制度，堪称民法中最重要的概念之一。然而，各国对于合同的概念始终存在着分歧。[②] 表3—1为两大法系不同国家对合同所作的定义。

表3—1　　两大法系不同国家的合同概念

国　家	合同的概念
英、美	合同是一个承诺或一系列的承诺，违反这种承诺，法律给予救济，或者法律以某种方式承认履行该允诺乃是一项义务
德国	依法律行为设定债务关系或变更法律关系的内容者，除法律另有规定外，应依当事人之间的合同（合同纳入法律行为的范畴，即合同是产生、变更债的关系的法律行为）
法国	合同是一人或数人对另一人或数人承担给付某物、作或不作某事的义务的一种合意
中国	合同是民事主体之间设立、变更、终止民事法律关系的协议

尽管两大法系的不同国家对何为合同各持己见，却均将双方当事人的意思表示一致作为合同成立的要素。对合同内容达成一致就能成立合同，不能达成一致即不存在合同。对此，两大法系并无实质性分歧。

二、合同法的渊源

（一）大陆法系

大陆法国家的民法理论通常把合同作为债的产生原因之一，把合同法律规范与产生债的其他原因，如侵权行为、不当得利及无因管理等法律规范相并列，作为民法或债务法的一编。因此，大陆法国家的合同法大多将成文法形式编入民法典或债务法典当中，如法国、德国、意大利和日本等。此外，有些国家，如法国、德国等还在商法典的商事行为部分对各种商事合同作出了特殊规定。

（二）英美法系

英美法国家的合同法主要体现在判例法中。虽然它们也有一些与合同有关的单行法，如英国的《货物买卖法》《海上货物运输法》《海上保险法》及美国的《统一商法典》，但它们均只针对具体的合同关系作出规定，合同法的许多基本原则仍需按照判例法所确立的规则来处理。

---

① 吴建斌、肖冰、彭岳：《国际商法》，高等教育出版社2007年版，第106页。
② 史学瀛：《国际商法》，南开大学出版社2002年版，第31页。

由美国法学会所编纂的《合同法重述》不具备法律效力，但对审判实践具有较大影响。

(三)我国合同法

我国曾在1986年颁布《民法通则》。作为一部民事基本法，该法对合同也进行了专门规定，但此处的规定较为简单宽泛，未涉及合同领域的诸多复杂法律关系，故有必要制定专门的合同法。

1981年、1985年、1987年先后颁布的《经济合同法》《涉外经济合同法》和《技术合同法》，分别调整国内合同法律关系、技术合同法律关系以及涉外合同法律关系，另外还以专门法规定中外合资经营企业合同、中外合作经营企业合同、技术引进合同等，再加上诸多配套法规，构成了调整合同法律关系的系统庞杂、个中不乏冲突与矛盾的合同法律体系。

1999年3月颁布的《合同法》结束了之前《经济合同法》《涉外经济合同法》和《技术合同法》三足鼎立的局面，不仅解决了以上三法内容不能和谐统一的问题，还很好地吸收采纳了大陆法、英美法以及《联合国国际货物销售合同公约》的诸多先进理念和制度，在我国合同法发展历史上具有划时代的意义。

2020年5月28日第十三届全国人民代表大会第三次会议通过的《民法典》增设合同编，对原合同法作了较大修改。合同编共计526个条文，几乎占民法典1 260个条文的“半壁江山”。合同编在现行合同法基础上的修改超过358条，其中涉及实质性新增、修改超过156条。新《民法典》合同编分为三个分编，第一分编通则部分，内容涉及一般规定、合同的订立、合同的效力、合同的履行、合同的保全、合同的变更和转让、合同的权利义务终止、违约责任等。第二分编典型合同，包括买卖合同、供用电水气热力合同、赠与合同、借款合同、保证合同、租赁合同、融资租赁合同、保理合同、承揽合同、建设工程合同、运输合同、技术合同、保管合同、仓储合同、委托合同、物业服务合同、行纪合同、中介合同、合伙合同。第三分编准合同，包括不当得利与无因管理。总的来说，此次我国《民法典》包括合同法编的修改，从中国的实际情况出发，在借鉴两大法系经验的基础上，构建了具有中国特色的体例和制度，不仅能够真正从制度上保证市场经济的发展和完善，还为市场经济健康有序地发展奠定了坚实的基础。[①]

(四)国际统一商事合同法

目前，国际上还没有一部统一适用的合同法国际条约或公约，但是，在代理、买卖等合同领域都出现了具体的国际公约，如《国际销售代理公约》《联合国国际货物销售合同公约》等。

由国际统一私法协会于1994年制定、2004年修改的《国际商事合同通则》，以示范法的形式，对合同领域的国际统一立法作出了比较突出的贡献，它最大限度地融合了不同法系的制度和国际惯例，可以因当事人的约定而适用，对各国的合同立法起到了示范作用。

三、合同法的基本原则

合同法的基本原则是指订立和履行合同过程中所必须遵守的基本准则。在成文法国家，虽然合同法条文已对各种合同问题作出了系统规制，但是任何现存法律都绝不可能面面俱到、包罗万象，同时还存在条文语义模糊的情形。基于此，国家不得不将补充和发展法律的权力授予法官，通过这些原则的规定授予法官自由裁量权，允许法官通过行使自由裁量权来创制判例法。因此，合同法的基本原则也是法官等法律适用主体在司法活动中所必须遵循的基本理念。不仅如此，在合同法立法与解释的过程中也须谨遵基本原则的理念。可以认为，合同法的每一

① 王利明：《彰显时代性：中国民法典的鲜明特色》，《东方法学》2020年第6期。

款条文都深深渗透了基本原则的灵魂。如此，理解和掌握合同法的基本原则有助于我们更为深刻地把握合同法的具体制度。

(一)平等原则

所谓平等原则，是指在订立和履行合同的过程中，当事人的民事法律地位平等，一方不得将自己的意志强加给另一方。平等原则是民事法律区别于行政与刑事法律的重要原则与特征，也是合同法其他原则赖以存在的基础。《民法典》第 4 条规定：民事主体在民事活动中的法律地位一律平等。合同法调整的是平等主体之间设立、变更、终止民事权利义务关系的协议，因而平等原则贯穿于合同法的始终。

(二)契约自由原则

契约自由原则产生于法国资本主义革命时期。法国 18 世纪杰出启蒙思想家卢梭在其不朽名著《社会契约论》中宣称：人是生而自由的，人们有权自由订立契约而不受任何胁迫。1804 年的《法国民法典》体现了这一原则。契约自由原则作为近代民法的一项基本原则，是指个人之间的契约关系应根据契约当事人的自由意思决定，而不得受到国家的干涉。契约自由的具体内容包括：是否缔结契约的自由(缔约的自由)，与谁缔结契约的自由(对象选择的自由)，订立什么内容的契约的自由(内容的自由)，以及以何种方式订立契约的自由(方式的自由)。我国《民法典》在第 5 条中对此予以确认。但合同自由并非绝对，合同法还规定了对特定主体的强制缔约义务，比如对从事特殊行业的民事主体就相对人提出的合同要约负有承诺的义务，往往体现为向社会提供电、水、气、热服务的义务人以及公共承运人对社会公众的强制缔约义务。

(三)诚实信用原则

诚实信用原则的渊源为罗马法学家所崇尚的“善意与衡平”的自然法思想。在现代社会中，诚实信用作为一种由道德准则演化而来的法律原则，要求人们在市场活动中讲究诚信，恪守诺言，诚实不欺，在不损害他人利益和社会利益的前提下追求自己的利益，从而有效弥补了合同自由对合同正义背离的不足。因此，诚实信用原则被奉为“帝王条款”而得到遵守。我国《民法典》在第 7 条中对此予以体现：民事主体从事民事活动，应当遵循诚信原则，秉持诚实，恪守承诺。

(四)公平原则

公平观念最早可以追溯到古希腊的城邦制度。在各国的法律发展史上，公平在法律制定和法律实施中占有十分重要的地位，在许多情况下，“人们往往把公平看作法律的同义语”。[①]合同法上的公平原则，其内涵是要求在合同的签订和履行过程中，当事人的权利、义务应做到基本对等与合理，合同上的责任和风险要合理进行分配，同时法律应对当事人予以同等保护。具体包括：在订立合同时，要根据公平原则确定双方的权利和义务，不得滥用权力和优势强迫对方接受不合理内容；根据公平原则合理分配合同风险；根据公平原则确定违约责任等。我国《民法典》第 6 条规定：民事主体从事民事活动，应当遵循公平原则，合理确定各方的权利和义务。

(五)合同信守原则

所谓合同信守原则，是指依法订立的合同在当事人间具有相当于法律的效力，除依当事人协议或法律规定合同可以变更或解除之外，当事人应当严格遵守合同义务；即使一方已经违

---

① 美国当代政治学家萨拜因认为：“很多近代的政治观念——比如公道、自由、立宪政体和尊重法律等——或至少是这些观念的定义，都起源于希腊思想家对城邦制度的看法。”参见赵万一：《民法公平原则的伦理分析》，《重庆社会科学》2004 年第 2 期。

约，如尚未造成另一方订立合同的主要目的难以实现的后果，另一方也不得轻易解除合同。合同信守原则既是社会经济对合同法基本要求的集中体现，也是合同当事人意思自治的必然要求。我国《民法典》第7条、第465条等，均体现了这一原则。

（六）公序良俗原则

公序良俗即公共秩序和善良风俗。合同法上的公序良俗原则是指合同主体在合同的签订与履行过程中不得违反公共秩序和善良风俗，不得违反社会公德，不得损害社会利益和国家利益。公序良俗原则的具体内容主要包括以下两个方面：民事活动应当尊重社会公共利益和社会公德；民事主体不得滥用权利。我国《民法典》第8条规定：民事主体从事民事活动，不得违反法律，不得违背公序良俗。

四、合同的种类

合同双方当事人之间的权利义务关系往往因合同种类的不同而有所差别。根据不同的分类标准，可对合同做不同的分类。以下对常见的合同类型进行扼要介绍。

（一）双务合同和单务合同

这是大陆法国家根据当事人承担合同义务的不同状况所进行的分类。双务合同是指合同双方当事人均需向对方承担合同义务的合同，如在买卖合同中，卖方负有向买方交付合同标的物的义务，而买方相应地负有向卖方支付标的物对价的义务。单务合同是指只有一方当事人向对方承担合同义务，而对方没有相应义务的合同，如赠与合同，赠与人负有依约向受赠人交付所赠与的标的物的义务，而受赠人则无须为此支付对价或承担其他义务。

（二）双方合同和单方合同

这是英美法国家按照当事人是双方还是单方必须履行合同义务所进行的分类。双方合同是指一方当事人将其允诺与另一方当事人的允诺进行交换的合同。单方合同是指一方当事人将其允诺与另一方当事人的作为或不作为进行交换的合同。前者双方均须向对方履行其允诺；后者只有立约人须履行其允诺，相对人没有作为或不作为的义务，如悬赏。

（三）有偿合同和无偿合同

这是按照当事人从合同中取得利益是否需支付代价所进行的分类。有偿合同是指一方当事人从对方当事人处取得利益时必须支付一定的代价。无偿合同是指一方当事人依约从对方当事人处取得利益无须支付代价。买卖合同通常都是有偿合同：卖方从买方处取得货款以交付合同标的物为代价，而买方取得对标的物的所有权则以支付标的物的对价为代价，双方取得合同利益均以支付代价为条件。商事合同以有偿为常态，无偿为例外。

（四）诺成合同和实践合同

这是按合同成立的依据不同所进行的分类。诺成合同是指仅以当事人双方意思表示一致为成立或生效要件的合同。依我国《合同法》，绝大多数合同均为诺成合同。实践合同是指除当事人双方意思表示一致外，还须以交付合同标的物为成立或生效要件的合同。我国《担保法》规定定金合同从实际交付定金之日起生效，是典型的实践合同。

（五）要式合同和不要式合同

这是根据法律或当事人是否对合同形式设置特殊要求所进行的分类。要式合同是指法律规定或当事人约定必须采取特殊形式的合同。不要式合同是指对合同形式未作特殊要求的合同。商事合同以不要式为常态，以要式为例外。

(六)明示合同和默示合同

这是按照当事人是否通过明确的意思表示来签订合同所进行的分类。明示合同是指当事人通过语言、文字等方式明确表达签订合同的意思,从而达成合意的合同。默示合同是指当事人之间没有明确的意思表示,而是从当事人的行为中推定合同成立的合同。

(七)有名合同和无名合同

这是按法律是否明确规定合同名称所进行的分类。有名合同又称典型合同,是指法律明确规定其名称及规则的合同。例如,我国《民法典》合同编的第二分编"典型合同"部分所规定的买卖合同、赠与合同、借款合同、租赁合同等均为有名合同。无名合同亦称非典型合同,是指法律未明确规定名称及规则的合同。在实践中,无名合同的数量可能多于有名合同。

(八)实定合同和射幸合同

这是按在合同订立时能否确定合同法律后果所进行的分类。实定合同又称确定合同,是指在合同订立时就能确知法律后果的合同。实践中的大部分合同均为实定合同。射幸合同是指在合同订立时不能确定其后果的合同,如保险合同、博彩合同等。

(九)束己合同和涉他合同

这是按合同是否对当事人以外的第三人具有法律效力所进行的分类。束己合同是指合同所约定的权利义务仅对合同当事人有效,与第三人无关的合同。涉他合同是指合同所约定的权利义务不但对当事人有效,而且也涉及第三人利益的合同。根据所涉第三人是享有权利还是承担义务,又可将涉他合同分成为第三人设定权利的合同和为第三人设定义务的合同。

(十)一次性给付合同和连续给付合同

这是按当事人的合同给付义务是一次性完成还是分次完成为标准所进行的分类。一次性给付合同是指当事人的给付义务一次性履行的合同。连续给付合同是指当事人的给付义务在一定期限内分次履行或其履行在一定期限内呈持续状态的合同,如租赁合同等。

(十一)主合同和从合同

这是按合同中的权利义务是否能够独立存在所进行的分类。主合同是指合同中的权利义务能够独立存在的合同。从合同是指合同中的权利义务必须以主合同的存在为前提条件的合同,如保证合同。

(十二)转移财产的合同、完成工作的合同和提供服务的合同

这是按合同标的物的不同所进行的分类。转移财产的合同是指以特定财产的所有权或使用权的流转为标的的合同,如货物买卖合同。完成工作的合同是以一方当事人完成一定的工作为标的的合同,如承揽合同、建设工程合同等,均要求一方当事人完成一定的工作并向对方交付该工作成果。提供服务的合同是以一方当事人向对方提供一定的服务为标的的合同,如保管和仓储合同、旅客运输合同、货运合同等。

(十三)有效合同、无效合同、效力待定的合同、可撤销合同

这是以合同效力的不同所进行的分类。有效合同是指依法成立并对当事人产生法律约束力的合同。无效合同是指在当事人之间虽有合同关系但对双方当事人均不产生法律拘束力的合同。效力待定的合同系指在当事人之间虽形成合同关系但效力如何尚未确定的合同。可撤销合同是指法律允许拥有合同撤销权的一方当事人通过行使撤销权而使已经生效的合同归于无效的一类合同。[①]

---

① 吴建斌:《国际商法新论》,南京大学出版社 2005 年版,第 79～81 页。

第二节 合同的订立

【案例 3—1】

被告在其利物浦的办公室向住所在伯肯黑德的原告寄去一份要约，要约表明原告可以在14 天内决定是否购买一幢房屋。第二天，被告又寄出一封信撤销其要约，并在当日下午 17:00 到达伯肯黑德。但原告却于当天 15:50 发出了承诺。这份承诺在第三天上午到达被告手中。

请问：合同是否成立？[①]

当事人之间合同关系的成立必须经由合同的订立这一步骤，否则便谈不上合同的成立与否以及合同的效力如何。各国法律都对合同的订立及其成立规定了一定的条件，即合同的要件。这些要件主要包括如下几项：

1. 当事人必须具有缔约能力；
2. 当事人应通过要约与承诺签订合同；
3. 合同的形式必须符合法律要求；
4. 合同内容必须合法；
5. 当事人的意思表示必须真实；
6. 合同的订立必须以对价或约因为根据。

除第 5 项将在下一节予以详述外，其他几项均为本节内容。此外，本节还会涉及对合同的解释以及当事人的缔约过失责任。

一、当事人的缔约能力

缔约能力又称合同能力或合同主体资格，是法律所规定的当事人签订合同所必须具备的主体资格。各国合同法均要求当事人订立合同必须具有相应的资格，一般表现为民事权利能力与行为能力上的要求。所谓民事权利能力，是指当事人享受权利、承担义务的资格；民事行为能力则是指当事人以自己的名义独立从事民事行为，并对该行为独立承担民事责任的能力。在通常情况下，只有符合法律规定的主体资格的人才能订立合同，并承受相应的合同后果。此处的“人”主要包括自然人、法人及其他组织。

(一)自然人的民事权利能力与民事行为能力

自然人所享有的民事权利能力范围十分广泛。根据我国法律，自然人的民事权利能力在一般情形下始于出生，终于死亡。胎儿在特定情形下也享有一定的权利，譬如在法定继承的一些情形下，尽管胎儿尚未出生，也须为其保留预留份，如其出生时是活体的，则该预留的份额即归其名下。自然人在死亡后也可能享有一定的权利，譬如著作权以及名誉权中的某些权利。在同一法域内，任何自然人都无差别地享有同等民事权利，不因年龄、职业、社会地位等方面的差异而有所不同。但是，不同的自然人却可能因为自身某些客观因素的差别而导致对事物性质的辨别能力存在较大差异，这就决定了其行为能力的不同。一般而言，各国法律均认为未成年人和精神病患者不具备缔约能力或这种能力应当受到一定的限制，其所订立的合同或直接归于无效或可撤销，但在特定情形下亦可依法成立。

---

① 解琳、张净:《英国合同法案例选评》，对外经济贸易大学出版社 2004 年版，第 35 页。

1. 大陆法

根据《德国民法典》规定，无民事行为能力包括：未满 7 岁的儿童；处于精神错乱状态，不能自由决定意志，而且按其性质此种状态并非暂时者；因患精神病被宣告为禁治产者。[①] 这些人不具备缔约能力。限制民事行为能力的主体主要为年满 7 岁的未成年人。其未经法定代理人同意所订立的合同，须经法定代理人追认方能生效。未成年人的法定代理人经法院同意，允许未成年人独立经营业务的，未成年人对在其营业范围内所做的一切法律行为有完全的行为能力，其所签订的合同无须法定代理人同意即可生效。

根据《法国民法典》的规定，无缔约能力的主体包括：未解除亲权的未成年人；受法律保护的成年人，包括官能衰退者和因挥霍、游手好闲以致陷入贫困者。未解除亲权的未成年人和受法律保护的成年人原则上没有订立合同的能力，订立合同必须取得其监护人或管理人的同意，否则无效。

2. 英美法

在英美法上，未成年人、精神病患者以及酗酒者皆属缺乏缔约能力的人，其所订立的合同可能产生三种不同的后果：(1)成立并生效；(2)可撤销；(3)无效。

一般来说，未成年人购买生活必需品的合同有效，对于其他合同则不具备相应的缔约能力，但在其成年后，其可对该合同予以追认或要求撤销。精神病人在其被宣告精神错乱前所签订的合同属于可撤销合同，被宣告精神错乱后所订立的合同则一律无效。酗酒者所订立的合同原则上有效，但如果其在订立合同时因酗酒而失去行为能力，则可要求撤销该合同。因此，确定其在订立合同时是否具有相应的行为能力成为审判实践中的关键。

3. 我国的规定

我国对于行为人民事行为能力的规定主要体现于《民法典》。我国《民法典》将行为人的民事行为能力分为三类：完全民事行为能力、限制民事行为能力和无民事行为能力。具体内容如表 3－2 所示。

表 3－2　　我国《民法典》对民事行为能力的分类

民事行为能力的种类	适用情形	行为能力的具体内容
完全民事行为能力	(1)18 周岁以上； (2)16 周岁以上不满 18 周岁，以自己的劳动收入为主要生活来源	可以独立从事民事活动，不受他人意志约束
限制民事行为能力	(1)8 周岁以上的未成年人； (2)不能完全辨认自己行为的成年人	可以独立实施纯获利益的民事法律行为或进行与其年龄、智力、精神健康状况相适应的民事法律行为，其他民事活动由其法定代理人代理，或者征得法定代理人的同意或追认
无民事行为能力	(1)不满 8 周岁的未成年人； (2)8 周岁以上不能辨认自己行为的未成年人； (3)不能辨认自己行为的成年人	由其法定代理人代理实施民事法律行为

(二)法人的民事权利能力与民事行为能力

法人的民事权利能力与民事行为能力较为特殊，具体表现为：

① 所谓禁治产者，是指因精神病或有酒癖不能处理自己的事务，或因浪费成性有败家之虞者，经其亲属向法院提出请求，由法院宣告其为禁治产者的人。

1. 法人的民事权利能力与民事行为能力的范围相同。无论是完全民事行为能力人,还是限制民事行为能力人或无民事行为能力人,其所享有的民事权利能力范围均十分广泛且无差别,因而自然人的民事行为能力与权利能力范围并未呈现出对应关系。而法人的民事行为能力则对应其权利能力,法人只能在其法定的权利范围内行事。

2. 法人的民事权利能力与行为能力均由法人的经营范围确定。在同一法域内,所有自然人的权利能力均相同,但不同的法人因其经营范围的不同,其权利能力与行为能力不甚相同。大多数国家均严格禁止法人从事超越其经营范围的行为,当然也有少数国家例外。①

我国法人尤其是企业法人的合同能力以登记机关核准的营业执照所确定的经营范围为限。特殊的经营范围如金融、证券、期货、保险、交通、餐饮、娱乐、旅游等,还须事先取得主管部门核准许可。按照通说,法人超越行政许可的经营范围的行为无效,但越权经营的法人仍需对善意相对人承担法律责任;超越非行政许可的经营范围的行为,应受罚款、责令改正等行政处罚,但民事行为本身仍然有效。其他非法人组织,如合伙企业、个人独资企业等,均按类似规则处理。

二、对价与约因

(一)英美法上的对价

对价(consideration)是指根据协议已经履行或将要履行义务的当事人由此得到某种利益,或者接受义务履行的当事人为此而遭受某种损失的事实要素,是对履行义务一方的某种回报。简单地说,就是合同的一方当事人向对方允诺的回报或代价。例如,Ryan 对 Joy 说:“如果你能出 100 万美元,我就将我的这套公寓卖给你。”Joy 说:“没问题,成交。”则 Joy 同意出 100 万美元是 Ryan 转让其房屋给 Joy 的对价。英美法国家一般要求简式合同必须有对价,否则合同便没有拘束力。②

对价的作用在于,它使诺言对诺言人产生约束力。更确切地说,它使诺言发生强制执行的效力:如果诺言人不兑现其诺言,受诺人可以通过起诉,借助法院的强制力,迫使诺言人兑现其诺言。不过,在理解对价的作用时必须予以明确的是,对价使未履行的诺言具有强制执行的效力,但无对价的诺言如果已经被兑现,诺言人不得反悔,即不能以诺言无效要求受诺人返还利益。③

根据英美法的有关判例,一项有效的对价应符合如下条件:

1. 对价必须合法。例如,英国曾在 1860 年皮尔斯诉布鲁克斯案中判决马车制造商卖给妓女的马车因后者从事不道德职业而无效,原告无权收回被告的欠款。④

2. 对价必须是待履行的或是已履行的,而不能是过去的对价。前文所举例子中,Joy 允诺将来会支付 100 万美元给 Ryan,该允诺尚未履行,是为待履行的对价;如果在 Ryan 提出该建议的同时,Joy 即拿出一张 100 万美元的支票给 Ryan,则 Joy 的支付义务已经履行,是为已履行的对价;如果 Ryan 根本没有对 Joy 作上述买卖房屋的陈述,Joy 自愿拿出一张 100 万美元的支票给 Ryan,则对于 Ryan 来说,该对价为过去的对价。前两种对价对 Ryan 均有拘束力,最后一种对价属于无偿的允诺,无偿的允诺除非是以签字蜡封形式作成,否则没有拘束力。不

---

① 例如,澳大利亚法律对于企业的经营范围就未作严格限制,即使在登记时是艺术品公司的,也仍然可以从事钢铁贸易等。参见任荣明、侯兴政:《国际商法》,清华大学出版社 2004 年版,第 100～101 页。

② 英美法国家的合同一般包括两类:签字蜡封合同和简式合同。签字蜡封合同为正式合同,这种合同的成立无须对价;简式合同包括口头合同和非以签字蜡封形式做成的书面合同,其成立与生效必须要有对价。

③ 沈四宝等:《国际商法》,对外经济贸易大学出版社 2002 年版,第 199 页。

④ 吴建斌:《国际商法新论》,南京大学出版社 2005 年版,第 86 页。

过，英美法的这种认为“过去的对价不是对价”的理念显然无益于倡导互助行善的社会风气，因而日益招致诟病。对此，美国法院在审判实践中做出了一系列的改革，在诸多判例中突破了这一限制。英国法院则相对较为保守，但即便如此，也仍然对这一原则做出了些许变通。

3. 对价须具有真实价值，但无须完全等价。对价必须具有经济价值，否则便不能作为对价。但对价并非一个经济学范畴的概念，而是一个法律概念和事实概念。只要当事人一方已针对对方的允诺提供了或承诺将提供一定的利益，则无论该利益是否充分，均可构成对价。当然，如果对价与允诺相差过大，则可能构成错误或欺诈，当事人可以请求撤销合同。

4. 法定义务或既存义务不能作为对价。例如受害人对警察表示，如果警察抓获犯罪嫌疑人，则他将给予警察 5 万美元以示感谢。警察即便成功抓获犯罪嫌疑人也无权向受害人主张该感谢费，因为缉捕罪犯是其法定义务。又如英国法院早期审理的 Harris v. Watson 案中，一批海员在航行途中要求船主加薪，船主出于无奈答应了这些海员的要求。法院判决，该加薪的诺言是无对价的。在这类案件中，海员在航行途中付出的全部劳务是原合同规定的薪金的对价，是一种既存义务，不能成为船主新诺言的对价。[①]

5. 对价必须来自受允诺人或其代理人，且必须是相互的。前文所举 Ryan 与 Joy 房屋交易的例子中，Ryan 作出如果 Joy 拿出 100 万美元即转让其房屋的允诺，则作出对价者必须是受允诺人 Joy 本人或 Joy 的代理人，而不能是其他任何人。Ryan 作出允诺的目的在于取得 Joy 所给付的 100 万美元的对价，而 Joy 给付对价的目的则在于取得 Ryan 所允诺房屋的所有权，如此体现出一种互为诱因的关系。

对价原则也存在着例外，即“不得自食其言”(promissory estoppel)规则。其具体内容为：如果允诺人作出承诺时合理地预料到受允诺人会因信赖其允诺而行为或不行为，并已在事实上引起这种后果，若只有强制执行该项允诺才能避免产生不公平，则该允诺具有约束力，即便该允诺并未取得对价。在历史上，英国法院作出过大量在财产法领域适用禁止反言理论的判决。这种制度被称为“财产上的不得反言”(proprietary estoppel)。但将依赖和禁止反言的理论正式适用于合同法领域，则是从 1947 年英国上诉法院审理著名的 Central London Property Trust, Ltd. v. High Trees House, Ltd. 案时开始的。在该案中，房屋的出租方鉴于战争期间人口外流、租户减少的状况，同意将租金减少 50%，但出租方在战后后悔，要求承租人补交少付的租金。丹宁勋爵判决，债权人曾表示接受部分债务的履行以清偿全部债务，债务人已如约履行，在这种情况下，应禁止债权人违反其诺言。[②]

(二)大陆法上的约因

在大陆法中，与英美法上的对价相对应的概念是约因(causa)。所谓约因，是指缔约当事人缔结合同所追求的近前的、直接的目的。约因严格区别于动机(motive)。某个具体行为可能由多个动机促成，但行为目的只有一个。例如，当事人去银楼购买珠宝首饰，其动机可能是为了出席某个晚宴而自己佩戴，也可能是为了作为礼物送人，或是为了作为保值增值的手段而购买。但目的只有一个，即取得特定珠宝首饰的所有权。因此，约因是当事人订立合同的近因，即通过订立合同所要直接达到的目的；动机则是远因，是当事人通过订立合同所要达到的长远目标或根本目的。[③]

《法国民法典》第 1131 条规定：“无约因的债、基于错误约因或不法约因的债，不发生任何

① 沈四宝等：《国际商法》，对外经济贸易大学出版社 2002 年版，第 200 页。
② 沈四宝等：《国际商法》，对外经济贸易大学出版社 2002 年版，第 202 页。
③ 尹田：《法国现代合同法》，法律出版社 1995 年版，第 152～153 页。

效力。"赠与合同属于例外情形，其订立无须约因，但应当在公证人面前以书面形式作成，并在公证人处留存合同的正本，否则合同无效。《意大利民法典》规定，如约因为法律所禁止或违反善良风俗或公共秩序，或构成规避适用强制性规范的手段时，为不法约因，合同无效。除法国、意大利，其他大陆法系国家如德国、日本、瑞士等国的债务法典均无关于约因的规定。我国《民法典》第 660 条有关赠与合同效力的规定一定程度上也体现了约因的理念。

三、要约

(一)要约的概念

要约是希望和他人订立合同的意思表示，即一方向另一方提出的愿意按一定条件与对方订立合同，并含有一旦要约被对方承诺就对提出要约的一方产生拘束力的一种意思表示。提出要约的一方称为要约人(offeror)，其相对方称为受要约人(offeree)。要约是要约人单方的意思表示，本身并非合同，但要约人受到要约内容的约束，除非要约被撤回、撤销或因其他原因而失效。

(二)要约的有效要件

一项有效的要约必须同时满足如下要件：

1. 要约必须表明要约人愿意按照要约规定的条件与对方订立合同的意思。要约的本质在于：一经受要约人承诺，合同即告成立。

要约与要约邀请(亦称要约引诱)不同。要约邀请是希望他人向自己发出要约的意思表示。要约与要约邀请的区别在于：要约一经承诺，合同即成立，要约人就必须受到约束；而对要约邀请而言，即使对方同意要约邀请人的意思表示，愿意按照该意思表示提出的条件订立合同，发出要约邀请的人也不受约束，除非他对此作出承诺，否则合同仍不成立。比较典型的要约邀请的例子见于我国《民法典》第 473 条的规定：拍卖公告、招标公告、招股说明书、债券募集办法、基金招募说明书、商业广告和宣传、寄送的价目表等为要约邀请。但商业广告和宣传的内容符合要约条件的，构成要约。

2. 要约的内容必须具体、确定。要约应当包括订立合同的主要条件，以保证一旦受要约人承诺，合同就可以成立。所谓"主要条件"应视合同不同类型而定，如买卖合同，一般包括合同的标的、价款、数量、履行时间、地点和方式等。但也有的国家对此要求较为宽松，譬如《美国统一商法典》即规定货物买卖合同的要约须明确货物的数量或计量方法，其他内容可以日后再确定，发生争议后，由法院依所谓合理的依据确定。但无论如何，包括标的、数量、价款等的合同主要条款应尽早确定，以免日后产生不必要的纠纷。

3. 要约必须向特定人发出，否则即为要约邀请。但在一些特定情况下，很难判断所针对的对象是特定人还是非特定人。譬如，出租车在大街上空车行驶究竟是要约邀请还是要约，颇值推敲。从表面看来，出租车面向不特定对象，任何人只要招手便可上车，如此看来这是一个要约邀请。但若是要约邀请，则马路边候车的人招手拦车的行为便是要约，根据受要约人既可以承诺也可以拒绝承诺的规则，出租车司机完全可以不予承诺即拒载，但这显然与出租车司机不得拒载的行业惯例相悖。可见，出租车空车行驶的行为应视作要约。故而，对于要约能否向非特定人发出的问题，各国法律存在不同的立法例，如《欧洲合同法原则》规定，要约可以向一个或多个特定的人或者向公众作出。同时，悬赏广告，如寻人启事、寻物启事等，虽是向不特定的人发出，但各国一般均认为其具有要约效力。

(三)要约的效力

1. 要约的生效

各国法律均认为,要约到达受要约人时生效。至于何时为“到达”,《国际商事合同通则》规定:如果是口头要约,口头传达给受要约人时生效;其他要约则于被递送于受要约人或其授权的代理人营业地或通信地址时生效。根据我国《民法典》第 474 条的规定,以对话方式作出的意思表示,相对人知道其内容时生效。以非对话方式作出的意思表示,到达相对人时生效。以非对话方式作出的采用数据电文形式的意思表示,相对人指定特定系统接收数据电文的,该数据电文进入该特定系统时生效;未指定特定系统的,相对人知道或者应当知道该数据电文进入其系统时生效。当事人对采用数据电文形式的意思表示的生效时间另有约定的,按照其约定。

要约生效后的拘束力一般仅及于要约人,受要约人原则上不受要约的拘束,其既可以积极地作出承诺,也可以消极地不作响应。但在日本、德国商法中存在例外规定,即商人对于惯常客户的要约,如怠于拒绝则视为承诺。

2. 要约的撤回与撤销

前文已述,要约到达受要约人时生效。生效之前收回的,为撤回;生效之后收回的,为撤销。故而,要约的撤回,是指在要约发生法律效力之前,要约人作出的取消要约的意思表示。也就是说,要约人在发出要约后如果反悔,只要其所发出的撤回要约的通知在要约还未到达受要约人之前或与要约同时到达受要约人,要约就可以被撤回。这时要约还没有生效,对受要约人尚未产生影响,所以各国法律均允许要约人反悔。

要约的撤销,是指在要约发生法律效力之后,要约人作出的取消要约的意思表示。对此,大陆法系与英美法系持完全不同的主张。大陆法系认为,要约在其有效期内不可撤销;而英美法系认为,只要受要约人尚未接受要约,要约人可以随时撤销要约。《联合国国际货物销售合同公约》规定,在合同成立之前,要约可以被撤销,但撤销要约的通知必须于受要约人发出承诺通知以前送达受要约人;但有下列情形之一的,要约不得撤销:(1)要约人确定了承诺期限,或者以其他方式表明要约是不可撤销的;(2)受要约人有理由认为要约是不可撤销的,并已经本着该要约行事。可以看出,该规定的前半部分吸收了英美法系的内容,后半部分则是对大陆法系的融合,这对于协调各国立法差异具有一定的意义。我国法律作出了与公约基本相同的规定。《民法典》第 476 条规定:“要约可以撤销,但是有下列情形之一的除外:(一)要约人以确定承诺期限或者其他形式明示要约不可撤销;(二)受要约人有理由认为要约是不可撤销的,并已经为履行合同做了合理准备工作。”第 477 条规定:“撤销要约的意思表示以对话方式作出的,该意思表示的内容应当在受要约人作出承诺之前为受要约人所知道;撤销要约的意思表示以非对话方式作出的,应当在受要约人作出承诺之前到达受要约人。”

3. 要约的消灭

要约的消灭是指要约失效,要约人不再受其要约的拘束,受要约人也失去了承诺的权利。要约消灭的原因一般包括如下五种:(1)拒绝要约的通知到达要约人。(2)要约人依法撤回或撤销要约。(3)要约因过期而失效。要约如果规定了有效期,则承诺期限届满受要约人未作出承诺的要约即失效。要约未规定有效期的,如是对话要约,则受要约人应当立即作出承诺,否则要约失效;如果不是对话要约,则受要约人应在接到载明要约内容的函电之日起合理期限内作出承诺,否则要约亦失效。(4)受要约人对要约内容作出实质性变更。如果受要约人在承诺中对要约内容作出实质性变更,譬如对数量、价款等的变更,则此时受要约人所作的“承诺”是对要约人发出的反要约,是一项新的要约,需待要约人予以承诺后,合同方能成立。(5)出现法定事由，如标的物灭失、遭政府禁运、承诺前当事人丧失行为能力或死亡。

四、承诺

承诺是受要约人同意要约的意思表示。要约一经承诺，合同即告成立。

(一)承诺的构成要件

1. 承诺必须由受要约人或其代理人作出。其他第三人所作出的接受该要约的意思表示，并不能导致合同成立。这是由合同相对性原则所衍生出的规则。

2. 承诺的内容必须与要约的内容一致，这是有效承诺最重要的一个条件。法律对承诺与要约内容一致的要求是"非实质性变更原则"，即只要承诺的内容没有实质性地改变要约的内容，仍视为有效承诺。我国《合同法》认为，有关合同标的、数量、质量、价款或报酬、履行期限、履行地点和方式、违约责任和解决争议方法等的变更，是对要约内容的实质性变更。承诺对要约的内容作出非实质性变更的，除要约人及时反对或要约表明承诺不得对要约内容作出任何变更的，该承诺有效，合同内容以承诺的内容为准。

3. 承诺必须在要约规定的有效期内作出。迟到的承诺不是有效的承诺，而是一项新的要约。但有两个例外：(1)受要约人超过承诺期限发出承诺，或者在承诺期限内发出承诺，按照通常情形不能及时到达要约人的，为新要约；要约人及时地、毫不迟延地通知受要约人该承诺有效的，则该承诺虽过有效期但仍有效；(2)受要约人在承诺期限内发出承诺，按照通常情形能够及时到达要约人，但因其他原因承诺到达要约人时超过承诺期限的，除要约人及时通知受要约人因承诺超过期限不接受该承诺以外，承诺有效。

4. 承诺的传递方式应符合要约的要求。要约人可以在要约中对承诺的传递方式作出要求。如要约规定传递方式的，则承诺应采取要约所规定的或更为快捷、安全的传递方式；如要约并未对传递方式作出要求，则承诺应采取与要约同样的方式或比要约更为快捷、安全的传递方式。

(二)承诺的效力

1. 承诺的生效时间

关于承诺的生效时间，各国存在较大差异。大陆法实行到达生效原则(received the letter of acceptance)，如《德国民法典》第 1326 条规定，对于相对人以非对话方式所作的意思表示，于意思表示到达相对人时发生效力。《联合国国际货物销售合同公约》《国际商事合同通则》《欧洲合同法原则》均采纳到达生效原则。英美法则采纳投邮生效原则(mail-box rule)，即在以邮寄信函方式承诺时，承诺一经投邮立即生效，即使表示承诺的信函在传递过程中灭失，也不影响合同的成立。采取这一原则的目的在于缩短要约人可以撤销要约的时间，增强对受要约人的保障。除英美国家外，大陆法中的法国和日本亦采纳投邮生效原则。但目前，美国有关国际贸易的判例已采纳到达生效原则。可见，承诺到达生效原则已成为国际通用的原则。我国《民法典》第 484 条规定，以通知方式作出的承诺，其生效时间与前文要约的生效时间判断规则一致。承诺不需要通知的，根据交易习惯或者要约的要求作出承诺的行为时生效。

2. 承诺的撤回

承诺是否可以撤回，完全取决于承诺生效的时间。在采纳投邮生效原则的国家，承诺一经投邮即生效，合同也因此而成立，故承诺不可撤回。在采纳到达生效原则的国家，承诺在送达要约人之前不生效，故承诺在到达要约人之前可以撤回。这一原则也为《联合国国际货物销售合同公约》《国际商事合同通则》等所采纳。我国《民法典》第 485 条亦规定，承诺可以撤回。撤回承诺的通知应当在承诺通知到达要约人之前或者与承诺通知同时到达要约人。

五、合同的形式

合同的形式，是指当事人订立合同的方式。根据各国法律规定，合同形式一般可分为两种：一种为要式，另一种为不要式。要式合同是指必须按照法定形式订立的合同；不要式合同是指不要求按特定形式订立的合同。严格的合同形式会给交易的达成制造人为的障碍，故而合同形式经历了从罗马法严格的形式主义到17世纪自然法学派"单纯合意即形成债"的不要式的漫长发展历程。到了近现代社会，为追求交易的简便迅捷，各国法律都采纳不要式原则，只是对某些特殊合同才要求必须以特定形式作成，作为不要式原则的例外。

对合同形式采取要式主义的目的有二：一是作为合同生效的要件，合同应按照法律规定的形式订立，否则合同无效，因而又称要素主义；二是作为合同存在的证据，不具备法律规定形式的合同将因缺乏证据而无法得到法院的强制执行，但如果双方自愿履行，合同仍然有效，故又称证据主义。

对合同形式的要求，两大法系国家存在着差异。

（一）大陆法

法国法偏向于将合同形式作为证据要求。《法国民法典》中以遵循某些形式为合同生效条件的情形并不多，包括赠与合同、夫妻婚前财产约定、夫妻对财产的分配、设立抵押权等合同，必须经过公证才能生效。其他合同则均采取证据主义，符合法定形式的合同具有证明力，不符合法定形式的合同并非无效，而是不能作为证据为法庭采用。

德国法则侧重于将合同的形式作为合同的生效要件。《德国民法典》第125条规定："缺少法定形式的法律行为无效。缺少法律行为所约定的形式的，在有疑义时，亦同样无效。"缺少规定形式的合同原则上无效，即使能够毫无疑问地证明确实做出过承诺，或者合同当事人确实达成了合意，亦复如此。对缺少特定形式的合同施以如此强度的惩罚，唯一的解释是立法者颇关心合同当事人意思的严肃性。①

（二）英美法

英美法将合同分为签字蜡封合同（contract under seal）与简式合同（simple contract）两类。

签字蜡封合同为正式合同，这种合同的成立无须对价，甚至也无须将合同交到对方手中，就能取得法律上的效力。蜡封的作用在于表达制作者欲使一份文据具有契约效力的意思。在中世纪的英格兰，蜡封的具体做法是将蜂蜡附着于文件之上，再将允诺人的标记（如印章）加盖于尚未凝固的蜂蜡之上，后来这种严格意义上的蜡封方式采用得越来越少，而代之以更为简便的方式——只需在文件上签字的地方写上或印上"Seal"或"Locus Sigilli"或"L. S."（Locus Sigilli 的简写，蜡封之意），便等于蜡封了。蜡封合同形式烦琐，其在现今商业社会中的应用已越来越少。根据英国法，下列合同必须采取签字蜡封形式：没有对价的合同；转让地产或地产权益的合同，包括租赁土地在3年以上的合同；转让船舶的合同。

简式合同包括口头合同和非以签字蜡封形式做成的书面合同。至于到底采取口头形式还是书面形式，一般由当事人自行选择，但也有一些合同法律规定必须采用书面形式，其作用有的是作为合同有效成立的条件，有的是作为证据上的要求，视合同性质而定。根据英国法，下

① ［德］康拉德·茨威格特、海因·克茨，纪海龙译：《合同形式》，《中外法学》2001年第1期。

列合同必须采取书面形式，否则无效：海上保险合同、汇票与本票、债务承认、卖方继续保持占有的动产权益转让合同。

此外，某些合同要求以书面文件或备忘录作为证据，如保证合同、借贷合同和有关土地买卖或处分土地权益的合同，如果缺乏书面形式并不会导致合同无效，只是无法得到法院的强制执行。

美国诈欺法确立了四种以书面形式作为证据要求的合同：不动产买卖合同、从订约时起不能在1年之内履行的合同、为他人担保债务的合同、价金超过500美元的货物买卖合同。但《统一商法典》也规定了例外情形，例如，如果卖方已在实质上开始生产专为买方制造的、不宜于销售给其他买方的商品，则该合同虽然没有采取书面形式，仍可强制执行。又如，缺乏书面形式的合同已经得到部分履行的，对已经履行的部分，合同仍具有强制执行力。①

（三）中国法

我国《民法典》第469条规定："当事人订立合同，可以采用书面形式、口头形式或者其他形式。书面形式是合同书、信件、电报、电传、传真等可以有形地表现所载内容的形式。以电子数据交换、电子邮件等方式能够有形地表现所载内容，并可以随时调取查用的数据电文，视为书面形式。"为鼓励交易，促成合同关系尽早成立，即使法定或约定采取特定形式而实际有所欠缺的，只要满足一定条件，合同也能成立。《民法典》第490条即规定："当事人采用合同书形式订立合同的，自当事人均签名、盖章或者按指印时合同成立。在签名、盖章或者按指印之前，当事人一方已经履行主要义务，对方接受时，该合同成立。法律、行政法规规定或者当事人约定合同应当采用书面形式订立，当事人未采用书面形式但是一方已经履行主要义务，对方接受时，该合同成立。"第502条规定："依法成立的合同，自成立时生效，但是法律另有规定或者当事人另有约定的除外。依照法律、行政法规的规定，合同应当办理批准等手续的，依照其规定。未办理批准等手续影响合同生效的，不影响合同中履行报批等义务条款以及相关条款的效力。应当办理申请批准等手续的当事人未履行义务的，对方可以请求其承担违反该义务的责任。依照法律、行政法规的规定，合同的变更、转让、解除等情形应当办理批准等手续的，适用前款规定。"

六、合同的内容

（一）合同内容的构成

合同的内容是指当事人双方在合同中约定的权利和义务。基于合同自由原则，合同内容一般由当事人双方自行约定，而非由法律直接加以规定。

根据实践中的通常做法，合同条款主要包括如下三个部分：(1)效力。这部分内容主要体现在合同的开头和结尾。合同开头和结尾部分规定了合同的效力范围和有效条件等内容，故称效力部分。开头部分包括合同双方当事人的名称、住址、订约日期、地址，以及合同的名称、编号等；结尾部分通常包括合同的生效日期、双方当事人的签字、合同文本、正本份数等。(2)权利与义务。这一部分系通过若干条款具体规定双方当事人的权利和义务，是合同内容的主要组成部分。条款主要涉及合同标的、质量和数量、价款或酬金、履行期限、地点和方式、违约责任、免责事由等。(3)争议的解决。这部分内容主要涉及程序问题，通常规定当事人争议解决的方法和程序，例如当事人选择通过诉讼还是仲裁的途径解决争议等。

---

① 任荣明、侯兴政：《国际商法》，清华大学出版社2004年版，第107～108页。

对合同条款,还可依重要程度的不同,将其分为主要条款和普通条款。主要条款是指合同应当具备的条款,若欠缺这一类条款,则合同将不能成立或其拘束力将有所欠缺。合同主要条款不仅反映了合同性质,也是当事人权利义务的主要载体,因而具有十分重要的意义。合同的主要条款通常由合同的类型和性质决定,如价款条款是买卖合同的主要条款,却并非赠与合同的主要条款。合同的主要条款也可基于当事人的约定产生。例如,买卖合同中关于交货地点的条款,若一方提出必须就该条款达成协议,它就是主要条款;若双方均未提出必须在某地交货,则该条款便不是主要条款。合同的普通条款是指主要条款以外的条款,主要包括如下几类:(1)法律未直接规定,也并非根据合同类型和性质所必须具备,且当事人无意使之成为主要条款的合同条款,如不可抗力条款和免责条款等。(2)当事人并未写入合同,甚至并未就此进行磋商,但基于当事人的行为或合同的其他条款或法律的直接规定所应当存在的条款,即英美法中的默示条款。这种条款可分为:第一,该条款是实现合同目的及作用所必不可少的,只有推定其存在,合同才能达到目的并实现其功能;第二,该条款对于经营习惯来说是不言而喻的,即它的内容实际上是公认的商业习惯或经营习惯;第三,该条款是合同当事人之间一系列交易的惯有规则;第四,该条款实际上是某种特定的行业规则,即某些明示或约定俗成的交易规则在行业内具有不言自明的默示效力;第五,直接根据法律规定而成为合同的普通条款。例如,中国《民法典》第772条第1款规定,承揽人应当以自己的设备、技术和劳力完成主要工作,但当事人另有约定的除外。当事人对此未作任何约定时,该法律规定即成为合同的普通条款。(3)特意待定条款,即当事人有意留待日后谈判商定或由第三人确定或根据具体情况确定的条款,它不妨碍合同的成立与生效。①

(二)合同内容的合法性

如前所述,契约自由乃是近代民法的一项基本原则,但对契约自由原则的过度推崇却可能会导致人们无视社会公共利益,为一己私利而任意妄为,故而有必要对传统的无限制的契约自由原则进行反思并作出适度限制,这便是对合同内容所做的合法性要求。合同内容的合法性原则作为契约自由原则的一项例外,弥补了后者过于张扬个性及自我约束方面的不足,在保障当事人契约自由的同时,较好地维护了社会的整体利益。

各国法律均要求合同内容合法,否则合同便归于无效或不具有强制执行力。具体而言,合同内容的合法性要求主要包括如下几个方面:

1. 不违反法律、行政法规等的强制性规定

在现代法治国家中,法律、行政法规的强制性规定均不能由当事人以协议方式予以更改。如反暴利法规定,禁止订立超过最高利率水平的借贷合同,若甲与乙所签借贷合同中的利率水平违反此禁止性规定,则纠纷发生时,该借贷合同难以得到法院的认可。

2. 不违反社会善良风俗

所谓善良风俗,根据台湾学者黄茂荣先生的理解,是指某一特定社会起码的伦理要求,它强调法律或社会秩序之"伦理性",从而应将这种伦理要求补充地予以规范化并禁止逾越,因此,违反善良风俗的合同亦不能具备相应的法律拘束力。

3. 不违反公共政策

公共政策又称公共秩序,系指体现社会公共利益的基本政策,如禁止拐卖人口、婚姻自由、契约自由等,是一个内涵十分宽泛且较为灵活的概念。通常情况下,违反公共政策就是指损害

① 陈素玉等:《国际商法》,西南财经大学出版社2002年版,第67页。

公众利益，违背某些成文法所规定的政策或目标，或旨在妨碍公众健康、安全、道德以及一般社会福祉的情形。违反公共政策的合同均无效。

最后应予指出的是，如果当事人之间的协议只有部分条款不符合法律规定，则通常做法是仅宣告该不合法的部分条款无效或不能执行；但若不合法的部分条款构成整个合同所赖以存在的基础，则合同整体无效或不具有强制执行力。

七、缔约过失责任

缔约过失责任亦称缔约责任或先合同责任，是指在合同订立过程中，一方当事人故意或者过失地违反先合同义务，造成对方当事人信赖利益的损失时，依法应当承担的民事赔偿责任。缔约过失责任制度是民事责任制度中的一个重要组成部分。1861 年德国法学家耶林在其主编的《耶林学报年报》第四卷发表了《缔约上过失、契约无效与不成立时之损害赔偿》一文，提出缔约过失责任理论，填补了合同形成阶段双方当事人法律关系调整方面的空白，被誉为法学上的发现，对各国立法和判例均产生了十分深远的影响。

作为一个既不同于传统的违约责任，又不同于侵权责任的特殊法定责任，缔约过失责任具有如下特点：

1. 产生于缔约过程之中。缔约过失责任始于要约生效，止于合同成立，在合同的缔结过程中产生。如果合同已经有效成立，则合同的缔结过程就已经结束，因一方当事人的过失致使另一方当事人受到损害的，只能构成违约责任，而不能适用缔约过失责任。

2. 以民法中的诚实信用原则为基础。根据诚实信用原则，当事人在缔约过程中负有相互协助、通知、说明、照顾、保密、保护等随附义务，而缔约过失责任的基础则是由诚实信用原则所派生出的先合同义务。

3. 旨在保护当事人信赖利益的损失。根据“无损失、无责任”的原则，缔约过失责任也须有损失，但这种损失须为信赖利益的损失。根据王利明先生的观点，缔约过失责任所说的信赖利益，是指一方基于其对另一方将与其订约的合理信赖所产生的利益；信赖利益的损失，是指因另一方的缔约过失行为而使合同不能成立或无效，导致信赖人所支付的各种费用和其他损失不能得到弥补。

4. 它是一种补偿性民事责任。缔约过失责任仅产生于合同磋商过程中，只存在对一方信赖利益的损害，故缔约过失责任仅寻求补偿性的救济。赔偿范围小于其他责任形式，一般仅包括为缔约所支付的各种费用以及因信赖对方而丧失与第三人签订合同的机会所产生的损失，当然，该损失必须限于可预见的范围内。

对于缔约过失责任的判断标准，《欧洲合同法原则》第二章的“磋商责任”一节做出了较好阐述：当事人有磋商自由，对没有达成合意不负责任。但若一方当事人所为磋商或者终止磋商有悖于诚实信用，则对由此给对方当事人造成的损失负责。一方当事人在没有真实意图与对方当事人达成合意的情况下从事磋商或者继续进行磋商，则有悖于诚实信用。如果在磋商过程中一方当事人透露了秘密信息，无论事后是否达成合同，另一方当事人均有义务予以保密并不得利用该秘密进行营利。

对于缔约过失责任制度在我国民事法律体系中的确立，理论界与实务界存在着不同看法。主流观点认为，原《经济合同法》第 16 条第 1 款及原《涉外经济合同法》第 11 条之规定虽包含有缔约过失责任的部分内容，但并非完整意义上的缔约过失责任。[①] 1986 年的《民法通则》第 61 条虽体现了缔约过失责任的精神，但亦未明文确立缔约过失责任制度。[②] 该制度在我国的真正确立始于 1999 年新《合同法》第 42 条、第 43 条及第 58 条的规定，其适用情形包括：(1)假借订立合同，恶意进行磋商；(2)故意隐瞒与订立合同有关的重要事实或者提供虚假情况；(3)泄露或不正当地使用商业秘密；(4)其他违背诚实信用原则的行为。2020 年《民法典》第 500 条、501 条对此予以确认，并将“泄露或不正当地使用”的对象在“商业秘密”的基础上增加了“其他应当保密的信息”。

第三节　合同的效力

【案例 3—2】

海南康力元药业有限公司、海南通用康力制药有限公司与被申请人海口奇力制药股份有限公司技术转让合同纠纷案[③]

海南康力元药业有限公司(以下简称“康力元公司”)为药品经营企业，海南通用康力制药有限公司(以下简称“康力制药公司”)和海口奇力制药股份有限公司(以下简称“奇力制药公司”)均为药品生产企业。2004 年 6 月 12 日，奇力制药公司与康力元公司、康力制药公司签订《关于转让注射用头孢哌酮钠他唑巴坦钠的合同》(以下简称《转让合同》)。该合同以奇力制药公司为甲方，以康力元公司和康力制药公司为乙方，其主要内容为：甲方在注射用头孢哌酮钠他唑巴坦钠Ⅱ期临床工作结束后，立即向国家药监部门申报新药证书及生产批件，并在获得批准后将规格为 1.125g/瓶的产品转让给乙方；转让完成后，该规格产品的所有权归乙方，甲方向乙方提供有关该规格产品的全套资料(含临床资料)复印件；囿于有关药品管理法规的制约，该规格产品的生产批文上所载的生产单位仍为甲方，但甲方承诺取得生产批件后即积极配合乙方办理委托加工手续，并在获准后立即转交乙方生产，甲方派人指导乙方连续生产三批合格产品；自合同生效之日起，甲方不再与第三方商谈本规格产品合作、转让事宜。2006 年 12 月 31 日，康力制药公司的《药品生产质量管理规范认证证书》(以下简称药品 GMP 证书)因故被海南省食品药品监督管理局收回。2007 年 5 月 21 日，国家食品药品监督管理总局向奇力制药公司核发了“注射用头孢哌酮钠他唑巴坦钠”《新药证书》和《药品注册批件》(规格为“1.125g”和“2.25g”)，其中载明药品监测期为 4 年，至 2011 年 5 月 20 日。奇力制药公司遂自行生产，并于 2007 年 12 月开始交其他公司和个人代理销售。自 2007 年 8 月 6 日开始，奇力制药公司以康力元公司、康力制药公司违反国家法律法规，不具备涉案新药的药品 GMP 证书，不符合受让及委托生产该新药的法定条件为由，要求解除合同。康力元公司、康力制药公司遂提起本案诉讼，请求判令奇力制药公司继续履行合同。海南省海口市中级人民法院一审认为，《转让合同》系三方的真实意思表示，且合同内容不违反国家法律或行政法规的禁止性规定，属有效合同；奇力制药公司要求解除合同，缺乏事实和法律依据。据此判决各方继续履行合同。奇力制药公司、康力元公司和康力制药公司均不服一审判决，提起上诉。海南省高级人民法院

---

① 原《经济合同法》第 16 条第 1 款规定：“经济合同被确认无效后，当事人依据该合同所取得的财产，应返还给对方。有过错的一方应赔偿对方因此所受的损失；如果双方都有过错，各自承担相应的责任。”原《涉外经济合同法》第 11 条规定：“当事人一方对合同无效而遭受的损失负赔偿责任。”

② 《民法通则》第 61 条第 1 款规定：“民事行为被确认为无效或者被撤销后，当事人因该行为取得的财产，应当返还给受损失的一方。有过错的一方应当赔偿对方因此所受的损失，双方都有过错的，应当各自承担相应的责任。”

③ 引自最高人民法院公报案例库，(2011)民提字第 307 号。

二审认为,《转让合同》履行过程中,康力制药公司的药品 GMP 证书被海南省食品药品监督管理局收回,已不具备生产涉案新药的法定资质条件,此一变故属于不可抗力,导致合同的目的不能实现,应依法解除。据此判决撤销一审判决,解除《转让合同》。康力元公司、康力制药公司不服二审判决,向最高人民法院申请再审。

最高人民法院经审理认为:《转让合同》涉及新药技术转让和新药委托生产两方面的内容。关于药品委托生产问题,《药品管理法》第十三条规定,经有关药品监督管理部门批准,药品生产企业可以接受委托生产药品。《药品管理法实施条例》第十条规定,接受委托生产药品的,受托方必须持有与其受托生产的药品相适应的药品 GMP 证书。在本案双方当事人签订《转让合同》时,康力制药公司持有与涉案新药相适应的《药品生产许可证》和药品 GMP 证书,因此双方当事人关于委托康力制药公司生产涉案新药的约定不违反法律和行政法规的规定。本案双方当事人关于委托加工生产药品的约定有效,双方亦应依约履行。《最高人民法院关于审理技术合同纠纷案件适用法律若干问题的解释》第八条第一款规定,生产产品或者提供服务依法须经有关部门审批或者取得行政许可,而未经审批或者许可的,不影响当事人订立的相关技术合同的效力。因此,康力制药公司是否能够获得生产涉案新药的《药品生产许可证》和药品 GMP 证书,并不影响《转让合同》的效力。综上,《转让合同》应认定为有效合同。基于此,最高人民法院于 2011 年 12 月 9 日作出再审判决,撤销二审判决,判令合同继续履行。

请问:

1. 合同成立与生效的内涵是否一致?
2. 已成立的合同的效力情形包括哪些?
3. 合同无效的情形有哪些?

合同效力即合同对当事人的约束力。合同效力一般可分为四种情形:有效合同、效力待定的合同、可撤销的合同以及无效合同。其中,合同当事人意思表示一致且真实,当事人具备相应的缔约能力,合同形式与内容均符合法律要求的,合同即可依法产生约束当事人的法律效力,此为有效合同;合同虽然成立,但欠缺生效要件,如主体不适格、欠缺处分权等,是否能够生效须视嗣后特定条件能否成就而定的,为效力待定的合同;合同虽然成立,但当事人一方或双方意思表示不真实,或者发生违法等情形,则为无效合同或可撤销合同。以下着重对效力待定的合同、可撤销的合同及无效合同逐一予以介绍。

一、效力待定的合同

如前所述,效力待定的合同是指合同虽已成立,但因未能完全符合有关法定生效要件,因而其效力在成立之时尚不能确定的合同。此类合同主要包括主体不合格的合同与欠缺代理权的合同。

1. 主体不合格的合同

主体不合格的合同主要是指缺乏合同能力或者主体资格的人所订立的合同。按各国法例规定,此类主体不合格的合同一般列入效力待定的合同。如《德国民法典》规定,凡未成年人未经其法定代理人同意所订立的合同,须经法定代理人追认后才能生效。英美判例法认为,未成年人订立的有关生活必需品之外的合同,在其成年之后可以予以追认,也可以要求撤销。我国《民法典》第 145 条规定:"限制民事行为能力人实施的纯获利益的民事法律行为或者与其年龄、智力、精神健康状况相适应的民事法律行为有效;实施的其他民事法律行为经法定代理人同意或者追认后有效。相对人可以催告法定代理人自收到通知之日起三十日内予以追认。法定代理人未作表示的，视为拒绝追认。民事法律行为被追认前，善意相对人有撤销的权利。撤销应当以通知的方式作出。”

2. 欠缺代理权的合同

代理作为民商事活动中的一个重要制度，代理人具有代理权是其成立的前提，否则即为无权代理。根据《民法典》第 171 条规定，行为人没有代理权、超越代理权或者代理权终止后，仍然实施代理行为，未经被代理人追认的，对被代理人不发生效力。相对人可以催告被代理人自收到通知之日起三十日内予以追认。被代理人未作表示的，视为拒绝追认。行为人实施的行为被追认前，善意相对人有撤销的权利，撤销应当以通知的方式作出。

与无权代理紧密联系的一个制度为表见代理，其所产生的法律效果与无权代理迥异，有关内容在“商事代理法”一章中予以具体阐述。

二、可撤销的合同

如前所述，契约自由原则乃当今各国合同法的基本原则之一。欲达到契约自由，当事人意思表示真实与自由是其前提。因意思表示不真实所签订的合同为可撤销合同，一般包括错误、诈欺、胁迫、乘人之危。此外，显失公平的合同因与公平原则相悖，法律亦赋予当事人变更或撤销合同的权利。

(一)错误

错误，是指行为人因对其行为的性质、对方当事人、标的物的品质等事实存在误解而作出的与其真实意思不一致的意思表示。各国法律都承认，在某些情况下，对于基于错误所订立的合同，当事人可以要求撤销或主张无效。对于能够影响民事行为效力的范围，大陆法系国家存在两种态度：其一，仅将与意思表示要素（即合同重要内容或重要事实）有关的错误视为能够成为民事行为瑕疵的错误。简而言之，这种错误仅限于内容错误。采用这一立法例的主要为《日本民法典》。其二，将与意思表示有关的重大错误（不仅限于意思表示要素或合同内容）均视为能够成为民事行为瑕疵的错误。例如《德国民法典》第 119、120 条就列举了三大类错误：(1)内容错误。如对合同标的、对方当事人等的认识错误。(2)表示错误。即行为人自己对其真实意思作出了错误表示。(3)传达错误。即因传达人对表意人的意思表示传达不实所形成的错误。采用此种态度者除德国外，还包括意大利、法国、瑞士及中国台湾地区等。至于对错误行为的撤销是否要求当事人存在主观过错，中国台湾地区民法典第 88 条规定，表意人享有撤销权须以其对错误不存在过失为要件。日本法则要求表意人对错误不存在重大过失。但德国、瑞士、意大利等其他大陆法系国家均未作此要求。

英美法在错误的认定上严于大陆法。一般来说，英国普通法不允许以单方面的错误为由使合同无效；衡平法认为，错误只会导致一方撤销合同，只有当某项错误导致双方当事人之间根本未达成真正的协议时才可使合同无效。根据美国法，单方面的错误原则上不能要求撤销合同。至于双方当事人都存在错误时，也仅在该项错误涉及合同的重要条款、认定合同当事人或合同标的物的存在、性质、数量或有关交易的其他重大事项时，才可以主张合同无效或要求撤销合同。

我国《民法典》第 147 条规定，基于重大误解实施的民事法律行为，行为人有权请求人民法院或者仲裁机构予以撤销。至于何为重大误解，根据最高人民法院的司法解释，行为人因对行为的性质、对方当事人、标的物的品种、质量、规格和数量等的错误认识，使行为后果与自己的意思相悖，并造成较大损失的，可以认定为重大误解。对于合同中其他事项或条款的误解，一般不能被认定为重大误解。

(二)诈欺

诈欺,我国合同法上亦称欺诈,系指一方当事人故意实施某种欺骗他人的行为,并使他人陷入错误而订立合同。

大陆法规定对合同生效有影响的诈欺必须符合如下要求:(1)有诈欺行为,即以不真实的事项而作真实的表示。(2)诈欺人实施诈欺行为系出于故意,包括使相对人陷入错误的故意和使相对人基于该错误而为一定意思表示的故意。不过,德国学者认为,一方有告知义务而忽略不告知时,亦可构成诈欺。(3)诈欺行为致表意人陷于错误,表意人基于错误认识而为的意思表示,也即诈欺行为与表意人陷入错误及因此而为的意思表示存在因果关系。(4)诈欺行为必须达到有悖诚实信用的程度。

至于诈欺对合同效力的影响,各国一般均认为:(1)表意人因相对人诈欺而为意思表示的,有权撤销其意思表示,但不得对抗善意第三人。此处所谓之善意第三人,是指不知(包括明知和可得而知)诈欺事实,因诈欺的意思表示而与表意人有利害关系的人。(2)表意人因第三人的诈欺行为而向相对人为意思表示,若相对人对诈欺的事实不知(包括明知和可得而知),则不得撤销其意思表示。[①]

英美法把诈欺称为"欺骗性的不正确说明"(fraudulent misrepresentation)。英国法规定,在这种情况下,受诈欺的一方可以要求赔偿损失,并可撤销合同或拒绝履行其合同义务。美国《合同法重述(一)》则直接规定,当一方通过诈欺另一方而订立合同时,双方之间没有真正的合意存在,受诈欺的一方可以撤销合同。

我国《民法典》第 148 条规定,一方以欺诈手段,使对方在违背真实意思的情况下实施的民事法律行为,受欺诈方有权请求人民法院或者仲裁机构予以撤销。

诈欺或者表现为积极捏造虚伪事实,或者表现为消极隐匿真实事实。[②] 前者一般表现为故意作虚假陈述,对其认定已如前述;对于后者,即当事人的沉默,其能否构成诈欺,则是一个值得深入探讨的问题。

一般来说,沉默不能作为诈欺成立。无论是大陆法系还是英美法系,莫不持此态度。合同一方当事人在订立合同时只要未被要求,则其没有向对方提供信息的义务,即便此时他已经知道对方忽视了某些合同重要事实。然而,在特殊情况下,沉默也可构成诈欺。对此,两大法系存在着不同做法。大陆法系国家在审判实践中确立了沉默构成诈欺的三个要件,只要行为人的行为同时符合这三个要件,即构成沉默诈欺,而不论合同的具体性质:(1)一方当事人负有向对方当事人告知合同有关情况的义务,但该人却通过沉默拒绝履行这一义务;(2)沉默方明知只要其如实履行了告知义务,对方就极有可能不会订立或不会按原定条件订立合同;(3)由该项告知义务所涉及的合同有关情况,己方知道或很容易得知,而对方当事人不知道并且也不应当知道。与前述做法不同的是,在英美法系,当事人对有关告知义务的违反只有发生在四种特殊情形下,方构成沉默诈欺:(1)陈述方事先已将合同重要情况向被陈述方作了披露,但在双方签订合同前,这一情况又发生了变化;(2)在合同的磋商过程中,被陈述方要求陈述方向其告知与合同订立有关的情况,陈述方虽然应其所求,却仅将这些重要情况中的一部分告知,另外一部分则没有告知,而未告知的部分可能构成合同成立的重要因素;(3)在最大诚信契约中,一方

① 吴建斌:《国际商法新论》(第三版),南京大学出版社 2008 年版,第 97－98 页。
② 梁慧星:《民法总论》,法律出版社 1997 年版,第 170 页。

对与合同订立有关的重要信息的掌握占据着优势地位，其有责任以善意的心态向对方当事人披露有关重要事实，否则即可能导致对对方当事人的不公平；(4)一方当事人与对方当事人之间存在着信任关系，一方在知识或专业方面在某种程度上必须信赖另一方，在此情况下，一方当事人必须向对方当事人透露全部有关事实，例如律师与当事人之间的契约。[①]

(三)胁迫

胁迫是指当事人一方以暴力、暴力威胁或其他威胁手段使对方当事人产生恐惧并因此而订立合同的行为。当一方使用胁迫手段使另一方接受合同条件时，受胁迫人的意思表示并不真实，不能产生法律上意思表示的效果。

关于胁迫对合同效力的影响，大陆法各国立法较为一致，均认为受胁迫方取得撤销其意思表示的权利。英美法在早期只承认合同一方只有在遭受人身强制或受到暴力威胁的情况下签署合同才有权主张合同是基于胁迫而订立的，不过英国法院很早就在《返还法》(the Law of Restitution)中承认，如果卖方为索要更多的货款而扣留货物，买方为得到货物而多付了钱，买方有权在卖方交货之后再把多付的钱要回来。这样的救济后来发展为货物胁迫(duress of goods)的制度，并成为合同法上的诉因。与货物胁迫相似的是，经济胁迫(duress of economics)也是以让相对方丧失一定的经济利益作为胁迫的手段，但经济胁迫不仅限于以扣留货物相威胁，也不仅限于买卖合同的卖方对买方进行的威胁。所谓经济胁迫，是指一方当事人以经济上或商业上的压力等非暴力手段迫使处于劣势的对方当事人与之订立合同的行为。美国法院较早采用了经济胁迫规则，早在1942年，联邦最高法院就在United States v. Bethlehem Street Corp.案中判决，一家建造军舰的私人公司利用政府在战时对军舰的急迫需要在签约时索取高额奖金，该奖金是经济胁迫的后果。

为了弥补英美法中胁迫制度适用范围过窄的缺陷，英美衡平法中又创立了"不当影响"(undue influence)制度。所谓不当影响，通常指当事人基于非正当的间接压力和引诱，使对方被迫订立合同，主要适用于滥用特殊关系，以订立合同为手段从中牟取利益的场合。根据当事人之间是否存在特殊关系，不当影响可分为两类：其一为推定的不当影响，这主要是指当事人之间存在特殊关系，法律推定其所订立的合同存在不当影响，如医生与病人、律师与当事人、教师与学生之间所订立的合同，若有不正当之处，则可推定为存在不当影响；其二为实际的不当影响，系指当事人之间虽不存在特殊关系，但一方之所以与对方缔约是基于依赖对方并受到其引诱和压力的实际影响。无论是推定的还是实际的不当影响，处于劣势的一方当事人均享有撤销权。

我国《民法典》第150条规定，一方或者第三人以胁迫手段，使对方在违背真实意思的情况下实施的民事法律行为，受胁迫方有权请求人民法院或者仲裁机构予以撤销。根据最高人民法院的司法解释，以给公民及其亲友的生命、荣誉、名誉、财产等造成损害或以给法人的荣誉、名誉、财产等造成损害为要挟，迫使对方作出违背真意的意思表示的，可以认定为胁迫行为。

(四)显失公平

显失公平制度起源于罗马法，在大陆法系国家的民法中得到了继承。《法国民法典》第1674条明确规定，如出卖人因低价所受损失超过不动产价金的7/12时，有权请求取消买卖。《德国民法典》第138条规定，法律行为系乘他人穷困、无经验、缺乏判断能力或意志薄弱，使其

① 杨桢：《英美契约法论》，北京大学出版社2007年版，第227～229页。

为对自己或第三人的给付作财产上的利益的约定或担保，而此种财产上的利益比之于给付为不相称者，该法律行为无效。在英美法国家，特别强调对显失公平合同中受害人的保护。根据衡平法，如果合同内容显失公平且“触动了法官的良知”，则该合同不能得到执行。《美国统一商法典》第2～302条明确规定：如果法院发现合同或合同的任何条款在制定时显失公平，法院可以拒绝强制执行，或仅执行显失公平部分之外的其他条款，或限制显失公平条款的适用。

我国法律也确定了显失公平制度。我国《民法典》第151条规定，一方利用对方处于危困状态、缺乏判断能力等情形，致使民事法律行为成立时显失公平的，受损害方有权请求人民法院或者仲裁机构予以撤销。至于何为显失公平，根据最高人民法院的司法解释，一方当事人利用优势或对方没有经验，致使双方的权利与义务明显违反等价有偿原则的，可以认定为显失公平。

为了对格式合同进行管理，避免显失公平的后果，我国《民法典》第496条规定：“采用格式条款订立合同的，提供格式条款的一方应当遵循公平原则确定当事人之间的权利和义务，并采取合理的方式提示对方注意免除或者减轻其责任等与对方有重大利害关系的条款，按照对方的要求，对该条款予以说明。提供格式条款的一方未履行提示或者说明义务，致使对方没有注意或者理解与其有重大利害关系的条款的，对方可以主张该条款不成为合同的内容。”值得注意的是，对格式合同中显失公平的条款，其法律后果并非如一般的显失公平合同一样为可撤销，而是直接归于无效。对于格式条款在哪些情况下无效，《民法典》进一步规定如下：(1)无民事行为能力人签署的格式条款，行为人以虚假的意思表示签订的格式条款，格式条款违反法律、行政法规的强制性规定或公序良俗，当事人恶意串通损害他人合法权益等条款均无效；(2)免除对人身伤害的责任的格式条款无效；(3)免除对故意或重大过失所致财产损失的责任的格式条款无效；(4)不合理免除或减轻格式条款提供者的责任、加重对方责任、排除对方主要权利的格式条款无效。

三、无效合同

如前所述，所谓无效合同，是指合同虽然已经成立，但是没有具备合同生效的必要条件，因而应被确认为无效的合同。关于无效合同的种类和范围，各国规定不尽相同。法国法认为，合同标的违法和约因违法均构成合同非法。德国法则概括性地规定法律行为违反法律上的禁止者无效，同时规定，违反善良风俗的法律行为亦无效。英美法中，违法合同分为成文法所禁止和有悖于普通法的合同两类，学理上将之归纳为三类，分别是违反公共政策的合同、不道德的合同和违法的合同。违反公共政策的合同是指损害公众利益，违背某些成文法所规定的政策或目标，或旨在妨碍公众健康、安全、道德以及一般社会福利的合同；不道德的合同是指违反社会公认的道德标准，若予以承认将会引起一般人的愤慨的合同；违法的合同则包括违反法律的全部合同。

根据我国《民法典》规定，无效民事法律行为包括如下几种：

1. 无民事行为能力人单独实施的民事法律行为；
2. 以虚假的意思表示实施的民事法律行为；
3. 恶意串通，损害他人合法权益的民事法律行为；
4. 违反法律、行政法规的强制性规定的民事法律行为；
5. 违背公序良俗的民事法律行为。

基于上述情形之一而签订合同的，合同将归于无效。

四、不同效力合同的后果

如前所述，合同的订立若符合法律有关合同生效的要求，合同即可依法产生法律约束力，当事人若不履行其合同义务，则将产生违约责任，并须依法承担对其不利的法律后果。至于合同被确认为无效或被撤销的法律后果，根据各国法律规定，合同自始无效，既不产生权利亦不产生义务，任何一方均无权要求对方履行，也不能要求赔偿损失，除非当事人一方能证明受对方欺诈、胁迫，否则不能要求归还已给付的货物。根据《民法典》规定，合同被确认无效、被撤销或确定不发生效力，将产生如下后果：(1)无效的合同或被撤销的合同自始至终没有法律约束力。(2)合同部分无效，不影响其他部分效力的，其他部分仍然有效。(3)行为人因该合同取得的财产应当予以返还；不能返还或者没有必要返还的，应当折价补偿。有过错的一方应当赔偿对方因此所受到的损失；双方都有过错的，应当各自承担相应的责任。

撤销权属于形成权，仅依撤销权人的意思表示即可产生相应的法律效力，无须相对人同意。撤销权的享有人为意思表示不真实的一方，具体包括发生重大误解的一方、受欺诈方、受胁迫方，以及显失公平中的受损害方。撤销权应向人民法院或仲裁机构作出。有下列情形之一的，撤销权消灭：(1)当事人自知道或者应当知道撤销事由之日起一年内、重大误解的当事人自知道或者应当知道撤销事由之日起九十日内没有行使撤销权；(2)当事人受胁迫，自胁迫行为终止之日起一年内没有行使撤销权；(3)当事人知道撤销事由后明确表示或者以自己的行为表明放弃撤销权。当事人自民事法律行为发生之日起五年内没有行使撤销权的，撤销权消灭。

第四节 合同的履行

【案例 3—3】

甲与乙订立合同，约定甲于 2020 年 8 月 1 日交货，乙应于同年 8 月 8 日付款。7 月底，甲发现乙的财产状况严重恶化，届时可能无力支付货款，并有确切证据可以证明前述情形。因担心己方先履行后货款无法收回，甲遂向乙提出届时其将不履行交货义务，除非乙对履行合同做出适当担保。

请问：

1. 甲的做法有无法律依据？

2. 设甲提出中止履行合同之际，乙提出愿将其所有的一辆汽车抵押给乙，汽车价值远在货款之上，甲对之予以接受，则甲接下来应怎么做？

当事人签订合同的目的无非在于通过合同的履行实现预期目标，如获得标的物的所有权，或通过转让标的物而取得相应价款等。合同的履行是指合同当事人按照合同的约定履行各自的义务以实现他方权利的系列行为。合同的履行对于当事人合同目的的实现至关重要。正如学者所言，合同的履行不仅是合同法律效力的主要内容，也是合同法的核心，因为它是其他一切合同法律制度的延伸和归宿。① 各国法律无不对此作出系统的规定。这其中，又以中国法的规定最为全面，大体包括合同履行的原则、随附义务、合同条款的补缺、涉他合同的履行规则、合同履行中的抗辩权以及合同的保全等内容。以下择其要者予以介绍。

---

① 苏惠祥：《中国当代合同法论》，吉林大学出版社 1992 年版，第 146 页。

一、合同履行的一般原则

(一)履行原则

1. 一般原则

合同履行原则中的一般原则或基础性原则主要为诚实信用原则。诚实信用原则一直被看作民法中的最高原则和理念。它要求行为人本着真诚、真实、恪守信用的原则和精神,以善意的主观意识和行为方式正确行使自己的权利,履行自己的义务。我们通常所说的"重合同、守信用",就是这一原则的相关内容在合同履行中的具体体现。此外,一般原则还包括公平正义原则、平等原则等,此处不再详细介绍。

2. 专属原则

专属原则系由一般原则衍生而来。与诚信原则不同的是,后者不仅可适用于合同履行场合,还可适用于合同法的其他领域乃至民法以及其他法律规范,而前者则一般仅针对合同履行的场合。这类原则主要包括适当履行、协作履行以及经济合理原则。

所谓适当履行原则,又称正确履行原则或全面履行原则,是指当事人应按照合同规定的标的及其质量、数量,由适当的主体在适当的履行期限、履行地点以适当的方式全面完成合同义务的履行原则。

所谓协作履行,是指当事人不仅须适当履行合同义务,还须本着诚实信用原则协助对方当事人履行其义务。一般包括以下内容:(1)债务人履行合同债务,债权人应适当受领。(2)债务人履行债务,债权人应创造必要的条件,提供方便。(3)因故不能履行或不能完全履行时,应积极采取措施避免或减少损失,否则须对扩大的损失负责。(4)发生合同纠纷时,应各自主动承担责任,不得推诿。这一般也称作随附义务。

经济合理原则,是指在履行合同时,讲求经济效益,付出最小的成本,取得最佳的合同利益,如债务人选择最经济合理的运输方式,选择合理期限履行合同等。

此外,当事人在履行合同过程中,还应当避免浪费、污染环境和破坏生态。

(二)合同条款的补缺

根据意思自治原则,各国法律一般均规定,只要不违反本国法律的强制性规定,当事人应按合同约定来履行合同义务,实现双方所欲达到的合同目的。因此,当事人在订立合同时,应尽可能将双方的权利义务关系在合同中予以明确,为合同的履行提供具体依据。但在实践中,疏漏在所难免,这就产生了合同条款的补缺问题,即当合同未就有关问题予以明确规定时,如何就该项阙漏予以事后补充或明确。一般而言,合同生效后,如当事人未就质量、价款或报酬、履行地点等内容作出约定或约定不明确的,允许当事人对此予以协议补充;不能达成协议的,按照合同有关条款或交易习惯确定。例如《美国统一商法典》第1~205条即规定,当事人之间的交易过程和当事人所从事的行业或者贸易中的惯例,或者当事人知道或应当知道的行业惯例,导致合同条款产生特定含义,并对合同条款起到补充或者限制作用。

如果据此仍不能确定,则可以采用法定规则予以补缺。根据《国际商事合同通则》的规定:(1)如果合同对质量或确定质量的标准无明确规定,那么义务方应使其义务履行的质量达到合理的标准,并且不得低于此情况下的平均水平。(2)如果合同未规定价格,也无如何确定价格的规定,在没有任何相反表示的情况下,应采用签约时可比较的通常价格或者合理价格;如果合同的价格应由一方当事人确定,而且此定价又明显地不合理,则不管合同中是否有任何条款的相反规定,均应以一个合理的价格予以替代;如果价格应由第三人来确定,而该第三人不能或不愿确定该价格，则应采用一个合理的价格；如果确定价格需要参照的因素不存在，或已不再存在，或已不可获得，则应取最近似的因素作为替代。(3)对于一个未定期的合同，任何一方当事人可以通过在事先一段合理的时间内发出通知，终止该合同。[①] 关于履行地点，新版《国际商事合同通则》未予涉及，而《欧洲合同法原则》则明确为签约时的营业地，且与合同有最密切联系。在没有营业地的情况下，惯常居所地视为营业地。此外，《欧洲合同法原则》还规定，履行至少要达到中等质量；履行的期限为合理的时间，但期限不定的合同可由任何一方当事人作出合理期限的通知而终止。

根据我国《民法典》第 510 条、511 条的规定，合同生效后，当事人就质量、价款或者报酬、履行地点等内容没有约定或者约定不明确的，可以协议补充；不能达成补充协议的，按照合同相关条款或者交易习惯确定。仍不能确定的，适用下列规定：(1)质量要求不明确的，按照强制性国家标准履行；没有强制性国家标准的，按照推荐性国家标准履行；没有推荐性国家标准的，按照行业标准履行；没有国家标准、行业标准的，按照通常标准或者符合合同目的的特定标准履行。(2)价款或者报酬不明确的，按照订立合同时履行地的市场价格履行；依法应当执行政府定价或者政府指导价的，依照规定履行。(3)履行地点不明确，给付货币的，在接受货币一方所在地履行；交付不动产的，在不动产所在地履行；其他标的，在履行义务一方所在地履行。(4)履行期限不明确的，债务人可以随时履行，债权人也可以随时请求履行，但是应当给对方必要的准备时间。(5)履行方式不明确的，按照有利于实现合同目的的方式履行。(6)履行费用的负担不明确的，由履行义务一方负担；因债权人原因增加的履行费用，由债权人负担。

(三)涉他合同的履行

合同具有相对性，一方当事人的权利恰为对方当事人的义务，一方当事人亦仅应对对方当事人履行义务或主张权利，但涉他合同是其例外。《民法典》第 522～524 条对涉他合同的履行作出了明确规定：当事人约定由债务人向第三人履行债务，债务人未向第三人履行债务或者履行债务不符合约定的，应当向债权人承担违约责任。法律规定或者当事人约定第三人可以直接请求债务人向其履行债务，第三人未在合理期限内明确拒绝，债务人未向第三人履行债务或者履行债务不符合约定的，第三人可以请求债务人承担违约责任；债务人对债权人的抗辩，可以向第三人主张。当事人约定由第三人向债权人履行债务，第三人不履行债务或者履行债务不符合约定的，债务人应当向债权人承担违约责任。债务人不履行债务，第三人对履行该债务具有合法利益的，第三人有权向债权人代为履行；但是，根据债务性质、按照当事人约定或者依照法律规定只能由债务人履行的除外。债权人接受第三人履行后，其对债务人的债权转让给第三人，但是债务人和第三人另有约定的除外。

二、合同履行中的抗辩权

抗辩权是对抗他人请求权或否认对方权利主张的权利。合同法中的抗辩权主要包括同时履行抗辩权、先履行抗辩权、不安抗辩权等。以下予以简要介绍。

(一)同时履行抗辩权

同时履行抗辩权是指在双务合同中，未规定何方先履约的，一方在他方未为对待给付之前，可以拒绝履行己方给付的权利。同时履行抗辩权是大陆法系国家民法中的概念。《德国民法典》第 320 条规定：因双务合同而负有义务的人，在另一方当事人履行对待给付之前，可以拒

① 商务部条约法律司：《国际商事合同通则》，法律出版社 2004 年版，第 245－253 页。

绝履行自己的给付,但自己负有先行给付义务的除外。《日本民法典》第533条亦作出了相似规定。英美法中没有同时履行抗辩权制度,却存在着与大陆法中的"同时履行"相对应的概念,即"对流条件"(concurrent conditions):当合同双方有义务在同一时间履行其义务时,双方的履行构成对流条件。[①]

同时履行抗辩权系由诚信原则引申而来,其制度价值在于确保债务的履行,且只适用于双务合同。其适用条件为:(1)同一双务合同中的当事人互负债务;(2)双方债务均已届清偿期;(3)双方债务无法定或约定的先后履行顺序;(4)对方的对待给付是可履行的;(5)双方未履行债务。同时履行抗辩权为延期抗辩权,当事人行使此项权利只能产生阻碍他方请求权的效力,并不产生消灭对方请求权的法律效力。同时,只有合同中的主给付义务方能构成对待给付,当事人可以对其主张同时履行抗辩权;随附义务则不构成对待给付,当事人对此不得主张该项权利。

根据我国《民法典》第525条规定,当事人互负债务,没有先后履行顺序的,应当同时履行。一方在对方履行之前有权拒绝其履行要求。一方在对方履行债务不符合约定时,有权拒绝其相应的要求。

(二)先履行抗辩权

先履行抗辩权是指当事人互负债务,有先后履行顺序的,先履行一方届期未履行之前,或者履行债务不符合约定时,后履行一方可以拒绝履行的抗辩权。先履行抗辩权的适用条件包括:(1)双务合同当事人双方互负债务;(2)债务有法定或约定的先后履行顺序;(3)有义务先履行方未给付或给付不符合约定条件。与同时履行抗辩权一样,先履行抗辩权属延期抗辩权,并不产生消灭对方请求权的法律效力,只是暂时阻止先履行方请求权的行使。如果先履行方完全履行了合同义务,则先履行抗辩权归于消灭,后履行方应当恢复履行。后履行方因行使该项权利致合同履行迟延的,无须承担责任。

我国《民法典》第526条规定,当事人互负债务,有先后履行顺序,应当先履行一方未履行的,后履行一方有权拒绝其履行要求。先履行一方履行债务不符合约定的,后履行一方有权拒绝其相应的履行要求。此系对先履行抗辩权的规定。

(三)不安抗辩权

根据我国《民法典》第527、528条的规定,不安抗辩权是指双务合同中有先为给付义务的当事人因他方当事人的财产显著减少或经营状况恶化而有难为对待给付之虞时,在他方未为对待给付或提供担保前所享有的拒绝自己给付的权利。不安抗辩权是大陆法国家的制度。《德国民法典》第321条规定:根据双务合同负有先行给付义务的人,如果另一方当事人的财产于订立合同之后明显减少,致有妨碍对待给付请求权的行使之虞时,在另一方当事人未履行对待给付或者提出担保之前,可以拒绝履行自己的给付。不安抗辩权的成立要件包括:(1)双方当事人因同一双务合同而互负债务;(2)后给付义务人的履行能力明显降低,有不能为对待给付的现实危险。设立不安抗辩权的目的在于防范因后履行方履行能力降低致使先履行方遭受损害。后履行方履行能力降低,有难为对待给付的现实危险。根据我国法律的规定,具体包括如下几种情形:(1)经营状况严重恶化;(2)转移财产、抽逃资金,以逃避责任;(3)丧失商业信誉;(4)有丧失或可能丧失履行债务能力的其他情形。在上述情形下,先履行方行使不安抗辩权的,应及时通知后履行方,该通知的内容包括中止履行的意思表示以及指出后履行方提供适

① 王军:《美国合同法》,中国政法大学出版社1996年版,第287页。

当担保的合理期限。行使不安抗辩权的先履行方还负有举证后履行方的履行能力明显降低，有难为对待给付之虞的义务。先履行方中止履行后，后履行方如期提供适当担保或在合理期限内恢复履行能力的，先履行方应当恢复履行；后履行方在合理期限内未恢复履行能力且未提供适当担保的，先履行方可解除合同，该解除应以通知方式作出，后履行方的行为构成违约时，可产生违约责任。

三、合同保全

合同的保全，即合同履行过程中的债权保全，是指法律为防止因债务人的财产不当减少给债权人的债权带来危害，允许债权人不受合同相对性的约束，代债务人之位向第三人行使权利，或请求法院撤销债务人与第三人之间的民事行为的法律制度。合同保全是合同对外效力的体现，目的在于防止债务人实施各种不正当的行为逃避债务，确保债权人的债权得以实现。合同保全制度起源于罗马法。罗马法上有撤销之诉，初为破产而设，后适用于非破产的情形，此为债权人撤销权的雏形。到《法国民法典》时期，该法典不仅继承了罗马法上的撤销权制度，还在此基础上增设了债权人的代位权。[①] 后世效仿法国而纷纷设立了债权人代位权与撤销权。我国亦不例外，《民法典》第535～542条确立了合同保全制度，对债权人代位权与撤销权分别作出了规定。

（一）代位权

债权人的代位权，是指在债务人不积极行使自己的权利而危及债权人债权实现时，债权人以自己的名义代替债务人直接向第三人行使权利的权利。如前所述，现代意义上的债权人代位权滥觞于1804年颁布施行的《法国民法典》第1166条的规定："债权人得行使其债务人的一切权利和诉权，惟权利和诉权专属于债务人个人者，不在此限。"我国《民法典》第535条规定："因债务人怠于行使其债权或者与该债权有关的从权利，影响债权人的到期债权实现的，债权人可以向人民法院请求以自己的名义代位行使债务人对相对人的权利，但是该权利专属于债务人自身的除外。代位权的行使范围以债权人的到期债权为限。债权人行使代位权的必要费用，由债务人负担。相对人对债务人的抗辩，可以向债权人主张。"第536条规定："债权人的债权到期前，债务人的债权或者与该债权有关的从权利存在诉讼时效期间即将届满或者未及时申报破产债权等情形，影响债权人的债权实现的，债权人可以代位向债务人的相对人请求其向债务人履行、向破产管理人申报或者作出其他必要的行为。"据此，当事人行使代位权须符合如下条件：(1)债务人须对第三人享有权利。由于代位权是涉及第三人的权利，倘若债务人不对第三人享有权利，则代位权即没有了行使目标或标的。但值得注意的是，并非债务人的所有权利均可成为代位权的行使对象。一般而言，专属于债务人的权利、不得转让的权利、非财产权利等，均不能成为代位权行使的对象。能成为代位权行使对象的通常只能是纯粹的财产性权利。此时，第三人又称为次债务人。(2)债务人怠于行使其权利。怠于行使即债务人应当行使且能够行使而不行使的行为，包括两个方面的内容：其一，债务人若不及时行使该权利，该权利即有可能消灭或减值；其二，客观上债务人并不存在行使该权利的障碍。(3)债务人已陷于迟延。若债务人的债务履行期限尚未届至，债权人的债权能否顺利实现还难以预料，因而此时债权人不得行使代位权。对于履行期限不确定的债权及无期限的债权，必须经过催告之后方能行使代位权。(4)债务人怠于行使其权利损害了债权人的债权。判断是否对债权造成损害的

---

① 陈小君：《合同法学》，高等教育出版社2003年版，第180页。

标准在于债务人的现有财产是否足以满足债权。如果债务人的现有财产足以满足债权，则并无代为行使权利的必要；如果债务人的财产并不足以满足债权，若不向次债务人行使权利则不能满足债权的，债务人的怠于行使即造成了对债权的损害。

代位权必须通过诉讼程序行使。只有通过裁判方式才能防止债权人滥用代位权，避免债权人、债务人、次债务人之间因代位权行使而发生纠纷。债权人行使代位权必须以自己的名义进行，且仅以其自身的债权为限。如果代位权行使的结果已足以清偿债权人的债权，债权人就不得再行使债务人的其他权利。债权人行使代位权的法律效力是使债务人、次债务人的相应债务得到清偿，从而使债权人与债务人、次债务人之间的债权债务关系归于消灭。

(二)撤销权

撤销权，是指债务人所实施的减少财产的行为危及债权人的债权实现时，债权人有请求法院撤销该行为的权利。撤销权源于罗马法上的“废罢诉权”，因该权系由罗马五大法学家之一的保罗所创，故又称为“保罗诉权”。其含义是指债务人故意实施旨在减少其现有财产的行为而有害于债权人的债权时，债权人有权请求撤销债务人的财产处分行为。[①] 现代各国法律均规定了债权人的撤销权。我国《民法典》第538条亦规定：“债务人以放弃其债权、放弃债权担保、无偿转让财产等方式无偿处分财产权益，或者恶意延长其到期债权的履行期限，影响债权人的债权实现的，债权人可以请求人民法院撤销债务人的行为。”同时，第539条规定：“债务人以明显不合理的低价转让财产、以明显不合理的高价受让他人财产或者为他人的债务提供担保，影响债权人的债权实现，债务人的相对人知道或者应当知道该情形的，债权人可以请求人民法院撤销债务人的行为。”

债权人撤销权的成立，因债务人所为的行为系无偿行为或有偿行为而有所不同。在无偿行为(无偿转让、放弃到期债权等)场合，只需具备下述客观要件；而在有偿行为的情况下，则必须同时具备客观要件与主观要件。

1. 客观要件

(1)须有债务人的相应行为：债务人放弃债权或债权担保；债务人通过无偿转让财产等方式无偿处分财产权益，或恶意延长其到期债权的履行期限；债务人以明显不合理的低价转让财产或者以明显不合理的高价受让他人财产，或者为他人债务提供担保。(2)债务人的行为有害债权。所谓有害债权，是指债务人减少其清偿资力，不能使债权人的债权得到满足。债务人清偿资力的减少包括两种情形：一为减少积极财产，如让与财产所有权等；二为增加消极财产，如新负担债务等。(3)债务人的行为须以财产为标的。非以财产为标的的债务人的行为，如收养、继承等，不得予以撤销。

2. 主观要件

(1)债务人的恶意。恶意有意思主义与观念主义之分。意思主义要求债务人在行为时须有诈害的意思。德国、瑞士均采取意思主义。观念主义则仅要求债务人行为时明知其行为有害于债权人的权利而仍为之。法国、日本均采取观念主义。我国法律以债务人是否以“明显不合理的低价”转让为依据，当属观念主义。(2)受益人恶意。受益人，又称取得人，是指基于债务人的行为而取得利益的人。受益人恶意，是指受益人在取得一定财产或取得一定财产利益时，已经知道债务人所为行为有害于债权人的债权，也即已经认识到该行为对债权损害的事

① 陈朝璧：《罗马法原理》，商务印书馆1937年版，第189页。

实，至于受益人是否具有故意损害债权人的意图，或是否曾与债务人恶意串通，则不在考虑之列。[①]

撤销权的行使范围以债权人的债权为限。债权人行使撤销权的必要费用，由债务人负担。撤销权自债权人知道或者应当知道撤销事由之日起一年内行使。自债务人的行为发生之日起五年内没有行使撤销权的，该撤销权消灭。债务人影响债权人的债权实现的行为被撤销的，自始没有法律约束力。

第五节　合同的变更和转让

合同的变更有广义和狭义之分，广义的变更包括合同主体的变更和内容的变更，狭义的变更仅指内容的变更。这里所介绍的是狭义上的变更，即合同成立后，尚未履行或尚未完全履行前，基于当事人的意思或者法律的直接规定，不改变合同当事人，仅对合同的内容所作的变更。合同的变更，既可以用新的合同完全取代旧的合同，也可以在保持旧的合同效力的基础上，就某些条款进行修改和补充。

一、合同变更

如前所述，在不改变合同主体的前提下，当事人就原合同的内容进行修改或者补充而形成新的权利义务关系者，乃合同的变更。我国《民法典》第 543、544 条规定，当事人协商一致，可以变更合同。当事人对合同变更的内容约定不明确的，推定为未变更。原则上，合同的成立和生效需要采取批准、登记等特定方式的，变更时亦同。合同变更具备如下特征：第一，变更的对象为合同内容，而非合同主体。第二，合同变更只能发生在合同有效成立之后、尚未完全履行之前。合同未有效成立的，合同变更无从谈起；合同已履行完毕的，合同关系已告消灭，合同变更也不可能发生。依据我国法律规定，合同变更应具备如下条件：(1)原已存在有效的合同关系。在合同被撤销、无效、终止等情形下均无合同变更的可能。(2)须有合同内容的变化。该变化既可包括合同要素的变更，也可包括非合同要素的变更，但不包括主体的变更。(3)合同的变更须依当事人的协议或法院、仲裁机构的裁决。当事人协商一致变更原合同是契约自由原则的体现，因此当事人的合意是引起合同关系变更的重要法律事实。因法定情况出现而由法院或仲裁机构裁决的合同变更为合同的司法变更，在我国合同法上主要包括因意思表示不真实、不自由或合同内容显失公平而可撤销的合同以及可适用情势变更原则的合同两大类。合同变更的效力在于：(1)合同变更部分取代被变更部分，原合同未变更部分继续有效。(2)合同变更原则上仅向将来发生效力，对已履行的部分没有追溯力，已经履行的部分不因合同的变更而失去法律依据。(3)合同的变更不影响当事人要求赔偿的权利。

二、合同转让

合同转让，亦即合同主体的变更，是指合同当事人一方将合同权利、合同义务或合同的权利与义务全部或部分转让给第三人的行为。因此，合同转让包括合同权利的转让，合同义务的转让以及合同权利、义务的一并转让（也称概括转让）三种情形。

---

① 魏振瀛：《民法》，北京大学出版社、高等教育出版社 2000 年版，第 328 页。

(一)合同权利的转让

合同权利的转让又称合同债权的让与，是指合同债权人通过协议将其债权全部或部分转让给第三人的行为。债权让与是合同债权人与第三人之间的合同，但又与债务人有密切关系，债权转让后，由债务人向第三人履行合同义务。所以，合同转让涉及三方当事人，如何协调三方当事人的利益是立法的关键。对此，世界各国的法律规定存在着差异，并主要形成三种立法例：其一，债权让与自由主义，即债权让与既不需债务人同意，也不需通知债务人，仅需债权让与人与受让人之间达成合意即可。采用此立法例者主要为德国和美国。其二，债务人同意主义，即以债务人的同意作为债权转让的生效要件之一。其三，通知生效主义。这一立法例要求债权人应将合同权利转让的事实告知债务人，但不必征得其同意，为法国、瑞士、日本所采用。我国法律规定，债权人可以将合同的权利全部或者部分转让给第三人，但根据债权性质、当事人约定或法律规定不得转让的除外。债权人转让权利时，应当通知债务人，未经通知，该转让对债务人不发生效力。债务人接到债权转让通知后，债务人对让与人的抗辩可以向受让人主张。可见，我国所采取的是通知生效主义。合同权利转让的效力主要包括：(1)受让人取得与债权有关的从权利，但该权利专属于债权人自身的除外。(2)债务人接到债权转让通知后，债务人对让与人的抗辩可以向受让人主张。(3)债务人接到债权转让通知时，债务人对让与人享有债权，并且债务人的债权先于转让的债权到期或同时到期的，债务人可以向受让人主张抵销。

(二)合同义务的转让

合同义务的转让又称为合同的债务承担，是指不改变债的内容，债权人或债务人与第三人达成转让债务的协议，将合同债务部分或全部转移给第三人承担。合同债务承担与合同债权让与不同，债权让与是债权人的变更，一般不会影响债务人的履约能力；债务承担则是债务人的变更，而不同债务人在资信情况、履约能力等方面各不相同，这就可能会给债权的实现带来影响。因此，确立了债务承担制度的国家一般均要求债务的承担须经债权人的同意方能生效。例如，《德国民法典》第 415 条、第 417 条规定，第三人与债务人约定承担债务者，须经债权人的追认始发生效力。我国《民法典》亦规定，债务人将合同的义务全部或者部分转移给第三人的，应当经债权人同意。债务人转移义务的，新债务人可以主张原债务人对债权人的抗辩。

合同债务的承担又可根据原债务人是否完全脱离原债权债务关系，分为免责的债务承担与并存的债务承担。前者是指原债务人完全脱离原债权债务关系，由第三人取代原债务人对债权人履行合同义务；后者则是指债务人并不脱离债的关系，而由第三人和债务人共同承担债务。这种债务承担成立后，债务人和第三人成为连带债务人。无论是何种债务承担，其合同签订方式均既包括由第三人与债权人订立债务承担合同，又包括第三人与债务人订立债务承担合同的方式。其中，前者只需通知债务人即可，后者则须经过债权人的同意方能生效。当然，也可通过三方会签合同或由债权人在债务人与第三人所签债务承担合同上再签注同意的方式实现债务的有效转让。

债务承担区别于第三人代替履行。后者是指第三人未与原合同债权人、债务人达成转让债务的合意，仅自愿代替债务人履行债务，在其未能依约履行债务人的债务时，仍由债务人而非该第三人向债权人承担违约责任。因此，代替履行者并非合同当事人。在这一点上，其与代为受领相同，代替债权人受领债务人债务履行的亦非合同当事人。而在前者，第三人与原合同债权人、债务人已达成债务承担的合意，该合意生效后，第三人成为合同债务人，其偿还债务的行为系为自身债务的履行，并对相应的违约行为承担责任。

(三)债权债务的概括转移

债权债务的概括转移,是指债权债务的承受人完全取代让与人的法律地位,成为债的关系的当事人,让与人的全部权利义务移转于受让人的行为。我国《民法典》第555、556条规定,当事人一方经对方同意,可以将自己在合同中的权利和义务一并转让给第三人。合同的权利和义务一并转让的,适用债权转让、债务转移的有关规定。

第六节　合同的消灭

【案例3—4】

2020年6月签订的一份从班德到毕尔巴鄂运送钢圈的租船合同约定,如果在7月9日之前船尚未到港且未做好装船准备,则租船人有权终止合同。7月2日,船主要求延期,原因在于他们想先装另一批货。但这样一来,租船人的货物最早要到7月13日才能装船。租船人因此提出毁弃合同。船主不接受这一毁弃合同的行为,在7月5日通知租船人从7月8日开始装船。7月8日船抵达班德港,尽管尚未做好装船准备,但船主通知租船人已准备就绪。租船人拒绝了船主并开始在另一艘船上装货,这是在船主要求延期后签订的合同。船主对租船人提起诉讼要求支付空舱费,但未获法院支持。①

请问:租船人解除合同的法律依据何在?

合同的消灭,在我国合同法上亦称合同权利义务关系的终止,是指合同关系在客观上不复存在,合同债权与合同债务归于消灭。关于合同终止的原因,虽然各国法律存在差异,但大体上趋于一致,归纳起来主要包括清偿、解除、抵消、提存、免除、混同等情形,我国《合同法》的规定与此基本一致。以下逐一予以扼要介绍。

一、清偿

清偿是指债务人向债权人履行债的内容的行为,也即债权人依据合同的约定实现债权目的的行为。各国法律一致认为,清偿系债消灭的主要原因。

合同债务在法律规定或合同有约定时,可由第三人代为清偿,即可由第三人给付,或执行第三人提供的担保物而清偿。第三人代为清偿后,债权人与债务人的合同关系归于消灭,第三人则因此取得代位求偿权,在其代为清偿的范围内,向债务人要求偿付。

在清偿中,可能会产生代物清偿与清偿抵充的情形。所谓代物清偿,是指债权人受领债务人他种给付以替代原定给付,并使合同关系归于消灭的清偿方式。在代物清偿中,以他物替代原物进行给付必须征得债权人的同意。原定给付与他种给付在价值上有时并不相同,当事人可对差额部分的处理予以约定;如无约定,则无论原定给付和他种给付的价值有无差别,自代物清偿成立之时起,合同关系即归于消灭。所谓清偿抵充,是指债务人对同一债权人负有数宗同类债务,而债务人的履行不足以清偿全部债务时,确定该履行抵充哪些债务的情形。清偿抵充的确定方法有三:(1)约定抵充。即由当事人就债务人的履行用来抵充何宗债务进行约定。(2)指定抵充。当事人未作抵充约定时,允许清偿人单方面指定其履行所欲清偿的债务,指定一经作出即不得撤回。(3)法定抵充。当事人对抵充既未作约定又未指定,则实行法定抵充:有已届清偿期的债务,应优先抵充;均已届清偿期或均未届清偿期的,应尽先抵充无担保或担

① 解琳、张诤:《英国合同法案例选评》,对外经济贸易大学出版社2004年版,第330—331页。

保最少的债务；担保相同的，应尽先抵充债务人因清偿而获益最多的债务；获益相等的，应尽先抵充先到期的债务；获益相等且清偿期相同的，应按比例分别抵充其一部分。

二、解除

合同解除是指合同成立后，在没有履行或没有完全履行之前，当事人依照法律规定或当事人约定的条件和程序，解除合同权利义务关系，合同随之归于消灭。根据我国民法规定，合同解除是导致合同关系终止的原因之一。合同的解除主要包括约定解除和法定解除两种。

（一）约定解除

当事人约定解除合同又包括两种情形：(1)当事人在订立合同时，可以约定合同解除的条件，条件成就时，当事人一方可以依约解除合同；(2)当事人订立合同后，根据主客观情况的变化，可以协商一致，解除合同。两者虽然均依双方合意，以合同形式将原定合同予以解除，但仍然存在一定区别：在前者，所约定的解除条件一旦具备，合同一方或各方即可通过行使解除权来终止合同关系；在后者，解除合同并非通过解除权的行使，而是必须由双方当事人就解除合同达成新的合意。

（二）法定解除

当事人在订立合同后，出现了法律规定的情形，当事人亦可解除合同。法定解除权的产生条件主要包括两种：其一为一般法定解除条件，如先期违约、现实违约以及根本违约；其二为特别法定解除条件，如《民法典》第711条对出租人解除权的规定等。关于一般法定解除条件，我国《民法典》第563条规定有下列情形之一的，当事人可以解除合同：(1)因不可抗力致使不能实现合同目的；(2)在履行期限届满之前，当事人一方明确表示或者以自己的行为表明不履行主要债务；(3)当事人一方迟延履行主要债务，经催告后在合理期限内仍未履行；(4)当事人一方迟延履行债务或有其他违约行为致使不能实现合同目的；(5)法律规定的其他情形。

当事人一方依法主张解除合同的，应当通知对方。合同自通知到达对方时解除；通知载明债务人在一定期限内不履行债务则合同自动解除，债务人在该期限内未履行债务的，合同自通知载明的期限届满时解除。对方对解除合同有异议的，任何一方当事人均可以请求人民法院或者仲裁机构确认解除行为的效力。当事人一方未通知对方，直接以提起诉讼或者申请仲裁的方式依法主张解除合同，人民法院或者仲裁机构确认该主张的，合同自起诉状副本或者仲裁申请书副本送达对方时解除。合同解除后，尚未履行的，终止履行；已经履行的，根据履行情况和合同性质，当事人可以请求恢复原状或者采取其他补救措施，并有权请求赔偿损失。合同因违约解除的，解除权人可以请求违约方承担违约责任，但是当事人另有约定的除外。主合同解除后，担保人对债务人应当承担的民事责任仍应当承担担保责任，但是担保合同另有约定的除外。合同的权利义务关系终止，不影响合同中结算和清理条款的效力。

三、抵销

抵销是指当事人双方互负债务时，各以其债权充当债务之履行，而使其债务与对方债务在等额范围内归于消灭的行为。其中，为抵销的债权称为主动债权，被抵销的债权称为受动债权。

抵销依其产生的依据不同，可分为法定抵销和约定抵销两种。所谓法定抵销，是指依法律规定所进行的抵销。对于法定抵销的条件，各国法律均规定当事人须互负债务，同时债务标的物的种类、品质相同并均届清偿期，且均非依合同性质或依法不得抵销之债。至于法定抵销权的行使，根据我国《民法典》第568条的规定，主动债权人行使抵销权时应通知受动债权人一方。自通知到达对方时，即发生抵销的效力。抵销不得附条件或附期限。所谓约定抵销，是依当事人之间的合意所进行的抵销。当事人互负债务品质虽不相同，但经双方协商一致亦可抵销。抵销使合同当事人的债务在抵销额内消灭。因此，双方债务额相等时，双方债务均归于消灭；一方债务数额大于对方债务数额时，前者仅消灭一部分债务额，后者债务则全部消灭。

四、提存

提存是指因债权人的原因而无法向其交付合同标的物时，债务人将标的物交给提存部门，从而使其债务归于消灭的行为。提存制度设立的目的在于保护债务人的利益，使得债务人不致因债权人的原因而深陷于债务约束之中。因此，各国民法均将提存作为债消灭的原因之一。

根据我国《民法典》第570条的规定，提存的原因主要包括：(1)债权人无正当理由拒绝受领，即受领迟延。(2)债权人下落不明，即债权人地址不详等情形。(3)债权人死亡未确定继承人、遗产管理人，或丧失民事行为能力未确定监护人。(4)法律规定的其他情形。

提存应向法律规定或法院指定的部门进行。若标的物不适于提存或者提存费用过高，债务人依法可以拍卖或者变卖标的物，提存所得的价款。标的物提存后，债务人应及时通知债权人或债权人的继承人、遗产管理人、监护人、财产代管人。

债务人依法将标的物提存后，视为债务已清偿，当事人的合同关系归于消灭。自提存之日起，提存物上所附着的利益以及意外灭失的风险均转移于债权人。提存部门负保管义务，提存费用由债权人承担。债权人可以随时领取提存物。但是，债权人对债务人负有到期债务的，在债权人未履行债务或者提供担保之前，提存部门根据债务人的要求应当拒绝其领取提存物。债权人领取提存物的权利，自提存之日起五年内不行使而消灭，提存物扣除提存费用后归国家所有。但是，债权人未履行对债务人的到期债务，或者债权人向提存部门书面表示放弃领取提存物权利的，债务人负担提存费用后有权取回提存物。

五、免除

免除是指债权人免除债务人的债务，从而全部或部分终止合同权利义务关系的行为。关于免除的性质，大多数大陆法系国家均将其视为合同行为。如德国法和法国法均认为，债务的免除是双方的法律行为，不仅须有债权人免除债务人债务的意思表示，还须经债务人同意方能产生效力。日本和中国台湾地区民法则将免除规定为债权人的单方行为。我国1999年《合同法》采取后一种做法，认为债务的免除是债权人抛弃债权的单方行为，由债权人表示免除，无须债务人同意即可生效。2020年的《民法典》第575条规定："债权人免除债务人部分或者全部债务的，债权债务部分或者全部终止，但是债务人在合理期限内拒绝的除外。"根据该条规定，债务人享有合理期限内的拒绝权，故而债务免除行为不再是一个单纯的单方民事法律行为。

六、混同

混同是指债权和债务同归于一人，致使合同关系消灭的事实。混同是一种法律事实而非法律行为，故而只要债权和债务同归于一人的事实发生，无须当事人作出任何意思表示，合同关系以及其他债的关系即归于消灭。混同成立的原因有二：第一，债权债务的概括承受。例如在企业合并的情形下，合并各方的债权债务同归于合并后的企业。第二，特定承受，即债权人承受债务人对自己的债务，或债务人受让债权人对自己的债权。混同的效力在于使合同关系以及其他债的关系归于消灭，但若合同当事人的债权涉及第三方利益，如以债权为第三人设立质权的，为维护第三人的正当权益，各国法律均规定此时债权仍应有效，第三人可以依约就此债权主张权利。

第七节　违约责任

【案例 3—5】

韶关市汇丰华南创展企业有限公司与广东省环境工程装备总公司、广东省环境保护工程研究设计院合同纠纷案①

申请再审人韶关市汇丰华南创展企业有限公司（以下简称“汇丰公司”）因与被申请人广东省环境工程装备总公司（以下简称“环境装备公司”）、广东省环境保护工程研究设计院（以下简称“环保设计院”）合同纠纷一案，不服广东省高级人民法院（2010）粤高法审监民提字第 153 号民事判决，向最高人民法院申请再审。

汇丰公司称：第一，涉案《协议书》签订的背景是环境装备公司、环保设计院不履行其与汇丰公司签订的《EPC 总承包合作合同书》，涉案《协议书》虽约定了双倍违约金条款，但相对于《EPC 总承包合作合同书》来看，违约金仅仅是总工程款的 3%，是较低而且合理的惩罚金额。同时，双倍违约金条款是约束合同双方当事人而非仅仅约束一方当事人的，如果汇丰公司违约，也应按合同承担相应的违约金责任，不存在合同双方地位不平等、合同显失公平的问题。第二，从涉案《协议书》约定的违约金的性质和目的看，双倍违约金是为保证合同履行的惩罚性违约金，不违反法律规定，不应予以调整。第三，汇丰公司是守约方，环境装备公司、环保设计院违约，给汇丰公司造成了巨大损失。汇丰公司依据《中华人民共和国民事诉讼法》第一百七十九条第一款第（六）项的规定申请再审。

最高人民法院认为：关于涉案《协议书》中约定的违约金数额，《合同法》第一百一十四条第二款规定：“约定的违约金低于造成的损失的，当事人可以请求人民法院或者仲裁机构予以增加；约定的违约金过分高于造成的损失的，当事人可以请求人民法院或者仲裁机构予以适当减少。”在《合同法》对于合同约定的违约金数额是否过高没有明确的标准，一审法院审理时也没有相应司法解释的情况下，一审法院根据案情在法律的范畴内作出的判决系法官行使自由裁量权。最高人民法院《关于适用〈中华人民共和国合同法〉若干问题的解释（二）》（以下简称合同法司法解释二）自 2009 年 5 月 13 日起施行，该解释第二十九条规定：“当事人主张约定的违约金过高请求予以适当减少的，人民法院应当以实际损失为基础，兼顾合同的履行情况、当事人的过错程度以及预期利益等综合因素，根据公平原则和诚实信用原则予以衡量，并作出裁决。当事人约定的违约金超过造成损失的 30%的，一般可以认定为《合同法》第一百一十四条第二款规定的‘过分高于造成的损失’。”根据前述规定，违约金具有补偿性和惩罚性双重性质，合同当事人可以约定高于实际损失的违约金。但从约定的违约金超过造成损失的 30%一般可以认定为过高来看，违约金的性质仍以补偿性为主，以填补守约方的损失为主要功能，而不以严厉惩罚违约方为目的。过高的违约金约定可能与公平原则存在冲突，在某些情况下还存在诱发道德风险的可能。因此，当事人主张约定的违约金过高请求予以适当减少的，人民法院应当依法予以调整。

---

① 引自最高人民法院公报案例库，（2011）民再申字第 84 号。

关于涉案《协议书》约定的违约金数额是否过高的问题。确认约定的违约金数额是否过高，根据《合同法》、合同法司法解释二的规定，应以实际损失数额为确认的基础。对于前述规定中的"实际损失"，应当全面、正确地理解。在计算实际损失数额时，应当以因违约方未能履行双方争议的、含有违约金条款的合同，给守约方造成的实际损失为基础进行计算，将合同以外的其他损失排除在外。对于一方当事人因其他合同受到的损失，即使该合同与争议合同有一定的牵连关系，也不能简单作为认定本合同实际损失的依据。汇丰公司主张，涉案《协议书》虽约定了双倍违约金条款，但相对于《EPC 总承包合作合同书》来看，违约金仅仅是总工程款的 3%，并不高。根据本案查明的事实，《EPC 总承包合作合同书》与涉案《协议书》虽有牵连关系，但毕竟是两份不同的合同，在确认因环境装备公司、环保设计院违反涉案《协议书》给汇丰公司造成的实际损失时，不宜以《EPC 总承包合作合同书》涉及的总工程金额为基础进行计算。此外，根据本案查明的事实，涉案《协议书》约定环境装备公司、环保设计院支付给汇丰公司 156 万余元，是因为《EPC 总承包合作合同书》未能实际履行。从涉案《协议书》的内容看，前述 156 万余元款项既包含环境装备公司、环保设计院对汇丰公司前期支出的赔偿，也包含终止合同后对汇丰公司的补偿。因此，汇丰公司以《EPC 总承包合作合同书》涉及的总工程金额为标准，确认违约金不高的主张，没有法律依据。

综上，汇丰公司的再审申请不符合《中华人民共和国民事诉讼法》第一百七十九条第一款第(六)项规定的情形。依照《中华人民共和国民事诉讼法》第一百八十一条第一款之规定，裁定驳回韶关市汇丰华南创展企业有限公司的再审申请。

请问：

1. 违约救济方式包括哪些？

2. 违约金与损害赔偿金、定金在适用时具有何种关系？

3. 如何正确确定违约金的数额？

各国法律以及国际立法、国际惯例均认为，合同一经依法订立，即对双方当事人产生法律拘束力，任何一方均须严格按照合同约定全面、适当地履行义务，否则即构成违约，并应承担相应的法律责任，以便使非违约方得到适当救济。

一、违约责任及归责原则

所谓违约责任，是指当事人因违反合同义务所应承担的民事责任。违约责任既是违约行为的法律后果，也是合同效力的体现。违约责任与缔约过失责任、侵权责任共同构成民事责任的基本内容，因此，违约责任同样具有民事责任的独立性、财产性、平等性等一般特征。① 同时，违约责任还具有不同于一般民事责任的如下特征：(1)违约责任系由当事人不履行或不适当履行合同义务所致；(2)只能发生于合同当事人之间，即具有相对性；(3)可以由当事人在法定范围内予以约定；(4)兼具惩罚性与补偿性，但以补偿性为主；(5)是一种财产责任。

违约责任的归责原则是指确定违约责任是否成立，即违约行为人是否应对其违约行为承担违约责任的原则。在现行各国的民法典与合同法中，违约责任的归责原则通常包括过错责任、过错推定责任与无过错责任三种。

(一)过错责任原则

过错责任原则是指在一方违反合同义务、不履行或不适当履行合同时，应当以过错作为责

---

① 佟柔：《中国民法》，法律出版社 1990 年版，第 43—44 页。

任成立的要件及确定责任范围的依据。过错责任原则滥觞于古罗马法，并深刻影响了后世立法。大陆法系 1804 年的《法国民法典》在违约责任的归责上带有明显的过错责任色彩。《德国民法典》亦采纳了过错责任原则，该法规定："因债务人的过失致给付不能时，债务人应对债权人赔偿因不履行所产生的损害。"根据学者见解，过错责任原则具有如下主要功能：(1)淳化道德风尚。过错责任体现了法律对过错违约行为的否定，要求违约方对其过错的违约行为承担责任，有利于在市场主体之间树立起诚实守信的道德风尚，并有助于良好交易关系的建立。(2)有利于鼓励正当交易。根据过错责任原则，市场主体只对其有过错的行为负责，这就为充分发挥市场主体的积极性和创造性创造了条件，有利于鼓励人们积极从事各种交易，增进社会财富的积累。①

(二)过错推定责任原则

过错推定责任原则是指在发生了违约行为之后，法律直接推定违约行为人在主观上存在过错，从而应承担违约责任，违约行为人只有证明自己没有过错才可以免责。在无须守约方就违约方的过错负举证责任这一点上，过错推定责任类似于无过错责任，但从本质上来说，过错推定责任仍然属于过错责任，过错仍为该责任成立的要件，只不过该过错的存在是由法律推定的，无须当事人举出证据加以证明而已。被告如欲不承担违约责任，就必须举证证明自己在主观上并无过错，而过错责任则实行"谁主张，谁举证"的原则，守约方必须证明违约方在主观上存在过错。因此，在过错推定责任中，举证责任发生了倒置。

(三)无过错责任原则

无过错责任又称严格责任，是指违约责任的成立无需当事人主观上具有过错，只要违约行为与损害结果之间具有因果关系，违约方就应对其违约行为负责。这一责任方式是在 19 世纪伴随着现代化工业大生产而发展起来的。现代工业社会事故频发，这种事故多是在合法而必要的活动中由难以发现的工业技术缺陷引起的，如果要求受害人举证加害人主观上有过错十分困难，受害人的利益因此难以得到有力保护，社会秩序难以安定。基于此，普鲁士王国于 1838 年的《铁路企业法》中最早确立了无过错责任原则，随后各国先后通过立法和判例逐步确立起这一归责原则，这对于受害人合法权益的保护意义重大。

违约责任的归责原则在我国统一合同法的制定过程中几经变化。在 1999 年《合同法》总则部分规定："当事人一方不履行合同义务或者履行合同义务不符合约定的，应当承担继续履行、采取补救措施或者赔偿损失等违约责任。"同时，在分则中又分别就各有名合同中违约责任的承担作出了具体规定。例如，第 191 条规定："赠与人故意不告知瑕疵或者保证无瑕疵，造成受赠人损失的，应当承担损害赔偿责任"；第 222 条规定："承租人因保管不善造成租赁物毁损、灭失的，应当承担损害赔偿责任"；等等。对该法所确立的归责原则，学者之间存在争议，有的学者认为此系无过错责任；②有的学者认为无论从立法解释、历史解释、体系解释还是根据《民法通则》的相关规定来分析，我国《合同法》所采取的都是过错责任；③此外，也有学者认为，综合《合同法》第 107 条及该法中有关免责条件等的规定，我国《合同法》是将过错推定原则确定为一般归责原则，只是在特定情况下实行过错责任原则。④ 2020 年《民法典》当中的违约责任虽然具体篇章结构略有调整，但基本理念依然与 1999 年《合同法》一脉相承。

---

① 魏振瀛：《民法》，北京大学出版社、高等教育出版社 2000 年版，第 426 页。
② 梁彗星：《从过错责任到严格责任》，载《民商法论丛》第 8 卷，法律出版社 1997 年版，第 1—7 页。
③ 崔建远：《合同法》(修订本)，法律出版社 2000 年版，第 251 页。
④ 吴建斌：《国际商法新论》(第三版)，南京大学出版社 2008 年版，第 121 页。

二、违约形态及免责事由

(一)违约形态

对于违约形态,英国法中规定可以包括违反条件、违反担保、违反中间性条款、预期违约和履行不能五种形式。其中,前两者是对违约方所违背的合同条款的重要程度所进行的分类,也是英国法上对违约形态的传统分类。违反条件系指违反合同中的根本性条款,对此非违约方有权解除合同并要求赔偿损失。违反担保系指违反合同中次要的、附属性条款,非违约方对此无权解除合同,只能在履行了其应承担的合同义务后方能向违约方请求损害赔偿。违反中间性条款是英国法新近发展起来的,依违约的性质与后果来确定补救方法的一种违约形态,具体由法官自由裁量,目的在于克服传统分类方法所带来的不便。预期违约则是指一方当事人在合同约定的履行期限到来之前,明确表示或以其行为表明其届时将不履行合同义务。对此对方当事人有权要求解除合同并要求赔偿损失,而不必等到履行期限届至。履行不能是指债务人因种种原因不能履行其合同义务,包括自始不能与嗣后不能。自始不能履行的合同无效,在当事人之间不产生权利义务;嗣后不能若因不可归责于当事人的原因所致,则当事人之间亦不产生权利义务。

不同于英国法上违约形态的种类繁多,美国法上仅有重大违约与轻微违约两种形态。前者是指违约方的不履行或不完全履行致使债权人依约本应得到的主要利益落空;后者则是指违约方虽有违约,但并不影响非违约方合同主要利益的取得的情形。这种分类与英国法中的传统分类颇为相似,不同之处只在于,英国法较为注重合同的事先约定,美国法则更注重合同的事后结果。

德国法与法国法的规定十分相似。其中,德国法规定违约表现为给付不能与给付迟延两种,法国法则规定了不履行与迟延履行两种。给付迟延或迟延履行是指违约方在不存在履行障碍的情形下,在履行期限届满之后方为履行的违约形态。给付不能或不履行与英国法上的履行不能颇为相似,均包括自始不能与嗣后不能,不同之处只在于处理规则:在大陆法中,自始不能的合同原则上无效,但一方当事人在缔约时明知或应知该标的不可能履行却仍缔约的,其须对不知情的对方当事人承担损害赔偿责任;嗣后不能的合同原则上亦无效,但当事人对此存在过失的,亦须承担责任。

中国法综合规定了数种违约形态,包括不履行、不完全履行、迟延履行以及预期违约,对于非违约方的合同权益形成了有力保护。

(二)免责事由

所谓免责事由,是指法律规定的免除或限制违约行为人本应承担的民事责任的事由。如前所述,合同有效成立后立即对双方当事人产生约束力,要求双方当事人依约履行其合同义务,否则可能产生违约责任。但在特殊情形下,当事人虽未履行其合同义务,却可基于法律的规定免除责任。这些特殊情形主要包括如下几类:

1. 不可抗力

不可抗力是指当事人在缔结合同时不能预见、不能避免且不能克服的客观情况。不可抗力的概念起源于罗马法,具体包括如下情形:第一,自然灾害。如地震、洪水、海啸等。自然灾害是否属于不可抗力的范畴,在各国民法中的规定并不相同。法国法中的不可抗力排除自然灾害,英美法系则对其加以确认。中国法视之为典型的不可抗力。第二,政府行为。如当事人订立合同后政府颁发新的法律和政策,导致原合同不能履行。此外,还包括由政府所发动的战争行为等。第三，社会异常事件。如罢工、骚乱等由社会中的人所为的在客观上阻碍合同履行的行为。

现代各国普遍将不可抗力作为违约责任的免责事由，我国亦不例外。我国《民法典》第590条对此作出明确规定："当事人一方因不可抗力不能履行合同的，根据不可抗力的影响，部分或者全部免除责任，但是法律另有规定的除外。因不可抗力不能履行合同的，应当及时通知对方，以减轻可能给对方造成的损失，并应当在合理期限内提供证明。当事人迟延履行后发生不可抗力的，不免除其违约责任。"

2. 情势变更

情势变更亦称情势变迁，是指合同成立后，作为合同关系基础的情势，由于不可归责于当事人的原因发生了非缔约当初所能预料的变化，如果坚持原来合同的效力，将会产生显失公平的结果，因而应将合同变更以至解除的制度。此处的"情势"包括两种情形：第一，当事人订立合同时所处的环境(包括经济环境与社会环境)发生了变化。第二，作为合同基础的客观情况发生了变化。这种变化非一般性的变化，而是一种带有根本性质的变化。其与不可抗力的区别在于：不可抗力是外在力量本身，而情势变更则是外在因素的变化；不可抗力使得合同不能履行，情势变更则使得合同履行显失公平。情势变更的效果在于，使合同一方当事人取得单方变更或解除合同的权利。情势变更原则作为大陆法系的一项重要制度，亦为我国司法实践所采纳。此前的法律依据为最高院1993年的《全国经济审判工作座谈会纪要》[①]，1999年《合同法》的制定过程中，该原则曾一度被写入草案，但在最终文本中却被删除，所幸2009年5月13日起施行的最高人民法院《关于适用〈中华人民共和国合同法〉若干问题的解释(二)》确立了这一制度。[②] 2020年《民法典》在总结司法实践经验的基础上增加规定了情势变更制度，该法第533条规定："合同成立后，合同的基础条件发生了当事人在订立合同时无法预见的、不属于商业风险的重大变化，继续履行合同对于当事人一方明显不公平的，受不利影响的当事人可以与对方重新协商；在合理期限内协商不成的，当事人可以请求人民法院或者仲裁机构变更或者解除合同。人民法院或者仲裁机构应当结合案件的实际情况，根据公平原则变更或者解除合同。"

3. 合同落空

合同落空是指在合同成立之后，非由于当事人的过失，而是因某种意外事件致使当事人在缔约时所谋求的商业目标受到挫折，对于尚未履行的合同义务当事人可免除履行的制度。合同落空制度是英美法系的特有制度，与大陆法系的情势变更相类似。理论上一般认为该原则源于1903年英国上诉法院对加冕典礼案的裁决。该案中，租赁人租赁房屋的目的在于观看英王加冕典礼，但租赁合同签订后英王加冕典礼因故被取消，导致租赁合同的目的因此而落空，租赁人的租金缴付义务也得以免除。

合同落空虽与情势变更极为相似，但也存在细微差别，主要表现为：第一，外延不同。合同落空的事由不仅包括前述情势变更的事由，还包括标的物灭失、合同因法律修改而变为非法、情况发生根本性变化、政府实行封锁禁运或进出口许可证制度等。第二，标准不同。合同落空在于合同履行不能或履行十分昂贵和艰难，情势变更的标准则在于履行会显失公平。第三，对

① 具体内容为：由于不可归责于当事人双方的原因，作为合同基础的客观情况发生了非当事人所能预见的根本性变化，以致按原合同履行显失公平的，可以根据当事人的申请，按情事变更的原则变更或解除合同。

② 该解释第26条规定：合同成立以后客观情况发生了当事人在订立合同时无法预见的、由非不可抗力造成的、不属于商业风险的重大变化，继续履行合同对于一方当事人明显不公平或者不能实现合同目的，当事人请求人民法院变更或者解除合同的，人民法院应当根据公平原则，并结合案件的实际情况确定是否变更或者解除。

合同效力的影响不同。合同落空导致合同自动终止,情势变更则仅赋予当事人变更或解除合同的权利。第四,当事人所承担的责任不同。合同落空免除了当事人的未来义务,双方当事人有责任恢复原状;情势变更中行使请求权的一方仍须赔偿或补偿对方损失。

三、违约责任的承担形式

(一)责任竞合

责任竞合是指因某种法律事实的出现,导致产生两种或两种以上的责任,并在相互之间发生冲突的法律现象。民法中的责任竞合主要表现为违约责任与侵权责任的竞合。例如,甲为乙保管笔记本电脑,因甲自己的不当使用而使该电脑损坏,则甲的行为同时构成违约与侵权:一方面,甲违反了保管合同中保管人应妥善保管标的物的义务;另一方面,甲未经乙同意擅自使用其电脑并致电脑损坏,侵害了乙基于该台电脑所享有的财产权。在这一情形下,乙应通过追究甲的违约责任还是侵权责任维护自己的合法权益,是一个具有较大实践意义的问题,因为违约之诉与侵权之诉无论是在诉讼管辖、归责原则、赔偿范围还是在诉讼时效上均不相同。对于责任竞合的处理,法国法采取禁止竞合的态度,不允许当事人将对方的违约行为视为侵权行为,只有在没有合同关系存在时才能产生侵权责任,在违约场合只能寻求合同补救办法;德国法承认竞合并允许当事人选择请求权,但一项请求权的实现会导致另一项请求权的消灭。英国法采取有限制的选择诉讼制度,当被告的行为既违约又侵权时,允许原告选择侵权之诉的诉讼形式或者违约之诉的诉讼形式。其与德国法的不同之处在于,其解决责任竞合的制度只是某种诉讼制度,主要涉及诉讼形式的选择,而不涉及实体法上请求权的竞合。我国法律与德国法颇为相似,在违法行为发生后,允许当事人选择所要使用的法律以及不同的请求权。这对于违法行为受害人的保护无疑更为充分。

(二)责任承担形式

责任承担形式,亦称违约救济方法,是指一方权利因他方违反合同而遭受损害时,依法对其损害予以补偿的方式。世界各国的违约救济方法不尽相同,但主要包括实际履行、损害赔偿、违约金、定金、禁令等几种。

1. 实际履行

实际履行作为一种救济方法,是指在一方不履行合同义务时,另一方当事人有权要求违约方仍按合同约定履行义务。对于实际履行的救济方法,各国法律存在不同规定和要求。德国法将实际履行作为对不履行合同的主要救济方法,规定凡是债务人不履行合同的,债权人都有权要求债务人实际履行。法国法则认为实际履行是一种可供选择的救济方法,在债务人不履行合同的情况下,债权人可以请求实际履行,或请求解除合同并要求损害赔偿。英美法对实际履行的态度与大陆法不同。英美普通法没有实际履行这一救济方法,认为一方当事人不履行合同义务时,对方当事人只能要求其赔偿损失。英美衡平法也仅将实际履行作为一种例外的救济方法,衡平法院在处理某些案件时,倘若原告能证明仅采用损害赔偿不足以满足其要求时,可以酌情作出实际履行的判决。

我国《民法通则》第 111 条规定:“当事人一方不履行合同义务或者履行合同义务不符合约定条件的,另一方有权要求履行或者采取补救措施,并有权要求赔偿损失。”这里所说的要求履行即要求实际履行。《合同法》第 107 条作出了类似规定,并使用“继续履行”的概念。第 109 条、第 110 条对此予以具体规定:当事人一方未支付价款或者报酬的,对方可以要求其支付价款或报酬;当事人一方不履行非金钱债务或者履行非金钱债务不符合约定的,对方可以要求履行，但法律上或事实上不能履行，或者债务的标的不适于强制履行或者履行费用过高，或者债权人在合理期限内未要求履行的，则不能要求履行。可见，实际履行是我国法律中一种主要的违约救济方法。2020年《民法典》第577条规定："当事人一方不履行合同义务或者履行合同义务不符合约定的，应当承担继续履行、采取补救措施或者赔偿损失等违约责任。"对实际履行这一责任承担方式进行了确认，同时，在第579条又对之予以进一步明确："当事人一方未支付价款、报酬、租金、利息，或者不履行其他金钱债务的，对方可以请求其支付。"

2. 损害赔偿

损害赔偿是指一方当事人违反合同规定的义务给对方造成损失的，依法应给予补偿的违约救济方式。损害赔偿是对违约的一种普遍的、行之有效的救济方法，但各国法律对损害赔偿责任的规定不尽相同，差异主要体现为如下几个方面：

在损害赔偿责任的成立上，大陆法认为，违约责任的承担不仅要有债务人违反合同的行为及损害后果，还必须存在可归责于其的原因，即必须有主观故意或过失。英美法则认为，违约责任的承担不以违约方存在过错并实际造成损害为前提，仅需有违约事实即可。如果违约没有造成实际损害，则债权人可以请求名义上的损害赔偿。我国《合同法》亦不要求债务人主观上存在过错，但必须有实际的损害发生。

损害赔偿的方式包括回复原状与金钱赔偿两种。回复原状是指恢复到损害发生以前的状态；金钱赔偿是指以支付金钱来弥补对方所受到的损害。德国法规定损害赔偿以回复原状为原则，以金钱赔偿为例外。法国法则以金钱赔偿为原则。英美法基本采取金钱赔偿的方式，称为"金钱上的恢复原状"，认为损害赔偿的原则是指在金钱可能做到的范围内，使受害方处于该项权利得到遵守时同样的地位。我国法律与英美法的规定相似，即规定一方当事人违反合同时应承担继续履行、采取补救措施等违约责任，如对方还有其他损失的，应当向对方支付一定数额的损害赔偿金，以金钱方式弥补对方所受到的损失。

至于损害赔偿的范围，大陆法国家一般均规定应包括违约所造成的实际损失和可得利益损失。前者是指合同所规定的合法利益由于可归责于债务人的事由而受到的损害；后者是指在合同履行的情况下债权人本应能够取得、但因债务人违约而未能取得的利益。例如，《法国民法典》第1149条规定，对债权人应付的损害赔偿，一般应包括债权人所受损失和所失的可得利益。《德国民法典》第252条亦有类似规定。英美法则认为，计算损害的基本原则是使受害方在经济上能处于该合同得到履行时同等的地位。《美国统一商法典》规定，损害赔偿的范围，应包括违约所造成的直接损失以及附带的损失和间接的损失。附带的损失是指除违约行为所造成的直接损失以外，受损失的一方附带承担的损失，如对货物的保管、运输、检查等所支出的费用。间接损失主要是指由于一方违反合同而造成对人身的伤害或财产的损坏。此外，英美法对损害赔偿还有两项限制：第一，违约方应赔偿的损失应为其在订立合同时已预见或应预见的，即合理预见规则；第二，一方违约时，受损害方有义务采取合理措施减轻由于违约所造成的损失，对于本可合理避免的损失不能要求赔偿，即减轻损失规则。我国《民法典》第584条、591条对损害赔偿的范围作出了具体规定，包括：当事人一方不履行合同义务或者履行合同义务不符合约定，造成对方损失的，损失赔偿额应当相当于因违约所造成的损失，包括合同履行后可以获得的利益；但是，不得超过违约一方订立合同时预见到或者应当预见到的因违约可能造成的损失。当事人一方违约后，对方应当采取适当措施防止损失的扩大；没有采取适当措施致使损失扩大的，不得就扩大的损失请求赔偿。当事人因防止损失扩大而支出的合理费用，由违约方负担。

3. 违约金

违约金是依当事人的约定或法律的直接规定，在一方当事人不履行合同义务时向他方给付的金钱。对于违约金的性质，大陆法中有惩罚性违约金与补偿性违约金之分，前者认为违约金是对违约方不履行合同的制裁，后者则认为违约金仅是对受损害方的一种补偿。德国法采纳前一种观点，《德国民法典》第 339 条规定，债务人与债权人约定，在债务人不能履行或者不能以适当方式履行债务时，须支付一定金额作为违约金的，在债务人迟延时，罚其支付违约金。法国法则采纳后一种观点，《法国民法典》第 1129 条规定，违约金条款是对债权人因主债务不履行所受到损害的补偿。并规定，违约金数额明显过高或过低时，法官可以依职权减少或增加违约金的数额。英美法不认可惩罚性违约金，双方当事人在合同中约定的违约金应作为预先约定的损害赔偿金额。如果约定的金额过高，大大超过违约所能引起的损失或带有威胁性质，目的在于对违约方予以惩罚的，则法院对其约定一般不予认可。

我国《民法典》第 585 条规定，当事人可以约定一方违约时应当根据违约情况向对方支付一定数额的违约金，也可以约定因违约产生的损失赔偿额的计算方法。约定的违约金低于造成的损失的，人民法院或者仲裁机构可以根据当事人的请求予以增加；约定的违约金过分高于造成的损失的，人民法院或者仲裁机构可以根据当事人的请求予以适当减少。根据《最高人民法院关于适用〈中华人民共和国合同法〉若干问题的解释(二)》的规定，当事人约定的违约金超过造成损失的 30%的，一般可以认定为“过分高于造成的损失”。

4. 定金

定金是指债务人为了保证合同的履行，依约先给付债权人一定数额的金钱。给付定金的一方不履行合同义务的，无权要求返还定金；收受定金的一方不履行合同义务的，双倍返还定金。给付定金的一方履行合同义务后，定金应当返还或抵作价款。我国《民法典》第 586 条规定，当事人可以约定一方向对方给付定金作为债权的担保。定金合同自实际交付定金时成立。定金的数额由当事人约定；但是，不得超过主合同标的额的 20%，超过部分不产生定金的效力。实际交付的定金数额多于或者少于约定数额的，视为变更约定的定金数额。

5. 禁令

禁令是英美法国家采取的一种特殊救济方法，是由法院作出禁令，强制执行合同规定的某项消极义务，即禁止被告不得从事某种行为的命令。禁令是英美衡平法上的救济方法，法院一般仅在采取损害赔偿的救济方法不足以补偿债权人所受损失的情况下发布禁令，且较多适用于违反竞业禁止的合同，但法院在发布禁令时亦须考虑公平合理原则。倘若违约方不从事与受损害方相竞争的事业即会丧失生活来源的，法官更倾向于只判决损害赔偿或只发布较短时间的禁令。我国法律并未确立这一违约救济方式。

此外，当事人还可通过解除合同、中止履行合同的方式对所受损害予以救济，对此前文已作阐述，此处不赘述。在对方当事人不履行合同义务时，行使法定或约定的担保权通常也是守约方可采取的救济方式，具体内容见下文。

第八节 合同的担保

合同的担保是促使合同当事人履行其合同义务，保障对方当事人的债权得以实现的法律措施。除即时清结的合同外，合同从缔结到履行完毕往往需要经过一段时间，一方当事人因故不履行或不完全履行合同时，对方当事人固然可以依合同法的规定或合同的约定追究其违约责任，但随着时间的流逝，违约方的履行能力很有可能已经发生变化，守约方的合同风险随之增加。合同担保制度则可以解除守约方的这一后顾之忧，即便合同签订后违约方的履约能力降低，守约方仍能就担保物或第三人的保证实现其债权。基于此，各国均在债法部分设置了担保制度。

根据担保所用标的物性质的不同，可将担保分为人的担保、物的担保与金钱担保。人的担保是指以人的信誉所设立的担保。当债务人不按约定履行其合同义务时，由该担保人对债务人的债务承担清偿责任。这种担保实际是使履行合同的义务扩张至担保人的一般财产，从而使债权人的受偿机会增多。在我国的担保制度中，人的担保主要是指保证。物的担保是指以物为标的所设立的担保。如果债务人不履行其债务，债权人可以将作为担保标的物的财产进行处分而从中优先受偿。这是单纯以某一特定的物所设定的担保，一经设定，便产生物权效力。金钱担保是指以金钱作为标的而设立的担保。尽管金钱亦是一种物，但金钱担保仍然存在着不同于物的担保的特性，例如在实现担保时无须变价等。我国担保制度中的金钱担保主要是指定金，关于定金的内容已如前述，此处不再赘述。

一、保证

保证是指债务人以外的第三人为债务人履行债务而向债权人所作的一种担保。保证的目的在于确保债务人履行其债务。如果债务人不履行其债务，保证人就必须承担保证责任，从而使债权人的权利得以实现。根据保证方式的不同，可将保证分为一般保证和连带保证。当事人在合同中约定，债务人不履行债务时方由保证人承担保证责任的为一般保证；连带保证是指保证人与主债务人对主合同债务承担连带责任的保证。当事人在保证合同中对保证方式没有约定或者约定不明确的，按照一般保证承担保证责任。在一般保证中，保证人承担保证责任的前提有二：第一，主债务已经审判或仲裁，也即，债权人不能直接要求保证人承担保证责任，而必须先通过诉讼或仲裁途径向主债务人追偿；第二，必须是主债务人的财产经强制执行后仍不足以清偿债务的，对于不足部分方能要求保证人承担保证责任。由此可见，在一般保证中，保证人所承担的仅是一种补充责任。与此相反，在连带保证中，当主合同债务人未按约定履行债务时，债权人就可以向债务人或保证人中的任意一人主张权利，要求其履行义务或承担债的不履行责任。一般保证人与连带保证人的最大区别在于，前者享有先诉抗辩权。所谓先诉抗辩权，是指保证人在主合同纠纷尚未经过审判或仲裁，且对主债务人的财产予以强制执行仍不足以清偿之前，有拒绝向债权人承担保证责任的权利。可见，连带保证人的责任远远大于一般保证人。

基于保证的制度功能，保证人必须是主合同债权人与债务人以外的第三人。此外，根据大多数国家的法律规定，保证人还必须具有代偿能力。我国法律亦作此要求，但司法实践中并不以保证人代偿能力的有无作为判断保证合同效力的依据，一般只需其具有相应的行为能力即可。对于保证人的保证能力，我国法律针对不同性质的主体作出了详尽规定：机关法人不得为保证人，但是经国务院批准为使用外国政府或者国际经济组织贷款进行转贷的除外。以公益为目的的非营利法人、非法人组织亦不得为保证人。

债权人与保证人可以约定保证期间，但是约定的保证期间早于主债务履行期限或者与主债务履行期限同时届满的，视为没有约定；没有约定或者约定不明确的，保证期间为主债务履行期限届满之日起6个月。债权人与债务人对主债务履行期限没有约定或者约定不明确的，保证期间自债权人请求债务人履行债务的宽限期届满之日起计算。

债权人和债务人未经保证人书面同意，协商变更主债权债务合同内容，减轻债务的，保证人仍对变更后的债务承担保证责任；加重债务的，保证人对加重的部分不承担保证责任。债权人和债务人变更主债权债务合同的履行期限，未经保证人书面同意的，保证期间不受影响。债权人转让全部或者部分债权，未通知保证人的，该转让对保证人不发生效力。保证人与债权人约定禁止债权转让，债权人未经保证人书面同意转让债权的，保证人对受让人不再承担保证责任。债权人未经保证人书面同意，允许债务人转移全部或者部分债务，保证人对未经其同意转移的债务不再承担保证责任，但是债权人和保证人另有约定的除外。第三人加入债务的，保证人的保证责任不受影响。

二、抵押

依据我国法律，为担保债务的履行，债务人或者第三人不转移财产的占有，将该财产抵押给债权人的，债务人不履行到期债务或者发生当事人约定的实现抵押权的情形，债权人有权就该财产优先受偿。其中，债务人或者第三人为抵押人，债权人为抵押权人，提供担保的财产为抵押财产，抵押权人对抵押物所享有的优先清偿其债权的权利为抵押权。抵押权是一种物权，可以对抗物的所有人及第三人，但其目的不在于对物的使用和收益，而在于担保债的履行。

抵押权依抵押行为而设立。抵押行为具体表现为抵押合同。抵押合同应采取书面形式，并包括以下内容：(1)被担保债权的种类和数额；(2)债务人履行债务的期限；(3)抵押财产的名称、数量等情况；(4)担保的范围。抵押权人在债务履行期届满前，与抵押人约定债务人不履行到期债务时抵押财产归债权人所有的，只能依法就抵押财产优先受偿。

根据我国《民法典》规定，债务人或者第三人有权处分的下列财产可以抵押：(1)建筑物和其他土地附着物；(2)建设用地使用权；(3)海域使用权；(4)生产设备、原材料、半成品、产品；(5)正在建造的建筑物、船舶、航空器；(6)交通运输工具；(7)法律、行政法规未禁止抵押的其他财产。抵押人可以将前款所列财产一并抵押。此外，企业、个体工商户、农业生产经营者可以将现有的以及将有的生产设备、原材料、半成品、产品进行抵押，债务人不履行到期债务或者发生当事人约定的实现抵押权的情形，债权人有权就抵押财产确定时的动产优先受偿。以建筑物抵押的，该建筑物占用范围内的建设用地使用权一并抵押；以建设用地使用权抵押的，该土地上的建筑物一并抵押。抵押人未依照前款规定一并抵押的，未抵押的财产视为一并抵押。乡镇、村企业的建设用地使用权不得单独抵押。以乡镇、村企业的厂房等建筑物抵押的，其占用范围内的建设用地使用权一并抵押。以下财产不得抵押：(1)土地所有权；(2)宅基地、自留地、自留山等集体所有的土地使用权，但是法律规定可以抵押的除外；(3)学校、幼儿园、医疗机构等为公益目的成立的非营利法人的教育设施、医疗卫生设施和其他社会公益设施；(4)所有权、使用权不明或有争议的财产；(5)依法被查封、扣押、监管的财产；(6)法律、行政法规规定不得抵押的其他财产。

以建筑物和其他土地附着物、建设用地使用权、海域使用权、正在建造的建筑物抵押的，应当办理抵押登记，抵押权自登记时设立。以动产抵押的，抵押权自抵押合同生效时设立；未经登记，不得对抗善意第三人。以动产抵押的，不得对抗正常经营活动中已经支付合理价款并取得抵押财产的买受人。抵押权设立前，抵押财产已经出租并转移占有的，原租赁关系不受该抵押权的影响。

抵押期间，抵押人可以转让抵押财产。当事人另有约定的，按照其约定。抵押财产转让的，抵押权不受影响。抵押人转让抵押财产的，应当及时通知抵押权人。抵押权人能够证明抵押财产转让可能损害抵押权的，可以请求抵押人将转让所得的价款向抵押权人提前清偿债务或者提存。转让的价款超过债权数额的部分归抵押人所有，不足部分由债务人清偿。

抵押权人的权利主要包括抵押物保全权、抵押权的处分权与优先受偿权。前者是指在抵押人的行为足以使抵押物的价值减少时，抵押权人有权要求抵押人停止其行为。如果因抵押人的行为使抵押物价值减少时，抵押权人有权要求抵押人恢复抵押物的价值，或者提供与减少的价值相当的担保。中者是指抵押权人可以让与其抵押权，或就抵押权为他人提供担保；但基于抵押权的从属性，抵押权不得与债权分离单独转让或作为其他债权的担保。后者是指在债务人不履行到期债务或者发生当事人约定的实现抵押权的情形，抵押权人可以与抵押人协议以抵押财产折价或者以拍卖、变卖该抵押财产所得的价款优先受偿。协议损害其他债权人利益的，其他债权人可以请求人民法院撤销该协议。抵押权人与抵押人未就抵押权实现方式达成协议的，抵押权人可以请求人民法院拍卖、变卖抵押财产。抵押财产折价或者变卖的，应当参照市场价格。同一财产向两个以上债权人抵押的，拍卖、变卖抵押财产所得的价款依照下列规定清偿：(1)抵押权已登记的，按照登记的先后顺序清偿；顺序相同的，按照债权比例清偿。(2)抵押权已登记的先于未登记的受偿。(3)抵押权未登记的，按照债权比例清偿。

三、质权

为担保债务的履行，债务人或者第三人将其动产或有权处分的权利出质给债权人占有的，债务人不履行到期债务或者发生当事人约定的实现质权的情形时，债权人有权就该动产或权利优先受偿。其中，提供财产或权利方为出质人，接受财产或权利方为质权人，该财产或权利为质物或质押财产、没质财产。①

质权是一种转移质物占有的担保物权，因此质物不能为不动产，而只能为动产或权利。根据质物性质的不同，可将质权分为动产质权与权利质权。前者是指债务人或者第三人将其动产移交给债权人占有，以其作为债权的担保的一种质权；后者是指债务人或第三人将其权利凭证移交给债权人占有，或者将其财产权利办理出质登记而作为债权的担保的一种质权。债务人或者第三人有权处分的下列权利可以出质：(1)汇票、支票、本票；(2)债券、存款单；(3)仓单、提单；(4)可以转让的基金份额、股权；(5)可以转让的注册商标专用权、专利权、著作权等知识产权中的财产权；(6)现有的以及将有的应收账款；(7)法律、行政法规规定可以出质的其他财产权利。以(1)(2)(3)项内容出质的，质权自权利凭证交付质权人时设立；没有权利凭证的，质权自有关部门办理出质登记时设立。以基金份额、股权出质的，质权自办理出质登记时设立。基金份额、股权出质后，不得转让，但是出质人与质权人协商同意的除外。出质人转让基金份额、股权所得的价款，应当向质权人提前清偿债务或者提存。以注册商标专用权、专利权、著作权等知识产权中的财产权出质的，质权自办理出质登记时设立。知识产权中的财产权出质后，出质人不得转让或者许可他人使用，但是出质人与质权人协商同意的除外。出质人转让或者许可他人使用出质的知识产权中的财产权所得的价款，应当向质权人提前清偿债务或者提存。以应收账款出质的，质权自办理出质登记时设立。应收账款出质后，不得转让，但是出质人与质权人协商同意的除外。出质人转让应收账款所得的价款，应当向质权人提前清偿债务或者提存。

---

① “质权”系我国2007年《物权法》中的提法，对应1995年《担保法》中的“质押”，是基于质押而产生的权利。《担保法》中的抵押、留置在《物权法》中亦相应称为“抵押权”“留置权”。本着对知识的介绍与时俱进的原则，合同担保部分大多围绕我国《物权法》的新规定进行编写。

因不可归责于质权人的事由可能使质押财产毁损或者价值明显减少，足以危害质权人权利的，质权人有权请求出质人提供相应的担保；出质人不提供的，质权人可以拍卖、变卖质押财产，并与出质人协议将拍卖、变卖所得的价款提前清偿债务或者提存。质权人在质权存续期间，未经出质人同意转质，造成质押财产毁损、灭失的，应当承担赔偿责任。债务人履行债务或者出质人提前清偿所担保的债权的，质权人应当返还质押财产。债务人不履行到期债务或者发生当事人约定的实现质权的情形，质权人可以与出质人协议以质押财产折价，也可以就拍卖、变卖质押财产所得的价款优先受偿。质押财产折价或者变卖的，应当参照市场价格。出质人可以请求质权人在债务履行期限届满后及时行使质权；质权人不行使的，出质人可以请求人民法院拍卖、变卖质押财产。出质人请求质权人及时行使质权，因质权人怠于行使权利造成出质人损害的，由质权人承担赔偿责任。质押财产折价或者拍卖、变卖后，其价款超过债权数额的部分归出质人所有，不足部分由债务人清偿。

四、留置

留置系指债权人依法按照合同约定占有债务人的动产，债务人不按照合同约定的期限履行债务的，债权人有权依法留置该财产，以该财产折价或者以拍卖、变卖该财产的价款优先受偿。留置权是一种法定担保物权，并不需要当事人之间特别约定即可依法产生。

留置权的取得须具备如下条件：(1)债权人依法占有债务人的动产；(2)债权已届清偿期而债务人仍不履行其债务；(3)债权的发生须与该动产具有牵连关系。至于何为牵连关系，德国民法上认为是指债权人与债务人之间的请求权牵连，而其他大陆法系国家，如瑞士、日本等则将其归结为债权与标的物的关联。就我国的立法与司法实践来看，此处的牵连乃是指债权与对标的物的占有系基于同一合同关系，如承揽人基于对承揽费的请求权享有对承揽标的物的留置权。但留置权的取得不能违反公共利益或善良风俗，且不得与债权人的义务相抵触，例如承运人负有将货物运送到指定地点的义务，在依约运送至目的地之前，承运人不得以托运人未付运费为由留置标的物。

留置权人负有妥善保管留置物的义务。因保管不善致使留置物灭失或毁损的，留置权人应承担赔偿责任。留置权人有权收取留置财产的孳息，孳息应当先充抵收取孳息的费用。留置权人与债务人应当约定留置财产后的债务履行期限；没有约定或者约定不明确的，留置权人应当给债务人六十日以上履行债务的期限，但是鲜活易腐等不易保管的动产除外。债务人逾期未履行的，留置权人可以与债务人协议以留置财产折价，也可以就拍卖、变卖留置财产所得的价款优先受偿。留置财产折价或者变卖的，应当参照市场价格。债务人可以请求留置权人在债务履行期限届满后行使留置权；留置权人不行使的，债务人可以请求人民法院拍卖、变卖留置财产。留置财产折价或者拍卖、变卖后，其价款超过债权数额的部分归债务人所有，不足部分由债务人清偿。同一动产上已经设立抵押权或者质权，该动产又被留置的，留置权人优先受偿。留置权人对留置财产丧失占有或者留置权人接受债务人另行提供担保的，留置权消灭。

本章小结

本章主要阐述了商事合同以下各个方面的法律规则：

1. 商事合同的订立。第一，当事人必须具备订立相应商事合同的权利能力与行为能力；第二，当事人意思表示真实且意思表示一致；第三，合同内容与形式均合法。此外，英美法系国家还要求具备适当对价因素才能使商事合同成立；大陆法系的一些国家则要求合同订立必须具备约因。

2. 商事合同的效力。依法订立的合同，符合生效要件的，即对当事人产生约束力。根据合同效力的不同情形，可将合同分为有效合同、效力待定合同、可撤销合同和无效合同。

3. 商事合同的履行。当事人应遵循诚实信用原则，全面妥善地履行合同主义务与附随义务。合同履行过程中，依不同情形，当事人可享有同时履行抗辩权、先履行抗辩权及不安抗辩权等。当债权人的债权因为债务人的不当处分行为受到危害时，债权人可行使代位权或撤销权等合同保全措施。

4. 商事合同的变更和转让。合同变更仅是对合同内容的变更，而合同转让实际是对合同主体的变更，包括债权转让与债务承担。

5. 商事合同的消灭。合同履行完毕即归于消灭。除此之外，合同还可基于当事人的解除、抵销、提存、免除、混同等情形而归于消灭。

6. 违反商事合同的救济方法。其方法主要包括：要求实际履行、请求损害赔偿、请求承担约定的违约金或定金责任、请求发布禁令等。

7. 商事合同的担保。主要包括抵押、质押、留置、定金、保证等。

关键概念

要约与承诺；效力待定的合同；可撤销合同；同时履行抗辩权；先履行抗辩权；不安抗辩权；代位权；撤销权；债权转让；债务承担；抵销；提存；解除；定金；违约金；留置；保证

思考与练习

1. 简述合同有效成立及生效应当具备的要件。
2. 简述要约及其生效条件。
3. 简述缔约过失责任。
4. 简述效力待定合同、可撤销合同的具体情形及其法律处理方法。
5. 简述合同履行中抗辩权的种类、构成要件及法律意义。
6. 简述合同保全的种类与构成要件。
7. 简述合同解除的原因、构成要件及其法律处理。
8. 违约救济的方式包括哪些？
9. 简述一般保证责任与连带保证责任的区别。

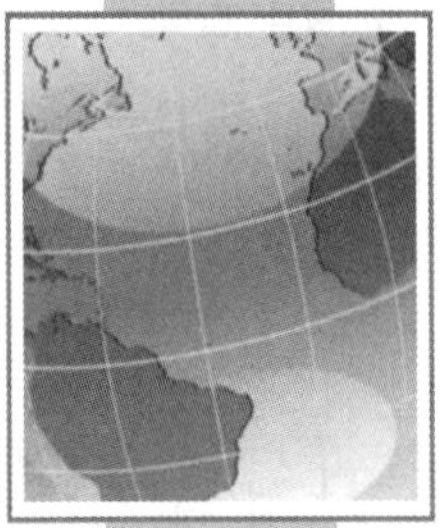

第四章 国际货物买卖法

本章要点

1.《联合国国际货物销售合同公约》的主要内容及中国加入时的保留

2. 国际货物买卖中买卖双方各自的义务与责任

3. 国际货物买卖中货物风险和所有权的转移

4. 各国对产品责任的不同规定

导入案例

卖方违反权利担保义务案[①]

原告:中国某省进出口公司 A

被告:美国某体育用品公司 B

原告和被告签订了一份国际货物买卖合同,约定由原告向被告购买一批某品牌的高级运动服,供中国市场销售。该品牌运动服在中国并无知名度,故原告对之闻所未闻,也不知此前国内有无销售。货物进口后,原告积极联系经销商,并与深圳某公司签订了买卖合同,由后者以深圳为基地向全国销售。不久,原告接到深圳C公司的传真,称该品牌的服装商标在原告进口该批服装前已由本案被告B授权该公司在中国注册,该公司是中国区域该品牌注册商标的专有权人。原告未经该公司同意,擅自销售标注该公司注册商标的产品,属严重的侵权行为。据此,该公司要求原告立即停止销售该批运动服并承担侵权责任。而此时,原、被告之间的买卖合同已经履行完毕,钱货两讫,原告似乎无法追究被告的合同责任。但事实上,原、被告之间的合同并未约定法律适用问题,而中美两国均为《联合国国际货物销售合同公约》(以下简称《公约》)的缔约国,该合同应适用《公约》的规定。根据《公约》第42条、第43条的规定,被告违反了卖方的权利担保义务,且其故意向原告隐瞒了其在合同签订之前就已授权深圳C公司取得中国区域内该品牌注册商标专有权的事实,导致原告签订买卖合同并非基于其真实的意思表示,该合同在效力上属于依法可撤销的合同。合同撤销的后果为自始不成立,双方的履约行为在法律上不被认可,可请求双方返还,并要求被告赔偿相应的经济损失。原告也可以对被告提起侵权之诉。后被告提起侵权之诉,并申请保全被告在中国境内的相应财产。法院判决原告胜诉。

请问:

1. 合同成立并生效的要件包括哪些?

2. 合同被撤销会产生何种法律后果?

3.《联合国国际货物销售合同公约》的适用范围如何?

4. 根据《联合国国际货物销售合同公约》,卖方承担哪些义务?

第一节 概 述

货物买卖是指卖方将货物及其所有权有偿地转让给买方,买方接受货物并支付货款的交

① 吴建斌:《国际商法新论》(第三版),南京大学出版社2008年版,第308页。

易行为。国际货物买卖一般是指营业地处于不同国家的当事人之间的货物交易行为。国际货物买卖法则是调整国际货物买卖关系的法律规范的总称,表现为各国国内的相关立法、国际公约,甚至也包括有关的国际惯例。由于国际货物买卖主要表现为合同形式,故而国际货物买卖法的核心内容也主要为国际货物买卖合同。此外,因国际货物买卖所引致的产品责任问题虽系侵权法的内容,但因与国际货物买卖紧密联系,故而在本章一并予以介绍。

一、有关国际货物买卖的国内立法

英美法系国家并无民法典,亦无商法典,其买卖法主要由两部分构成:其一为判例法,由法院以判例形式确定;其二为制定法,即有关国际货物买卖的立法。英美法系各国中,英国率先对有关买卖的传统判例法进行编纂,形成了1893年《货物买卖法》,并于1979年予以修订。又于1994年通过了《货物买卖与供应法》,以对《货物买卖法》进行修正。美国于1906年制定了《统一买卖法》。美国统一州法律全国委员会和美国法学会1942年又着手起草《统一商法典》(Uniform Commercial Code,简称UCC),并于1952年正式颁布,后又经数次修订。该法以内容全面、技术先进而著称,号称20世纪最伟大的商法典,其调整范围涵盖了整个买卖过程中的各个环节,对其他国家的货物买卖立法、联合国国际货物销售合同公约以及国际贸易惯例均产生了较大影响。由于该法是由学术机构所制定的一部示范性法典,故其仅供各州在立法时参考,本身并无法律效力,须各州将其纳入州法后才能在该州生效。目前除保持大陆法传统的路易斯安那州之外,其他各州均已通过立法程序采纳了该法典。

大陆法国家的买卖法均采用成文法形式,但在体系安排上又略有差别。在实行民商合一的国家,关于货物买卖的内容一般均安排在民法典中的债编或专门的债法中,如瑞士债务法典、意大利民法典等。在实行民商分立的国家,除在民法典中规定买卖法的内容之外,还在商法典的商行为中对商事买卖作出特别规定,如法国、德国、日本等。中国台湾地区所采用的既非典型的民商合一,也非纯粹的民商分立,而是以民法典涵盖商法总则和商行为的主要内容。但关于商法方面的具体制度,如公司、票据、海商、保险等,是以专门的商事法律的形式出现的。

我国调整货物买卖的法律主要为1999年的《合同法》。该法在分则部分设"买卖合同"专章,对有关买卖合同的内容予以规制。2020年出台的《民法典》在合同编的第二分编"典型合同"当中用53个条款对买卖合同专门作出规定,覆盖买卖合同的内容、履行、双方的义务、权属和风险的转移等诸多问题,不仅适用于国内货物买卖,同样也适用于国际货物买卖。

二、有关国际货物买卖的国际公约

有关国际货物买卖的国际公约,最先产生的是由罗马国际统一私法协会所起草的《国际货物买卖统一法公约》以及《国际货物买卖合同成立统一法公约》,两者均于1972年8月生效。然而由于其规定过于侧重大陆法系的传统,同时还存在着内容烦琐的不足,故而受到了英美法系国家和苏联及东欧各国的抵制,未能完成在国际范围内统一货物买卖法的目的。

为继续完成前述目标,联合国国际贸易法委员会专门成立了国际货物买卖法工作组,对前两个公约进行修订,起草了《联合国国际货物销售合同公约》(CISG)(以下简称公约)。该公约于1980年在维也纳联合国外交会议上通过,并于1988年1月1日正式生效。中国于1986年加入该公约。

公约内容分为四部分,共一百零一条。第一、四部分规定了适用范围与最后条款,第二、三部分则规定了合同的成立与货物买卖。公约第2条、第3条对其适用范围作出了排他性规定。

公约不适用于以下销售：(1)购供私人、家人或家庭使用的货物的销售，除非卖方在订立合同前任何时候或订立合同时不知道而且没有理由知道这些货物是购供这种使用；(2)经由拍卖的销售；(3)根据法律执行令状或其他令状的销售；(4)公债、股票、投资证券、流通票据或货币的销售；(5)船舶、船只、气垫船或飞机的销售；(6)电力的销售。此外，公约第 4 条、第 5 条还对其效力作出了限制：该公约只适用于销售合同的订立和买卖双方因此种合同而产生的权利和义务。特别是，公约除非另有明文规定，与以下事项无关：(1)合同的效力，或其任何条款的效力，或任何惯例的效力；(2)合同对所售货物所有权可能产生的影响。公约不适用于卖方对于货物对任何人所造成的死亡或伤害的责任。

尽管公约的内容仅限于合同订立与买卖双方的权利和义务，但因其内容上的兼收并蓄、文字上的严谨简练等优点，使得其成为国际货物买卖领域为各国所普遍接受的一部国际公约，也是我国法院在审理此类案件时唯一可以直接适用的国际条约。只要是公约规定的国际货物买卖合同，除非当事人已经在合同中明确排除其适用或明确约定适用其他法律文件，否则法院或仲裁机构必须优先适用公约来解决当事人之间的争议。

中国在加入该公约时曾经作出了两项保留，分别为：第一，对书面形式的保留。公约第 11 条规定："销售合同无须以书面订立或书面证明，在形式方面也不受任何其他条件的限制。销售合同可以用包括人证在内的任何方法证明。"我国保留了国际货物销售合同应采用书面形式的主张。1999 年的《合同法》虽然在原则上对合同形式采取不要式主义，但中国当事人未采取书面形式所缔结的国际货物买卖合同仍不具备法律约束力。2013 年 1 月，我国政府向联合国秘书长正式递交了撤回保留的申请，并于 2013 年 8 月 1 日正式生效。故而目前我国关于合同形式的保留已经撤回，这就意味着中国当事人未采取书面形式所缔结的国际货物买卖合同具备法律约束力。第二，对适用范围的保留。按照公约的规定，如果合同双方当事人的营业地分处于不同缔约国，公约就适用于当事人间所订立的货物买卖合同。但公约同时又规定，只要当事人的营业地分处于不同国家，即便这些国家不是公约缔约国，只要按国际私法的规则指向适用某个缔约国的法律，则该公约亦将适用于这些当事人之间所订立的买卖合同。这一规定的目的在于扩大公约的适用范围，但我国对此提出了保留。也即，我国认为该公约的适用范围仅限于双方营业地处于不同缔约国的当事人之间所订立的货物买卖合同。

三、有关国际货物买卖的国际贸易惯例

从时间上来看，首先应为 1932 年由国际私法协会主持制定的"华沙—牛津"规则。该规则完全针对 CIF 制定，对于 CIF 贸易术语下买卖双方的权利义务有着较大影响。但也正因其仅涉及 CIF 术语，故而较少被采用。1941 年，美国对其在对外贸易中所经常采用的贸易术语进行了解释，具体规定了在各种不同的贸易术语中买卖双方在交货方面的权利与义务，包括 CIF、FOB 等 6 种价格术语。该规则除在美洲国家具有较大影响外，其作用不及国际商会制定的《国际贸易术语解释通则》，且对 FOB 这一术语的解释，两者也存在较大差异。

《国际贸易术语解释通则》系由国际商会于 1935 年所制定，是国际货物买卖部分影响最大的国际贸易惯例，其目的在于对国际贸易中所使用的主要术语提供一套国际通用的解释，以避免或减少因各国解释不同而导致的不确定性，使处于不同国家和地区的国际商事活动主体在合同中可以引用该通则以明确界定各自的义务并减少法律纠纷的风险。通则只适用于国际货物买卖中与交货有关的事项中的权利义务划分，且以当事人明确选择为适用前提。该通则自制定以来先后作出了八次修改，目前 2020 年版本(简称为"INCOTERMS2020")已生效。作

为一种交易惯例，新版本的生效并不必然意味着旧版本的失效。在实际交易活动中，当事人仍可根据自身交易习惯选择适用旧版本或新版本。无论适用哪个版本，均要在合同当中指明具体版本编号，以免发生分歧进而引发纠纷。

2020 年版本继续保留了 2010 年版本的 11 个贸易术语。但与 2010 年版本不同的是，这 11 个术语首先根据适用的运输方式分为两组：第 1 组适用于任何一种运输方式或多种运输方式，第 2 组仅适用于水运。然后再根据买卖双方义务的大小在每一组内进行排列。具体如下，第一，适用于任何运输模式。按卖方责任由小到大分别为 E、F、C、D 组。其中，E 组主要为 EXW，系指卖方仅在自己的地点将货物交给买方处置即可，该组术语下卖方责任最小。F 组主要为 FCA，指卖方须将货物交至买方指定的承运人，卖方无须办理运输手续，亦无须支付运费。C 组包括 CPT 和 CIP，指卖方须订立运输合同，但对货物灭失或损坏的风险以及装船和起运后发生意外所产生的费用不承担责任。D 组则包括 DAP、DPU、DDP，指卖方须承担将货物交至目的地所需的全部费用(涉及清关的费用除外)和风险，是典型的到货合同。第二，只适用于水面运输。首先是 F 组，包括 FAS、FOB：亦指卖方须将货物交至买方指定的承运人，卖方无须办理运输手续，亦无须支付运费。其次是 C 组，包括 CFR、CIF：内涵与前文 C 组基本一致。

本次修订当中涉及的内容除上述内容之外还有如下几点，第一，在 2010 年版本中，货物的交付于装船之前完成，承运人有义务签发带有船上注解的“已装运”提单或“已收到”提单，但是仅当货物实际装上船时才会签发。为了解决这个问题，2020 年版本对 FCA 规则增加签发装船提单选项：买卖双方可以约定买方指示其承运人在货物装运后向卖方签发装船提单，卖方随后方才有义务向买方(通常通过银行)提交提单。尽管国际商会意识到装船提单和 FCA 项下的交货存在矛盾，但这符合用户需求。值得注意的是，即使采用该附加选项，卖方并不因此受买方签署的运输合同条款的约束。第二，新版本对费用划分条款进行了修订，目的在于为用户提供一站式费用列表，使买方或卖方得以在一个条款中找到其选择的术语所对应的所有费用，故而确定交易双方所承担的成本将比 2010 年版本更为快捷。第三，在 CIF 价格术语中，卖方的责任仍然是“自费投保符合协会货物保险条款(LMA / IUA)的(C)条款或任何类似条款所规定的货物险”。第四，CIP 卖方的责任是(如无其他协议)“自费投保符合协会货物保险条款(LMA / IUA)的(A)条款或适用于所用运输工具的任何类似条款所规定的货物险”。第五，2020 年版本中的 FCA、DAP、DPU、DDP，可用自有运输工具安排拖车。FCA 术语中，可以使用买方自己的运输工具，在 DAP、DPU 和 DDP 中，可以使用卖方自己的运输工具。第六，在 2010 年版本中，术语 DAT 与 DAP 之间的唯一区别在于，DAT 中的卖方将货物“从到达的运输工具中卸下后即交付给 Terminal”，在 DAP 术语中，卖方“在将货物交给买方处置时交付了货物”。2020 年版本进行了两项更改。首先是条款的显示顺序发生了颠倒(在 2020 年版本，DAP 列在 DPU 之前，恰与 2010 年版本相反)；其次，为强调目标位置可以是任何位置，术语名称由 DAT(在终端交付)更改为 DPU(在卸货的地方交付)。[①]

---

① 参见：“一图看懂 Incoterms® 2020，与 2010 版相比的 7 点更新内容”，https://cloud.tencent.com/deve、loper/news/487850，2020 年 7 月 28 日访问。

第二节　买卖双方的权利和义务

【案例 4—1】

原告德国进口方向被告瑞典出口方购买了 1 750 公斤新西兰海蚌。买方收货后即委托一官方机构检验，结果发现海蚌的镉含量很高，买方据此诉请解除合同。德国最高法院 1995 年作出判决，认为本案应适用公约；货物与合同不符属于公约中的根本违反合同。货物平均品质是否适合通常用途或是否具有商销性，则是一个依情况而定的问题。据目前所知，镉含量超过德国标准并不意味着它是劣等货，因为与肉类标准不同，德国关于鱼类的镉标准只是一项行政指标。当事人在没有明确约定时，若货物不适合通常用途或不具有明示或默示告知卖方的特定目的，则货物视为不符合合同。根据绝对盛行的法律观点，除非在出口国存在同样规则，否则不能期望与买方国家或使用国家特定公法规则相符。本案中的货物是易腐品，交货后 1 个月内提出异议的合同约定与公约中"合理时间"通知的规则一致，但本案中的买方却在近 2 个月之后才就货物与合同不符通知卖方。以上各项理由促成本院作出对卖方有利的判决。①

请问：

1. 根据公约规定，买卖双方各承担哪些义务？
2. 如何判断货物是否与合同相符？

一、国际货物买卖合同的成立

与其他合同一样，国际货物买卖合同的订立也需经过要约和承诺。在国际贸易实务中，要约通常又称为发价或发盘(offer)，承诺则称为接受(acceptance)。理论界通常将合同成立的条件分为形式要件和实质要件，前者是指法律对合同形式的要求，后者是指缔约双方须通过要约和承诺达成合意。合同形式要件与实质要件的欠缺均可能导致合同无效。对于合同的形式，如前文所述，公约采取不要式主义，我国虽然此前对此作出保留，但如今已撤回保留，与公约保持一致，此处不再赘述，仅对实质要件的内容予以介绍。

(一)要约

公约第 14 条规定："向一个或一个以上特定的人提出的订立合同的建议，如果十分确定并且表明要约人在得到承诺时承受约束的意旨，即构成要约。一个建议如果写明货物并且明示或暗示地规定数量和价格或规定如何确定数量和价格，即为十分确定。"可见，一项有效的要约必须具备如下条件：第一，向一个或一个以上特定的人发出。如果不是向特定的人发出，一般为要约邀请。第二，要约的内容须具体确定。包括足以订立合同的主要条款，如货物名称、数量、质量、价格等。第三，要约须表明要约人在其要约一经承诺即受其约束的意思表示。

根据公约第 15 条第 1 款的规定，要约于送达受要约人时生效。第 2 款规定：一项要约，即使是不可撤销的，都可以撤回，只要撤回通知能在要约到达受要约人之前或与其同时到达受要约人。关于要约的撤销，公约第 16 条第 1 款规定：在未订立合同之前，如果撤销通知于受要约人发出承诺通知之前送达受要约人，要约可以撤销。同时第 2 款又对要约的撤销作出了限制。在下列情况下，要约不得撤销：(1)要约中写明承诺的期限或以其他方式表示要约是不可撤销的；(2)受要约人有理由信赖该要约是不可撤销的，而且受要约人已本着对该项要约的信赖而

① 吴兴光等：《国际商法》，中山大学出版社 2003 年版，第 95 页。

行事。我国合同法的有关规定与公约基本一致。此外,要约因被拒绝、被要约人撤回或撤销、受要约人提出反要约、承诺期限届满或合理期限已过而终止。对此,公约的规定与各国法例及贸易习惯基本相同。

(二)承诺

受要约人以声明或者行为对要约表示同意,即构成承诺。在特定情况下,根据双方的交易习惯,缄默、不作为亦可被认定为承诺。有效的承诺应与要约的内容相一致,且应在要约所规定的有效期内作出。关于对要约作出变更的承诺,其效力在公约第19条亦有明确规定:对要约表示承诺时,如对要约的内容做了添加、限制或者更改,应视为对要约的拒绝,并构成反要约。但如果那些添加、限制或者更改在实质上并不变更该要约的条件,则除要约人在不过分迟延的期限内提出异议外,仍可作为有效的承诺,合同仍可成立,且合同内容以要约及承诺所作的变更为准。至于何为实质性条件,公约列举了六项,即价格、付款、数量与质量、交货时间与地点、当事人的赔偿责任范围、争议的解决方法,这与我国合同法中的规定基本一致。对于逾期承诺的效力,公约第21条规定原则上为无效;但若要约人认为其有效,并及时通知受要约人,则逾期承诺仍可视为有效,并以该逾期承诺实际到达要约人的时间为合同的成立时间。此外,若载有逾期承诺的信件或者其他书面文件表明,按照其寄发情况,在正常情况下应该能够及时送达要约人的,则该承诺虽已逾期,仍应认定为有效,除非要约人毫不迟延地通知受要约人其承诺因逾期而失效。

对于承诺生效的时间,大陆法采用到达主义,即承诺在到达要约人时生效。在承诺生效之前,一般仍允许受要约人撤回。反之,英美法对邮寄与电报两种承诺方式采用投邮主义,承诺一经发出立即生效,因而不能撤回。如果受要约人采用电话、电传打字、传真以及电子数据交换等即时同步方式,承诺在到达要约人之时才能生效,而且要求在承诺中完整、清楚地表达出接受要约的意思表示。[①] 公约原则上采用到达生效主义,但在受要约人以某种行为作出承诺的情形下,该行为一经作出,承诺即生效。承诺生效,合同也就正式成立,因此承诺不能撤销,否则即构成违约。

二、买卖双方的权利与义务

国际货物买卖合同一经成立,双方的权利义务关系即告形成。国际货物买卖合同作为一种双务合同,当事人双方互享权利、互负义务,一方的权利就是另一方的义务,反之亦然。对双方权利义务的了解只需从义务的角度来透视即可观其全貌。公约就国际货物买卖合同中双方当事人所负的义务作出了全面而具体的规定,我国《合同法》的规定与之基本一致,以下即以公约为核心予以阐述。其中的卖方亦称出卖人;买方亦称买受人。

(一)卖方的义务

根据公约的规定,卖方的义务主要有三项:交付合同约定的货物,提交与货物有关的单据,将货物的所有权转移给买受人。

1. 交付货物

卖方交货,应严格按照合同约定或法律规定的时间、地点履行。

(1)交货时间

公约第33条规定,卖方必须按以下规定的日期交付货物:①如果合同规定日期,或从合同

---

① 杨桢:《英美契约法论》,北京大学出版社1997年版,第78页。

可以确定日期，应在该日期交货；②如果合同规定一段时间，或从合同可以确定一段时间，除非情况表明应由买方选定一个日期外，应在该段时间内任何时候交货；③在其他情况下，应在订立合同后一段合理时间内交货。

我国法律规定，卖方应按约定的期限交货。约定交付期间的，卖方可以在该交付期间内的任何时间交付；当事人没有约定交货期限或约定不明确的，可以协议补充加以确定；协议不成的，可按合同有关条款或交易习惯确定；仍不能确定的，债务人可以随时履行，债权人也可以随时要求履行，但应给对方必要的准备时间。

(2)交货地点

公约规定，如果合同约定了特定的交货地点，卖方应当在该地点交货。如果合同没有规定具体的交货地点，卖方应当根据以下规则履行交货义务：①如果销售合同涉及货物的运输，卖方应把货物移交给第一承运人以运交给买方；②在不涉及货物运输的情况下，如果合同指的是特定货物或从特定存货中提取的或尚待制造或生产的未经特定化的货物，而双方当事人在订立合同时已知道这些货物是在某一特定地点，或将在某一特定地点制造或生产，卖方应在该地点把货物交给买方处置；③在其他情况下，卖方应在其订立合同时的营业地把货物交给买方处置。在第一种情形中，卖方还负有特殊义务：第一，如果卖方将货物交付给承运人时，货物没有以货物上加标记或以装运单据或其他方式清楚地注明有关合同，卖方必须向买方发出列明货物的发货通知。第二，如果卖方有义务安排货物的运输，其必须订立必要的合同，以按照通常运输条件，用合适的运输工具将货物运到指定地点。我国《民法典》第 603 条规定，出卖人应当按照约定的地点交付标的物。当事人没有约定交付地点或者约定不明确，依据本法第 510 条的规定(先协议补充，不能达成补充协议的按照合同相关条款或者交易习惯确定)仍不能确定的，适用下列规定：(1)标的物需要运输的，出卖人应当将标的物交付给第一承运人以运交给买受人。(2)标的物不需要运输，出卖人和买受人订立合同时知道标的物在某一地点的，出卖人应当在该地点交付标的物；不知道标的物在某一地点的，应当在出卖人订立合同时的营业地交付标的物。

2. 交付单据

在国际货物买卖中，仅有货物本身的交付尚不足以实现买卖双方的各项权益。与货物有关的单据往往是货物权益的重要组成部分，如海运提单是货物所有权的象征，原产地证明、进出口许可证是办理报关手续的必要文件等。可见，交单与交货同等重要。与国际货物买卖有关的单据除前述三种外，还包括保险单、商业发票、领事发票、品质检验证书、重量证书等。

对于单据的交付，公约第 34 条规定：如果卖方有义务移交与货物有关的单据，他必须按照合同所规定的时间、地点和方式移交这些单据。如果卖方在那个时间以前已移交这些单据，他可以在那个时间到达前纠正单据中任何不符合合同规定的情形，但是，此一权利的行使不得使买方遭受不合理的不便或承担不合理的开支，且买方可以保留公约所规定的要求损害赔偿的任何权利。

我国《民法典》第 598 条、599 条亦对单据的交付作出了规定：出卖人应当履行向买受人交付标的物或者交付提取标的物的单证，并转移标的物所有权的义务。出卖人应当按照约定或者交易习惯向买受人交付提取标的物单证以外的有关单证和资料。

3. 品质担保

(1)品质担保的内容

公约第 35 条规定：卖方交付的货物必须与合同所规定的数量、质量和规格相符，并须按照合同所规定的方式装箱或包装，即“货物相符”原则。

对于卖方所交付的货物的质量与规格，公约进一步规定，除双方当事人业已另有协议外，货物除非符合以下规定，否则即为与合同不符：①货物适用于同一规格货物通常使用的目的；②货物适用于订立合同时曾明示或默示地通知卖方的任何特定目的，除非情况表明买方并不依赖卖方的技能和判断力，或者这种依赖对他是不合理的；③货物的质量与卖方向买方提供的货物样品或样式相同；④货物按照同类货物通用的方式装箱或包装，如果没有此种通用方式，则按照足以保全和保护货物的方式装箱或包装。当然，如果买方在订立合同时已经知道或不可能不知道货物与合同不符的，卖方就无需按前述条款承担不符合合同的责任。我国法律对此亦作出了明确规定：①卖方应当按照合同约定的质量要求交付货物。卖方提供有关货物质量说明的，交付的货物应当符合该说明的质量要求。②当事人对货物的质量要求没有约定或约定不明确的，可以协议补充；协议不成的，依合同有关条款或交易习惯确定；仍不能确定的，按照强制性国家标准履行；没有强制性国家标准的，按照推荐性国家标准履行；没有推荐性国家标准的，按照行业标准履行；没有国家标准、行业标准的，按照通常标准或符合合同目的的特定标准履行。③卖方应当按照约定的包装方式交付货物；对包装方式没有约定或约定不明确的，当事人可以协议补充；协议不成的，依合同有关条款或交易习惯确定；仍不能确定的，应当按照通用的方式包装；没有通用方式的，应当采取足以保护标的物且有利于节约资源、保护生态环境的包装方式。

对于所交付货物的数量，原则上应与合同约定的数量一致，多交或少交均构成与合同不符。对于多交的部分，公约规定买方可以收取也可以不收取；但若多收取的，买方对此必须按合同约定的价格付款。

(2)品质担保的期间

对于货物不符合合同的风险转移问题，公约第 36 条规定：①卖方应按照合同和本公约的规定，对风险移转到买方时所存在的任何不符合合同的情形负有责任，即使这种不符合合同的情形在该时间后方始明显。②卖方对在上一款所述时间后发生的任何不符合合同的情形，也应负有责任，如果这种不符合合同的情形是由于卖方违反他的某项义务所致，包括违反关于在一段时间内货物将继续适用于其通常使用的目的或某种特定目的，或将保持某种特定质量或性质的任何保证。

(3)卖方对不符合合同的补救

卖方交付货物与合同约定不符的，在一般情况下应构成违约，但根据公约的规定，在卖方提前交货的情况下，他可以做出一些补救措施来减轻其责任：如果卖方在交货日期前交付货物，他可以在那个日期到达前交付任何缺漏部分或补足所交付货物的不足数量，或交付用以替换所交付不符合合同规定的货物，或对所交付货物中任何不符合合同规定的情形做出补救，但是，此一权利的行使不得使买方遭受不合理的不便或承担不合理的开支。同时，该补救并不影响买方基于公约所享有的要求损害赔偿的任何权利。

(4)买方的检验

买方收到卖方所交付的货物后，必须及时进行检验，若有货物不符的情形，亦须及时向卖方提出。对于货物的检验时间，公约第 38 条规定：①买方必须在按情况实际可行的最短时间内检验货物或由他人检验货物。②如果合同涉及货物的运输，检验可推迟到货物到达目的地后进行。③如果货物在运输途中改运或买方须再发运货物，没有合理机会加以检验，而卖方在订立合同时已知道或理应知道这种改运或再发运的可能性的，检验可推迟到货物到达新目的地后进行。我国法律仅规定买方收到货物时应当在约定的检验期间内检验;没有约定检验期间的,应当及时检验。

对于买方提出货物不符的权利期间,公约第39条规定:①买方对货物不符合合同的,必须在发现或理应发现不符情形后一段合理时间内通知卖方,说明不符合合同情形的性质,否则就丧失声称货物不符合合同的权利。②无论如何,如果买方不在实际收到货物之日起2年内将货物不符合合同情形通知卖方,他就丧失声称货物不符合合同的权利,除非这一时限与合同规定的保证期限不符。此外,根据公约第40条的规定,如果货物不符合合同规定指的是卖方已知道或不可能不知道而又没有告知买方的一些事实,则卖方无权援引第38条和第39条的规定。在这一点上,我国《民法典》作出了较为详尽的规定,具体包括如下几点:当事人约定检验期限的,买受人应当在检验期限内将标的物的数量或者质量不符合约定的情形通知出卖人。买受人怠于通知的,视为标的物的数量或者质量符合约定。当事人没有约定检验期限的,买受人应当在发现或者应当发现标的物的数量或者质量不符合约定的合理期限内通知出卖人。买受人在合理期限内未通知或者自收到标的物之日起二年内未通知出卖人的,视为标的物的数量或者质量符合约定;但是,对标的物有质量保证期的,适用质量保证期,不适用该二年的规定。出卖人知道或者应当知道提供的标的物不符合约定的,买受人不受前两款规定的通知时间的限制。当事人约定的检验期限过短,根据标的物的性质和交易习惯,买受人在检验期限内难以完成全面检验的,该期限仅视为买受人对标的物的外观瑕疵提出异议的期限。约定的检验期限或者质量保证期短于法律、行政法规规定期限的,应当以法律、行政法规规定的期限为准。当事人对检验期限未作约定,买受人签收的送货单、确认单等载明标的物数量、型号、规格的,推定买受人已经对数量和外观瑕疵进行检验,但是有相关证据足以推翻的除外。出卖人依照买受人的指示向第三人交付标的物,出卖人和买受人约定的检验标准与买受人和第三人约定的检验标准不一致的,以出卖人和买受人约定的检验标准为准。

4. 权利担保

权利担保是指卖方应保证对其所交付的货物享有合法的权利,没有侵犯任何第三人的权利,并且任何第三人均不会就该项货物向买方主张任何权利,买方有权自由地处置该货物。卖方所担保的权利具体又可分为两个方面:

(1)物权,包括所有权与担保物权两种权利。具体而言,卖方必须保证其有权出售该货物,不会因所有权问题而使买方受到权利人的追索;卖方须保证货物上不存在任何为买方所不知的担保物权;此外,卖方还须保证不得有任何第三方对所交付的货物提出合法要求。倘若买方同意在这种权利或要求的条件下收取货物,则卖方对此可以免责。

(2)知识产权。根据公约第42条的规定,卖方所交付的货物,必须是第三方不能根据工业产权或其他知识产权主张任何权利或要求的货物,即要求该货物不能侵犯任何第三人的工业产权和知识产权。但存在两个例外:①买方在订立合同时已知或不可能不知此项权利或要求的发生;②此项权利或要求的发生,是由于卖方遵照买方所提供的技术图样、图案、程式或其他规格所致。在这两种例外情况下,卖方不承担有关知识产权的权利担保义务。此外,卖方并非对第三方依据任何国家的法律所提出的工业产权或其他知识产权的权利或请求均须向买方承担责任,而仅在以下两种情况下承担责任:①双方在订立合同时预期货物将在某一国境内转售或做其他使用,则卖方对第三人根据该国有关知识产权保护方面的法律所提出的权利请求,应对买方承担责任。②在任何其他情况下,卖方仅对第三人根据买方营业地所在国的法律所提出的有关侵犯工业产权或其他知识产权的权利或要求向买方承担责任。

对于卖方的权利担保义务，我国《民法典》第612、613、614条规定，出卖人就交付的标的物，负有保证第三人对该标的物不享有任何权利的义务，但是法律另有规定的除外。买受人订立合同时知道或者应当知道第三人对买卖的标的物享有权利的，出卖人不承担前条规定的义务。买受人有确切证据证明第三人对标的物享有权利的，可以中止支付相应的价款，但是出卖人提供适当担保的除外。

（二）买方的义务

在国际货物买卖中，买方的义务主要为支付货款和收取货物。

1. 支付货款

公约第54条规定，买方支付价款的义务包括根据合同或任何有关法律和规章规定的步骤和手续，以便支付价款。据此，可将买方支付货款的义务予以细分：

（1）支付货款的必要准备

基于国际货物买卖的特性，货款往往无法直接支付，而需要根据合同和法律的规定履行一定的程序。如合同约定以信用证方式付款的，买方须先向银行申请开立信用证；使用汇付的，则须先予承兑；在实行外汇管制的国家，还须向有关部门申请进口许可证及所需外汇等。所有这些均为买方为支付货款所必须履行的义务。

（2）支付金额

通常情况下，买方应当按照合同约定的金额或根据合同明示或默示的价格来进行支付，但在合同并未明示或默示地规定价格或确定价格的方法时，公约第55条规定，在没有任何相反表示的情况下，双方当事人应视为已默示地引用订立合同时此种货物在有关贸易的类似情况下销售的通常价格。同时，如果价格是按货物的重量规定的，如有疑问，应按净重确定。

对此，我国《民法典》第626条规定，买受人应当按照约定的数额和支付方式支付价款。对价款的数额和支付方式没有约定或者约定不明确的，适用本法第510条、第511条第二项和第五项的规定。即，对价款没有约定或者约定不明确的，可以协议补充；不能达成补充协议的，按照合同相关条款或者交易习惯确定；仍不能确定的，按照订立合同时履行地的市场价格履行；依法应当执行政府定价或者政府指导价的，按照规定履行。

（3）支付地点

凡合同约定支付地点的，均应依约履行。未作约定的，公约第57条作出规定，如果买方没有义务在任何其他特定地点支付价款的，他必须在以下地点向卖方支付价款：①卖方营业地；②如凭移交货物或单据支付价款的，则为移交货物或单据的地点。如果合同订立后，卖方的营业地发生了变化，则卖方必须承担因其营业地的变动而增加的支付费用。我国《民法典》第627条规定，买受人应当按照约定的地点支付价款。对支付地点没有约定或者约定不明确，可以协议补充；不能达成补充协议的，按照合同相关条款或者交易习惯确定；仍不能确定的，买受人应当在出卖人的营业地支付；但是，约定支付价款以交付标的物或者交付提取标的物单证为条件的，在交付标的物或者交付提取标的物单证的所在地支付。

（4）支付时间

根据公约规定，买方必须按合同和公约规定的日期或从合同和公约可以确定的日期支付价款，而无须卖方提出任何要求或办理任何手续。如果买方没有义务在任何其他特定时间内支付价款的，他必须于卖方按照合同和本公约规定将货物或控制货物处置权的单据交给买方处置时支付价款。卖方可以将支付价款作为移交货物或单据的条件。如果合同涉及货物运输，卖方可以将支付价款后方把货物或控制货物处置权的单据移交给买方作为发运货物的条件。当然，买方在未有机会检验货物前，无义务支付价款，除非这种机会与双方当事人议定的交货或支付程序相抵触。

对此，我国《民法典》第 628 条规定，买受人应当按照约定的时间支付价款；对支付时间没有约定或者约定不明确的，可以协议补充；协议不成的，可以根据合同的有关规定或交易习惯确定；仍然不能确定的，买受人应当在收到标的物或者提取标的物的同时支付。

2. 收取货物

买方应当及时收取货物，否则即构成违约。根据公约，买方收取货物的义务具体包括：第一，采取合理措施协助卖方交货。合同的履行往往需要对方当事人的协助，在国际货物买卖中更是如此。例如在 FOB 价格术语下，卖方交货以买方租船订舱为前提，否则卖方即无法将货物交至指定的船只。第二，实际接收货物，即买方应根据合同的规定接收卖方所交付的货物。第三，及时对货物进行检验。具体内容见前文阐述。第四，及时通知卖方有关情况。买方经检验发现货物不符的，应在发现或应当发现这一情形后的一段合理时间内将有关货物不符的情形通知卖方。自买方实际收货之日起 2 年内未通知卖方的，买方丧失声称货物不符合合同的权利，除非这一期限与合同规定的保证期限不符。

第三节　违约及其补救方法

一、双方共同的补救方法

所谓双方共同的补救方法，系指合同任意一方违约时，对方均可采取的补救措施。主要包括如下几种：

(一)损害赔偿

根据公约的规定，损害赔偿是一种主要的违约救济方法，且不受其他救济方法的影响，也无须证明违约方对损害的产生存在主观过错。此与英美法的规定相近。对于损害赔偿的范围，公约规定，一方当事人违反合同应负的损害赔偿额，应与另一方当事人因他违反合同而遭受的包括利润在内的损失额相等。这种损害赔偿不得超过违反合同一方在订立合同时，依照他当时已知道或理应知道的事实和情况，对违反合同预料到或理应预料到的可能损失。同时，声称另一方违反合同的一方，必须按情况采取合理措施，减轻由于该另一方违反合同而引起的损失，包括利润方面的损失。如果他不采取这种措施，违反合同一方可以要求从损害赔偿中扣除原可以减轻的损失数额。可见，此处的损害赔偿应包括非违约方因违约行为所造成的实际损失和可得利益损失，与大陆法的规定相近。但同时，该赔偿范围还要受到英美法系中的合理预见规则及减轻损失规则的限制。我国法律的规定参见前文“商事合同法”当中的“违约责任”部分内容。

(二)中止履行

公约第 71 条规定，如果订立合同后，另一方当事人由于下列原因显然将不履行其大部分重要义务的，一方当事人可以中止履行义务：(1)他履行义务的能力或他的信用有严重缺陷；(2)他在准备履行合同或履行合同中的行为，也即一方当事人在对方当事人存在预期违约的情形下有权中止己方的履行。[①] 如果卖方在前述理由明显化以前已将货物发运，他仍可以阻止

① 关于预期违约的含义，参见商事合同法部分的阐述。

将货物交给买方，即使买方持有其有权获得货物的单据。与此同时，中止履行义务的一方当事人不论是在货物发运前还是发运后，都必须立即将其中止履行的情况通知另一方当事人。若另一方当事人对履行义务提供充分保证，则他必须恢复履行。

（三）解除合同

解除合同在公约中被称作“宣告合同无效”，是指一方当事人在一定条件下可采取的解除彼此间合同关系的措施。解除合同的前提为：一方当事人的违约行为致另一方蒙受损失，以至于实际上剥夺了其根据合同有权期待得到的东西，除非违约方对此并不预知且一个同等资格、通情达理的人处于该种情况下亦不可能预知，即违约方的违约行为构成了根本违反合同，对此，非违约方有解除权。根据公约第 49 条第 1 款、第 64 条第 1 款的规定，违约方不履行其在合同或公约中的任何义务达到了根本违反合同的程度；卖方不交货或买方不付款、不收取货物的情况下，在另一方当事人所给予的宽限期内仍不履行或声明其将不在宽限期内履行的，对方当事人有权解除合同。解除的意思须以通知方式作出。此外，对于预期违约中的解约权，公约第 72 条如是规定：如果在履行合同日期之前，明显看出一方当事人将根本违反合同，另一方当事人可以宣告合同无效。如果时间许可，打算宣告合同无效的一方当事人必须向另一方当事人发出合理的通知，使他可以对履行义务提供充分保证。如果另一方当事人已声明他将不履行其义务，则上一款的规定不适用。

（四）实际履行

所谓实际履行，是指在一方当事人违反合同时，另一方当事人所采取的、要求对方依合同继续履行其义务的补救措施。根据公约第 46 条及第 62 条的规定，买方可以要求卖方履行义务；卖方可以要求买方支付货款、收取货物或履行其他义务，除非其已采取了与此种补救方法相抵触的其他方法，如解除合同等。同时，公约第 28 条又规定，如果按照本公约的规定，一方当事人有权要求另一方当事人履行某一义务，法院没有义务做出判决要求具体履行此一义务，除非法院依照其本身的法律对不属于本公约范围的类似销售合同愿意这样做。可见，关于实际履行的补救措施，公约将决定权交给了各国法院，或从根本上来说，让位于各国国内法的规定。又根据大陆法系与英美法系的不同做法，这一措施在大陆法系国家较能得到支持，而在英美法系国家则反之，因其仅将之视为违约的辅助救济方法。

（五）分批交货的特殊救济

依公约第 73 条的规定：(1)对于分批交付货物的合同，如果一方当事人不履行对任何一批货物的义务，便对该批货物构成根本违反合同，则另一方当事人可以宣告合同对该批货物无效。(2)如果一方当事人不履行对任何一批货物的义务，使另一方当事人有充分理由断定对今后各批货物将会发生根本违反合同的，该另一方当事人可以在一段合理时间内宣告合同今后无效。(3)如果各批货物是互相依存的，不能单独用于双方当事人在订立合同时所设想的目的，则买方宣告合同对任何一批货物的交付为无效时，可以同时宣告合同对已交付的或今后交付的各批货物均无效。

我国《民法典》第 631 条以下对此作出了与公约基本一致的规定，同时还就其他特殊情形作出了具体规定：因标的物的主物不符合约定而解除合同的，解除合同的效力及于从物。因标的物的从物不符合约定被解除的，解除的效力不及于主物。标的物为数物，其中一物不符合约定的，买受人可以就该物解除。但是，该物与他物分离使标的物的价值显受损害的，买受人可以就数物解除合同。

二、卖方违约时买方的救济方法

在卖方违约的情况下，买方除了可以采取前述共同的救济方法外，还可以采取如下救济方法：

(一)交付替代物

根据公约第 46 条第 2 款的规定，如果卖方所交付的货物不符合合同的约定，并构成根本违反合同的，买方有权要求卖方另交一批符合合同要求的货物，以替代那些与合同不符的货物。同时，根据公约第 82 条的规定，买方如果不可能按实际收到货物的原状归还货物给卖方，他就丧失了要求卖方交付替代货物的权利。并且，交付替代物的要求还须在合理期限内提出。

(二)修补货物

在多数情况下，卖方所交付的货物虽与合同不符，但并不严重，尚未构成根本违反合同的，可以修理的方式使货物符合合同要求。公约对此作出规定，如果货物不符合合同，买方可以要求卖方通过修理对不符合合同之处作出补救，除非他考虑了所有情况之后，认为这样做是不合理的。也即，采取修理方式的前提是必须经济合理。同时，修理的要求必须在发现或理应发现不符情形后一段合理时间内提出。

(三)延期履行

根据公约第 47 条的规定，如果卖方未按合同约定时间履行义务，买方可以规定一段合理的额外时间让卖方履行其义务，除非买方收到卖方的通知，声称他将不在所规定的时间内履行义务。买方给予卖方宽限期的，在这段时间内不得对违反合同采取任何补救办法，但买方并不因此丧失他对迟延履行义务可能享有的要求损害赔偿的任何权利。

(四)减价

根据公约第 50 条的规定，如果货物不符合合同，不论价款是否已付，买方都可以减低价格。减价按实际交付的货物在交货时的价值与符合合同的货物在当时的价值两者之间的比例计算。但是，如果卖方已按公约规定对不履行义务做出补救，或者买方拒绝接受卖方的补救，则买方不得减低价格。

(五)自费补救

根据公约第 49 条的规定，卖方即使在交货日期之后仍可自付费用对任何不履行义务作出补救，但这种补救不得造成不合理的迟延，也不得使买方遭受不合理的不便，或无法确定卖方是否将偿付买方预付的费用。此补救不影响买方所享有的要求损害赔偿的权利。卖方采取该项补救措施的，应通知买方，买方应在合理时间内作出答复。买方不在一段合理时间内对此一要求作出答复的，卖方可以按其要求中所指明的时间履行义务。买方不得在该段时间内采取与卖方履行义务相抵触的任何补救办法。

(六)部分交货的补救

根据公约第 51 条规定，如果卖方只交付一部分货物，或者交付的货物中只有一部分符合合同规定的，买方只能就违约部分采取相应的补救措施，而不能拒收全部货物或宣告整个合同无效，除非该不完全交付或不按照合同规定的交付已构成根本违反合同。

(七)提前或超量交货的补救

公约第 52 条规定：如果卖方在规定的日期前交付货物，买方可以收取货物，也可以拒绝收取货物。如果卖方交付的货物数量大于合同规定的数量，买方可以收取，也可以拒绝收取多交部分的货物。如果买方收取多交部分货物的全部或一部分，他必须按合同价格付款。

我国《民法典》第 629 条针对卖方的交付与合同不符时买方的救济方法作出了详细规定：出卖人多交标的物的，买受人可以接收或者拒绝接收多交的部分。买受人接收多交部分的，按照约定的价格支付价款；买受人拒绝接收多交部分的，应当及时通知出卖人。

三、买方违约时卖方的救济方法

买受人违约的形式主要包括不收货、迟延收货、不付款以及迟延付款等，与之对应的卖方的救济方法也不外乎为前述实际履行、解除合同、损害赔偿等，并无特别之处。但在合同标的物的规格应由买方指定的合同中，买方违约的，卖方依据公约第 65 条的规定享有一项特殊的救济方法：如果买方应根据合同规定订明货物的形状、大小或其他特征，而他在议定的日期或在收到卖方的要求后一段合理时间内没有订明这些规格，则卖方在不损害其可能享有的任何其他权利的情况下，可以依照他所知的买方的要求，自己订明规格。即这种订明规格的权利由买方转移至卖方。但卖方自己订明规格后，必须将订明规格的细节通知买方，而且必须规定一段合理时间，让买方可以在该段时间内订出不同的规格。如果买方在收到这种通知后没有在该段时间内这样做，卖方所订的规格就具有约束力。

我国《民法典》第 634 条规定：分期付款的买受人未支付到期价款的金额达到全部价款的五分之一，经催告后在合理期限内仍未支付到期价款的，出卖人可以要求买受人支付全部价款或者解除合同。出卖人解除合同的，可以向买受人要求支付该标的物的使用费。之所以仅作此规定，系因分期付款下买方的违约为买方违约的特殊情形，有必要予以特别规定，而买方的其他违约并无特别之处，完全可以适用前述诸救济方法。

第四节　货物所有权与风险的转移

货物所有权的流转是买卖合同的核心内容，货物风险的转移则往往牵涉到当事人的重大经济利益和基本义务，故而货物所有权与风险自何时起发生转移亦为买卖法所关注。各国的法律规定对此存在着较大差异。

一、各国的法律规定

在大陆法系，根据《法国民法典》第 1583 条的规定，货物所有权自合同成立时转移。但法国的司法实践进一步发展了前述原则：若当事人未在合同中约定所有权转移的时间，则在种类物特定化之后，或附条件的买卖所附条件成就之后，所有权方转移至买方。德国法的规定则与之迥异。根据《德国民法典》，动产所有权的转移须以交付标的物为要件。若出卖人有义务交付物权凭证，则在交付凭证时发生货物所有权的转移。不动产所有权转移的标志则为主管机关的登记。在风险的转移上，法国实行由物主承担风险的原则，即将风险转移与所有权的转移相结合，所有权何时转移，风险即随之一并转移，而不论货物是否已实际交付。德国法则将所有权与风险的转移相分离，原则上以交货时间来确定风险的转移，而不管货物的所有权或所有权凭证是否已转移至买方。

对于货物所有权的转移，英美法系国家所奉行的一般原则是：非特定物的买卖在货物特定化之前，所有权不发生转移。对于特定物或已经特定化的物的买卖，英国法的态度为：所有权的转移依当事人的约定；当事人未作约定的，由法院酌情裁定。美国法则确立了依货物实际交付的时间和地点来决定所有权转移的原则。在风险的转移上，英国的做法同于法国的做法，美国的做法则同于德国的做法。

二、公约的规定

由前文可见，各国在货物所有权转移问题上的差异较大，难以协调，故公约对此采取了回避态度，只单独规定了货物风险的转移，且其态度基本同于美国、德国的做法，即由交货时间来确定风险的转移。具体包括如下内容：

1. 当事人约定优先。公约规定的效力是任意性的，当事人可以通过自行约定来对其进行减损或改变，包括货物风险的转移。

2. 当事人未作约定，且涉及货物运输的。第一，如果销售合同涉及货物的运输，但卖方没有义务在某一特定地点交付货物的，自货物按照销售合同交付给第一承运人以转交给买方时起，风险就移转到买方。如果卖方有义务在某一特定地点把货物交付给承运人的，在货物于该地点交付给承运人以前，风险不移转到买方。卖方有权保留控制货物处置权的单据并不影响风险的移转。但在货物特定化（以货物上加标记，或以装运单据，或向买方发出通知或其他方式清楚地注明有关合同）以前，风险不移转到买方（公约第 67 条）。第二，对于在运输途中销售的货物，从订立合同时起，风险就移转到买方承担。但是，如果情况表明有此需要，从货物交付给签发载有运输合同单据的承运人时起，风险就由买方承担。尽管如此，如果卖方在订立合同时已知道或理应知道货物已经遗失或损坏，而他又不将这一事实告知买方，则这种遗失或损坏应由卖方负责（公约第 68 条）。

3. 当事人未作约定的其他情形。第一，在卖方营业地交货的合同，货物风险从买方接收货物时或从货物交给他处置但他不收取货物从而构成违约时起转移（公约第 69 条第 1 款）。第二，不在卖方营业地交货的合同，当交货时间已到而买方知道货物已在该地点交给他处置时，风险开始移转（公约第 69 条第 2 款）。对于前述“交给买方处置”，该条第 3 款进一步规定，如果合同指的是当时未加识别的货物，则这些货物在未清楚注明有关合同以前，不得视为已交给买方处置。也即，货物在特定化之前不得视为已交买方处置，风险也不得转移。

4. 风险转移的法律效果。第一，货物在风险移转给买方承担后遗失或损坏的，买方支付价款的义务并不因此解除，除非这种遗失或损坏是由于卖方的行为或不行为所造成（公约第 66 条）。第二，如果卖方已根本违反合同，上述风险转移的规定不损害买方因此种违反合同而可以采取的各种补救办法（公约第 70 条）。

三、我国《合同法》的规定

我国《民法典》第 604～611 条对货物所有权与风险的转移均作出了详细规定。具体而言，标的物毁损、灭失的风险，在标的物交付之前由出卖人承担，交付之后由买受人承担，但是法律另有规定或者当事人另有约定的除外。因买受人的原因致使标的物未按照约定的期限交付的，买受人应当自违反约定时起承担标的物毁损、灭失的风险。出卖人出卖交由承运人运输的在途标的物，除当事人另有约定外，毁损、灭失的风险自合同成立时起由买受人承担。出卖人按照约定将标的物运送至买受人指定地点并交付给承运人后，标的物毁损、灭失的风险由买受人承担。当事人没有约定交付地点或者约定不明确，依据《民法典》第 603 条第二款第一项（标的物需要运输的，出卖人应当将标的物交付给第一承运人以运交给买受人）的规定，标的物需要运输的，出卖人将标的物交付给第一承运人后，标的物毁损、灭失的风险由买受人承担。出卖人按照约定或者依据本法第 603 条第二款第二项的规定（标的物不需要运输，出卖人和买受人订立合同时知道标的物在某一地点的，出卖人应当在该地点交付标的物；不知道标的物在某一地点的，应当在出卖人订立合同时的营业地交付标的物）将标的物置于交付地点，买受人违反约定没有收取的，标的物毁损、灭失的风险自违反约定时起由买受人承担。出卖人按照约定未交付有关标的物的单证和资料的，不影响标的物毁损、灭失风险的转移。因标的物不符合质量要求，致使不能实现合同目的的，买受人可以拒绝接受标的物或者解除合同。买受人拒绝接受标的物或者解除合同的，标的物毁损、灭失的风险由出卖人承担。标的物毁损、灭失的风险由买受人承担的，不影响因出卖人履行义务不符合约定，买受人请求其承担违约责任的权利。

第五节　产品责任

【案例 4—2】

陈梅金、林德鑫诉日本三菱汽车工业株式会社损害赔偿纠纷案①

1996 年 9 月 13 日晨，林某乘坐由本单位（莆田车购办）司机刘某驾驶的三菱越野吉普车前往福州市。林某坐在副驾驶座位上。7:02 左右，当该车以时速 90～100 公里通过福厦公路没边村路段时，林某面前的挡风玻璃突然爆裂，形成口杯大小的一个洞。林某因爆震伤，经抢救无效死亡。交通管理部门经现场勘查后认定，此次事故不属于交通事故。事故发生后，原告（林某妻、子）向北京市朝阳区人民法院提起诉讼，要求判令被告三菱公司对林某之死承担责任，赔偿原告丧葬费、误工费、差旅费、鉴定费、抚恤金、教育费、生活补助费等共计人民币 50 万元。

为查明玻璃爆裂的原因，被告将破碎的玻璃运至玻璃的生产厂日本旭硝子株式会社，委托其鉴定。旭硝子株式会社的鉴定结论为：本次发生挡风玻璃破碎的原因，并非玻璃本身有质量问题，而确属外部因素造成。对此结论原告不予认可。后经莆田车购办委托国家质检中心对损坏的玻璃进行鉴定，得出推断性结论为：前挡风玻璃为夹层玻璃，在不受外力作用下，夹层玻璃自身不会爆裂。一审法院据此认定林某的死亡与三菱公司无必然的因果关系。原告要求三菱公司赔偿因林某死亡所遭受的损失，没有事实根据和法律依据，故判决驳回原告诉讼请求。

原告不服，向北京市第二中级人民法院提起上诉。二审法院认为《中华人民共和国民法通则》第一百零六条第三款规定："没有过错，但法律规定应当承担民事责任的，应当承担民事责任。"《中华人民共和国产品质量法》第二十九条规定："因产品存在缺陷造成人身、缺陷产品以外的其他财产（以下简称他人财产）损害的，生产者应当承担赔偿责任。""生产者能够证明有下列情形之一的，不承担赔偿责任：（一）未将产品投入流通的；（二）产品投入流通时，引起损害的缺陷尚不存在的；（三）将产品投入流通时的科学技术水平尚不能发现缺陷的存在的。"《产品质量法》第二十九条所指即为《民法通则》第一百零六条第三款法律规定的无过错责任，这是一种特殊的民事侵权责任。实践证明，通常情况下，产品缺陷在产品生产过程中就已经存在。而在产品生产过程中，生产者一直处于主动、积极的地位，只有他们才能及时认识到产品存在的缺陷并能设法避免。大多数消费者由于缺乏专业知识和对整个生产过程的了解，不可能及时发现产品的缺陷并以自己的行为防止其造成的危险。正是由于生产者在产品生产过程中所处的这种特殊地位，才使法律将产品责任规定为无过错责任。产品责任的无过错归责表现在：只要发生了与产品缺陷有关的人身或者其他财产损害，生产者就应当承担赔偿责任；生产者只有在

① 引自《中华人民共和国最高人民法院公报》，2001 年第 2 期。

能够证明产品具有未投入流通等三种法定情形时，才能够免除这种赔偿责任。

《中华人民共和国民事诉讼法》第六十四条规定："当事人对自己提出的主张，有责任提供证据。"上诉人主张林某是在乘坐被上诉人三菱公司生产的三菱吉普车时，因前挡风玻璃在行驶途中突然爆裂而被震伤致猝死。为此，上诉人提交了医院诊断、尸表检查结论、事故通知书等证据。这些证据排除了钝器击伤或汽车追尾等外力因素，证实林某是在前挡风玻璃突然爆裂后因爆震伤死亡，满足产品产生了问题、造成人身伤害、损害事实与产品发生的问题之间存在必然因果关系等三个要件，足以支持上诉人的主张。

前挡风玻璃突然爆裂是否属于该产品的缺陷，是本案双方当事人诉争的焦点。根据《产品质量法》第二十九条的立法原意，对这一问题的举证责任，应当由生产者承担。生产者如不能证明前挡风玻璃没有缺陷，而是受某一其他特定原因的作用发生爆裂，就要承担产品责任。被上诉人三菱公司在本案中提交了前挡风玻璃生产厂家日本旭硝子株式会社出具的两份鉴定报告。由于旭硝子株式会社不是《中华人民共和国民事诉讼法》第七十二条所指的法定鉴定部门，且该单位与鉴定结果存在着利害关系，因此这两份鉴定报告不予采信。国家质检中心虽然是莆田车购办委托的法定鉴定部门，但是国家质检中心出具的报告，是在前挡风玻璃从日本运回中国后已失去检验条件的情况下，仅凭照片和相当破碎的玻璃实物得出的推断性分析结论，并且没有说明致前挡风玻璃突然爆破的外力是什么，对本案事实没有证明力，故也不予采信。

对于本案中唯一可证明产品是否存在缺陷的物证——爆裂后的前挡风玻璃，莆田车购办在与被上诉人三菱公司约定封存后，曾数次提出要交国家质检中心检验鉴定。三菱公司承诺后，却不经莆田车购办许可，擅自将玻璃运往日本；后虽然运回中国，但三菱公司无法证明运回的是原物，且玻璃此时已破碎得无法检验。三菱公司主张将与事故玻璃同期、同批号生产出来的玻璃提交给国家质检中心进行实物鉴定，遭上诉人的反对。由于种类物确实不能与特定物完全等同，上诉人的反对理由成立。在此情况下，举证不能的败诉责任理应由三菱公司承担。

《产品质量法》第三十二条规定："因产品存在缺陷造成受害人人身伤害的，侵害人应当赔偿医疗费、因误工减少的收入、残疾者生活补助费等费用；造成受害人死亡的，并应当支付丧葬费、抚恤费、死者生前抚养的人必要的生活费等费用。"上诉人主张由被上诉人三菱公司赔偿丧葬费、抚恤金、死者生前抚养的人所必需的生活费、受教育费、误工费、差旅费、鉴定费等各项费用共计人民币 50 万元，为此提交了相关的各种费用凭证。在三菱公司必须承担举证不能责任的情况下，对上诉人的主张应予支持。原审对本案适用过错责任原则，判决驳回上诉人的诉讼请求，是适用法律错误，应当改判。综上，北京市第二中级人民法院依照《民事诉讼法》第一百五十三条第一款第(二)项的规定，于 2000 年 8 月 10 日判决撤销一审民事判决；本判决生效后 30 日内，被上诉人三菱公司赔偿上诉人交通费、住宿费、误工费、鉴定费、丧葬费、死者生前抚养的人所必需的生活费、受教育费及死亡赔偿金共计人民币 496 901.9 元。

请问：

1. 什么是产品缺陷？如何对产品缺陷予以认定？

2. 产品存在缺陷的举证责任如何分配？

3. 产品责任的承担方式包括哪些？

4. 中国法与外国法对产品责任的相关规定有何不同？

现代工业生产导致越来越多的新产品被投放到市场，因其潜在缺陷造成消费者受到伤害的案件亦逐渐增多。对此，20 世纪 60 年代西方国家掀起了大规模的消费者权益保护运动，产品责任法应运而生。所谓产品责任，是指因产品本身存在缺陷或瑕疵，并对消费者造成人身伤亡或财产损害时，由该产品的制造者、销售者对消费者所承担的侵权损害赔偿责任。美国的产品责任法发展最早。第二次世界大战后，西欧国家亦开始重视产品责任的问题，并逐步形成了一套相对完备的制度。欧共体于 1985 年 7 月 25 日通过的《关于对有缺陷的产品的责任指令》，是一部影响深远的超国家性质的产品责任法。此外，海牙国际私法会议于 1973 年 10 月 2 日通过、1978 年 10 月 1 日生效的《关于产品责任的法律适用公约》，是产品责任领域迄今为止唯一一部国际公约。我国于 1993 年 2 月 22 日公布了《产品质量法》，并于 2000 年予以修订。

一、美国的产品责任法

美国早期的产品责任法主要表现为判例法，且主要是州法。为了统一各州的产品责任立法，美国商务部于 1979 年 1 月公布了《统一产品责任示范法》供各州采用。以下即对美国有关产品责任的判例法与制定法中的做法予以介绍。

(一)产品责任的归责原则

美国的产品责任归责原则或确认依据大致经历了合同责任、疏忽责任、担保责任和严格责任四个阶段。

1. 合同责任

合同责任，源于 1842 年的温特博特姆诉赖特案的判决。原告温特博特姆为驿站马车夫，在用被告依约提供给驿站的马车运送邮件时，因车轮突然损坏导致身体受伤，原告遂以被告提供有缺陷的马车导致自己受伤为由诉诸法院，被告则以其与原告之间并无合同关系为由进行抗辩。最后法院支持了被告的抗辩理由。该判例由英国传入美国之初曾被广为应用，但因其所存在的明显不合理性，1851 年美国郎迈德诉霍利德案即确立了对合同责任的例外原则：若有缺陷的产品具有危害性，则受害人理应获得赔偿。

2. 疏忽责任

疏忽责任，是指产品的生产者或销售者对于产品缺陷存在疏忽之处，且缺陷产品使消费者的人身或财产遭到损害的，该产品的生产者和销售者应当承担责任。在以疏忽为由提起诉讼时，原告与被告之间不需要具有直接的合同关系，因为这不是根据合同所提起的诉讼。也正因为此，原告不仅包括买方，也可以包括其他人，如买方的家属、亲友、来访者以至过路的行人或旁观者，只要他们是因为该产品的缺陷而受到损害，都可以对该产品的生产者和销售者提起疏忽之诉。当原告以疏忽为理由向法院起诉要求被告赔偿其损失时，原告必须证明被告存在疏忽，且由于这种疏忽造成了原告的损失。原告仅凭其使用被告的产品造成了损失这一事实并不能证明被告存在疏忽，而需从产品本身，例如产品的设计等角度来加以证明。但事实上，在现代工业社会中，要求普通消费者去证明某种产品存在缺陷十分困难甚至不可能，因而这一归责原则逐步被取代。

3. 担保责任

担保责任，是指产品存在某种缺陷或瑕疵，卖方违反了对货物的明示或默示担保，例如违反了产品必须符合一般用途或特定用途的默示担保等，若原告由于产品的缺陷遭受损害，其可以违反担保为由向被告提起诉讼，要求其赔偿损失。在这一诉讼中，原告无须证明被告存在疏忽，只需证明产品存在缺陷且其由于该缺陷造成了损害即可。但违反担保之诉是根据买卖合同所提起的诉讼，因此，如果卖方违反担保义务，则只有买方才能对卖方提起诉讼；同时，买方只能对卖方起诉，而不能对卖方以外的其他人起诉。但因产品缺陷而遭受损害的往往不止买方，同时产品缺陷往往由生产商造成，仅由与消费者存在合同关系的销售商承担责任无疑显得不合理。因此，该归责原则亦很难达到保护消费者合法权益的目的。

4. 严格责任

严格责任，是指只要产品存在缺陷，对消费者具有不合理的危险，并因此造成其人身或财产损失的，该产品的生产者、销售者均应对此承担赔偿责任。美国法学会于 1965 年的《侵权法重述》中确认了这一原则。此处的缺陷是指产品存在危及人身、他人财产安全的不合理危险，包括设计缺陷、生产缺陷、说明缺陷、包装缺陷等，与合同法中的质量不合格或买卖法中的与合同不符存在一定差异。在诸归责原则中，严格责任无疑是对原告最有利的规则，原因在于：(1)严格责任不要求双方当事人之间存在直接的合同关系，因而原告与被告的范围均得以扩大；(2)原告无须承担证明被告存在疏忽的举证责任，也即卖方承担无过错责任。原告的举证责任仅限于：(1)产品确实存在缺陷或不合理的危险；(2)正是基于产品的该缺陷或不合理危险给使用者或消费者造成了损害；(3)该产品所存在的缺陷或不合理危险在生产者或销售者将其投入市场时就已存在。此外，此处应承担责任的主体不仅包括销售商，还包括生产者、批发商、经销商、零售商以及为制造该项产品提供零部件的供应商；原告也不仅包括买方，还包括买方的家属、亲友、客人乃至过路行人等，只要他们因该产品的使用而受损，就可作为原告。

由于严格责任的确立，产品责任诉讼激增，原告胜诉率极高，赔偿额直线上升，制造商不得不通过购买巨额保险来控制风险。但由于保险公司大幅缩减责任范围，导致制造商的风险无法化解。20 世纪 90 年代初，在制造商与保险商的推动下，许多州修改了有关产品责任的立法，并在《侵权法重述：产品责任》(第三版)中对严格责任作出了适当限制。但近年不断出现的高额产品责任赔偿表明，法院的倾向似乎已经发生了改变。

(二)产品责任的抗辩

在产品责任诉讼中，被告可以提出某些抗辩，以减轻或免除其责任。被告可以提出的抗辩理由依原告起诉时的诉因不同而有所不同。例如在以担保责任为原则的诉讼中，被告如果已经在合同中排除了各种明示或默示的担保，就可以提出担保已被排除的抗辩。但为了保护消费者的利益，在消费交易中，卖方如果出具了书面担保，便不能排除各种默示担保。

按照普通法早期所确立的原则，倘若原告在使用被告所提供的有缺陷的产品时其自身也存在疏忽之处，并因此而使原告受到伤害，原告就不能向被告要求任何损害赔偿，即承担疏忽原则。但是近年来，美国许多州已通过立法或判例的形式放弃了这一原则，转而采用相对疏忽原则。所谓相对疏忽，是指尽管原告方也存在一定的疏忽，但法院只是按原告的疏忽在引起损害中所占的比重相应减少其能获赔的数额，而不是使原告不能向被告请求任何损害赔偿。无论是采用疏忽原则还是相对疏忽原则，被告只有在侵权之诉中方能提出这些抗辩，而不能在合同之诉(如违反担保之诉)中提出这种抗辩。

同时，如果原告已经知道产品存在缺陷或不合理的危险，其仍愿将自己置于这种危险境地的，无论原告以何种理由起诉，被告均可以原告自担风险作为抗辩。如果原告非正常地使用产品或误用、滥用产品而使自己受到损害的，被告亦可以此为由提出抗辩，但被告必须证明原告对产品的误用或滥用已超出了其可能合理预见的范围。如果原告对产品或其中的部分零部件擅自加以变动或改装，从而改变了该产品的状态或条件，因而使自己遭受损害的，被告可以原告擅自改变产品的状态或条件为由提出抗辩，要求免除其责任。此外，如果某种产品即使正常使用也难以完全保证安全，且该产品对社会公众而言利大于弊，则被告可以此为由提出抗辩。

(三)产品责任的赔偿范围

按照美国法院的判例,产品责任诉讼的赔偿金额往往相当可观。在 2002 年烟民状告烟草公司的案件中,美国洛杉矶高等法院即判决万宝路香烟的生产商向原告赔偿 280 亿美元。同时,原告可以提出的损害赔偿的请求范围亦相当广泛,主要包括如下几项:(1)对人身伤害的损害赔偿,具体包括原告由于产品的缺陷遭受人身伤害所致的身体的痛苦和疼痛、精神上的痛苦和苦恼、收入的减少和挣钱能力的减弱、合理的医疗费用及身体的残废。(2)对财产损失的赔偿,通常包括替换受损坏的财产或修复受损财产所支出的合理费用。(3)商业上的损害赔偿,也即有缺陷的产品的价值与完好、合格的产品的价值(合同价金)之间的差价。此外,为了对有过错的被告任意的、不负责任的行为予以惩罚,并遏止类似行为的再度发生,美国法院在特定情形下也支持对被告施以惩罚性的损害赔偿。

(四)产品责任的诉讼管辖

对于美国消费者在美国法院对外国出口商或制造商提起产品责任诉讼这样的涉外案件,美国法院历来都有一种扩大管辖权的倾向。美国各州均制定了对外国人的属人管辖权标准的"长臂法"(long-arm stature),尽管各州的标准不尽一致,但一般均认为,凡非居民的被告与该州有最低限度接触的,该州即对其拥有属人管辖权。[①] 一旦法院对该案作出了判决,原告即可以通过适当程序向被告所在国法院要求承认和执行这一判决。

二、欧洲的产品责任法

欧洲的产品责任立法晚于美国。欧共体理事会于 1985 年 7 月 25 日通过了《关于对有缺陷的产品的责任指令》(以下简称指令),要求各成员国在 1988 年 8 月 1 日以前采取相应的国内立法予以实施,但允许各成员国对此作出一些保留。德国、英国、意大利等均已通过立法程序将该指令纳入其国内法。

指令共 22 条,主要内容涉及归责原则,生产者、产品的定义,缺陷的衡量标准,抗辩事由等。指令对产品责任采纳无过错责任原则,受害的消费者只需证明其受到损害和产品有缺陷的事实,以及两者之间存在因果关系,即可使该产品的生产者承担责任,而无须证明生产者存在过失。至于生产者的范畴,依照指令可包括:(1)制成品的制造者;(2)任何原材料的生产者;(3)零部件的制造者;(4)任何将其名称、商标或其他识别标志置于产品上的人;(5)任何进口某种产品在共同体内销售、出租、租赁或在共同体内以任何形式经销该产品的人;(6)如果不能确认谁是生产者,则提供该产品的供应者即被视为生产者,除非受损害的消费者在合理时间内获得查出谁是生产者的通知。根据指令的规定,产品是指可以移动的物品,但不包括初级农产品(经过工业加工的农产品属于"产品")和戏博用品,但各成员国可以通过国内立法将其纳入产品的范畴之内。至于核产品,如果出现核意外事故,则只要该事故已为各成员国批准的国际条约所包括,则不属于此处的"产品"。指令对缺陷的定义采取客观标准:如果产品不能提供一般消费者有权期望得到的安全,该产品就被视为有缺陷。在确定是否存在缺陷时,须根据产品的状况、对产品使用的合理预期以及将产品投入流通的时间等予以综合考量,且不能因为后来有更好的产品投入市场即认为先前的产品有缺陷。对于受害者损害赔偿的范围,主要包括财产损失、人身伤害和死亡;对有缺陷产品自身的损失一般不予考虑;对不超过 500 欧元的损害亦

---

① 此处的最低限度接触,主要指被告经常直接或通过代理人在该州境内从事商业活动,或因其作为或不作为在该州境内造成损害。

不予考虑，以免引起过多的小额诉讼。另外，对于“痛苦”的非物质性的损害赔偿未作统一规定，而是留待各国国内法处理。

针对原告的诉讼，被告可以提出以下几种抗辩。(1)无罪责。如果生产者能证明他没有罪责，他就可以不承担责任，这主要包括以下几种情形：第一，该生产者并未将该产品投入市场；第二，引起损害的缺陷在生产者将产品投入市场时并不存在，或这种缺陷是在后来才出现的；第三，生产者制造该产品并非用于经济目的的销售或经销，亦非在其营业中制造或经销；第四，该缺陷是由于遵守公共当局发布的有关产品的强制性规章而引起的；第五，按照生产者将产品投入市场时的科技知识水平，该缺陷不可能被发现，但指令允许各成员国对这一抗辩作出取舍；第六，零件的制造者如能证明该缺陷是出于产品的设计而非零件本身的缺陷，亦可不承担责任。(2)时效已过。在产品责任诉讼中，时效已过也是一个重要的抗辩事由。受损害者提起损害赔偿诉讼的时效期间为 3 年，从原告知道或理应知道受到损害、产品有缺陷及谁是生产者之日起算。但受害者的求偿权自生产者将引起损害的产品投入市场之日起 10 年届满即告消灭，除非受害者已在此期间对生产者提起诉讼。生产者的赔偿原则上没有最高额限制，但指令允许成员国在各自的立法中规定最低赔偿额。此外，指令还禁止生产者通过合同或其他途径来限制或排除其产品责任。

三、关于产品责任的公约

关于产品责任的公约为海牙国际私法会议于 1973 年 10 月 2 日通过、1978 年 10 月 1 日生效的《关于产品责任的法律适用公约》(以下简称公约)。公约共 22 条，包括对产品、损害、责任主体的规定以及有关产品责任的法律适用规则。

根据公约，产品包括天然产品和工业产品，无论是未加工的还是已加工的，也无论是动产还是不动产。损害是指对人身的伤害或对财产的损害以及经济损失；但除非与其他损害有关，产品本身的损害以及由此而引起的经济损失不包括在内。责任主体则包括成品或部件的制造商、天然产品的生产者、产品的供应者，以及在产品储备或销售等整个商业环节中的有关人员，包括修理人和仓库管理员。上述人员的代理人或雇员的责任亦适用该公约。

公约规定了三项法律适用规则：(1)适用侵害地国家的法律。若侵害地国家同时又是直接受害人的惯常居所地，或被请求承担责任人的主营业地，或直接受害人取得产品的地点，则适用侵害地国家的法律。(2)适用直接受害人惯常居所地国家的法律。若直接受害人的惯常居所的同时又是被请求承担责任人的主营业地，或直接受害人取得产品的地方，则适用直接受害人惯常居所地国家的法律。(3)适用被请求承担责任人的主营业地国家的法律。若前述两个规则中所指定的法律都不适用，则除原告基于侵害地国家的国内法提出请求外，应适用被请求承担责任人的主营业地国家的法律。

四、中国的产品责任法

我国特殊的社会经济结构导致在 20 世纪 80 年代以前没有产品责任这一概念。1986 年的《民法通则》中首次出现了产品责任的概念，其第 122 条规定：“因产品质量不合格造成他人财产、人身损害的，产品制造者、销售者应当依法承担民事责任。运输者、仓储者对此负有责任的，产品制造者、销售者有权要求赔偿损失。”继而国务院发布了产品质量责任条例，并在此基础上于 1993 年颁布了《产品质量法》。这是我国迄今为止关于产品责任最重要的一部法律(该法自实施后已于 2000 年、2009 年、2018 年分别进行了修订)，内容涉及对产品缺陷、赔偿范围、责任主体、免责事由、诉讼时效等的全面规定。

《产品质量法》第2条第2、3款规定:“本法所称产品是指经过加工、制作,用于销售的产品。建设工程不适用本法规定;但是,建设工程使用的建筑材料、建筑构配件和设备,属于前款规定的产品范围的,适用本法规定。”由此可见,此处的产品首先必须是动产,其次还须是经过加工、制作的产品。未经加工制作的初级产品或自然物不属于该法所称的产品。此外,还必须是用于销售、投入流通的产品。对何为缺陷,该法第46条规定:“本法所称缺陷,是指产品存在危及人身、他人财产安全的不合理的危险;产品有保障人体健康和人身财产安全的国家标准、行业标准的,是指不符合该标准。”该条为产品缺陷设立了双重标准,当实践中出现产品存在危及人身、他人财产安全的不合理的危险但同时又符合国家强制性标准的情况时,就会产生应如何认定该产品是否存在缺陷的问题。学界主流观点认为,对此应采取“不合理危险”的单一标准。

至于承担产品责任的主体,该法第41条规定:“因产品存在缺陷造成人身、缺陷产品以外的其他财产损害的,生产者应承担损害赔偿责任。”第42条规定:“由于销售者的过错致产品存在缺陷,造成人身、他人财产损害的,销售者应当承担赔偿责任。销售者不能指明缺陷产品的生产者,也不能指明缺陷产品的供货者的,销售者应当承担赔偿责任。”受害人既可以向缺陷产品的生产者也可以向销售者要求赔偿,生产者和销售者对受害人承担连带责任。

生产者承担责任无须具备主观过错,即采纳严格责任或无过错责任原则。销售者承担责任原则上须有过错,但此时采取举证责任倒置的规则,即由销售者对其自身不存在过错进行举证,否则推定其存在过错;而在其不能指明缺陷产品的生产者也不能指明缺陷产品的供货者时,其承担责任无须存在主观过错。

可以提起损害赔偿请求的受害人包括产品的购买者、使用者及其他任何因缺陷产品而遭受损害的人。被告可以提出的抗辩包括:未将产品投入流通;产品投入流通时引起损害的缺陷尚不存在;产品投入流通时的科技水平尚不能发现该缺陷的存在等。产品缺陷所造成的损害包括人身伤害和财产损失。人身伤害包括:(1)一般伤害,指通过医疗等方式受害人的身体可以恢复健康且未造成残疾的轻伤害。(2)致人残疾,指使人的肌体和功能丧失或不正常,全部或部分丧失以正常方式从事某种活动的能力。(3)致人死亡。(4)精神损伤。财产损失则是指缺陷产品本身以外的一切财产损失,包括缺陷产品所造成的财产的毁损和直接减少,以及因此所造成的可得利益的损失。赔偿范围包括:医疗费、治疗期间的护理费;因误工减少的收入;造成受害人残疾的,并应支付残疾者生活自助器具费、生活补助费、残疾赔偿金以及由受害人扶养的人所必需的生活费;造成受害人死亡的,并应支付丧葬费、死亡赔偿金以及由死者生前所扶养的人所必需的生活费等。此外,因产品缺陷造成受害人财产损失的,可以要求恢复原状或折价赔偿。受害人因此遭受其他重大损失的,应赔偿损失。对于精神损害赔偿,该法并无明文规定,但在人身伤害案件中判决精神损害赔偿的理念已为司法实践所认可。至于诉讼时效期间,该法规定为2年,自当事人知道或应当知道其权益受到损害时起算;但自造成损害的缺陷产品交付最初消费者后满10年,赔偿请求权丧失;未超过明示安全使用期的除外。

本章小结

1. 有关国际货物买卖的各国立法既有共性又有差异。国际立法主要为《联合国国际货物销售合同公约》(CISG)。我国在加入该公约时对合同形式与适用范围两项作出了保留,其中关于合同形式的保留已于2013

年撤回。有关国际货物买卖的惯例主要为《国际贸易术语解释通则》，目前所采用的是2010年的版本。该版本在2000年版本的基础上，将13个贸易术语减到11个，并划分为E、F、C、D四组，2020年版本仍保留这11个术语。

2. 国际货物买卖合同的成立须经过要约与承诺两个阶段。合同一经成立，当事人之间的权利义务关系便形成。其中，卖方的义务主要包括交付货物、交付单据、品质担保与权利担保；买方的义务主要为收货与付款。

3. 当事人不履行或不当履行合同义务便构成违约。公约规定了买卖双方在对方违约时均可采取的补救措施，如损害赔偿、中止履行、解除合同等，同时还分别规定了各方可采取的补救措施。

4. 关于货物所有权的转移，公约未作规定，而由各国国内法调整。对于风险的转移，公约作出了专门规定，原则上采取以交货时间确定风险转移的原则。

5. 产品责任与国际货物买卖的联系十分紧密，各国法律对此均有规定，其中最完备者当属美国的产品责任法，包括产品责任的归责原则、被告的抗辩事由、赔偿范围、时效期间等。《关于产品责任的法律适用公约》则不仅对产品、损害、责任主体作出了规定，还对产品责任的法律适用规则作出了规定。我国于1993年制定了《产品质量法》，该法吸收了前述各法律文件的合理做法，但对产品缺陷的认定采取了双重标准，此点颇值得注意。

关键概念

CISG；INCOTERMS2020；国际贸易术语；品质担保；权利担保；所有权转移；风险转移；产品责任；严格责任；产品缺陷；产品损害

思考与练习

1. 简述《联合国国际货物销售合同公约》的主要内容及中国的保留。
2. 简述国际货物买卖中卖方的权利担保义务与品质担保义务。
3. 国际货物买卖中买卖双方均可采用的救济方法包括哪些？
4. 卖方违约时买方可采取的救济方法包括哪些？
5. 美国产品责任的确认依据是什么？
6. 欧洲产品责任的抗辩事由包括哪些？
7. 我国《产品质量法》中受害人可得到的赔偿包括哪些？

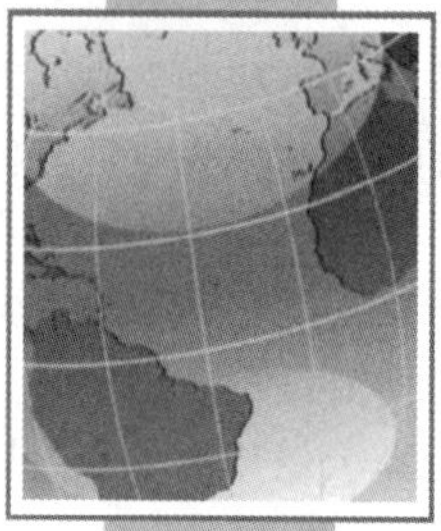

第五章 国际货物运输法

本章要点

1. 国际货物运输方式的种类及有关国际统一规则的主要规定
2.《海牙规则》《维斯比规则》《汉堡规则》对承运人义务与责任的规定
3. 海运提单、航空运单、铁路运单以及多式联运单据的法律性质及异同

导入案例

艾斯欧洲集团有限公司与连云港明日国际海运有限公司、上海明日国际船务有限公司航次租船合同纠纷案①

2006年10月至11月，玛吕莎公司北京办事处根据玛吕莎公司及玛吕莎钢铁公司委托其谈判和签订“桐城”轮航次租船合同的授权，通过电子邮件的方式和上海明日签订航次租船合同。为履行合同，上海明日分别签发了13套清洁提单。根据“桐城”轮船舶所有权登记证书记载，连云港明日系“桐城”轮的光船租赁人。2006年1月27日，包括艾斯公司在内的九家共同保险人共同出具NR. T099281200601号保险单，承保自2006年2月1日起玛吕莎公司及其关联公司在全球范围内的运输货物风险，险种为一切险，关联公司中包括玛吕莎钢铁公司，分别出具了保险凭证。

2007年1月22日，“桐城”轮大副发表共同海损声明。2月20日至28日，AIMU海事检验及管理公司作为劳氏代理出具“桐城”轮临时修理规格报告，指出“桐城”轮存在多种瑕疵。4月12日，海上海事检验师有限责任公司出具货物检验报告，报告指出，“桐城”轮2号舱底舱进水，涉案货物受损，货损原因应归结于船舶整体上处于不良状态且不适航。报告同时认定，在发生货损事故后，承运人未尽管货义务。5月21日，上海明日向上海海关发出“桐城”轮海损货物放弃申请。最终，在十三票货物中，TCP010、TRD011、LD04、LD13、LD15号提单项下的货物全损，收货人未提取货物。“桐城”轮在上海港进行永久修理后，发生部分短缺及受损的货物被重新安排出运，上海明日在卸货港的代理就这些货物重新签发了提单，并于2007年7月分别交付于各收货人。玛吕莎公司及玛吕莎钢铁公司也根据货物受损及短少情况重新开具了部分货物发票。涉案保险代理人随即在卸货港确认了货物短缺及受损情况，艾斯公司等九家共同保险人向玛吕莎公司支付了保险赔偿金956 459.61美元，向玛吕莎钢铁公司支付了保险赔偿金402 232.77美元，因艾斯公司在共同保险中承保的风险比例为5%，其实际向玛吕莎公司及玛吕莎钢铁公司支付了68 620.61美元。玛吕莎公司及玛吕莎钢铁公司收到赔偿金后出具了收据，同时出具了权益转让书，确认将涉案货损的索赔权转让给上述九家共同保险人。艾斯公司于2009年1月22日向上海海事法院起诉称：根据保险单，艾斯公司向被保险人支付了赔偿金，并取得代位求偿权。涉案货损系因“桐城”轮不适航和承运人未尽管货义务所致。上海明日与玛吕莎公司、玛吕莎钢铁公司达成航次租船合同，并签发了提单；连云港明日系“桐城”轮光船租赁人，实际营运船舶。据此请求判令连云港明日和上海明日就货物损失承担连带赔偿责任。

上海明日、连云港明日答辩称：与上海明日签订航次租船合同的是玛吕莎公司北京办事处，玛吕莎公司及玛吕莎钢铁公司与上海明日之间不存在航次租船合同关系，而是通过提单证明的海上货物运输合同关系；涉案货物的贸易方式是CIF，货物风险自货物越过装船港船舷时已转移给货物买方，玛吕莎公司与玛吕莎钢铁

---

① 引自最高人民法院公报案例库，(2011)民提字第16号。

公司作为货物卖方在货损发生时不具有保险利益。艾斯公司向其赔付没有合同和法律依据,不能依法取得代位求偿权;涉案货损系因海上意外事故所致,上海明日、连云港明日依法不承担赔偿责任。

一审法院认为,玛吕莎公司北京办事处的工商登记材料显示,其是玛吕莎公司的派出机构,其与上海明日签订航次租船合同即表示玛吕莎公司与上海明日之间成立航次租船合同关系。授权函证明玛吕莎公司北京办事处同时接受玛吕莎钢铁公司的委托与上海明日签订航次租船合同,上海明日开具的提单上明确注明托运人系玛吕莎公司或玛吕莎钢铁公司,并向玛吕莎公司和玛吕莎钢铁公司收取运费,可以认定玛吕莎钢铁公司与上海明日之间亦成立航次租船合同关系。连云港明日作为涉案船舶的光船租赁人,应认定其为涉案货物的实际承运人。玛吕莎公司及玛吕莎钢铁公司作为航次租船合同的当事人,亦是提单记载的托运人,发生货损后,当然有权提出索赔。涉案十三票货物中的五票货物被认定为全损,收货人并未提取货物,玛吕莎公司及玛吕莎钢铁公司始终持有该五票货物的一式三份正本提单,就该五票货物存在损失。另八票货物发生不同程度的短缺和受损,收货人确认对于短缺和受损的货物并未支付货款,相应索赔权应属于玛吕莎公司及玛吕莎钢铁公司。据此,玛吕莎公司及玛吕莎钢铁公司对该八票货物存在损失。艾斯公司作为保险人,支付了保险赔偿金并取得玛吕莎公司及玛吕莎钢铁公司出具的权益转让书后,依法取得代位求偿权,有权向货损事故责任人提出索赔。上海明日作为航次租船合同出租人,应当承担赔偿责任。连云港明日作为实际承运人,应当与上海明日承担连带赔偿责任。据此判决上海明日和连云港明日向艾斯公司连带赔偿货物损失 46 094.98 美元及利息损失。上海明日、连云港明日、艾斯公司均不服一审判决,向上海市高级人民法院提起上诉。二审法院认为,一审判决认定事实清楚,适用法律正确,故判决驳回上诉,维持原判。

连云港明日不服原审判决,向最高人民法院提出再审申请称:原审判决适用法律错误。原审判决将连云港明日作为航次租船合同法律关系中的实际承运人,在适用法律上明显存在根本性的错误。航次租船合同的双方当事人只有出租人和承租人,实际承运人仅存在于由提单证明的海上货物运输合同法律关系中。请求撤销原判,改判驳回被申请人的全部诉讼请求。

经审理,最高人民法院认为:本案为航次租船合同纠纷。涉案航次租船合同由玛吕莎公司、玛吕莎钢铁公司委托的玛吕莎公司北京办事处与上海明日通过电子邮件签订。根据《中华人民共和国海商法》的规定,航次租船合同的当事人应当为出租人和承租人,故上海明日作为出租人应当就其与玛吕莎公司、玛吕莎钢铁公司之间的航次租船合同承担相应责任。艾斯公司作为货物保险人在发生货损后,向被保险人玛吕莎公司、玛吕莎钢铁公司支付了保险赔款,依法取得代位请求赔偿权利。根据《中华人民共和国海商法》的规定,艾斯公司向航次租船合同的出租人上海明日主张权利,应予支持。连云港明日系涉案运输船舶"桐城"轮的光船承租人,实际承运涉案货物,但并非涉案航次租船合同的当事方。《中华人民共和国海商法》将航次租船合同作为特别的海上货物运输合同予以规定。该法第九十四条规定:"本法第四十七条和第四十九条的规定,适用于航次租船合同的出租人。本章(海上货物运输合同)其他有关合同当事人之间的权利、义务的规定,仅在航次租船合同没有约定或者没有不同约定时,适用于航次租船合同的出租人和承租人。"因此,航次租船合同当事人的权利义务主要来源于合同的约定。在航次租船合同有明确约定的情形下,出租人应当按照航次租船合同的约定履行义务,并履行《中华人民共和国海商法》第四十七条、第四十九条规定的义务。在航次租船合同没有约定或者没有不同约定时,出租人和承租人之间的权利义务适用《中华人民共和国海商法》第四章的规定,但并非第四章所有的规定均适用于航次租船合同的当事人,所应适用的仅为海上货物运输合同当事人即承运人与托运人之间的权利义务规定,并不包括实际承运人的规定。实际承运人是接受承运人委托,从事货物运输或者部分运输的人,包括接受转委托从事此项运输的其他人。在提单证明的海上货物运输法律关系中,法律规定承运人的责任扩大适用于非合同当事方的实际承运人,但实际承运人是接受海上货物运输承运人的委托,不是接受航次租船合同出租人的委托,实际承运人及其法定责任限定在提单的法律关系中。在提单证明的海上货物运输合同项下,合法的提单持有人可以向承运人和/或实际承运人主张提单上所载明的权利。实际承运人并非航次租船合同法律关系的当事方,本案艾斯公司就航次租船合同提出索赔请求,按照合同相对性原则,应由航次租船合同的出租人上海明日承担相应的责任。艾斯公司主张连云港明日为航次租船合同法律关系中的实际承运人,并无法律依据。综上,判决撤销上海市高级人民法院(2010)沪高民四(海)终字第71号民事判决;撤销上海海事法院(2009)沪海法商初字第243号民事判决第一项,改判上海明日国际船务有限公司应于本判决生效之日起十日内向艾斯欧洲集团有限公司(ACE EUROPEAN GROUP LIMITED)赔偿货物损失46 094.98美元及利息损失(按中国人民银行同期企业美元活期存款利率,自2009年1月22日计算至本判决生效之日止)。

请问:

1. 什么是航次租船合同?什么是光船租赁?
2. 航次租船合同的当事人有哪些?各自有哪些权利和义务?
3. 实际承租人承担责任的依据是什么?
4. 什么是提单?其有何性质与特点?

国际货物运输是指承运人接受托运人的委托,将托运货物从一国境内的某一地点运至另一国境内的某一地点的活动。其中,托运人既可能为国际货物买卖中的买方,也可能为卖方,具体须视双方对于货物运输义务承担的约定。国际货物运输作为国际经济交往中不可或缺的部分,是实现国际经济交往目的的必要环节。

国际货物运输的方式有多种,主要包括海上货物运输、航空货物运输、陆上(主要为铁路)货物运输与联合运输。其中,海上货物运输由于运量大、费用低,其历史最为悠久,应用也最为广泛。其他几种运输方式亦各有优点。这几种货物运输方式之间存在着较大差异,法律调整上亦存在不同重点。因此,国际货物运输法律制度体系由分别调整这几种运输方式的法律制度所构成,具体包括海上货物运输法、航空货物运输法、铁路货物运输法以及多式联运法等。以下即对这些法律制度体系分别予以介绍。

第一节　海上运输

根据运输方式的不同,海上货物运输主要分为班轮运输(liner transport)和租船运输(charter transport)两类。其中,班轮运输是由航运公司按照既定的航线和预先公布的航期表、费率,接受多个货主的货物而进行运输的方式。船货双方的权利、义务主要以提单为依据。租船运输是指不定期、不定航线,由一个或几个货主租用整条船所进行的运输,一般适用于大宗货物的运输。双方的权利义务须通过签订租船合同的方式予以确定。

一、班轮运输

(一)有关班轮运输的法律规则

在这种运输方式中,双方的权利义务系以提单为依据,故有关的法律规则也主要以提单为调整对象,包括国际公约与国内法两个方面。其中,国际公约主要包括如下几个法律文件:

1.《海牙规则》(Hague Rules)

长期以来,承运人利用其有利地位在海上货物运输合同中加上各种免责条款,以致承运人只需收取运费而无须承担任何责任。在货主的强烈要求下,各国立法机关开始重新权衡货主与承运人之间的权利义务关系。从1921年至1923年,多个国家联合起草了《统一提单的若干法律规则的国际公约》(简称《海牙规则》),并于1931年6月2日正式生效。

该规则主要规定了承运人最低限度的义务与责任、权利与豁免等内容。一般情况下,承运人只对货物自装上船起到卸下船为止的一段期间负责。如果货物是使用岸上的装卸设备装卸,则责任期间为从货物在装货港越过船舷时起到在卸货港越过船舷时止;如果货物是使用船上的吊钩装卸,则责任期间为从货物装上吊钩时起到离开吊钩时止。简称为"舷到舷"或"钩到钩”。

承运人的义务主要为适航和管货义务。适航义务要求在船舶开航以前和开航之时，船方须给船舶配备适当的船员、设备和供应品，使得船上的载货处所能适当收受和装运货物，并使船舶坚固、水密，足以抵抗预定航次的一般风险。管货义务是指承运人应适当和谨慎地装载、搬运、配载、运送、保管、照料和卸载所承运的货物。此外，承运人还负有不绕航义务。但为了救助或企图救助海上人命或财产而发生的绕航或任何合理绕航，承运人可以免除责任。

船方可通过过失免责和无过失免责两种条款来主张责任的豁免。过失免责是指，对由于承运人或其雇佣人员在航行或管理船舶中的行为、疏忽或不履行合同而引起的货物损害，承运人不负责任。无过失免责是指，对于因公约所列明的一系列原因所引起的货物灭失或损害，如不涉及承运人过失，则承运人无须负责。这些原因包括火灾、海上风险、天灾、战争、暴乱、政府行为、检疫、托运人行为或疏忽、救助海上人命或财产、货物固有缺陷、包装和标志有缺陷、船舶潜在缺陷等。此外，在任何情况下，对于货物或与货物有关的灭失或损害，承运人或船舶所承担的责任以每件或每计费单位 100 英镑为限，超出部分概不负责。但托运人在装货前已就该项货物的性质和价值提出声明，并已在提单中注明的，则不在此限。

对于收货人的索赔权，该规则规定，除非收货人在提货时已与承运人对货物状况进行了联合检查或检验，否则，就货物灭失或损坏的一般性质，收货人应当在提取货物之前或当时即向承运人发出书面通知。如果货物的灭失或损坏不明显，则其书面通知应当在交货之日起 3 天内提交承运人。凡未按规定及时向承运人作出货损书面通知的，提货便构成承运人已交付符合提单规定的货物的初步证据，收货人就此再行提出索赔要求的，须承担相应的举证责任。关于提单的诉讼时效期间为 1 年，自货物交付之日或应交付之日起算。

2.《维斯比规则》(Visby Rules)

《维斯比规则》是对《海牙规则》进行修改的成果文件，其全称为《修改统一提单的若干法律规则的国际公约的议定书》。1968 年于布鲁塞尔签订，1977 年 6 月 23 日生效。与《海牙规则》相比，《维斯比规则》的变更主要体现在如下几个方面：(1)在适用范围上，除适用于《海牙规则》所规定的提单的签发地为缔约国的情形，还适用于货物从某一缔约国启运，或提单及提单证明的运输合同约定适用该规则的情形。(2)《海牙规则》规定提单是承运人收到货物的初步证明，《维斯比规则》则进一步规定，如果提单已被转让给善意第三人，则在第三人与承运人之间，提单即为最终证据。(3)在责任限制上，对因承运人的雇佣人或代理人的过错所引起的损失，承运人亦可享受责任限制。责任限制单位采用双重标准，即从《海牙规则》仅根据货物件数计算改变为以每件、每单位货物计算或以每公斤货物计算；限额从《海牙规则》的每件 100 英镑提高到每件 10 000 金法郎或每公斤 30 金法郎，并以高者为准。此外还包括对集装箱计件方式、诉讼及其时效问题所做出的修订，但均非实质性修订。

3.《汉堡规则》(Hamburg Rules)

前述两个规则因过于偏向承运人而招致较多批评，因此，1978 年 3 月，在联合国海上运输全权代表大会上又通过了《联合国海上货物运输公约》(简称《汉堡规则》)，并于 1992 年 11 月 1 日生效。该规则全面修改了《海牙规则》的内容，以平衡承运人与其他海运合同当事人之间的利益与责任，因而其参加国多为内陆国，海运大国均未参加。

对于承运人的责任，该规则规定：承运人的责任期间为从装货港承运人接收货物时起到卸货港承运人交付货物时止，也即“港至港”或“接到交”。在使用驳船运输时，如果驳船系承运人所雇佣，则承运人的责任期间始自货物装上驳船；如果驳船系托运人雇佣，则其责任期间始自货物由驳船装上海运船舶。如果货物运输途中涉及转运,在等待转运的期间承运人亦须负责。该规则区分了承运人和实际承运人的概念。承运人是以其名义或代表其与托运人签订海上货物运输合同的任何人;实际承运人则是根据承运人指示进行货物的全部或部分运输的任何人,包括接受转委托从事运输的人。实际承运人仅对其实际运输区段负责,承运人则要对全程负责。但是,如果承运人签发的提单中已经注明货物将由其他承运人进行运输并载明其名称,则承运人对该区段的运输不负责任。该规则对承运人责任采用推定过失标准,即承运人对货物在其掌管期间的任何灭失、损害、迟延交付均应负责,除非承运人能证明其或其雇佣人、代理人已经采取了合理措施防止损失的发生。除火灾的举证责任由货主承担外,举证责任一般由承运人承担。同时,该规则对承运人责任的规定为强制性规则,不允许当事人通过合同加以免除。承运人可以自愿承担该规则以外的义务和责任,但除非实际承运人书面同意,否则这种增加的责任或义务并不适用于实际承运人。该规则下的赔偿限额亦远远高于前述两个规则:每件或按每运费单位 835 特别提款权或按毛重每公斤 2.5 特别提款权,两者中以高者为准。

4.《中华人民共和国海商法》

我国不是前述三个公约的缔约国,但我国自 1993 年 1 月 1 日起开始实施的《中华人民共和国海商法》(以下简称《海商法》),以《海牙规则》《维斯比规则》为基础,适当吸收了《汉堡规则》的某些内容。

对于承运人的责任期间,我国《海商法》规定,集装箱装运的货物适用“接到交”原则,非集装箱装运的货物适用“钩到钩”或“装到卸”原则。

对于承运人的赔偿限额,《海商法》第 56 条规定:承运人对货物的灭失或者损坏的赔偿限额,按照货物件数或者其他货运单位数计算,每件或者每个其他货运单位为 666.67 计算单位,或者按照货物毛重计算,每公斤为 2 计算单位,两者中以高者为准。但是,托运人在货物装运前已经申报货物性质和价值,并在提单中载明的,或者承运人与托运人已经另行约定高于本条所规定的赔偿限额者除外(第 1 款)。货物用集装箱、货盘或者类似装运器具集装的,提单中载明装在此类装运器具中的货物件数或者其他货运单位数,视为前款所指的货物件数或者其他货运单位数;未载明的,每一装运器具视为一件或者一个单位(第 2 款)。装运器具不属于承运人所有或者非由承运人提供的,装运器具本身应当视为一件或者一个单位(第 3 款)。关于承运人对货物迟延交付的赔偿限额,该法第 57 条规定,承运人对货物因迟延交付造成经济损失的赔偿限额,为所迟延交付的货物的运费数额。货物的灭失或者损坏和迟延交付同时发生的,承运人的赔偿责任限额适用本法第 56 条第 1 款规定的限额。同时,经证明,货物的灭失、损坏或者迟延交付是由于承运人的故意或者明知可能造成损失而轻率地作为或者不作为造成的,承运人不得援用该法第 56 条或第 57 条限制赔偿责任的规定。经证明,货物的灭失、损坏或者迟延交付是由于承运人的受雇人、代理人的故意或者明知可能造成损失而轻率地作为或者不作为造成的,承运人的受雇人或者代理人不得援用该法第 56 条或第 57 条限制赔偿责任的规定。

关于承运人的免责,我国《海商法》总体上吸收了《海牙规则》的规定,也部分接受了《汉堡规则》的内容。该法第 51 条规定,在责任期间,货物发生的灭失或者损坏是由于下列原因之一造成的,承运人不负赔偿责任:(1)船长、船员、引航员或者承运人的其他受雇人在驾驶船舶或者管理船舶中的过失;(2)火灾,但是由于承运人本人的过失所造成的除外;(3)天灾,海上或者其他可航水域的危险或者意外事故;(4)战争或者武装冲突;(5)政府或者主管部门的行为、检疫限制或者司法扣押;(6)罢工、停工或者劳动受到限制;(7)在海上救助或者企图救助人命或者财产;(8)托运人、货物所有人或者他们的代理人的行为;(9)货物的自然特性或者固有缺陷;(10)货物包装不良或者标志欠缺、不清;(11)经谨慎处理仍未发现的船舶潜在缺陷;(12)非由于承运人或者承运人的受雇人、代理人的过失造成的其他原因。承运人依照前款规定免除赔偿责任的,除第(2)项规定的原因外,应当负举证责任。第52条规定,因运输活动物的固有的特殊风险造成活动物灭失或者损害的,承运人不负赔偿责任。但是,承运人应当证明业已履行托运人关于运输活动物的特别要求,并证明根据实际情况,灭失或者损害是由此种固有的特殊风险造成的。①

(二)提单

提单(bill of lading,B/L)是指用以证明海上货物运输合同和货物已由承运人接管或装船,以及承运人保证据以交付货物的单证。提单是海上货物运输中应用最为广泛的单证,其首先由托运人通过书面或口头形式向承运人发出租船订舱的要约,承运人承诺后,托运人向承运人或其代理人索要标准空白提单并如实填写所托运货物的名称、数量、标志等基本情况,然后将提单交还给承运人,承运人依提单记载对托运人实际所交付的货物进行核对,如果核对无误,则由承运人或其船长、代理人在提单上签名后将提单返还给托运人。货物抵达目的港后,承运人凭提单交货。

1. 提单的分类

(1)已装船提单(shipped B/L)和备运提单(received for shipment B/L)

这是按照提单签发时货物是否已装船对提单所做的分类。已装船提单是指承运人在货物装船后签发给托运人的提单。这种提单除了载明一般事项外,还须注明装船日期和船舶名称。承运人签发了已装船提单,就意味着确认提单项下的货物已经装上提单所注明的船舶。由于已装船提单能更有效地保障收货人及时收到货物,故而国际贸易活动中的买方一般都要求卖方提供已装船提单。2010年《国际贸易术语解释通则》以及《跟单信用证统一惯例》等均将提供已装船提单列入交易条件。

备运提单,或称收货代运提单,是指承运人在收到货物之后、尚未实际装船之前所签发的提单。这种提单增加了收货人按约收取货物的风险,国际贸易中的买方一般不愿意接受此类提单。在海运实践中,托运人会在货物装船完毕之后,将其持有的备运提单退还给承运人,以换取已装船提单,或由承运人在备运提单上加注船名和装船日期,加注后的备运提单视为已装船提单。

如果承运人不按货物实际装船日期签发已装船提单,便会出现“倒签提单”或“预借提单”的情形。所谓倒签提单,是指承运人在货物装船后签发的一种将实际装船日期提前的提单。承运人倒签提单的原因一般为托运人实际交货的时间晚于买卖合同中所规定的交货时间,也即信用证所规定的装运日期,其目的在于帮助托运人(卖方)隐瞒违约事实,并使其顺利结汇。所谓预借提单,是指承运人在货物尚未装船或尚未装完的情况下就预先签发的提单。这种情形多见于信用证所规定的装船日期与交单结汇日期即将届满,承运人应托运人的请求而预借提单。两者皆属欺诈行为,若遭追究,承运人不仅要赔偿收货人的损失,在某些国家还要承担刑事责任。

---

① 此外,我国《海商法》还对承运人的代理人、受雇人的责任,承运人与实际承运人的责任分担,索赔和诉讼时效等问题作出了详细规定。囿于篇幅限制,此处不一一细述。有兴趣深入了解的读者可直接查阅我国《海商法》的有关规定。

(2)清洁提单(clean B/L)和不清洁提单(unclean B/L)

这是按提单上是否有批注所做的分类。清洁提单是指承运人签发的对于货物外表状况未加批注的提单。签发此类提单表明货物外观状况良好。承运人就其签发的清洁提单向收货人负责。持清洁提单的收货人在提货时若发现货物表面存在破损、缺漏等瑕疵,有权要求承运人承担责任,但承运人经合理检查不能发现的缺陷以及因免责海难所遭受的损害除外。

不清洁提单是指承运人签发的加有货物外观状况不良批注(如"内装货物外露""包装箱损坏""破包""渗漏""污损""锈损"等)的提单。并非所有加注的提单均属不清洁提单。在海运实践中,凡仅笼统批注外包装不良而未指出具体不良状况的批注,如"旧箱""旧桶"等;或强调货物性质,如"易腐烂货物";或载有承运人对于货物数量、质量、技术规格等不知的"不知条款"的提单,均不构成不清洁提单。承运人签发不清洁提单,表明货物在装船时外表已存在瑕疵,承运人对此不负责。

提单上批注是承运人的一种自我保护手段。清洁提单在国际贸易中非常重要,买方一般均要求卖方提供清洁提单,提单的转让一般也仅局限于清洁提单。为此,货物外表存在瑕疵的托运人往往向承运人出具保函,保证承运人因签发清洁提单所产生的一切法律后果均由托运人承担,以请求承运人签发清洁提单,从而使提单可以顺利结汇或转让。对此,《汉堡规则》规定,保函在托运人与承运人之间有效,承运人可据此要求托运人承担相应后果;但保函对其他人均无效,承运人必须对因其签发清洁提单所造成的损失负责。

(3)记名提单(straight B/L)、指示提单(order B/L)、不记名提单(open B/L)

这是按提单上收货人的抬头所做的分类。记名提单是指由托运人在提单下面的收货人一栏内填写特定收货人姓名的提单。只有提单上明确记载的收货人才有权提取货物,承运人只能将货物交付给提单上所记载的收货人,因此这种提单不具有流通性,在国际贸易中也较少使用,一般只用于运输贵重物品、展览品或个人物品等。

指示提单是按记名人指示或者非记名人指示交货的提单。在这类提单上,"收货人"一栏记载着"凭某人指示"或者"凭指示"字样。前者又称"记名指示提单",后者又称"不记名指示提单"。指示提单通过背书可以自由转让,同时又可以控制提单流向,因此在国际贸易中被广泛使用。

不记名提单又称空白提单,是指提单正面的"收货人"一栏没有填写具体的收货人或指示人,一般只注明"持有人"或"交与持有人"字样的提单。对于不记名提单,承运人见单放货,而不管持有人是谁。不记名提单无须背书即可转让,但因其流通性太强,致使国际贸易的双方当事人承担了较大的风险,故在实际中也极少采用。

(4)直达提单(direct B/L)、转船提单(through B/L)与联运提单(combined B/L)

这是按货物运输方式所做的分类。直达提单是指货物由一艘船舶运至目的港的提单。转船提单是指货物需经两艘以上船舶接续运至目的港的提单。联运提单是指货物需经两种以上运输工具接续运至目的地的提单。转船提单与联运提单均允许货物在运输途中转运,不同之处仅在于,前者仅涉及海运这一种运输方式,后者则不仅涉及海运,还涉及其他运输方式。

2. 提单的性质和作用

提单是国际贸易中的一种重要商业单据,在运输、买卖和支付等国际货物买卖的各个环节中都起着重要作用,具体表现为:

(1)提单是海上货物运输合同的证明

提单对于不同的当事人具有不同的法律作用。在托运人与承运人之间,两者在租船订舱之时已就有关海上货物运输的条件达成了运输合同，故提单仅是运输合同的证明。若提单条款与运输合同相抵触，则以后者为准。不过，为了维护提单的可流通性，保护善意提单受让人的利益，在其与承运人之间，提单就是运输合同本身，承运人与托运人在提单记载以外所达成的协议对收货人或提单受让人并无拘束力。

(2)提单是承运人接管货物或已将货物装船的收据

承运人签发提单，表明其已接管了提单项下所记载的货物。因此，提单具有货物收据的作用。但就托运人而言，承运人签发的未作保留的提单是承运人已经按照提单所载状况收到货物并已装船的初步证据，如果承运人实际并未收到货物或实际收到货物的状况与提单记载不符，则可由承运人提出相应证据予以证明。但对于接受提单转让的善意第三人，包括收货人和提单持有人，提单是承运人收到货物的最终证据，即使承运人收到的货物的确与提单记载不符，承运人亦不得据此对抗善意第三人，而只能在对该第三人予以赔偿之后，再向托运人追偿。

(3)提单是承运人保证据以交付货物的凭证

承运人在卸货港履行交货义务以其所签发的提单为根据。提货人提货时，必须向承运人提交提单。承运人应当向出示记名提单的记名提货人，或出示指示提单的被指示人，或者出示无记名提单的提单持有人交付货物。承运人拒不交付货物或者未凭提单交付货物，如无单放货，应向根据提单享有提货权的人承担相应责任。

(4)提单是货物的物权凭证

作为现代国际贸易中“单证买卖”的重要内容，提单本身是货物的象征，起到了物权凭证的作用，被广泛用于结汇、流通和抵押中。提单的合法持有人只要占有提单，就相当于占有货物本身，便可以拥有提单项下货物的权利，从而可以通过背书或交付等方式转让提单，以实现货物所有权的转移。

二、租船运输

与班轮运输不同，租船运输往往应用于大宗货物的运输，且往往经由双方当事人签订合同而达成。实践中，租船合同一般根据标准合同条款而制定，并由各国合同法加以调整。

(一)租船运输合同的种类

租船合同可以包括航次租船合同、定期租船合同与光船租船合同。

1. 航次租船合同又称程租船合同，是指船舶出租人向承租人提供船舶的全部或部分舱位，装运约定的货物，从一港口运往另一港口，由承租人支付约定运费的合同。在航次租船合同中，船舶出租人同意将船舶的全部或部分舱位的使用权交给承租人在特定航次运输特定货物，出租人的报酬为根据装载货物数量计算的运费。航次租船合同的履行可以分为三个阶段：预备航次阶段，即船舶从其所在地驶向装货港的阶段；货物装卸阶段；运送航次阶段，即船舶将货物从装货港驶向目的港的阶段。其中，第一和第三阶段一般由出租人负责，第二阶段则由租船人和出租人共同负责，双方各自承担相应阶段的风险和费用。

2. 定期租船合同又称期租船合同，是指船舶出租人向承租人提供约定的由其配备船员的船舶，由承租人在约定期间按照约定用途使用，并支付约定运费的合同。在定期租船合同下，船员由出租人配备，船舶的航行管理由出租人负责，但商业营运由承租人决定。船舶在航行期间的费用，如船用物料、船员薪水、船舶保险费等均由出租人负担，而船舶在商业营运方面的费用，如租船期间的燃料、港口费、码头费、引水费等，则一般由承租人负担。但当事人可对此另作约定。

3. 光船租船合同是指船舶出租人向承租人提供不配备船员的船舶，在约定期间由承租人占有、使用和营运，并向承租人收取租金的合同。在这种合同下，船舶所有人保留对船舶的所有权，而将船舶占有权转移给租船人，由后者雇用船员来管理船舶。由于出租人在这种租船方式下仅提供船舶，故其又被视为财产租赁合同，而非运输合同，区别于前两者。在海运业务中，光船租船较少应用。

(二)航次租船合同的主要条款

目前，航次租船合同普遍采用波罗的海国际海运协会所制定的《标准杂货租船合同》(Uniform General Charter)，简称"金康"(Gencon)。而石油、谷物等商品的航次租船合同则通常使用专门的标准合同，如美国船舶经纪人和代理人协会制定的《油轮航次租船合同》(Tanker Voyage Charter Party)等。以下以"金康"为依据，介绍航次租船合同的主要条款。

1. 船舶说明条款。包括出租船舶的船名、船籍、船旗、船级、船舶吨位、船龄、船速等船舶状态的描述。出租人必须确保其说明的真实性，否则承租人有权撤销合同并要求赔偿损失。

2. 预备航次条款。预备航次是指船舶从前一港口驶向租船合同指定的装货港的航次。预备航次是船舶出租航次的一部分，出租人有义务尽速航行使船舶按合同约定的时间安全到达指定的装货港，并始终保持浮泊状态。同时，承租人也有及时指定安全的装货港和卸货港的义务。此外，预备航次条款中还常常包含受载期与解约日的规定。受载期是指承租人可以接受船舶和进行装货的最早日期；解约日为船舶应到达装货港的最晚日期。出租人延误时间的，承租人有权解除合同并要求赔偿损失。

3. 货物说明条款。包括货物的种类、性质、数量、包装等内容。承租人应保证以上关于货物各项描述的正确性，同时保证按装运港、沿途停靠港和目的港的法律，该货物均为合法。承租人有义务按合同规定的数量提供货物，否则应向出租人赔偿由此造成的"亏仓费"。若船舶无法达到其所承诺的载货量而导致短装的，出租人应赔偿承租人的短装损失。

4. 提单条款。货物在装运港由出租人接管或装船后，出租人、船长或出租人的代理人有义务根据承租人的要求签发提单，但出租人与承租人之间的权利和义务仍以租船合同为准。若该提单被承租人转让给善意第三人，该第三人与出租人之间的权利和义务则以提单为准，并受《海牙规则》等有关提单的国际公约和国内法的约束。

5. 装卸条款。包括装货、卸货与装卸时间的规定。其中，装卸时间的起算取决于"准备装卸通知书"的送达时间。[①] "金康"合同规定，如果装卸通知于午前送达，则装卸时间从 13:00 起算；如果通知于午后送达，则从下一个工作日的上午 6:00 起算。

6. 运费、滞期费和速遣费条款。支付运费是承租人的主要义务。运费条款规定运费的数额及计算方法、支付时间、地点、币种及收款银行的名称等。滞期费是承租人对因货物装卸过程中的延误超过约定或合理时间而导致的损失向船舶所有人进行赔偿的款项。如果租船人在装卸过程中不仅没有延误，还比约定或合理时间快，船舶所有人一般会同意就节约的时间向承租人支付速遣费作为奖励。

7. 留置权条款。留置权条款一般规定，出租人为了获取运费、亏舱费、滞期费、共同海损分摊费等，有权对货物进行留置，直至承租人支付了有关费用或提供了充分担保。

---

① 所谓"准备装卸通知书"，是指在船舶到达指定港或泊位，并做好装卸准备后，由船长签署并向承租人发出的有关船方已做好装卸准备的书面通知。

8. 绕航条款。出租人可以为任何目的并以任何顺序自由地挂靠任何港口。但实践中很多国家的法院或仲裁机构均对此作出严格解释，即出租人船舶的绕航不能超过合理限度。

此外，航次租船合同中通常还包括互有责任碰撞条款、共同海损条款、罢工条款、战争条款、冰冻条款以及仲裁条款等。

（三）定期租船合同的主要条款

有关定期租船的格式合同应用较为广泛的主要有二：其一为波罗的海航运公会制定的《标准定期租船合同》（Uniform Time Charter），简称 Baltime；其二为纽约土产交易所制定的《纽约土产定期租船合同》（New York Produce Exchange Time Charter Party），简称 Nype。其中又以后者最为常用。我国则通常使用中国租船公司所制定的《定期租船标准格式》。

定期租船合同一般包括对船舶，租船期间，交船和还船的时间、地点、条件，租金等事项的规定。

1. 船舶说明条款。该条款规定租船合同中不仅须列明出租船舶的船名、船籍、船旗、船级、船舶吨位、船龄，还须列明出租船舶的载重量、船速和燃料消耗等。出租人必须确保其所有陈述的真实性，否则承租人有权要求赔偿损失。

2. 租期条款。该条款规定租用船舶的开始和结束时间以及必要的宽限期。只要船舶预期可在宽限期内回到还船港口，最后一个航次就应被认为是合法航次，即使实际还船时间超过了还船期，对此承租人应按合同约定的计算方法支付多用时间的租金。

3. 交船和还船条款。交船条款明确出租人交付船舶的时间、地点和船舶应具备的状态。在交船时，船舶必须处于适航和适货状态。船舶还船时应处于和出租时同样良好的状态，但正常磨损除外。此外，合同通常还约定船上所剩燃油量必须符合约定。

4. 供给分担条款。供给分担条款明确出租人和承租人供给分担的范围。出租人一般需承担船员薪水、给养，供给品及领事费，船舱、甲板和机房的备用品，船舶保险费、保养费等。承租人承担的项目包括船舶燃料、淡水、垫仓用品、港口使用费、货物装卸费、引航费、拖带费等与营运有关的费用。

5. 货物限定条款。货物限定条款规定所装运的货物须是依航区内有关当局的规定为合法的货物，且是出租人在租船合同中承诺接受的对船舶安全的货物。

6. 租金条款。支付租金是承租人的首要义务。租金支付条款规定租金数额、支付时间和地点、币种及收款银行名称等。承租人必须按时、足额支付租金，除非发生合同明确约定的承租人停付租金的情形，否则出租人可撤回船舶或对承租人的货物或财产行使留置权。

7. 停租和转租条款。停租条款的内容为承租人可以停付租金的情形。常见的停租条款一般规定，在人员不足、机器损坏以及其他妨碍船舶有效使用的情况持续超过 24 个连续工作小时的，承租人可以停付租金，直至船舶恢复有效使用状态。转租条款一般赋予承租人转租船舶的权利，但转租合同中关于时间、航区及货物范围等的规定不得与租船合同相冲突。

除上述主要条款外，定期租船合同中通常还包括管辖条款、互有责任碰撞条款、共同海损条款等。

第二节　铁路运输与航空运输

除海上货物运输方式外，其他方式的国际货物运输主要包括国际铁路货物运输与国际航空货物运输。

一、铁路运输

铁路运输因其运行速度快、载运量大、不易受天气影响、风险较小等优势而在诸货物运输方式中占有重要地位，且对内陆国家之间的货物运输尤为重要。

(一)有关国际铁路货物运输的国际公约

关于国际铁路货物运输的国际公约主要有二：其一为1961年由总部设在伯尔尼的国际铁路运输中央执行局制定，由法国、德国、比利时等西欧国家代表签字通过的《关于铁路货物运输的国际公约》(简称《国际货约》)。我国未参加这一公约。其二为苏联、波兰、捷克斯洛伐克、匈牙利、罗马尼亚等国于1951年签订的《国际铁路货物联合运输协定》(简称《国际货协》)。我国于1953年加入该公约，有关国际铁路货物运输的事项均按该公约处理，因而有必要对其予以深入了解。

(二)《国际货协》的主要规定

1. 适用范围

《国际货协》规定，缔约国之间的货物运输适用该公约，但下列情况除外：(1)发站和到站在同一国境内，而用发送国的列车只通过另一国家过境运送；(2)发站和到站在两国境内，用发送国或到达国的列车通过第三国过境运输；(3)两个邻国车站之间，全程都用某一国列车运输，并按照这一铁路的国内规章办理货物运输。

2. 国际铁路运输合同的订立

根据《国际货协》第6条、第7条的规定，运单一经签发，运输合同即告成立。发货人在托运货物的同时，应对每批货物按规定的格式填写运单和运单副本，由发货人签字后提交给始发站。在发货人提交了运单所列货物并付清费用后，由始发站在运单及其副本上加盖始发站的日期戳记。始发站所在国为合同成立地所在国，戳记日期为合同成立日期。运单随货运输，在到站时交给收货人，并向收货人核收有关费用。

在国际铁路运输合同中，运单起着至关重要的作用，主要体现为：(1)运单是双方运输合同订立的凭证，同时也是承运人收货并承运的书面凭证。(2)在运输途中，运单是货物出入沿途各国海关的必备文件。(3)在到站时，运单是承运人向收货人核收运杂费、交付货物的凭证。此外，运单副本还是卖方向买方结算货款的主要单证之一。但是，运单并非物权凭证，不能像海运提单一样转让。

3. 托运人、承运人的权利与义务

(1)发货人、收货人的义务

发货人在托运货物时，应适当办理托运手续，填写运单，并保证运单中所填报、声明的事项真实可靠。发货人应办理海关所需的必要文件和单证，并将货物在运送途中为履行海关和其他规章所需要的添附文件附在运单上，由铁路方在进入沿途国境时代为办理海关手续。发货人如未履行该项义务，始发站可以拒绝承运。发货人还须支付有关运输费用，包括运费、附加费、押运人乘车费等。发送国铁路的运送费用按发送国的国内运价计算，在始发站由发货人支付；到达国铁路的运送费用按到达国国内运价计算，在终点站由收货人支付。若始发站和终点站属于两个相邻国家，无须经由第三国过境运输，且该两国的铁路间有直通运价规程时，按运输合同订立当天有效的直通运价规程计算运费。如果货物需经第三国过境运输，则按运输合同订立当天有效的国际货协统一运价规程的规定计算运费；若按统一运价规程的规定，过境铁路的运送费用必须由发货人支付的，则不准将这项费用转由收货人支付。此外，当收货人拒绝领取货物时，发货人有义务向铁路支付本应由收货人支付的运输费用以及相应罚款。

如前所述，收货人负有支付到达国境内运送费用的义务。运输合同规定过境的运输费用由收货人支付，或虽无此协议但发货人未予支付的，在到达站由收货人支付。收货人的另一重要义务为领取货物。收货人只能在货物因毁损或腐坏而发生质量变化，以致部分或全部货物丧失原有用途时方可拒领货物，在货物发生部分短少时则不得拒领货物。

（2）发货人、收货人的权利

发货人与收货人均有权在终点站凭运单领取货物，且有权对运输合同作出变更，但变更的一方当事人须承担因此而引起的费用。无论变更者为发货人还是收货人，都只能变更一次，且不得将一批货物分开办理。发货人可作出的变更包括：可在始发站将货物领回；变更终点站；变更收货人；要求将货物运回始发站。收货人可作出的变更包括：可在到达国范围内变更货物的到达站；变更收货人。

（3）承运人的义务

承运人的基本义务主要包括五项：第一，将运单项下的货物运至终点站并交给收货人。第二，执行托运人对合同所作出的变更。若因铁路过失未能执行该要求，则由铁路对此负责。第三，妥善保管托运人在运单内所记载并添附的文件。若因铁路过失而遗失，则由铁路对此负责。第四，自签发运单时起至交付货物时止，对货物逾期到达、全部或部分灭失、毁损所造成的损失负赔偿责任。第五，每一继续运送货物的铁路，自接受附有运单的货物时起，视为参加该运输合同并对此承担相应义务。

（4）承运人的权利

承运人的权利主要包括，第一，依约收取运杂费。收货人拒领货物时可以对其收取罚款。第二，核查运单与货物。第三，在托运人未付清费用的情况下，可以留置货物。第四，拒绝变更合同。适用于如下情形：①应执行变更的铁路车站在收到变更申请或始发站或到达站的通知后无法执行变更；②与参加运送的铁路所属国家现行的法令和规章相抵触；③违反铁路营运管理；④在变更到达站的情况下，货物价值不能抵偿将货物运送至新指定到达站的一切费用，但能立即交付或能保证这项费用的款额时除外。第五，承运人有权按规定引用免责条款拒绝赔偿。可免责情形如下：①由于铁路不可预测、不能消除的事件所造成的货物损坏和灭失；②由货物的特殊自然性质引起的自燃、损坏、生锈、内部腐坏等后果；③由发货人或收货人的过失或由于其要求，而不能归咎于铁路者；④由发货人或收货人在装车或卸车时的原因所致；⑤由发送铁路规章许可，使用敞车类货车运送货物；⑥由于货物押送人未采取保证货物完整的必要措施所致；⑦由于容器或包装的缺点，且在承运时无法从外部发现；⑧由发货人用不正确、不确切或不完全的名称托运违禁品；⑨发货人在托运应按特定条件承运的货物时未按规定办理；⑩货物在规定标准内的途耗。

如果根据情况推定，货损的发生可归责于上述第①项和第③项所列的原因时，则由铁路举证；如果根据情况推定，货损的发生可归责于前述原因以外的其他几项原因时，只要收货人或发货人不能证明是由于其他原因引起的，应认为是由于这些原因所造成的。

4. 承运人的赔偿限额

根据《国际货协》的规定，对于货物的全部或部分灭失，承运人应根据货价进行赔偿。如果发货人对货价另有声明，则按声明的价格赔偿。对于货物损坏的赔偿，承运人只对相当于货物价额的减低额进行赔偿。若货物运输逾期，承运人应以所收运费为基础，按逾期时间的长短支付逾期罚款。

二、航空运输

(一)有关国际航空货物运输的国际公约

有关国际航空货物运输的国际公约主要包括《华沙公约》《海牙议定书》以及《瓜达拉哈拉公约》。

《华沙公约》全称为《统一国际航空运输某些规则的公约》。该公约于1929年在华沙签订并于1933年2月13日生效。我国于1958年7月申请加入，并于同年10月正式成为其成员国。该公约适用于启运地和目的地均为公约成员国的航空运输，也适用于启运地和目的地均在一个成员国境内，但飞机停留地在其他国家的航空运输。

尽管《华沙公约》是调整国际航空货物运输关系最主要的国际公约之一，但随着时间的推移，其不足之处亦逐渐显现，尤其是对旅客伤亡的责任限制规定得较低，需要予以修改。1955年，各国代表在海牙召开会议，通过了《修改1929年10月12日在华沙签订的统一国际航空运输某些规则的公约的议定书》(简称《海牙议定书》)，并于1963年8月1日生效。我国于1975年正式加入该公约。就适用范围而言，《海牙议定书》较《华沙公约》更为广泛。无论是连续运输或非连续运输，也无论有无转运，凡启运地和目的地均在两个成员国，或仅在一个成员国领域内，但同时在另一成员国或非成员国有一定经停地点的任何运输，均可适用该议定书。就内容而言，其在航行过失免责、责任限制以及索赔期限等方面对《华沙公约》作出了较大修改。

尽管如此，前两个文件均未明确承运人的具体范畴。1961年的《统一非缔约承运人所办国际航空运输某些规则以补充华沙公约的公约》回答了这一问题，规定承运人不仅包括与旅客或货物托运人签订运输合同的合同承运人，还包括根据该合同承运人的授权办理全部或部分国际航空运输业务的实际承运人，从而对《华沙公约》作出了有益补充。因其在墨西哥的瓜达拉哈拉签订，故又称《瓜达拉哈拉公约》。该公约于1964年5月1日生效。我国不是该公约的成员国。

(二)航空货物运输单据

航空货物运输单据为航空货运单。根据《华沙公约》的规定，航空货运单不是物权凭证，在无相反证据时，它是运输合同、承运人接受货物、承运条件，以及货物重量、尺寸、包装和件数等的初步证据。货物抵达目的地后，收货人凭承运人的到货通知及有关证明提货，无须以航空货运单提货，原因在于空运速度较快，货物往往先于运单被运抵目的地，送交收货人。

航空货运单一般包括以下内容：(1)启运机场和目的机场；(2)约定的经停地点；(3)航班号、启运和到达时间；(4)托运人的名称和地址；(5)收货人的名称和地址；(6)承运人的名称和地址；(7)货物的性质、包装方式、件数、特殊标志或号数，货物的重量、数量、体积或尺寸；(8)货物价值；(9)运费金额及其支付方式；(10)承运人的责任限制；(11)货运单份数及随附单证；(12)所适用的公约等。

(三)托运人、收货人的权利和义务

托运人的义务主要包括：(1)填写航空货运单，并对其所填写的关于货物的各项说明和声明的正确性负责；(2)向承运人交付货物及与货物有关的资料，并对因资料或证件缺乏或不合规定而给承运人所造成的损失负责；(3)支付运费与其他有关费用。

托运人的权利包括：(1)在启运机场将货物取回；(2)在经停地点终止运输；(3)在交货前更

改航空货运单上指定的收货人;(4)要求将货物退回启运机场。但托运人在行使以上权利时应承担由此所产生的费用。

收货人的基本义务包括:在货到支付运费和其他费用的情况下,缴付规定的费用并在货物到达目的地机场后及时提取货物。收货人提货时若发现货物有任何损害,有权向承运人索赔。

(四)承运人的责任与豁免

根据公约规定,承运人应对货物在其监管之下所发生的灭失、损坏或迟延交付承担责任。该赔偿责任的限额为每公斤250金法郎。当事人不得以合同方式降低这一限额。托运人在交付货物时已对货物价值作出特别声明并已交付必要附加费的,承运人的赔偿额以所声明的价值为限。

出现如下情形的,承运人可据以免责:(1)承运人能证明其或其代理人为避免损失的发生已经采取一切必要措施,或不可能采取这种防范措施;(2)承运人能证明损失的发生是由于驾驶上、航空器的操作上或导航上的过失,而在其他一切方面,承运人及其代理人已经采取一切必要措施以避免损失;(3)承运人能证明损失完全由自然原因引起,除非这种损失能够确定是由于承运人的疏忽或有意过失所引起;(4)因遵守法律、法规、法令或超出承运人管辖以外的原因所造成的任何直接或间接的损失;(5)承运人能证明损失是因受害人的过失所造成的,可视情况免除或减轻其责任。但若损失的发生是由于承运人或其代理人故意的不良行为或过失所引起的,承运人即无权援引公约关于免除或限制承运人责任的规定。此外,《海牙议定书》扩大了承运人的责任范围,规定在以下两种情况下承运人不得免责:(1)由于承运人及其受雇人、代理人故意的行为及承运人明知可能造成损害而仍置之不顾的作为或不作为;(2)承运人驾驶上、航空器的操作上或导航上的过失。

(五)索赔

根据《华沙公约》的规定,当货物发生损坏时,发货人或收货人有权立即向承运人提出异议,但最迟应在收到货物后7天内提出。在迟延交货情况下,最迟应在货物交由收货人支配后14天内提出。异议必须采用书面形式。《海牙议定书》对上述期限作出了修改,将提出异议的期限分别延长为14天和21天。《华沙公约》规定,诉讼地点由原告从以下地点中选择:(1)承运人的住所地;(2)承运人的总管理处所在地;(3)签订合同的机构所在地;(4)目的地。当事人提起诉讼的时效期间为2年,从航空器到达目的地或应当到达目的地之日或停止运输之日起算。诉讼程序依法院所在地法。

第三节　国际货物多式联运

在国际贸易实践中,将货物从一国某地运送至另一国某地,往往不仅需运用前文中的海运、空运或铁路运输中的某一种运输方式,还需要将两种或两种以上的运输方式结合起来方能实现目标,这便产生了国际货物多式联运的问题。所谓国际货物多式联运,是指多式联运经营人按照多式联运合同,安排两种或两种以上运输方式将货物从一国指定地点运到另一国指定地点的运输。多式联运因其特殊性,自其诞生之日起便存在如下问题:

(1)关于法律适用。多式联运采用不同运输方式,故须适用有关不同运输方式的法律;而途经各区段的国际公约或国内法的有关规定皆有差异。同时,由于货物被封在集装箱中,故而难以确定损害具体发生在哪一区段。当发生有关赔偿纠纷时,应适应何种公约或国内法便成为问题。

(2)联运单据的法律性质。如前文所述,海运提单具有物权凭证性质,而铁路运单和航空货运单却不具备这一性质。综合了各种运输方式的联运,其单据是否具有物权凭证性质也是一个问题。

(3)货主与承运人的关系。在多式联运中存在两类承运人:联运经营人以及各区段的实际承运人。在货物发生损害时,该损害应由联运经营人负责还是由损害发生区段的实际承运人负责,或由两者连带负责?尤其是当损害发生区段不明时,各区段的实际承运人是否应负连带责任同样是一个不容忽视的问题。

为解决上述问题,联合国贸发会起草了《联合国国际货物多式联运公约》(以下简称公约),并于1980年5月24日在日内瓦会议上获得通过。我国在该公约最后文件上签字。该公约目前虽未生效,但影响较大。下文即对公约内容进行简要介绍。

一、多式联运单据

多式联运人在接管货物时,应向发货人签发多式联运单据。该单据是证明多式联运合同的成立和内容以及联运人接收货物并负责按合同条款交付货物的单据。根据发货人的选择,联运人在接收货物时可以作成可转让单据,也可以作成不可转让单据。实践中,只有当联运人承担全程责任时,才有可能作成可转让单据。可转让单据具有物权凭证的性质和作用。

二、联运人的赔偿责任

根据公约规定,联运人自接收货物时起至交付货物时止,对货物的灭失、损坏、迟延交付等负责,也即,其须对运输全程负责,而不得以全程或某一阶段委托给其他承运人为由推卸责任。联运人若能证明其本人、受雇人或代理人等为避免事故的发生已采取了一切可能采取的合理措施,则可因此而免责。

联运人对每件或每货运单位的损害赔偿限额为920记账单位(特别提款权),或每公斤2.75记账单位,以较高者为准;联运不包括海运或内河运输的,为每公斤8.33记账单位;迟延交货的,迟延交货部分应付运费的2.5倍,但不超过全部运费总额。能确定损失发生的区段,而该区段所适用的国际公约或有关国内法有较高赔偿限额规定的,依该公约或国内法的规定。若经证明,货物的灭失、损坏或迟延交付是由于联运人或其受雇人、代理人有意造成,或明知可能造成前述后果而仍任意行为或不行为所引起的,该联运人或其受雇人、代理人无权享受赔偿限额规定的利益。

三、发货人的责任

发货人首先应保证其在联运单据中所提供的有关货物情况的声明准确真实。联运人遭受损失时,若能证明该损失是由发货人或其受雇人、代理人的过失或疏忽所造成的,则发货人应对该损失承担赔偿责任。发货人若托运危险物品,则其应在将物品移交联运人时告知后者危险品的有关危险性,必要时还须告知其应当采取的防范措施,否则须对后者因运送该类货物而遭受的损失负责。

四、索赔与诉讼

当事人一方向对方提出索赔,应在规定的时间内就遭受损失的情况向对方发出书面通知。收货人向联运人发出的书面通知期限因不同情形而有差别:对于货物的一般性灭失或损坏,应在收货后下一个工作日内发出；对于表面不易看出的灭失或损坏，应在收货后 6 日内发出；迟延交货的索赔应在交货后 60 天内提出。但若交货时联运人和收货人进行了联合调查或检验，则无须就调查或检验所证实的灭失或损坏递交书面通知。对因发货人或其受雇人、代理人的过失或疏忽而给联运人造成损失的索赔，联运人应在损失事故发生后 90 天内向发货人发出书面通知。

国际货物多式联运的诉讼时效期间为 2 年，自联运人交付货物或应交付货物之日的次日起算。但自货物交付之日或应交付之日起 6 个月内未提出书面索赔通知的，此期限届满后诉讼时效即告结束。原告可选择下列有管辖权的任一法院提起诉讼：被告主营业地法院；联运合同签订地法院；接收或交付货物地法院；联运合同或单据载明地法院。当事人对此可另作约定。

本章小结

1. 根据运输方式的不同，海上货物运输主要分为班轮运输和租船运输两类。其中，班轮运输是由航运公司按照既定的航线和预先公布的航期表、费率，接受多个货主的货物而进行运输的方式。船货双方的权利、义务主要以提单为依据。租船运输则是指不定期、不定航线，由一个或几个货主租用整条船所进行的运输，一般适用于大宗货物的运输，主要包括航次租船运输、定期租船运输与光船租船运输三种。租船运输双方当事人的权利义务一般通过签订租船合同的方式予以确定。

2. 铁路运输与航空运输在贸易实践中的运用也比较广泛，国际社会针对两者分别制定了不同的统一规则。前者主要为国际货协与国际货约；后者主要为《华沙公约》《海牙议定书》和《瓜达拉哈拉公约》。托运人与承运人的权利、义务及责任均依前述规则来确定。

3. 国际贸易实践中，将货物从一国的某地运送至另一国的某地，往往不仅需运用前文中的海运、空运或铁路运输中的某一种运输方式，还需要将两种或两种以上的运输方式结合起来方能实现，这便是国际货物多式联运。国际货物多式联运因其特殊性而需要专门的法律规则对其加以调整，如联合国贸发会所起草的《联合国国际货物多式联运公约》。虽然该公约目前尚未生效，但其已具有重要影响，有关当事人在订立联运合同时可参照该公约的有关规定。

关键概念

班轮运输；航次租船运输；定期租船运输；光船租船运输；国际货物多式联运；清洁提单；不清洁提单；指示提单；备运提单；转船提单；倒签提单；预借提单；保函；实际承运人；《海牙规则》；《维斯比规则》；《汉堡规则》；《国际货协》；《国际货约》；《华沙公约》；《联合国国际货物多式联运公约》

思考与练习

1. 简述有关国际货物运输的统一规则。
2. 简述提单及其种类和作用。
3. 如何理解倒签提单与预借提单？
4. 航次租船、定期租船与光船租船有何区别？
5. 简述铁路运输、航空运输、国际货物多式联运中托运人与承运人的权利和义务。

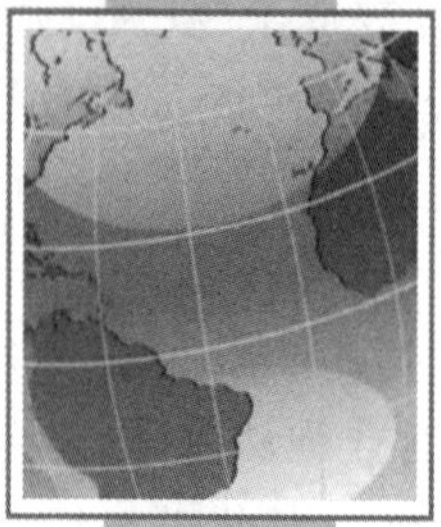

第六章 国际货物运输保险法

本章要点

1. 保险合同的种类
2. 保险合同当事人的权利与义务
3. 国际货物运输保险的种类与特点
4. 国际货物运输保险的险别及其承保范围

导入案例

海南丰海粮油工业有限公司诉中国人民财产保险股份有限公司海南省分公司海运货物保险合同纠纷案①

再审申请人(原审被上诉人):海南丰海粮油工业有限公司(以下简称丰海公司)

原审上诉人:中国人民财产保险股份有限公司海南省分公司(原名:中保财产保险有限公司海南省分公司,以下简称海南人保)

1995年11月28日,丰海公司在海南人保投保了由印度尼西亚籍“哈卡”轮(HAGAAG)所运载的自印度尼西亚杜迈港至中国洋浦港的4 999.85吨桶装棕榈油,投保险别为一切险,货价为3 574 892.75美元,保险金额为3 951 258美元,保险费为18 966美元。投保后,丰海公司依约向海南人保支付了保险费,海南人保向丰海公司发出起运通知,签发了海洋货物运输保险单,并将海洋货物运输保险条款附于保单之后。根据保险条款规定,一切险的承保范围除包括平安险和水渍险的各项责任外,海南人保还负责被保险货物在运输途中由于外来原因所致的全部或部分损失。该条款还规定了五项除外责任,即:(1)被保险人的故意行为或过失所造成的损失;(2)属于发货人责任所引起的损失;(3)在保险责任开始前,被保险货物已存在的品质不良或数量短差所造成的损失;(4)被保险货物的自然损耗、本质缺陷、特性以及市价跌落、运输迟延所引起的损失;(5)本公司海洋运输货物战争险条款和货物运输罢工险条款规定的责任范围和除外责任。上述投保货物系由丰海公司以CNF价格向新加坡丰益私人有限公司(以下简称丰益公司)所购买,根据买卖合同约定,发货人丰益公司与船东代理梁国际代理有限公司(以下简称梁国际)签订一份租约,该租约约定由“哈卡”轮将丰海公司投保的货物5 000吨棕榈油运至中国洋浦港,将另1 000吨棕榈油运往香港。1995年11月29日,“哈卡”轮的期租船人、该批货物的实际承运人印度尼西亚PT. SAMUDERA INDRA公司(以下简称PSI公司)签发了编号为DM/YPU/1490/95的已装船提单,该提单载明船舶为“哈卡”轮,装货港为印度尼西亚杜迈港,卸货港为中国洋浦港,货物唛头为BATCH NO. 80211/95,装货数量为4 999.85吨,清洁、运费已付。据查,发货人丰益公司将运费支付给梁国际,梁国际已将运费支付给PSI公司。1995年12月14日,丰海公司向其开证行付款赎单,取得上述投保货物的全套(3份)正本提单。

1995年11月23日至29日,“哈卡”轮在杜迈港装载31 623桶、净重5 999.82吨四海牌棕榈油起航后,由于“哈卡”轮船东印度尼西亚PT. PERUSAHAAN PELAYARAN BAHTERA BINTANG SELATAN公司(以下简称BBS公司)与该轮的期租船人PSI公司之间因船舶租金发生纠纷,“哈卡”轮中止了提单约定的航程并对外封锁了该轮的动态情况。为避免投保货物的损失,发货人丰益公司、丰海公司、海南人保多次派代表

---

① 最高人民法院(2003)民四提字第5号。

参加"哈卡"轮船东与期租船人之间的协商,但因船东以未收到租金为由不肯透露"哈卡"轮行踪,多方会谈未果。此后,丰益公司、丰海公司通过多种渠道交涉并多方查找"哈卡"轮行踪,海南人保亦通过其驻外机构协助查找"哈卡"轮。直至1996年4月,"哈卡"轮走私至中国汕尾时被我国海警查获才真相大白。根据广州市人民检察院穗检刑免字(1996)64号《免予起诉决定书》的认定,1996年1月至3月,"哈卡"轮船长埃里斯·伦巴克根据BBS公司指令,指挥船员将其中11 325桶、2 100多吨棕榈油转载到属同一船公司的"依瓦那"和"萨拉哈"货船上运走销售,又让船员将船名"哈卡"轮涂改为"伊莉莎2"号(ELIZA Ⅱ)。1996年4月,更改为"伊莉莎2"号的货船载剩余货物20 298桶棕榈油走私至中国汕尾,4月16日被我海警查获。上述20 298桶棕榈油已被广东省检察机关作为走私货物没收上缴国库。此外还查明,丰海公司与海南人保一直存在业务合作关系。1995年10月1日至同年11月28日(本案保险单签发前)就发生了4笔进口棕榈油保险业务,其中3笔投保的险别为一切险,另1笔为一切险附加战争险。该4笔保险均发生索赔,其中有一切险范围内的货物短少、破漏的赔付。

1996年6月6日,丰海公司向海南人保递交索赔报告书。8月20日,丰海公司再次向海南人保提出书面索赔申请,海南人保明确表示拒赔。丰海公司遂诉至海口海事法院。海口海事法院经审理认为:丰海公司与海南人保之间订立的保险合同有效,双方的权利义务关系应受保险单及所附保险条款的约束。本案所涉投保货物中3 848.07吨因船东BBS公司的走私行为而被我国边防部门作走私物品处理,剩余货物已被船东非法盗卖,均不能再归丰海公司所拥有。根据《海商法》第245条的规定,本案保险标的已发生全损;本案证据表明发货人对本案保险标的的损失没有责任;本案丰海公司在投保货物的承运船"哈卡"轮未在合理时间内运到约定卸货港的情况下,即书面通知了海南人保,并采取必要的措施,为防止或减少保险标的的损失进行了积极的作为,故丰海公司对保险标的的损失亦无过失。本案保险标的的损失系因"哈卡"轮船东BBS公司的盗卖和走私行为,根据附于本案所涉保单之后的保险条款的规定,应属于丰海公司所不能预测和控制的"外来原因",符合丰海公司投保的一切险的承保条件。海南人保提出的本案保险标的的损失是基于商业和社会风险,丰海公司如欲获得保险保障则应投保特别约定险种,如"交货不到险"的主张,因其未在保险条款的除外责任中列明,亦未在订立保险合同时明确告知,违反了《中华人民共和国保险法》(以下简称《保险法》)第16条"订立保险合同,保险人应向投保人说明保险合同内容"和第17条"保险合同中规定有关于保险人责任免除条款的,保险人在订立合同时应向投保人明确说明,未明确说明的该条款不产生效力"的规定,故对其上述主张不予支持。据此判决海南人保赔偿丰海公司保险损失价值3 593 858.75美元。

海南人保对此不服,向海南省高级人民法院提起上诉。二审期间,海南人保向审理法院提交了中国人民银行《关于〈海洋运货物"一切险"条款解释的请示〉的复函》。海南省高级人民法院经审理认为,本案保险标的的损失是由于"哈卡"轮船东BBS公司将"哈卡"轮所载货物运走销售和走私行为造成的。根据保险单所附的保险条款和保险行业惯例,一切险的责任范围包括平安险、水渍险和普通附加险(即偷窃提货不着险、淡水雨淋险、短量险、沾污险、渗漏险、碰损破碎险、串味险、受潮受热险、钩损险、包装破损险和锈损险),中国人民银行《关于〈海洋运输货物"一切险"条款解释的请示〉的复函》亦作出了相同的规定。可见,丰海公司投保货物的损失不属于一切险的责任范围。此外,鉴于海南人保与丰海公司有长期的保险业务关系,在本案纠纷发生前,双方曾多次签订保险合同,并且海南人保还作过一切险范围内的赔付,所以丰海公司对本案保险合同的主要内容、免责条款及一切险的责任范围应该是清楚的,故一审判决以本案保险标的的损失属一切险的责任范围及海南人保未尽说明义务为由判令海南人保承担赔偿责任不当。一审判决对保险标的发生全损的事实认定不清,适用法律错误,应予纠正。海南人保提出的上诉理由成立,应予支持。故判决撤销一审判决,驳回丰海公司的诉讼请求。

丰海公司不服上述判决,向最高人民法院提出再审申请。最高人民法院将此案交由海南省高级人民法院复查处理。该院经复查,于2001年12月3日作出驳回丰海公司再审申请的决定。丰海公司以原终审判决错误适用保险法律、导致判决错误为由,再次向最高人民法院申请再审。最高人民法院于2003年8月11日以(2003)民四监字第35号民事裁定决定对该案进行提审。

最高人民法院经审理认为,本案的争议焦点在于如何理解涉案保险条款中一切险的责任范围。依本案"海洋运输货物保险条款"的规定,一切险"除包括上列平安险和水渍险的各项责任外,本保险还负责被保险货物在运输途中由于外来原因所致的全部或部分损失”，同时还列明了五项保险人的除外责任条款。从本案保险条款的规定看，除五项除外责任的规定外，保险人还应当承担包括平安险、水渍险以及被保险货物在运输过程中由于各种外来原因所造成的损失。保险合同作为格式合同的一种，提供格式条款的一方应当遵循公平原则确定当事人之间的权利义务，并采取合理的方式提请对方注意免除或者限制其责任的条款，并按照对方的要求对该条款予以说明。本案中的保险条款除外责任中并不包括因承运人的非法行为将整船货物盗卖或者走私造成的保险标的的损失，海南人保亦不能证明其在签订保险合同时向丰海公司说明因承运人的非法行为将整船货物盗卖或者走私造成的损失不属于保险责任范围。因此，海南人保应当按照合同约定承担赔偿责任。原审以海南人保与丰海公司有长期的保险业务关系，在本案纠纷发生前，双方曾多次签订保险合同，海南人保还作过一切险范围内的赔付为由，认定丰海公司对本案保险合同的主要内容、免责条款及一切险的责任范围是清楚的，因此海南人保可以不承担本案的赔偿责任在事实和法律上均无依据，应予纠正。海南人保所提供的中国人民银行给中国人民保险（集团）公司的复函，对“一切险”条款作出了解释，以证明本案事故不属于保险责任范围，但根据我国保险法的规定，保险人应当在订立保险合同时向投保人说明保险合同条款的内容。中国人民银行作为当时保险行业的主管机关，在涉案保险事故发生之后对保险合同条款作出的解释不应适用于本案。且从中国人民银行的复函看，亦不能得出本案事故不属一切险责任范围的结论。综上，判决撤销海南省高级人民法院（1997）琼经终字第 44 号民事判决；维持海口海事法院（1996）海商初字第 096 号民事判决。

请问：

1. 何为期租船？期租船合同的当事人各具有何种权利与义务？
2. 货物运输保险合同有何特点？合同的订立须遵循哪些原则？
3. 我国海上货物运输保险的险种有哪些？保险人的责任范围包括哪些？
4. 在海上货物运输保险中，各主体应承担哪些义务？

第一节　概　述

一、国际货物运输保险的概念、种类与原则

（一）国际货物运输保险的概念

所谓保险，是指投保人根据合同约定，向保险人支付保险费，保险人对于合同约定的可能发生的事故因其发生所造成的财产损失承担赔偿保险金责任，或者当被保险人死亡、伤残、疾病或者达到合同约定的年龄、期限等条件时承担给付保险金责任的商业保险行为。据此，国际货物运输保险就是指投保人（国际贸易中的买方或卖方）根据合同约定，向保险人支付保险费，保险人对于合同约定的可能发生的事故因其发生所造成的财产损失承担赔偿保险金责任的行为。

（二）国际货物运输保险的种类

根据运输方式的不同，国际货物运输保险主要包括如下几种：

1. 海上货物运输保险。这类保险主要承保货物在海上运输期间因各种自然灾害或意外事件等所导致的损失，以及海上救助费用或损失。主要包括平安险、水渍险、一切险与各种附加险。

2. 陆上货物运输保险。这类保险主要承保货物在陆上运输中因自然灾害或意外事故等所导致的损失。我国的陆上货物运输保险主要包括陆运险与陆运一切险。

3. 航空货物运输保险。这类保险主要承保货物在航空运输中因遭受自然灾害或意外事故等所导致的损失。主要包括航空运输险和航空运输一切险。

(三)国际货物运输保险的原则

国际货物运输保险中的投保人与保险人在签订和履行保险合同的过程中,须遵循如下基本原则:

1. 可保利益原则

可保利益也称保险利益,是指投保人或被保险人对保险标的所享有的、为法律所承认的、可以投保的经济利益。可保利益是保险法律关系的基本要素,各国保险法均要求投保人或被保险人须对保险标的具有可保利益,否则合同无效。国际货物运输保险中的可保利益一般来自对保险标的的所有权、担保物权以及对保险标的所承担的风险和责任。可保利益具有严格的构成要件:第一,这种利益必须为合法利益,而不应是违反法律规定、通过不正当手段获得的利益;第二,可保利益必须可以用货币计价,也即必须具有经济价值,从而在保险事故发生并造成实际损失时,保险人可据此作出赔偿,而无法用货币计价的利益不具有可保利益;第三,可保利益还必须是确定的、可以实现的利益,而不是凭主观臆测或推断所可能获得的利益。至于货物运输保险中的预期增值和预期运费等,虽然在保险合同订立时并不存在具体利益,但在保险事故发生时能估测其受损金额,实践中亦已得到广泛认可,因而可作为保险标的列入保险合同。

2. 最大诚信原则

最大诚信原则是指在保险合同的签订与履行过程中,投保人与保险人均应恪守信用,诚信行事,互不隐瞒或欺骗。其主要表现为投保人的如实陈述和披露义务以及保证义务。具体而言,投保人在投保时须将有关保险标的的重要情况,尤其是决定保险人是否承保以及保险费率高低的事实,如实告知保险人。投保人告知不实或隐瞒与合同签订有关的重要事实的,保险人有权解除合同。保证是指投保人或被保险人在保险合同中所作的保证做或不做某事,保证某种情况是否存在,或保证履行某一条件等,若其违反这种保证,保险人可以解除保险合同。

3. 补偿原则

保险合同签订后发生承保责任范围内的损失时,保险人应当按照保险合同条款的规定履行其赔偿责任。保险人在履行赔偿义务时须遵循如下原则:第一,保险人的赔偿额不得高于保险金;第二,保险人的赔偿额不得高于被保险人对标的所享有的保险利益;第三,在重复保险情况下,保险标的的损失应由各保险人分摊。总之,须使损失发生后被保险人大致恢复到与损失发生之前相同的财务状况,这便是补偿原则的体现。规定补偿原则的目的在于防止被保险人从保险中赢利,同时也减少道德风险,避免为获取赔偿而故意制造损失的情况发生。

4. 代位追偿原则

代位追偿原则是补偿原则的补充,具体是指当保险标的的损失系由第三者所造成,保险人在对被保险人履行其赔偿义务后,被保险人应将向第三者进行追偿的权利转让给保险人,由保险人以被保险人的名义向该第三者追偿。保险人代位追偿权的取得以其已向被保险人履行赔偿义务为前提。在定值保险下,保险人向第三者追偿所得款额若少于赔偿数额,则所得款全部归于保险人;若多于赔偿额,则余额部分归于被保险人。

5. 近因原则

保险标的发生损失的原因往往较多,其中有些原因属于承保风险,有些则不属于承保风险,这些风险有时同时发生,有时单独发生,有时又连续发生,从而造成一因多果或一果多因的情况,往往会在保险人与被保险人之间引发争议。近因是指产生损失的诸多原因中最为直接、对损害的发生具有支配力或起决定作用的原因,倘若该原因属于承保范围,则保险人应予赔偿;若该致损原因并非承保风险,则保险人不承担赔偿责任。

二、国际货物运输保险合同

国际货物运输保险合同,是指投保人(国际贸易中的买方或卖方)与保险人约定的有关国际货物运输保险权利义务关系的协议。投保人负有依约支付保险费的义务,保险人则负有赔偿被保险人因承保风险所致损失的义务。

就其性质而言,保险合同首先为有偿合同,双方当事人取得合同利益以支付相应对价为前提,因而保险合同也是双务合同。保险合同订立之时并不能确知合同所承保的风险未来是否一定发生,这就使得保险人未来是否须给付保险金具有不确定性,区别于一般合同中权利义务的自始确定,因而保险合同也是射幸合同。此外,保险合同还是最大诚信合同、诺成合同与不要式合同。

(一)国际货物运输保险合同的主体

保险合同所涉主体除包括保险合同关系的当事人外,还包括合同关系人与辅助人。

1. 保险合同当事人

国际货物运输保险合同的当事人为保险人与投保人。

保险人也称承保人,是保险合同的一方当事人,即在保险事故发生时对被保险人承担赔偿责任并收取保险费的人。为保护被保险人、受益人的利益,各国普遍制定专门法律对保险人的从业资格、经营范围等作出强制性规定。

投保人是与保险人签订保险合同并负有缴付保险费义务的人。各国法律对投保人资格并无特别限制,但一般均要求其具备相应的权利能力与行为能力,且对保险标的具有保险利益。

2. 保险合同关系人

保险合同关系人是指虽非保险合同当事人,但受合同保护或享有保险利益的人,包括被保险人与受益人。

被保险人是受保险合同保障、拥有保险金请求权的人。投保人可以成为被保险人。在投保人为自身利益投保时,被保险人即投保人自己;只有当投保人为他人投保时,投保人与被保险人才发生分离。

受益人一般是指保险合同中由被保险人或投保人所指定的享有保险金请求权的人,一般仅存在于人身保险合同中,国际货物运输保险合同中几乎不涉及受益人。

3. 保险合同辅助人

保险合同辅助人是指对保险合同的订立和履行具有一定辅助作用的人。通常包括保险代理人、保险经纪人与保险公证人。

保险代理人是保险人的代理人,根据代理合同协助保险人办理保险业务并向保险人收取佣金。保险经纪人是为投保人的利益代投保人与保险人订立保险合同、办理投保手续、代缴保险费或代为索赔的人,是投保人的代理人,但其佣金一般不由投保人支付,而是由保险人支付。保险公证人是为保险当事人办理保险标的勘察、鉴定、估损和赔款的理算、洽商并予以证明的人。保险公证人可受保险人或被保险人的委托而工作,其酬金由委托人支付。

(二)国际货物运输保险合同的订立、变更、转让和终止

国际货物运输保险合同的订立也须经过要约与承诺两个阶段。具体过程为,先由投保人在投保单上列明订立保险合同的主要内容和项目,并递交给保险人,此为投保人所提出的要约;保险人在投保单上签字承诺,保险合同即告成立。合同成立后,保险人向投保人签发保险

单或保险凭证，前者为保险合同成立的正式书面凭证，后者为前者的简式。保险合同的订立过程中有时还会出现暂保单。暂保单是保险人同意承保但又因故暂时不能签发正式保单或保险凭证时向投保人出具的一种临时保险凭证。暂保单的效力与正式保单相同，只是有效期较短，最长一般仅为30天。保险人签发正式保单或保险凭证后，暂保单即自动失效。

保险单据签发后，如果被保险人需要变更险别、运输工具、保险期限或保险金额等，应向保险人或其代理人提出申请，经保险人同意才发生法律效力，且由保险人在原保险单或其他保险凭证上批注或者附贴批单，或者由投保人和保险人订立变更原合同的书面协议。

保险单据具有有价证券的性质，经被保险人背书，可以随同被保险货物一起转让给被背书人。转让保险单据无须征得保险人同意。但需注意的是，保险合同并非被保险货物的附属物，被保险货物的转让并不当然导致保险合同的转让，只有依背书和交付手续将保险单转让于受让人，该保险合同的权利和义务方得以转让于受让人。

保险合同终止的原因包括合同解除及其他原因。根据各国法律规定，投保人违反如实告知义务或违反保证条件，投保人或被保险人故意制造保险事故的，保险人有权解除合同；保险人被宣告破产的，投保人有权解除合同。合同亦可基于当事人的约定而解除，但这种约定不得违反法律的强制性规定。保险合同还可因保险人履行了赔偿义务、保险期间届满、保险标的因承保风险以外的原因灭失等原因而终止。

第二节　海上货物运输保险

海上货物运输是国际货物运输最主要的方式，故海上货物运输保险法律规范也就成了国际货物运输保险的基本规则，其他货物运输保险规则均为海上货物运输保险规则的变式。以下即对海上货物运输保险规则进行详细介绍。

一、国际海上货物运输保险的承保范围

国际海上货物运输保险承保的范围包括海上风险、海上损失与费用。

(一)海上风险

海上风险主要包括海上发生的自然灾害和意外事故以及外来风险。

1. 自然灾害，是指由不以人的意志为转移的自然力量所引起的灾害，但并不泛指所有因自然力而造成的灾害，而仅指恶劣气候、雷电、海啸、地震或火山爆发等海上灾害。

2. 意外事故，是指因偶然的意料之外的原因所造成的事故，包括搁浅、触礁(船只同沉船残骸相撞也视为触礁)、沉没(指船只全部没入水中，若船体部分浸入水中或不再继续下沉，船只还有航行能力，则不视为沉没)、碰撞、失踪、火灾(包括船员本身、船上设备和机器以及货物自身的着火)、爆炸。

3. 外来风险是指因外来原因所造成的风险，可分为一般外来风险与特殊外来风险。

(1)一般外来风险，是指被保险货物在运输途中由于偷窃、串味等外来原因所造成的风险。主要有偷窃提货不着、淡水雨淋、短量、沾污、渗漏、碰损破碎、串味、受潮受热、钩损、包装破损和锈损。

(2)特殊外来风险，是指由于军事、政治、国家政策法令以及行政措施等特殊外来原因而造成的风险与损失。如战争、罢工、因船舶中途被扣而致交货不到、货物被有关当局拒绝进口或没收而导致的损失等。

(二)海上损失

海上损失是指被保险货物在海上运输中因遭受海上风险而导致的损失。海上损失按货物损失程度可分为全部损失和部分损失。

1. 全部损失，是指保险标的所遭受的全部损失。全部损失可分为实际全损和推定全损。

(1)凡保险标的发生保险事故后灭失，或受到严重损坏以致完全失去原有形体、效用，或者不能再归还被保险人的，称为实际全损。实际全损主要包括以下几种形态：保险标的完全灭失，如货物被烧为灰烬；被保险人已无可挽回地丧失对保险标的的所有权；保险标的已丧失商业价值或失去原有用途；船舶失踪达到一定期间。

(2)保险标的发生保险事故后，虽未达到完全灭失的程度，但已不能再行恢复，或恢复的费用将超过标的物原有价值的一种推定性、商业性损失，称为推定全损。可视为推定全损的情况主要包括：保险标的在海上遭遇危险，虽然没有完全灭失，但估计完全灭失已不可避免；保险标的受损后，修理和续运至目的地的费用将超过货物到达目的地的完好价值；保险标的遭遇危险后，被保险人丧失对保险标的的所有权，欲收回这一所有权的费用将可能超过货物本身的价值。

保险标的发生全损时，保险人应予赔偿。但在推定全损情况下，被保险人可以选择按全部损失或部分损失向保险人索赔。若按全损索赔，则被保险人应及时向保险人发出委付通知，将受损的保险标的的所有权转让给保险人，就全部损失要求保险人给予赔偿；若未及时发出委付通知，则按部分损失处理。①

2. 部分损失，是指不属于实际全损和推定全损的损失。部分损失按性质可分为共同海损与单独海损。

(1)共同海损是指在同一海上航程中，船舶、货物和其他财产遭遇共同危险，为了共同安全，有意地、合理地采取措施所直接造成的特殊牺牲或支付的特殊费用。共同海损的成立要件为：确有危及船舶、货物和其他财产的迫切的共同危险；所采取的措施必须是有意的、合理的且是有效的；作出的牺牲和支付的费用必须具有特殊性。共同海损的牺牲和费用由全体受益方共同分摊。为此，需要确定作为共同海损受到补偿的牺牲和费用的项目及金额；应参加分摊的受益方及其分摊价值；各受益方的分摊额以及最后应付的金额和结算办法等。这一系列调查研究和审计核算工作称为共同海损理算。对此，目前所通用的规则为《约克·安特卫普规则》。

(2)单独海损是指保险标的因承保风险所引起的，不属于共同海损的一种部分损失。单独海损只涉及船舶或货物单独一方的损失，因此不能要求各利害关系方共同分摊损失，而只能由遭受损失的一方单独承担。

(三)费用

保险货物遭遇保险事故，除了使货物本身受到损失外，还会产生费用方面的损失。这些费用主要包括四项：

1. 施救费用，是指当保险标的遭遇保险责任范围内的灾害事故时，被保险人或其代理人、雇佣人及其他人员为防止损失扩大而采取合理措施所支出的费用。

2. 救助费用，是指保险标的遭遇保险责任范围内的灾害事故时，因保险人和被保险人以外的第三者采取救助行动而应向其支付的费用，但对没有效果的救助无须支付费用。

---

① 所谓委付，是指被保险人在保险标的处于推定全损状态时，向保险人声明愿意将保险标的的一切权益及由此所产生的一切权利与义务全部转让给保险人，而要求保险人按全损给予赔偿的一种行为。

3. 特别费用，是指货物的运载工具遭遇海上灾害或意外事故不能继续航行而须将货物卸下存仓后由原船装载续运或由他船受载代运等所产生的费用。

4. 额外费用，是为索赔举证等需支付的费用，包括公证费、勘察费和理算费等。该项费用只有在索赔成立时保险人方予支付。

二、国际海上货物运输保险的险别、除外责任与责任期间

保险险别是确定保险人赔偿责任范围并据以计算保险费的依据。关于海上货物运输保险，各国均规定了较多险别，但国际上并未就此形成专门的公约或统一规则，而是由各国国内法加以调整。此处着重介绍我国有关海上货物运输保险的内容。

(一)海上货物运输保险的险别

根据现行中国人民保险公司海洋运输货物保险条款，我国海上货物运输保险的险别可依能否单独投保，划分为基本险和附加险两类。其中，前者所承保的主要为自然灾害和意外事故所造成的损失，可单独投保；后者所承保的则是由外来原因所造成的损失，以已投保基本险为前提。

1. 基本险

(1)平安险。其原意为“单独海损不赔”，即保险人原则上仅赔偿全部损失与共同海损。但目前其保险责任已超出这一范围，包括因自然灾害所造成的全损和因意外事故所造成的部分损失。具体而言，平安险的责任范围主要包括：①因自然灾害和运输工具发生意外事故而造成的被保险货物的全损；②由于运输工具遭遇搁浅、触礁、沉没等意外事故而造成被保险货物的全部或部分损失；③在运输工具已经发生搁浅、触礁、沉没、焚毁等意外事故的情况下，货物在此前后又在海上遭遇恶劣气候、雷电、海啸等自然灾害所造成的部分损失；④在装卸转船过程中，被保险货物一件或数件落海所造成的全部或部分损失；⑤被保险人为防止或减少货损而对遭受承保风险的货物采取抢救措施所支付的合理费用，但以不超过该批货物的保险金额为限；⑥运输工具遭遇自然灾害或意外事故，在中途港口或在避难港口停靠所引起的卸货、装货、存仓以及运送货物所产生的特别费用；⑦发生共同海损所引起的牺牲、分摊费用和救助费用；⑧运输契约订有“船舶互撞条款”，按该条款规定应由货主偿还船方的损失。

(2)水渍险。其原意为“包含单独海损”。其承保范围除包括平安险的各项责任外，还包括平安险未能涵盖的因恶劣气候、雷电、海啸、洪水以及地震等自然灾害所造成的被保险货物的部分损失。

(3)一切险。其责任范围除包括平安险和水渍险的所有责任外，还包括货物在运输过程中因一般外来原因所造成的被保险货物的全部或部分损失。因此，一切险是平安险、水渍险与一般附加险的总和，但并不能就此认为一切险对所有损失都负责赔偿，其赔偿范围亦存在一定限制。

2. 附加险

附加险是基本险的扩大和补充，它不能单独投保，而必须附属于基本险项下。国际海上货物运输保险的附加险种类繁多，通常分为一般附加险和特别附加险两类。

(1)一般附加险。承保由外来原因所造成的全部或部分损失。一般包括：偷窃、提货不着险；淡水雨淋险；短量险；混杂、沾污险；渗漏险；碰损、破碎险；串味险；受热、受潮险；钩损险；包装破裂险；锈损险。

(2)特别附加险。主要承保由政治、军事、国家政策法令以及行政措施等特殊外来原因所

造成的损失。在我国主要包括如下几种:战争险;罢工险;交货不到险(指承保货物从装上船舶起算,满 6 个月仍未运抵原定目的地交货,则不论任何原因,保险人均按全部损失赔偿);船面险(指保险标的因存放于舱面而被抛弃或风浪冲击落水所致损失);进口拒收险(指保险标的在进口港被进口国有关当局拒绝进口或没收所产生的损失)。此外,还包括进口关税险、黄曲霉素险等。①

(二)除外责任

除外责任是指保险人不负赔偿责任的范围。除外责任的致损原因一般均为非意外、非偶然性或较为特殊的风险。根据中国人民保险公司海洋运输货物保险条款,除外责任包括:(1)因被保险人的故意行为或过失所造成的损失;(2)因发货人责任所引起的损失;(3)在保险责任开始前,被保险货物已存在的品质不良或数量短差所造成的损失;(4)被保险货物的自然损耗、本质缺陷、特性以及市价跌落、运输延迟所引起的损失或费用;(5)中国人民保险公司海洋运输货物战争险条款和货物运输罢工险条款规定的责任范围和除外责任。

(三)责任期间

责任期间是指保险人承担责任的起讫时间。对此,国际上通行的做法是采用"仓至仓"条款。中国人民保险公司海洋运输货物保险条款也采用此规则。

所谓"仓至仓"规则,是指保险人所承担的保险责任,始自被保险货物运离保险单所载明的起运地仓库,终于货物到达保险单所载明的目的地最终仓库。但这只是原则性规定,还有三种情形须区别对待:(1)自货物于目的港卸离海轮时起满 60 天,不论被保险货物是否进入收货人仓库,保险责任均告终止。(2)若上述保险期限内被保险货物需转送到非保险单所载明的目的地,则保险责任自该项货物开始转运时终止。(3)若被保险货物在运至保险单所载明的目的地以前的某一仓库发生分配、分派的情况,则该仓库视为被保险人的最后仓库,保险责任于货物运抵该仓库时终止。

此外,上述责任期间并不适用于战争险。战争险的责任一般始自货物装上海轮或驳船,终于货物卸离该海轮或驳船。

三、国际海上货物运输保险的索赔和诉讼

(一)索赔范围

被保险人的索赔范围限于被保险货物因保险人承保风险的发生所遭受的损失,且赔偿限额不得高于保险金额。保险金额低于保险价值的,在保险标的发生部分损失时,保险人按照保险金额与保险价值的比例负赔偿责任。保险标的在保险期间发生数次保险事故,即使损失金额的总和超过保险金额,保险人也应予以赔偿。发生部分损失后未经修复又发生全部损失的,按全部损失赔偿。

(二)索赔程序

被保险人向保险人就承保范围内的损失进行索赔时,一般应履行如下程序:(1)损失通知。被保险人一旦发现保险标的遭受损失,应立即通知保险人。该项通知一经发出,即表明索赔行为已经开始。(2)申请检验。被保险人在向保险人发出损失通知的同时应提出货损检验申请。(3)向责任方索赔。被保险人提货时如发现货损货差,除应向保险人通报并申请检验外,还应

① 黄曲霉素险是指承保货物在进口港或进口地经当地卫生当局检验证明含有黄曲霉素并超过进口国对该毒素的限制标准,因而被拒绝进口、没收或强制改变用途时所造成的损失。

及时向承运人、受托人以及海关、港务当局索取货损货差证明。若货损货差系由有过失的第三人造成，则应立即向其提出索赔，并保留追偿权。(4)合理施救。当被保险货物因承保风险受损时，被保险人有义务迅速采取合理抢救措施，以防止或减少货物损失。被保险人采取此项措施不视为放弃委付。(5)提交索赔单证。被保险人向保险人提出索赔时，应提交有关单证，主要包括检验报告或其他证明损害的文件、货物发票、提单、保险单正本、货损货差证明及索赔清单。

(三)索赔的诉讼时效

索赔期限一般规定为从被保险货物在最后卸载港全部卸离海轮后 1 年，但中国规定为 2 年。索赔时效同时也是诉讼时效。只有在索赔时效期间内提起诉讼或仲裁，被保险人的权利才能得到法律保护。

(四)诉讼管辖权与法律适用

如果被保险人与保险人之间就索赔问题发生争议而又不能自行协商解决的，就要通过法院诉讼或仲裁来解决。诉讼或仲裁通常应在被告所在地国进行。国际货物运输保险合同双方当事人可协议选择准据法，如未作选择，则一般应适用保险人主营业所所在地国的法律。[①]

第三节 其他运输方式下的保险

如前所述，国际货物运输保险除包括海上货物运输保险外，还包括陆上货物运输保险和航空货物运输保险，且后两者均以海上货物运输保险为基础，因此有关内容也与之大体相同，本节仅就不同之处做扼要介绍。

一、国际陆上货物运输保险

对于陆上货物运输保险，各国的保险条款基本相同。根据中国人民保险公司陆上运输货物保险条款，我国陆运货物保险所承保的对象以火车运输和汽车运输为限。其中，基本险包括陆运险和陆运一切险，附加险则主要为陆上运输货物战争险。此外，还有为陆运冷藏货物专设的陆上运输冷藏货物保险。与陆上运输有关的水上驳运也包括在内。

(一)基本险

1. 陆运险的责任范围

陆运险的责任范围与海上货物运输保险条款中的“水渍险”相似。保险公司除负责赔偿被保险货物在运输途中遭遇暴风、雷电、洪水、地震等自然灾害，或由于运输工具遭受碰撞、倾覆、出轨，或在使用驳船运输过程中因驳运工具遭受搁浅、触礁、沉没、碰撞，或因隧道坍塌、崖崩或失火、爆炸等意外事故而造成的全部或部分损失外，还负责赔偿被保险人对遭受承保责任内的货物采取抢救、防止或减少货损的措施而支付的合理费用，但这种赔偿以不超过该批被救货物的保险金额为限。

2. 陆运一切险的责任范围

陆运一切险的责任范围与海上货物运输保险条款中的“一切险”相似。保险公司除负责上述陆运险的赔偿责任外，还负责被保险货物在运输途中由于外来原因所造成的全部或部分损失。

---

① 陈安、单文华:《国际贸易法学》(上)，北京大学出版社 2000 年版，第 362－376 页。

3. 除外责任

陆运险与陆运一切险的除外责任与国际海上货物运输保险的除外责任基本相同。

4. 责任期间

国际货物陆上运输的责任期间也采用“仓至仓”条款。保险人负责自被保险货物运离保险单所载明的起运地仓库或贮存处所起，包括正常运输过程中的陆上及水上驳运在内，直至该项货物运达保险单所载明的目的地收货人的最后仓库或贮存处所或被保险人用作分配、分派的其他贮存处所止。若未运抵上述仓库或贮存处所，则以被保险货物运抵最后卸载的车站满 60 天为止。

5. 索赔时效

被保险人向保险人提出索赔的时间从被保险货物在最后目的地车站全部卸离车辆后起计算，最多不超过 2 年。

(二)陆上货物运输战争险

如前所述，陆上货物运输战争险为陆上货物运输的一种附加险。对此，国外许多保险公司均不予承保。我国保险公司为适应外贸业务的需要而予以承保，但仅以火车运输为限。

1. 责任范围

保险人的赔偿范围包括：火车在运输途中，由于战争、类似战争行为和敌对行为以及武装冲突所致的损失；各种常规武器，包括地雷、炸弹所导致的损失。

2. 除外责任

由于敌对行为使用原子弹或热核武器所导致的损失和费用，以及因执政者、当权者或其他武装集团的扣押、拘留所引起的承保运程的丧失和挫折所造成的损失，不予保险。

3. 责任期间

责任期间与海上运输战争险类似，即自被保险货物装上保险单所载明的起运地火车时开始至卸离保险单所载明的目的地火车时为止。如果被保险货物不卸离火车，则以火车到达目的地的当天午夜起计算满 48 小时为止。如果在运输途中转车，不论货物在当地卸载与否，保险责任均以火车到达该中途站当天午夜起计算满 10 天为止；如果货物在此期限内重新装车续运，则保险仍恢复有效。如果运输合同在保险单所载明的目的地以外的地点终止，该地即被视为本保险单所载目的地。货物卸离该地火车，保险责任即行终止；如果不卸离火车，则以火车到达该地当天午夜起计算满 48 小时为止。

除战争险外，陆上运输货物保险还可加保罢工险。在投保战争险的前提下加保罢工险，不另收费；如仅要求加保罢工险，则按战争险费率收费。陆上运输罢工险的承保责任范围、除外责任等均与海上运输货物罢工险相同。

(三)陆上冷藏货物运输保险

1. 责任范围

除负责陆运险的全部责任外，还负责赔偿由于冷藏机器或隔温设备在运输途中损坏所造成的被保险货物因解冻溶化而腐败的损失。

2. 除外责任

除适用于陆运险的除外责任条款外，因战争、罢工或运输延迟而造成的被保险货物的腐败或损失以及被保险冷藏货物在保险责任开始时未能保持良好状况、整理包装不妥或冷冻不合规格所造成的损失亦除外。

3. 责任期间

责任期间与陆运险相同，也采用“仓至仓”条款，即自被保险货物运离保险单所载明的起运地冷藏仓库、装入运送工具开始运输时生效，包括正常陆运及与其有关的水上驳运在内，直至货物到达目的地收货人仓库为止，但最长保险责任的有效期限以被保险货物到达目的地车站后10天为限。

4. 索赔时效

从被保险货物在最后目的地全部卸离车辆后起算不超过2年。

二、国际航空货物运输保险

由于航空运输开始较晚，故与之相适应的航空货物运输保险也起步较晚，直至1965年，英国伦敦保险协会才制定出一份较为完整的《协会航空货物一切险条款》，1982年修改为《协会航空运输货物险条款》，此外还制定了《协会航空运输货物罢工险条款》。这些标准条款目前为许多国家所采用。中国人民保险公司在参考国际通行做法的基础上制定了货物航空运输保险条款，规定我国航空货物运输保险的基本险别包括航空运输险与航空运输一切险两种，附加险则为航空货物运输战争险。

（一）航空运输险和航空运输一切险

1. 航空运输险的责任范围

航空运输险与海上货物运输保险条款中的"水渍险"大致相同。保险人赔偿被保险货物在运输途中遭受雷电、火灾、爆炸或由于飞机遭受恶劣气候或其他危难事故而被抛弃，或由于飞机遭受碰撞、倾覆、坠落或失踪等自然灾害和意外事故所造成的全部或部分损失。其除外责任与海上货物运输保险基本相同。

2. 航空运输一切险的责任范围

航空运输一切险除包括上述航空运输险的全部责任外，还包括被保险货物由于偷窃、短少等外来原因所造成的全部或部分损失。其除外责任同海上货物运输保险的除外责任基本相同。

3. 责任期间

航空货物运输保险的责任期间也采用"仓至仓"条款。但与海上货物运输保险所不同的是，若货物运达保险单所载明的目的地而未运达保险单所载明的收货人仓库或贮存处所，则以被保险货物在最后卸载地卸离飞机后满30天为止。若在上述30天内被保险货物需转运到非保险单所载明的目的地，则责任期间自该项货物开始转运时终止。

（二）附加险

附加险主要为航空货物运输战争险。

1. 责任范围

航空货物运输战争险的责任范围包括航空运输途中由于战争、类似战争行为、敌对行为或武装冲突以及各种常规武器和炸弹所造成的货物的损失，但不包括因使用原子弹或热核武器所造成的损失。

2. 责任期间

航空货物运输战争险的责任期间自被保险货物装上保险单所载明的启运地飞机时开始，到卸离保险单所载明的目的地飞机时为止。若被保险货物不卸离飞机，则以飞机到达目的地当日午夜起计算满15天为止。若被保险货物在中途转运，则保险责任以飞机到达转运地的当日午夜起计算满15天为止。待装上续运的飞机，保险责任再恢复有效。

航空货物运输附加险除上述战争险外，还包括罢工险。罢工险的责任范围与海上货物运输罢工险相同。在投保战争险的前提下加保罢工险，不另收保险费；但若只加保罢工险，则须另收与战争险费率相同的保险费。

虽然国际货物多式联运也是目前较为重要的一种国际货物运输方式，但目前国际范围内尚无关于国际货物多式联运保险的国际公约或统一规则，也未形成某一国家相对权威的国内制度，我国亦未单独制定调整国际货物多式联运保险的规则。各国对国际货物多式联运保险大多根据各个不同运输方式、按照各个承保区段分别计算的方法进行处理。

本章小结

1. 国际货物运输保险是指投保人(国际贸易中的买方或卖方)根据合同约定，向保险人支付保险费，保险人对于合同约定的可能发生的事故因其发生所造成的财产损失承担赔偿保险金责任的行为。根据运输方式的不同，国际货物运输保险主要包括海上货物运输保险、陆上货物运输保险和航空货物运输保险。国际货物运输保险须遵循如下基本原则：可保利益原则、最大诚信原则、补偿原则、代位追偿原则和近因原则。

2. 国际货物运输保险合同是指投保人(国际贸易中的买方或卖方)与保险人约定有关国际货物运输保险权利义务关系的协议。投保人负有依约支付保险费的义务，保险人则负有赔偿被保险人因承保风险所致损失的义务。保险合同为有偿合同、双务合同、射幸合同、最大诚信合同、诺成合同与不要式合同。保险合同所涉主体除包括保险合同当事人以外，还包括合同关系人与辅助人。

3. 国际海上货物运输保险的承保范围包括海上风险、海上损失与费用。其中，海上风险主要包括海上发生的自然灾害和意外事故以及外来风险。海上损失是指被保险货物在海上运输中因遭受海上风险而导致的损失，按照货物损失程度可分为全部损失和部分损失。保险货物遭遇保险事故，除了使货物本身受到损失外，还会产生费用方面的损失。这些费用主要包括施救费用、救助费用、特别费用和额外费用。我国海上货物运输保险的险别可依能否单独投保，划分为基本险和附加险两类。其中，前者所承保的主要为自然灾害和意外事故所造成的损失，可单独投保；后者所承保的则是由外来原因所造成的损失，以已投保基本险为前提。

4. 其他运输方式下的保险主要为陆上运输险与航空运输险。根据中国人民保险公司陆上货物运输保险条款，我国陆运货物保险所承保的对象以火车运输和汽车运输为限。其中，基本险包括陆运险和陆运一切险，附加险主要为陆上运输货物战争险。此外，还有为陆运冷藏货物专设的陆上运输冷藏货物保险，与陆上运输有关的水上驳运也包括在内。我国航空货物运输保险的基本险别包括航空运输险与航空运输一切险两种，附加险为航空货物运输战争险。

关键概念

国际货物运输保险；海上货物运输保险；陆上货物运输保险；航空货物运输保险；国际货物运输保险合同；可保利益原则；最大诚信原则；补偿原则；代位追偿原则；近因原则；射幸合同；保险合同当事人；保险合同关系人；保险合同辅助人；基本险；附加险；全部损失；部分损失

思考与练习

1. 试述国际货物运输保险合同的基本原则。
2. 试述国际货物运输保险合同的主体。
3. 被保险人的义务通常包括哪些?
4. 试述国际海上货物运输保险的险别及其承保范围。
5. 海上损失具体包括哪些?
6. 试述我国陆上货物运输保险与航空货物运输保险的险别及其承保范围。

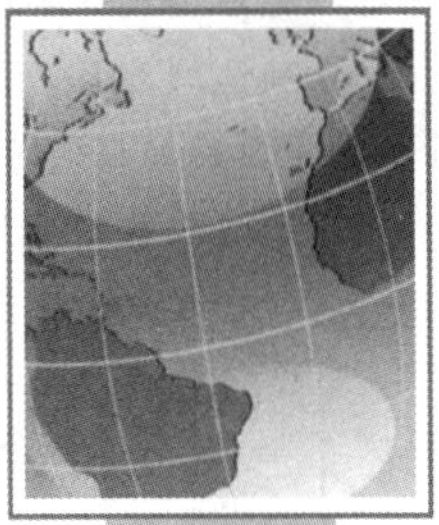

第七章 国际结算法

本章要点

1. 票据关系和票据行为
2. 票据权利与票据责任
3. 国际结算方式的种类
4. 信用证的种类以及信用证法律关系
5. 信用证交易原则与欺诈例外

导入案例

中国农业银行青岛市市南区第二支行与中国凯利实业山东公司青岛办事处、青岛制药股份有限公司、青岛市市北区恒泰工贸有限公司等信用证纠纷案①

原审上诉人(一审被告):开德(青岛)贸易有限公司(以下简称开德公司)

法定代表人:张斌,该公司董事长

原审上诉人(一审被告):山东君华实业发展公司(其前身为中国凯利实业山东公司,以下简称凯利公司)

原审被上诉人(一审原告):中国农业银行青岛市市南区第二支行

原审被告:中国凯利实业山东公司青岛办事处

原审被告:青岛制药股份有限公司(以下简称制药公司)

原审被告:青岛市市北区恒泰工贸有限公司(以下简称恒泰公司)

1997年5月9日,凯利公司向青岛农行营业部(独立法人机构,且持有经营外汇业务许可证)提交开立信用证申请书,要求开立编号为380LC97021BD的不可撤销跟单信用证,受益人为先添矿产金属有限公司(以下简称先添公司),金额为208万美元,有效期至1997年6月21日,信用证选择适用UCP ICC400(1983)条款;凯利公司同时保证提供偿付该信用证项下货款、手续费、费用及利息等所需外汇,并保证在单证表面相符的条件下对外付款/承兑。该格式申请书由青岛农行营业部向凯利公司提供。同年5月12日,青岛农行营业部、原凯利公司办事处(系凯利公司在青岛设立的为该公司代办业务的营业单位,已在工商行政管理部门办理营业登记。凯利公司于1997年5月7日书面授权其负责对外履约、开立信用证、信用证项下议付等事项)与开德公司、张斌、制药公司、恒泰公司分别签订了《开立进口信用证协议》(保证类)。该协议第一条约定,开证行同意按照申请人《开立不可撤销跟单信用证申请书》的要求和承诺,开立编号为380LC97021BD的远期90天信用证;第六条约定,开德公司、恒泰公司、制药公司为申请人的保证人,承担连带保证责任,并出具《短期进口贸易融资保证担保书》(其中,制药公司在协议和《担保书》中注明其担保范围为人民币400万元);第六条还约定,张斌以其拥有的财产作为抵押物为申请人提供担保,并与凯利公司、青岛农行营业部签订《最高额短期进口贸易融资抵押担保合同》;第八条约定,本协议的全部附件,包括申请书、信用证副本等是本协议不可分割的组成部分,与本协议具有同等法律效力。该协议签订后,张斌向青岛农行营业部提交了其所有的两处房产的产权证明,但该抵押行为未向有关管理部门办理抵押登记手续。

① 最高人民法院(2002)民四提字第8号。

同年5月20日，青岛农行营业部通过青岛农行开出编号为380LC97021BD的不可撤销信用证。在信用证中，青岛农行营业部将申请书约定的信用证适用UCP400条款改为适用UCP500条款。同年5月26日，青岛农行营业部收到议付行瑞士银行香港分行的索汇面函及随函的信用证项下单据和受益人先添公司开具的金额为2 180 256美元的汇票。同年5月27日，原凯利公司办事处在该汇票背面加盖公章，确认到期日为同年8月26日。同日，原凯利公司办事处致函农行青岛市分行国际业务部，同意对信用证项下货物如期付汇，并希望将承兑电文及时发出。同日，青岛农行营业部通过青岛农行向议付行发出同意承兑通知，付款到期日为同年8月26日。同年8月4日，凯利公司以被诈骗为由向青岛市公安局市南分局报案，该局于同年8月25日致函青岛农行营业部，建议其对信用证项下贷款止付。1998年2月26日、4月22日，青岛农行营业部将380LC97021BD信用证本金2 180 231美元和利息74 661.65美元给付瑞士银行香港分行，电传费为50美元。

1997年10月20日，青岛农行营业部向青岛市中级人民法院提起诉讼，要求凯利公司、开德公司、制药公司、恒泰公司及张斌给付信用证项下的款项和逾期利息。青岛市中级人民法院认为：青岛农行营业部与凯利公司之间就380LC97021BD信用证业务所签订的《开立进口信用证协议》作为各方当事人协商一致的结果，系合法有效的合同。国际商会制定的关于信用证的国际惯例，是目前我国信用证业务所应遵循的规范性文件。凯利公司在开证申请书中选择适用的国际商会1983年第400号出版物《跟单信用证统一惯例》已被该会1993年修订的500号出版物《跟单信用证统一惯例》所取代。青岛农行营业部通过青岛农行开出的信用证按照当时有效的国际惯例选择适用后者完全是一种善意的行为；且凯利公司在信用证开出后直至接到信用证项下的单据一直没有提出任何异议，并明确表示同意承兑，应视为对信用证的认可。根据信用证国际惯例的规定，信用证与其所依据的申请人及受益人之间的购销合同是性质不同的业务，信用证一经开出便独立于该合同。对青岛农行营业部、凯利公司及保证人具有约束力的契约是开证申请书和有关协议。在信用证业务中，各有关方面处理的是单据，青岛农行营业部只负责审查单证及单单是否相符，而单据的真伪则不属其审查之列。本案青岛农行营业部因按照凯利公司的指示对外承兑而确定了付款责任。此时，凯利公司却以受益人涉嫌诈骗为由抗辩其义务的履行，显然违背其承诺及信用证的有关国际惯例，并与我国民法的公平、诚实信用原则相悖，应向青岛农行营业部支付其所垫付的款项利息及违约金。本案涉及的抵押行为没有按照法律规定办理登记，因而不能生效。抵押未生效，青岛农行营业部与张斌均有过错，张斌应在其所提供的抵押财产范围内向青岛农行营业部承担赔偿责任。其他担保人亦应依约承担担保责任。

凯利公司、开德公司、张斌不服一审判决，向山东省高级人民法院提起上诉。山东省高级人民法院经审理认为：张斌以其拥有的房产进行的抵押担保因未向有关部门办理登记而不生效，张斌和青岛农行营业部对此均有过错，由此产生的法律后果应由双方承担。一审判决张斌承担抵押不生效的全部责任欠妥，应予纠正。其他意见与一审法院相同。开德公司、张斌仍不服上述终审判决，向山东省高级人民法院申请再审。山东省高级人民法院经审理认为：国际惯例是任意性规范，而不是强行法，它的效力完全来自当事人的选择。《跟单信用证统一惯例》400号出版物和《跟单信用证统一惯例》500号出版物对该条款的效力均有明确规定。由于我国现在没有专门调整信用证的法律，信用证法律关系主要靠国际惯例调整，国际惯例选择条款即成为开立信用证合同的必备条款。根据《中华人民共和国经济合同法》第12条的有关规定，该选择条款是开立信用证合同的主要条款。《跟单信用证统一惯例》400号出版物和《跟单信用证统一惯例》500号出版物两者在诸多方面存在区别，因此双方的行为已构成对主合同的变更。根据《中华人民共和国担保法》第24条的规定，主合同双方当事人变更主合同的，应当取得保证人书面同意。未经保证人书面同意的，保证人不再承担保证责任。青岛农行营业部不能提供开德公司、恒泰公司、制药公司、张斌等担保人已书面同意双方变更主合同条款并愿意继续承担担保责任的证据，上述担保人即不应再承担担保责任。青岛农行营业部对此不服，向最高人民法院提出再审申请。最高人民法院经审理认为：开证申请人凯利公司提交的开证申请书载明信用证适用国际商会《跟单信用证统一惯例》400号出版物，而开证行青岛农行营业部实际对外开立的信用证载明适用国际商会《跟单信用证统一惯例》500号出版物，两者在适用版本方面存在不一致。由于各方当事人没有约定在开证申请书与信用证出现矛盾或者不一致时何者优先，应视为两者具有同等效力。如果出现任何矛盾或者不一致，应以后者为准。本案开证申请书在先，信用证及其副本在后，因此，应当以信用证及其副本所载明的国际商会

《跟单信用证统一惯例》的版本即第500号出版物作为信用证所应适用的惯例。因此，开德公司、张斌主张青岛农行营业部擅自变更主合同没有事实和法律依据。原再审判决以主合同双方当事人未经保证人书面同意，擅自变更主合同并依照担保法第24条判定各担保人不再承担担保责任，认定事实和适用法律均有错误，判决结果失当，依法应予撤销。

请问：

1. 国际结算的方式包括哪些？
2. 信用证交易的特殊性体现在哪里？
3. 国际商会所制定的《跟单信用证统一惯例》是自动适用还是须经当事人选择适用？
4. 主合同当事人未经保证人同意对主合同所作的任何修改是否均能导致保证人免除保证责任？

第一节　概　述

在国际商事交往中，卖方缔结商事合同的根本目的在于通过合同的履行获得买方所支付的价款，进而获得预期商业利润；买方也只有依约支付价款，才能摆脱合同债务的约束，并合法取得标的物的所有权。因此，支付和结算是交易双方经济利益得以实现的重要环节。这种由银行使用特定结算工具、采取特定结算方式所实现的跨国界的资金转移与收付，称为国际结算(international settlement)。以下围绕国际结算的特点、国际结算与国内结算的差别以及国际结算的发展趋势对国际结算做扼要介绍。

一、国际结算的特点

(一)以单据为基础

近代航运业和保险业的发展催生了作为货物所有权凭证的海运提单和代表保险权益的保险单。卖方提交单据代表交付货物，买方付款赎单意味着取得货物的所有权。提单可以流通转让的特性不但方便了货物所有权的转让，也可以作为质押品以获得银行的资金融通，从而有助于交易的顺利完成。因此，这类单据逐渐成为交货与付款的依据。

在长期的国际贸易实践中，凭单付款的方式逐渐得到完善。国际商会制定的《国际贸易术语解释通则》对不同贸易术语中有关买卖双方的义务作出了明确界定，从而进一步确立了凭单付款的原则。其中最典型的是CIF贸易术语，卖方的责任是提交包括已装船海运提单在内的货运单据，一旦交单，即完成了交货义务；买方的责任则是接受符合合同要求的单据并支付货款。跟单信用证和跟单托收的结算方式又具体地规定了卖方交单和买方凭单付款的操作规则，使凭单付款得以有效地实现。此外，不具有物权凭证性质的铁路运单、航空运单等，作为卖方的履约证书也加入凭单付款的结算方式中。同时，即使在货到付款的交易中，交付单据依然是卖方的基本义务，也是买方付款的前提之一。由此可见，凭单付款是当代国际商事结算的主要特征。

(二)以非现金结算为主

国际贸易结算包括现金结算与非现金结算两种方式。直接用现金进行国际货物买卖支付，意味着大量现金的携带，既不便利，也不安全，现实交易中除即时清结的小额买卖或零星支付外，一般很少采用。于是，以当事人的信用作担保的票据应运而生。利用这种信用工具对国际间的债权债务进行结算，既降低了结算费用，又加快了资金的周转。尤其是银行的信用保证和融资作用通过票据的使用得到了进一步发挥，而票据本身功能的逐渐扩展以及票据立法的不断完善，也使得票据成为国际结算的主要工具。

在高度发达的市场经济中，各国政府为了制止非法交易，防范伪钞流入市场以及逃税等行为，均采取了各种法律和经济手段来限制现金结算。而随着电子信息技术的发展，金融系统的电算化和电子货币的出现，进一步促使现金退出了流通领域，使得在目前的银行结算业务中，绝大多数都是通过非现金结算，即转账结算。

(三)以银行为中心

在早期的票据交换中，双方当事人互相提供信用，实行直接结算。随着国际商事活动的发展，银行以良好的信誉和雄厚的财力成为买卖双方所信赖的媒介。凭单付款和票据结算使得银行能以单纯的处理单据业务的形式介入国际商事活动。在办理结算业务的同时，银行或向当事人提供信用保证，或以单据为抵押为当事人融通资金，从而在更大程度上介入了国际结算的全过程。

银行为了便于办理业务，不但在海外设立大量的分支机构，还广泛建立海外代理行关系和账户行关系。随着财务电讯系统的不断完善，在全球范围内逐步形成了高效率的国际间账务清算和资金转移网络。目前被广泛使用的全球性账务清算和资金转移网络有三：其一为环球银行间金融电讯协会(SWIFT)。这是一个国际性的银行资金清算机构，总部设于布鲁塞尔。该协会为各成员银行提供专门的通讯和终端设备，形成了一个高速的电讯网络，是当今影响最大的国际清算网络。其二为交换银行互相收付系统(CHIPS)。这是一个收付美元的国际电脑网络，是由100多家设在纽约的美国和外国银行分支机构自愿组成的清算系统，其目的在于联网办理银行收付业务。其三为交换银行自动收付系统(CHAPS)。这是继CHIPS之后，英国于1984年在伦敦设立的电脑收付系统，由12家清算银行通过8条信息通道与信息转换中心相接。CHAPS采用双重清算体制，所有商业银行通过其开立账户的清算银行进行清算，每天营业结束时，清算银行之间进行双边对账和结算，其差额通过它们在英格兰银行的账户划拨来结清。①

二、国际结算与国内结算的异同

国际结算与国内结算的本质相同，均是通过一定方式为交易双方提供债权债务的结算或资金的转移和收付，只是在空间上有所差别。也正因这种空间上的差别，使得国际结算具有诸多不同于国内结算的特征。

(一)存在汇率风险

国内结算中由于只使用一种货币，因而不存在汇率风险。但在国际结算中，由于交易双方分处不同国家，使用不同货币，因而必须进行货币的兑换。在多变的国际金融市场条件下，汇率风险在所难免。因此，在国际商事活动中，使用何种货币进行结算往往也是买卖双方争议的焦点，在汇率剧烈动荡的情况下尤其如此。

(二)风险来源复杂

不论是国内结算还是国际结算，均存在一定风险，如信用风险。但国际结算所面临的风险无疑更多，除前述汇率风险外，还存在政治风险。政治风险是因一方当事人所在国的政策、法律发生变化而给对方造成损害的可能性。如政府禁止某些商品的进口或出口，从而使已签订的合同无法履行等。产生这些风险的原因较为复杂，不仅包括政治、经济情况的变动，还包括投机因素等，可谓风险种类繁多、背景情况复杂。

(三)操作复杂

国际结算业务不仅涉及交易双方当事人，还须通过两个国家(或两个以上国家)的银行来

① 应诚敏、刁德霖:《国际结算》，高等教育出版社2005年版，第4—5页。

划拨转账，涉及的当事人与环节均较多，任何一个经手人的疏忽都可能影响及时、安全收汇。若由银行控制单据，则要涉及对单据的审核、交接等，尤其是各国语言不同，对往来函电、单据的格式要求也未必相同，所有这些都大大提高了国际结算的难度。

(四)所涉法律与习惯不同

因国际结算业务至少要涉及两个或两个以上国家的当事人，而各国对与国际结算有关的事项制定了内容迥异的法律，因而国际结算不免会面临各国法律的冲突。此外，国际结算中还会涉及诸多国际惯例，这些惯例的约束虽然有赖于当事人的自主选择，但基本上已被各国普遍遵守。因此，要进行国际结算，就必须了解和熟悉这些惯例并灵活加以运用，否则将导致不必要的麻烦和纠纷。①

三、国际结算的发展趋势

作为国际商事活动不可或缺的重要环节，国际结算亦随着国际经济交往的日趋频繁而获得了长足发展，并呈现出如下几个主要趋势：

(一)与贸易融资进一步结合

贸易融资是指围绕国际贸易结算的各个环节所发生的资金及信用融通的经济活动。这项业务不仅使银行得以获取利息收益，还可以改善银行的资产质量，因此，现代国际结算越来越呈现出与贸易融资紧密结合的特点。不论是出口商还是进口商，只要符合规定的条件，就可从往来结算银行处获得短期或长期的资金融通。这既可提高贸易的成交率，又能增加商品在市场上的竞争力，而银行亦可从中受益，可谓“双赢”。

(二)电子化程度进一步加深

随着科技的发展，银行结算的过程亦发生了深刻变化，表现为工作效率的提高、差错的减少以及业务量的大幅提升。由于国际结算涉及国与国之间的往来，不但包括银行与国外分支行的往来，还涉及各国代理行之间的往来，单据的流转环节多，资金调拨复杂。用电脑来处理可以加速资金与单证的流转，使结算中的在途时间最大限度地减少，从而节约了资金占用，减少了利息支出。在这一背景下，EDI应运而生。

EDI是电子数据交换(electronic data interchange)的简称，由于它取代了以纸张为载体的贸易文件，故又称为“无纸贸易”。采用EDI是将标准化后的贸易单证和文件转换成电脑语言，利用电脑通信技术进行处理和传递，接受方再把其还原成各种贸易单证和文件，从而代替原来纸面文书的缮制、审核、传送、再审核、处理等一系列费时费力的过程。采用EDI技术无疑可以简化贸易的中间环节、降低成本，故EDI已以其迅速、准确、安全的特点成为主流单据的处理方式。

(三)结算规则日趋完善

在国际结算中，分处不同国家的当事人对权利、义务和责任存在不同理解，不同的银行在具体操作上亦存在不同习惯，因而常常导致误解，引发纷争。为避免此类情况的发生，在长期的国际结算实践中，逐渐形成了为大家所共同认可的一些习惯做法，用以调整当事人之间的权利义务关系。这些习惯做法最终由国际商会等加以归纳整理，编纂制定了被普遍接受和采用的国际惯例，这其中被广泛使用者有Incoterms2010、UCP600、URC522等。此外，国际联盟还针对国际结算中所使用的票据进行了统一立法，形成了著名的“日内瓦体系”。联合国国际贸

① 姜学军:《国际结算》，东北财经大学出版社2000年版，第6—8页。

易法委员会为促进票据法的统一，也做出了长达数十年的努力，并形成了适用于国际汇票和国际本票的国际公约。尽管该公约尚未生效，但其积极意义不言自明。以上这些规则不仅推动了国际结算朝着规范化与标准化的方向迅速发展，也使各国的结算方式逐步趋向统一，为当代国际商事的进一步发展奠定了坚实基础。①

第二节　结算工具

国际贸易结算工具所要解决的是在国际贸易中用什么来支付的问题，目前主要包括货币和票据两种。其中，货币又可分为出口国货币、进口国货币以及第三国货币。在国际贸易结算中，为了规避汇率风险，并减少货币不能自由兑换和流通而带来的损失，交易双方通常会选择币值较为稳定而且可以自由兑换的货币来进行计价结算。但无论如何，货币支付都存在着明显的缺陷，如费用高、速度慢等。鉴于货币支付的缺陷，票据作为常见的非现金支付及结算工具，已经成为现代国际支付、结算的主要手段。因此，有关票据法的内容也成为国际商法的重要内容。以下即对票据的基本原理和主要制度进行详细介绍。

一、票据概述

(一)票据的特征与功能

票据是一国出票人所签发的由其自己或他人无条件支付一定金额的书面凭证。其具有如下主要特征：

1. 票据是有价证券。因为票据代表一种债权，这种债权的行使以当事人对票据的占有为前提，并以金钱为支付标的，故为完全的有价证券。

2. 票据是无因证券。只要持票人占有票据，即可主张票据上的权利，不受基础法律关系的影响。

3. 票据是要式证券。一张有效的票据须按法定方式作成，具有法定形式和内容，当事人不得随意修改，否则票据的权利将受到影响，甚至无效。

4. 票据是流通证券。票据可以凭交付或背书方式自由转让，无须通知债务人。正当持票人享有优于其前手的权利，不因前手对票据的权利有瑕疵而受影响。

5. 票据是设权证券。出票人签发票据的意义在于创设新的权利，即票据权利，而非证明原已存在的权利，其区别于股票、债券等证权证券。

6. 票据是独立证券。票据权利与产生票据的原因相互独立，票据行为与其他票据行为及效力亦相互独立。在票据上签名的票据债务人应对善意持票人承担票据责任。

7. 票据是文义证券。票据持有人的权利义务完全以票据上所记载的文义为准。任何人均不得以票据文义之外的情况改变票据上的权利义务。票据权利人依法更改有关票据事项，也仅对其后手有效，对其前手不生效。

8. 票据是债权证券。票据是以表示债权为目的的证券。持票人或收款人为债权人，有权向在票据上签名的人即债务人请求支付票据上所载明的金额。

由于票据具有以上特征，因而它在经济交往中起着重要作用。首先，票据是信用凭证，票据上所记载的金额是出票人或其指定人承担的无条件付款义务；其次，票据作为一种支付工

① 姜学军:《国际结算》,东北财经大学出版社 2000 年版,第 12—17 页。

具，可以代替现金在市场上流通，而且比现金更为安全、简便；再次，票据还具有融资作用。持票人可以在到期日前通过法定程序和条件提前得到资金，从而解决其资金流转的困难。票据的这一职能通常通过票据贴现、转贴现和再贴现来实现。此外，票据还具有汇兑、结算和货币替代等功能，此处不一一详述。

（二）票据的种类

票据主要包括汇票、本票和支票三种。

汇票是由出票人签发的，要求受票人于见票时或规定的某一将来时日或可以确定的将来时间，对某人或某人指定的持票人无条件支付一定金额的书面命令。按出票人的不同，可将汇票具体分为银行汇票和商业汇票。银行汇票是指出票人和付款人均为银行的汇票。商业汇票是指出票人为企业、公司，付款人为其他企业、公司或银行的汇票。按商业汇票承兑人的不同，又可将其分为银行承兑汇票和商业承兑汇票。

本票又称期票，是出票人签发的在未来某个确定日期内由自己向某人或其指定人或持票人支付一定金额的书面承诺。本票与汇票主要存在如下区别：（1）本票的出票人就是付款人，本票票款的收付只涉及出票人和收款人；而汇票则通常涉及出票人、付款人和收款人三方当事人。（2）远期汇票需办理承兑手续；而本票的出票人即付款人，故无须承兑。本票在商事交易中所发挥的作用不及汇票和支票。

支票是一种在商事交易中广泛使用的票据，是银行存户向银行开立的要求其向收款人无条件支付的书面命令。出票人所签发的支票金额不得超过其付款时在其开户银行所实有的存款金额，否则即为空头支票，为法律所禁止。支票与汇票主要存在如下区别：（1）汇票的付款人人不限于银行，支票的付款人通常为银行。（2）汇票的付款日期有即期、远期之分，支票均为即期。（3）远期汇票的流通期限较长，支票的流通期限则较短。（4）汇票可在市场上贴现，支票却无法贴现。（5）当汇票因过期而遭拒付时，持票人对背书人、出票人均丧失追索权；支票因过期而遭拒付时，持票人仍可向出票人追索。

无论是本票还是支票，实际均为汇票的变式，因此，这三种票据具有诸多相通之处。在法律适用上，除汇票的特殊规则以及基于本票和支票自身的特性而适用的一些规则外，三者适用相同的法律规则。

（三）票据立法

现代票据法系由欧洲中世纪的商业习惯法形成和发展而来，并逐步为成文法所替代。各国的规定不尽相同。

大陆法系以法国、德国为代表。法国早在1673年路易十四时期便在《商事条例》中规定了票据制度，是最早制定票据法的国家。但其票据法的内容侧重于票据的汇兑与支付功能，且未确立票据的无因性，难以适应资本主义发展的需要，故早期效仿法国的许多国家又转而效仿德国。德国1871年对票据进行了单独立法，1908年又制定了支票法。其票据法的特点在于侧重票据的信用功能和流通功能，同时也确定了票据的无因性和要式性。

英美法系的票据立法以英国1882年票据法和美国《统一商法典》第三编为代表。其主要特点是汇票、本票和支票法三位一体，注重票据的流通和信用功能，在票据形式上要求较为灵活，严格确立票据的无因性，强调对正当持票人的保护。

有关票据的国际立法主要包括：

1. 统一汇票本票法公约，即《统一本票、汇票法公约》《解决汇票本票法律冲突公约》《汇票本票印花税法公约》，由国际联盟于1930年在日内瓦召开的统一票据法会议通过，并于1934

年1月1日生效。

2. 统一支票法公约，即《统一支票法公约》《解决支票法律冲突公约》《支票印花税法公约》，由国际联盟于1931年在日内瓦召开的第二次统一票据法会议通过，并于1934年1月1日生效。

前述6个公约又称“日内瓦体系”，德、法、意、日等国先后予以批准并据此对其国内法作出了修订，但英、美等国拒绝参加。

3. 1988年的《联合国国际汇票和国际本票公约》系联合国国际贸易法委员会为促进票据法的统一，经过近二十年努力的成果，但至今尚未生效。且该公约仅适用于国际汇票和国际本票，并不适用于国内汇票和本票，体现了国内票据和国际票据立法的分离。

我国未参加日内瓦体系，但参加了上述统一票据法的拟定。我国1995年5月10日通过、1996年1月1日施行并于2004年修订的《票据法》，参照了有关公约的基本原则。

二、票据关系

如前所述，票据是一种债权证券，故票据所体现的法律关系是一种债权债务关系，其当事人为债权人和债务人。而在票据法中，当事人分为基本当事人和非基本当事人。前者在票据签发时就已存在，如汇票和支票的出票人、付款人和收款人，本票中的出票人和收款人；后者则是在票据签发后，通过各种票据行为加入票据关系中的人，如承兑人、保证人、背书人等。

因票据的签发而发生的票据当事人之间的法律关系是票据上的法律关系，分为票据关系和非票据关系。票据关系是指当事人之间基于票据行为而发生的债权债务关系，这种关系是基于票据行为本身直接发生的。根据票据关系的内容又可将其分为两类：一类是债权人的付款请求权与债务人的付款义务，另一类是债权人的追偿权与债务人的偿付义务。

非票据关系是指并非基于票据本身而发生的，但与票据存在密切联系的法律关系。非票据关系可以分为票据法上的非票据关系和民法上的非票据关系。票据法上的非票据关系是基于票据法的规定而非基于票据行为所发生的法律关系，主要是票据法为了保障票据关系而作的补充规定所产生的特定的权利义务关系，如票据权利人对因恶意或重大过失而取得票据的持票人请求返还票据而发生的法律关系；付款人在付款后请求持票人交出票据的法律关系；因时效届满或手续欠缺而丧失票据权利的持票人对于发票人或承兑人行使利益偿还请求权而发生的法律关系等。民法上的非票据关系则是票据当事人接受票据的前提或基础，又称为票据的基础关系，包括原因关系和资金关系等。前者是当事人之间授受票据的法律关系，如买卖关系是买方向卖方签发票据支付货款的原因关系；后者则是指汇票、支票的出票人与付款人之间的资金委托关系。

票据关系与基础关系原则上相互独立。票据权利人只要持有有效票据就可以行使票据权利，无须证明原因关系或资金关系存在与否及效力如何。但这一原则也存在例外：其一，直接当事人之间的原因关系可对抗票据关系；其二，未付对价或相当对价的持票人，不能取得优于其前手的权利。

三、票据行为

（一）票据行为的特点

票据行为是指旨在发生票据上债务的法律行为。票据行为具有要式性、抽象性、文义性及独立性的特点。

1. 要式性。票据行为属于法律行为，法律对每一种票据行为均规定了必要的形式，即法定的内容和记载方式，如必须采用书面形式、行为人必须签名等。违反票据法关于票据行为要式规定的，除票据法另有规定外，所作行为无效。

2. 抽象性。票据是无因证券，根据各国法律，票据关系与票据的原因关系通常是分离的。票据行为只要具备其抽象形式即可生效，而不受实质关系或基础关系的影响。

3. 文义性。票据行为的内容完全以票据上的文字记载为准，即使文字记载与实际情形不一致也仍以文字记载为准，不允许当事人以票据外的证据加以变更或补充。

4. 独立性。一张票据涉及多个票据行为时，各行为独立发生效力，互不影响。若一行为无效，不影响其他行为的效力。其目的在于保护善意持票人，促进票据的流通。

(二)票据行为的要件

票据行为作为一种法律行为，其首先必须具备一般法律行为的成立要件，即票据行为的实质要件。此外，票据行为作为一种要式法律行为，还必须具备票据法所规定的特别要件，即票据行为的形式要件。

票据行为的实质要件即其作为一般法律行为所具备的要件，如要求行为人具备相应的票据能力，包括票据权利能力和票据行为能力。对自然人而言，只要有民事权利能力，就有票据权利能力。而法人的票据权利能力则始于登记，终于消灭。与其民事权利能力不同，法人的票据权利能力不受法人章程所规定的目的范围的限制。票据行为能力适用民法有关公民行为能力的规定，完全行为能力人可以独立为票据行为；限制行为能力人可以为与其年龄、智力相适应的票据行为，其他票据行为由其法定代理人代理，或在征得其法定代理人同意后进行；无民事行为能力人由其法定代理人代理。法人在其票据权利能力范围内拥有票据行为能力。

票据必须采用书面形式，其记载事项也必须严格依照法律规定。在票据上依法记载各种事项是票据有效成立的要件。根据票据记载事项的不同效力，分为应记载事项、可记载事项、不产生票据效力的记载事项和不得记载事项。应记载事项是指按票据法规定应该记载的事项，又分为绝对必要记载事项和相对必要记载事项。票据法规定记载，若不记载，则票据因此而无效的事项为绝对必要记载事项。票据法规定应记载，如不记载，应依法律规定补充完善，但票据不因此项记载欠缺而无效的事项为相对必要记载事项。可记载事项是指票据法规定可由当事人任意决定是否记载，记载时即产生票据法上的效力，不记载则不影响票据效力的事项。不产生票据效力的记载事项是指虽记载于票据上但不产生票据效力的事项。不得记载事项是指按票据法规定不得在票据上记载的事项。

此外，签名是每个票据行为人的共同要件。凡在票据上签名的，均需负票据责任，签名是确定票据责任的基本要件。票据依法记载后，必须由票据行为人将票据交付给持票人或收款人，票据行为方得完成。

(三)票据行为的种类

1. 出票。出票是指出票人签发票据并将其交付给收款人的票据行为，是基本票据行为或主票据行为，也是创设票据权利的行为。出票为要式行为，其必须符合法定形式并载有法定记载内容。我国《票据法》规定汇票应包括以下内容：(1)具有“汇票”字样；(2)无条件支付一定金额的命令；(3)确定的金额；(4)付款人名称；(5)收款人名称；(6)出票日期；(7)出票人签章。此为汇票的绝对必要记载事项，缺其一汇票即无效。本票的记载事项与此大致相同，以下两点除外：其一，第一项须改为“本票”字样；其二，第四项“付款人名称”基于本票出票人即付款人的特征而无须记载。支票的记载事项亦大致相同，除字样应改为“支票”外，还须去掉“收款人名称”

这一项。《日内瓦公约》与我国的有关规定相似。英美法则较为灵活。《联合国国际汇票和国际本票公约》原则上采用英美法的做法，但要求汇票上须记载出票日期，此点同于《日内瓦公约》的做法。

2. 背书。背书是指在票据背面或者粘单上记载有关事项并签章的票据行为。票据作为流通证券，其流通的基础在于票据的转让，背书则是票据转让的重要方式。我国《票据法》对背书作出了专门规定，要求背书必须记载被背书人的名称，且不允许签发无记名汇票，这一点同于《日内瓦公约》。背书由背书人签章并记载背书日期。背书不得附条件，否则无效。背书应当连续，即转让汇票的背书人与受让汇票的被背书人在汇票上的签章必须依次前后衔接。

3. 承兑。承兑是指付款人在票据上签名承诺其到期付款的票据行为。承兑是汇票所特有的一种票据制度。汇票经签发后，付款人并不因此而当然负有付款义务，这就使得收款人的权利处于不确定状态，而承兑可使付款人届期是否付款得以确定。汇票一经承兑，付款人便同时成为承兑人，并负有到期无条件付款的义务，故而收款人的权利经承兑就成了一种确定的权利。持票人应于法定期间内，在付款人所在地向其提示承兑。逾期提示承兑的，将发生失权的后果。承兑也是一种要式行为，各国法律对此均作出了严格规定。付款人承兑后便成为汇票上的主债务人，对持票人以及所有的追索权人和履行了偿还义务的背书人、出票人均负有绝对的付款责任。

4. 保证。保证是指付款人以外的第三人所作出的、在付款人不履行付款义务时其将代为支付的意思表示的一种票据行为。保证不是基本票据行为，而是附属票据行为。保证人进行保证时，须在汇票上记载法定事项，如我国《票据法》即规定，保证人须在票据上注明“保证”字样，同时还须记载保证人的名称和住所、被保证人的名称、保证日期以及保证人的签章。全部事项均予记载的为正式保证，有所欠缺的为略式保证。正式保证的保证人一般承担连带责任，略式保证的保证人则须与被保证人承担相同的责任。保证人清偿票据债务后，可对被保证人及其前手行使追索权。

5. 付款。付款是指付款人在票据到期日或见票时向持票人支付票据金额，以消灭票据关系的票据行为。票据的付款以持票人提示票据为前提条件。票据的提示是指持票人向付款人出示票据，请求其承兑或付款的行为。在持票人依法提示付款的情况下，付款人应当即时足额付款。若到期日为法定节假日，则可顺延至下一个营业日付款。持票人获得付款的，应当在汇票上签收后将票据交给付款人。汇票的付款人足额付款后，全体汇票债务人的责任均随之解除。

四、票据权利与票据责任

我国《票据法》第 4 条第 4 款、第 5 款规定：“本法所称票据权利，是指持票人向票据债务人请求支付票据金额的权利，包括付款请求权和追索权。本法所称票据责任，是指票据债务人向持票人支付票据金额的义务。”

票据权利属于债权，主要包括付款请求权和追索权。付款请求权是指持票人向票据主债务人或其他付款义务人请求支付票据上所载金额的权利。追索权是指在付款请求权未能实现时持票人对其前手所享有的，请求其偿还票据上所载金额及其他有关金额的权利。行使追索权的主体可以是持票人，也可以是因清偿而取得票据权利的人即再追索权人，如背书人、保证人等。我国《票据法》第 61 条规定，汇票到期被拒绝付款的，持票人可以对背书人、出票人以及汇票的其他债务人行使追索权。汇票到期日前，有下列情形之一的，持票人也可以行使追索权:(1)汇票被拒绝承兑的;(2)承兑人或者付款人死亡、逃匿的;(3)承兑人或者付款人被依法宣告破产或者因违法被责令终止业务活动的。同时,行使追索权的程序也须符合法律规定。当票据被拒绝承兑或付款时,持票人应依法取得拒绝证书或退票理由书(大陆法还要求相应证书必须经公证,英美法则不要求取得相应证书),同时在法定期限内将被拒绝事由通知其前手,也可以同时通知其他债务人,然后请求其中一人或全体债务人偿付票据金额。

票据权利的产生条件有二:其一为票据债务人必须有合法的票据行为;其二为债权人必须合法取得票据。取得票据的方式主要有原始取得和继受取得。前者主要是指收款人从出票人处取得票据,后者是指从票据持有人处经背书转让或交付程序等途径取得票据。合法取得票据的原则有三:凡通过连续背书而取得票据的人,就合法地取得票据权利;凡在取得票据时是善意或无重大过失的,就合法地取得票据权利;凡无对价或以不相当的对价取得票据的,不享有优于其前手的权利。票据权利人行使债权时需向债务人提示票据。票据权利行使的结果表现为票据权利的实现。

就票据责任而言,凡在票据上签名的人均为票据债务人,包括票据的出票人、承兑人、背书人、保证人、参加承兑人、参加付款人等,须承担付款责任。两人以上共同签名的,负连带责任。票据债务人对于债权人的请求享有抗辩权,包括对物抗辩、对人抗辩和恶意抗辩。对物抗辩又称绝对抗辩,是指因票据本身缺乏有效要件而提出的抗辩,如证明票据是伪造的。对物抗辩可以对抗任何人,即只要能证明票据系伪造,抗辩人可不对任何人承担票据责任。对人抗辩又称相对抗辩,是指票据债务人只能对特定的人提出的抗辩,如证明票据是偷来的或捡到的。债务人不能对善意持票人提出抗辩,而只能以持票人取得票据是出于恶意、欺诈或胁迫等提出抗辩,这种抗辩为恶意抗辩。另外,票据责任可因票据无效等票据上的原因而消灭,也可因债务的清偿、免除等债务上的原因而消灭。

五、票据瑕疵与票据丧失

(一)票据瑕疵

票据瑕疵是指影响票据效力的行为,即在票据活动中存在一定的问题,使票据不再是一般意义上的票据,或不能再作为正常的票据流通使用。票据瑕疵包括票据的伪造、变造和涂消。

票据的伪造是指以行使票据上权利义务为目的,假冒他人名义为票据行为的行为。被伪造人由于自己并未在票据上签名或盖章,故不负任何票据责任。伪造人在票据上没有签自己的名字,所以也不负任何票据责任。但伪造人须对因票据伪造行为而遭受损失的人承担民事赔偿责任,情节严重的,还须承担刑事责任。

票据的变造是指没有变更权限的人,在已有效成立的票据上变更所记载的除签名以外的有关事项的一种行为,如变更票据的日期、付款时间、应付金额等。票据本身并不因变造而失效。对于变造的效力,多数国家均规定,票据文义有变造时,签名在变造之前的,依原有文义负责;签名在变造之后的,依变造文义负责。

票据的涂消是指将票据上的签名或其他记载事项加以涂抹或消除的行为。如果票据权利人故意涂消票据上所记载的事项,则权利人丧失其在该涂消部分的权利。如果票据权利人涂消票据并非出于故意,则该涂消行为不影响票据权利。由非权利人所为的票据涂消行为无论其在主观上有无故意均不影响票据权利。但若非权利人故意涂消票据上的签名或其他记载事项的,则可能会产生票据伪造或变造的后果。

(二)票据丧失

票据丧失是指持票人并非出于自己的本意而丧失对票据的占有,分为绝对丧失和相对丧失两种。绝对丧失又称票据的灭失,是指票据作为一种物已在客观上消失,如被烧毁、撕毁等。相对丧失是指持票人丧失对票据的占有,如遗失或被盗。票据作为有价证券,持票人丧失票据即意味着票据权利的丧失。在相对丧失的情况下,有可能是被他人冒领或被他人善意取得,因而还存在着承担票据责任的风险。为保护票据交易的安全和票据持有人的利益,各国均规定了票据丧失的补救措施,即依法履行一定手续后,丧失票据的当事人仍可行使票据上的权利。补救方法通常包括公示催告、挂失止付和诉讼等。公示催告是失票人向法院提出申请宣告票据无效,从而使票据权利与票据本身相分离的一种制度。公示催告通常包括以下程序:失票人向法院提出申请,法院对此申请进行裁定,公示催告,申报权利和对票据的检查之后,除权判决。失票人可凭除权判决行使票据权利或拒绝承担票据义务。除权判决后,任何申明占有票据的人,均不享有票据权利。挂失止付是指失票人向其存款银行发布停止支付的命令(如果银行在接到该命令以前已支付,则不受命令的约束)。如果银行违反命令而对票据持有人付款的,失票人可向该银行要求赔偿。但是,挂失止付作为一种应急防范措施,其并不能对抗善意持票人。对此,我国《票据法》第 15 条规定:"票据丧失,失票人可以及时通知票据的付款人挂失止付,但是,未记载付款人或者无法确定付款人及其代理付款人的票据除外。收到挂失止付通知的付款人应当暂停支付。失票人应当在通知挂失止付后 3 日内,也可以在票据丧失后,直接依法向人民法院申请公示催告,或者向人民法院提起诉讼。"

第三节　结算方式

国际贸易中常见的结算方式主要包括汇付、托收、信用证和保付代理四种,以下逐一予以介绍。

一、汇付

汇付是指买方通过银行汇款方式将应付款项支付给卖方的支付方式,是买方直接付款的方式,包括电汇、信汇和票汇。电汇是指买方将货款交进口地银行并填好电汇申请书,由汇出行用电报等方式通知卖方所在地银行,委托其向卖方付款。信汇是指买方将货款交进口地银行(汇出行),由其开出汇款委托书,通过邮局(航空)递交给卖方所在地银行(汇入行),委托其向卖方付款。票汇是指买方向进口地银行购买银行汇票寄给卖方,卖方持票向卖方所在地银行取款,进口地银行在开出汇票时向卖方所在地银行寄发"付款通知书",卖方所在地银行凭此验对汇票后付款。

由此可见,汇付所依赖的是商业信用。在款到发货的情况下,买方风险较大;在货到付款模式下,则卖方风险较大。其原因在于,汇付不涉及交货与付款义务的对流问题,且无规范汇付方式的法律规定,故其虽手续简单、费用低廉,但风险较大。另外,由于汇付的资金流向与支付工具传递的方向相同,因此汇付属于顺汇法。

二、托收

托收是指债权人(卖方)开立汇票与其他凭证,委托银行向债务人(买方)收取货款的支付方式。在实践中,又可分为光票托收和跟单托收两种方式。

光票托收(clean bill for collection),是指卖方仅开出汇票而不附有任何商业单据的托收。光票托收在国际贸易中较少使用,通常只用于收取尾款、佣金、样品费等小额款项。

跟单托收(documentary bill for collection),是指卖方将汇票连同商业单据共同交付银行委托其代收货款的托收。按交单方式不同又可分为付款交单与承兑交单两种。付款交单(documents against payment,D/P),是指卖方交单以买方付款为条件,即委托行必须在买方付清货款后方能将装运单据交给买方。付款交单又可分为即期付款交单和远期付款交单两种。前者是指卖方开立即期汇票连同货运单据交由银行代为收款,代收行向付款人提示汇票,付款人见票即付款赎单;后者是指买方承兑远期汇票,于到期日付款赎单。承兑交单(documents against acceptance,D/A),是指卖方交单以买方承兑汇票为条件,买方承兑汇票后即可从代收行取得货运单据以领取货物,待汇票到期时再交付货款。承兑交单只适用于远期汇票的托收。

由于货运单据为物权凭证,卖方可以此控制货物所有权的转移,收款风险大大降低,而买方付款或承兑即可赎单提货,收货风险亦降低,因此,跟单托收可有效把握付款与交单义务的对流,这较之汇付显然更为科学合理,故国际贸易中若采用托收方式结算,则绝大多数均采用跟单托收方式。但即便如此,托收仍是一种商业信用,买方是否付款取决于其本身,有关银行在托收中仅是代理人,其对买方是否付款并不负责,故不能收款的风险概由卖方承担,因而托收的结算方式对于卖方仍存在一定风险。

1958年,国际商会首次拟定了《商业单据托收规则》(1978年修改时更名为《托收统一规则》),建议各银行采用,以期成为托收各方共同盟守的准则。1993年3月,国际商会银行委员会再次对该规则进行修订并于1995年5月通过,称为《托收统一规则》(国际商会第522号出版物,简称URC522),并于1996年1月1日起实施。《托收统一规则》共26条,包括总则与定义、托收的形式和结算、提示方式、义务和责任、付款、利息、手续费及其他费用等。新规则较之旧规则体系更为严密,各方的义务与责任亦更为明确。该规则须经当事人协议采用方有拘束力,目前已在各国银行业和国际贸易当事人中得到广泛应用。

三、信用证

信用证(letter of credit,L/C)是由一家银行(开证行)按照客户(申请人,通常是进口商)的要求和指示或以自身名义,在符合信用证条款的条件下,凭规定单据由自己或授权另一家银行向第三者(受益人,通常是出口商)或其指定人付款或承兑并支付受益人出具的汇票,或授权另一家银行议付的支付方式。①

信用证结算具有如下特征:(1)以银行信用取代商业信用。在信用证交易中,银行根据信用证取代买方承担了作为第一付款人的义务,只要卖方提供符合信用证的单据,银行便须对其付款,提供了远优于进口商个人信誉的银行信用,较之托收或直接付款方式而言,大大降低了卖方风险。(2)交易标的物为单据。出口商只要按信用证规定条件提交了单据,并做到单单一致、单证一致,即可从银行得到付款;进口商只要在申请开证时保证收到符合信用证规定的单据后即时付款并交付押金,即可从银行取得代表货物所有权的单据。故信用证的实质为纯单证交易。(3)独立性。信用证独立于买卖合同或任何其他合同之外的交易,银行所作出的承付、议付或履行信用证项下其他义务的承诺,均不受申请人与开证行或与受益人之间关系而提

---

① 杨良宜:《信用证》,中国政法大学出版社1998年版,第18页。

出的索赔或抗辩的约束。

目前信用证结算方式所适用的规则为1994年国际商会所制定的《跟单信用证统一惯例》(Uniform Customs and Practice for Documentary Credit,目前所使用的是2007年修订本,国际商会第600号出版物,简称UCP600,由当事人选择适用)。信用证由开证行开立,虽无统一格式,但基本内容大致相同,一般包括如下几项:(1)信用证的当事人。包括开证申请人、开证行、通知行、受益人,有时还指定保兑行、议付行、付款行等。(2)信用证基本情况的说明。如种类、号码、是否可撤销、是否可转让、保兑与否等。(3)金额。(4)单据条款。规定单据的种类和份数。(5)装运条款。规定装运时间、地点、是否允许分批装运和转运等内容。(6)到期日与交单地点。信用证必须规定到期日及付款、承兑交单的地点。(7)交单日。信用证必须规定一个交单的截止日。规定的承付或议付的截止日将被视为交单的截止日,受益人或者代表受益人的交单一般应在截止日当天或之前完成。(8)开证行保证条款。由开证行向受益人、议付行或其他汇票持票人保证,在收到符合信用证规定的单据和(或)汇票后,承担无条件付款责任。

(一)信用证的主要分类

根据不同标准,可对信用证做如下分类:

1. 可撤销信用证(revocable L/C)与不可撤销信用证(irrevocable L/C)。前者是指无须征求受益人同意而可随时撤销或修改的信用证,其对受益人收款无保障,故在国际贸易中较少使用;后者是指开证行不得单方撤销或修改的信用证,对于受益人收款较有保障,故在国际贸易中广为使用。信用证中若未明确注明是可撤销还是不可撤销的,视为不可撤销。

2. 保兑信用证(confirmed L/C)与不保兑信用证(unconfirmed L/C)。前者是指开证行所开立的由另一银行作付款保证的信用证;后者是指未经保兑的信用证。信用证的保兑系由受益人向开证行提出请求,经开证行同意,授权另一银行对信用证加以保兑。因保兑信用证有保兑行和开证行两家银行对其负责,故对受益人更为有利。

3. 可转让信用证(transferable L/C)与不可转让信用证(untransferable L/C)。经受益人申请,银行在信用证上特别加注"可转让"字样,可将信用证的全部或部分权利转让给另一或一个以上受益人,此为可转让信用证;反之为不可转让信用证。除非信用证另有规定,可转让信用证一般只能转让一次。

4. 即期信用证(sight L/C)与远期信用证(usance L/C)。前者是指银行收到符合信用证条款的单据后即期付款的信用证;后者是指银行收到符合信用证条款的单据后于信用证规定的到期日付款的信用证。

5. 跟单信用证(document L/C)与光票信用证(clean L/C)。前者是指付款行凭信用证所规定的随附单据付款的信用证。所随附的单据一般为货物装运单据。后者是指不随附单据的信用证。受益人取款时仅需签发一张汇票,付款行对汇票上的签字与信用证上的签字确认一致即可付款。前者是当前国际贸易的主要支付方式,后者则不是国际贸易支付方式。

(二)信用证的当事人及其相互关系

信用证的基本当事人主要包括开证申请人、开证行/付款行、通知行/议付行和受益人。

1. 开证申请人是向银行申请开立信用证的人,一般为进口商。其享有改证、验单、退单的权利,同时还负有凭单付款的义务。

2. 开证行是接受开证申请人委托开立信用证的银行。接受委托后,开证行应根据申请条款,及时、正确地开立信用证并对信用证的受益人承担凭单付款的责任,且其一经验单付款后,不得向受益人追索。开证申请人无力付款时,开证行有权出售单据或货物以补偿垫款,对于不足部分其仍可向申请人追偿。

3. 通知行是接受开证行委托，将信用证通知受益人的银行。通知行作为开证行的代理人，应合理谨慎地审核信用证的表面真实性。通知行也可以接受开证行的委托成为议付行。

4. 受益人即有权享受信用证利益的人，一般为出口商。受益人收到信用证后，有按证装货交单的义务及凭单索款的权利。

以上主体中，开证申请人与受益人之间因存在买卖合同而产生信用证权利义务关系。开证申请人向开证行申请开证须向后者提交开证申请书，后者若同意即在申请书上签字，双方就此达成一致，形成开立信用证的合同关系。开证行与受益人之间的关系因所开立信用证性质的不同而有所区别。若所开立的为可撤销信用证，则受益人因并未取得信用证项下的独立请求权而与开证行之间尚不足以形成确定的合同关系；若所开立的为不可撤销信用证，则只要受益人向被指定银行或开证行提交符合信用证条款的单据，即构成开证行付款的确定承诺，因而在开证行与受益人之间形成了确定的合同关系。通知行因接受开证行的委托，代其通知受益人或向受益人议付，故通知行与开证行之间形成委托代理关系，但与开证申请人及受益人之间均不存在合同关系。此外，通知行还可能接受有关当事人的请求，对不可撤销信用证进行保兑，则通知行基于保兑行为而对受益人构成付款承诺，从而形成合同关系。

(三)信用证交易原则

信用证交易须遵循独立原则与严格相符原则。

1. 信用证独立原则

所谓信用证独立原则，是指尽管信用证的开立以买卖合同为基础，但信用证一经开出，即成为一种独立于买卖合同的新约定。根据 UCP600 第 4 条的规定，信用证与可能作为其开立基础的销售合同或其他合同相互独立，即使信用证中含有对此类合同的援引，银行也与该合同无关，且不受其约束。因此，银行关于承付、议付或履行信用证项下其他义务的承诺，不受申请人基于与开证行或与受益人之间的关系而产生的任何请求或抗辩的影响。受益人在任何情况下不得利用银行之间或申请人与开证行之间的合同关系。具体表现为：

(1)银行不卷入买卖合同的履行及其纠纷，亦不对此承担责任，对客户负有善意作为并遵守一般银行惯例的义务，而不受其他任何约束。

(2)银行仅根据信用证行事，对单据有效性免责。信用证构成开证行与受益人之间确定的合同。只要受益人提交了与信用证表面一致的单据，银行就必须付款，而对任何单据的真实性均不负责。

(3)银行对于任何电文、信函或单据在传递中发生延误或遗失所造成的后果，对于任何电讯在传递过程中所发生的延误、残缺或其他差错，对于专门性术语在翻译或解释上的错误等均不负责。①

(4)银行对由于天灾、暴动、骚乱、叛乱、战争、恐怖主义行为、罢工、停工或其无法控制的原因导致的营业中断的后果概不负责。银行恢复营业时，对于在营业中断期间已逾期的信用证不再进行承付或议付。②

信用证独立于基础交易的原则系信用证制度的基石，但信用证欺诈也使其遭到了巨大威胁。根据信用证独立原则，只要受益人提交与信用证相符的单据，即便买方此前已通知开证

---

① 参见 UCP600 第 35 条。
② 参见 UCP600 第 36 条。

行，指出卖方存在欺诈行为，开证行也仍可付款，而无须承担任何责任，因为银行没有调查受益人(卖方)有无欺诈行为的义务。这就给欺诈者提供了可乘之机，进而给买方造成了风险。基于此，有些国家的法律对信用证独立原则作出了例外规定，认定在受益人确有欺诈行为时，买方可要求法院下令禁止银行对信用证付款。[①] 我国2003年最高人民法院所发布的《关于严禁随意止付信用证项下款项的通知》明确指出：(1)严格坚持信用证独立性原则。信用证是独立于基础交易的单据交易，只要受益人所提交的单据表面上符合信用证的要求，开证行就负有在规定的期限内付款的义务。信用证交易与基础交易属于两个不同的法律关系，一般情况下不得因为基础交易发生纠纷而裁定止付开证行所开立信用证项下的款项。(2)严格坚持信用证欺诈例外原则适用的条件。只有在有充分证据证明信用证项下存在欺诈，且银行在合理时间内尚未对外付款的情况下，人民法院才可以根据开证申请人的请求，并在其提供担保的情况下裁定止付信用证项下款项。但如果信用证已经承兑并转让或者信用证已经议付，则不得裁定止付。

2. 严格相符原则

所谓严格相符原则，是指卖方在向银行议付时，所提交的各种单据必须在表面上完全符合信用证的要求，银行方予付款，否则银行可以拒绝收单付款。也即，必须做到"单单相符，单证相符"，银行才付款。至于具体的判断标准，UCP600第14条规定：按指定行事的指定银行、保兑行(如果有的话)及开证行须审核交单，并仅基于单据本身确定其是否在表面上构成相符交单。具体而言，在与信用证、单据本身以及国际标准银行实务参照解读时，单据本身中的数据无须与其他要求的单据或信用证中的数据等同一致，但不得矛盾。除商业发票外，其他单据中的货物、服务或履约行为的描述(如果有的话)可使用与信用证中的描述不矛盾的概括性用语。如果信用证要求提交运输单据、保险单据或者商业发票之外的单据，却未规定出单人或其数据内容，则只要提交的单据内容看似满足所要求单据的功能，且其中的数据与其他单据及信用证的数据并不矛盾，银行将接受该单据。提交的非信用证所要求的单据将被不予理会，并可被退还给交单人。如果信用证含有一项条件，但未规定用以表明该条件得到满足的单据，银行将视为未作规定并不予理会。单据日期可以早于信用证的开立日期，但不得晚于交单日期。当受益人和申请人的地址出现在任何规定的单据中时，无须与信用证或其他规定单据中所载相同，但必须与信用证中规定的相应地址同在一国。联络细节(传真、电话、电子邮件及类似细节)作为受益人和申请人地址的一部分时将被不予理会。然而，如果申请人的地址和联络细节为运输单据上的收货人或通知方细节的一部分时，应与信用证规定的相同。在任何单据中注明的托运人或发货人无须为信用证的受益人。运输单据可以由任何人出具，无须为承运人、船东、船长或租船人。[②]

在实行严格相符原则的同时，UCP600第30条对于信用证金额、数量以及单价亦作出了变通规定：(1)"约"或"大约"用于信用证金额或信用证规定的数量或单价时，应解释为允许有关金额或数量或单价有不超过10%的增减幅度。(2)在信用证未以包装单位件数或货物自身件数的方式规定货物数量时，货物数量允许有5%的增减幅度，只要总支取金额不超过信用证金额。(3)如果信用证规定了货物数量，而该数量已全部发运，或信用证规定了单价，而该单价又未降低，或当第30条(2)款不适用时，则即使不允许部分装运，也允许支取的金额有5%的

① 如美国法的规定。
② 参见UCP600第14条第d～l款。

减幅。若信用证规定有特定的增减幅度或使用第30条(1)款提到的用语限定数量,则该减幅不适用。

四、保付代理

保付代理简称保理,又称销售保管、应收账款管理、包销代理、转让收款权等,是指借助计算机、通信等现代信息技术,保理公司提供企业资信调查、账目管理、贸易融资和信用风险保障等综合性服务的支付方式。就性质而言,保理具有代理性质、买卖本质及信贷性质。

国际保理的当事人主要有:(1)出口商(被保理人);(2)出口保理公司,一般与出口商同地,主要负责向出口商融通资金;(3)进口商(付款人);(4)进口保理公司,一般与进口商同地,主要负责承担进口商的信用风险、账务管理和向进口商追收账。

关于国际保理的公约主要为由国际统一私法协会所起草,1988年5月于渥太华召开的外交会议上所通过的《国际保理公约》。我国在该公约上签字但并未批准该公约。

目前,国际上有国际保理联合会、国际保理协会、海勒尔海外公司三大国际性保理组织。其中,国际保理联合会的规模最大,也最具影响力,其所制定的《国际保理惯例通则》是经当事人采用有效的保理业务的惯例。我国在处理保理业务问题时较多援用该通则的规定。①

本章小结

1. 国际贸易结算工具包括货币与票据两种主要手段。货币主要有出口国货币、进口国货币、第三国货币三种类型。票据则主要包括汇票、本票、支票三种类型。票据结算为现代国际贸易结算的主要手段,具有独立性、流通性、无因性、要式性、设权性等特征。票据行为包括出票、背书、承兑、保证、付款等,票据行为具有要式性、抽象性、文义性与独立性。票据权利包括付款请求权与追索权。凡在票据上签名的人均为票据债务人,包括票据的出票人、承兑人、背书人、保证人、参加承兑人、参加付款人等,均须承担付款责任。票据瑕疵包括票据伪造、票据变造及票据涂消,三者法律后果不一。在票据丧失的情况下,最好的救济措施为公示催告。

2. 国际贸易结算方式主要包括汇付、托收、信用证和保付代理四种方式。汇付又可分为电汇、信汇、票汇三种。托收有光票托收与跟单托收两种方式,其中跟单托收较为常用。信用证根据不同标准可分为不同类型:可撤销信用证与不可撤销信用证,保兑信用证与不保兑信用证,即期信用证与远期信用证,可转让信用证与不可转让信用证,跟单信用证与光票信用证。信用证交易须遵循独立原则与严格相符原则。保理是指借助计算机、通信等现代信息技术,保理公司提供企业资信调查、账目管理、贸易融资和信用风险保障等综合性服务的支付方式,具有代理性质、买卖本质及信贷性质。

关键概念

国际结算;汇票;本票;支票;出票;背书;承兑;保证;付款;票据行为;票据权利;票据责任;追索权;票据伪造;票据变造;票据涂消;公示催告;汇付;托收;信用证;保付代理;不可撤销信用证;保兑信用证;即期信用证;不可转让信用证;跟单信用证;独立原则;严格相符原则

思考与练习

1. 作为贸易结算工具的票据包括哪些种类,有何区别?

---

① 肖冰、何鹰:《国际经济法学》,科学出版社2004年版,第155页。

2. 简述票据的法律特征。
3. 票据行为包括哪些?
4. 票据伪造、变造与涂消分别产生何种法律效果?
5. 试评价不同贸易结算方式。
6. 简述信用证独立原则与严格相符原则的内涵。
7. 如何理解信用证欺诈?

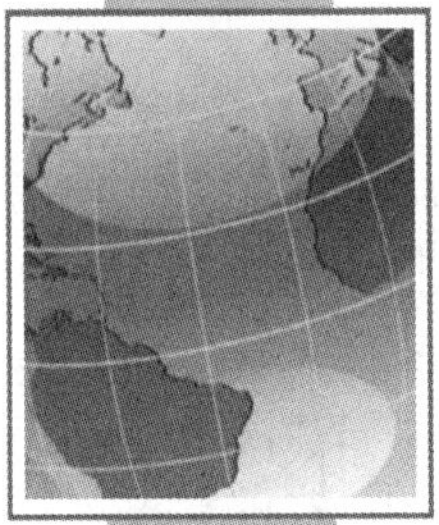

第八章 国际商事仲裁

本章要点

1. 国际商事仲裁的特点
2. 中国及国际上较有影响力的仲裁机构及其仲裁规则
3. 仲裁协议的形式与效力
4. 外国仲裁机构裁决的承认与执行

导入案例

海曼诉达文斯案①

达文斯系英国一家钢铁制造商，它与营业地在美国纽约的海曼订立了一项代理合同，合同指定海曼为达文斯在美国的独家代理。双方同时还约定：由该合同所引起的任何争议应通过仲裁解决。后达文斯拒绝履行合同，海曼遂以达文斯违约为由诉诸法院。达文斯请求法院终止审理此案，并按合同中的仲裁条款将此项争议提交仲裁解决。英国上诉法院认为，仲裁条款可独立于它所依据的合同而存在，合同非违约方是否可以继续履行合同的问题应当由仲裁员而非法院决定。在本案中，无论是一方当事人是否违约，还是另一方当事人是否可以继续履行合同的问题，都属于仲裁条款的管辖范围，因为这些问题都是与合同有关的争议。

本案当事人得以将争议提交仲裁解决，仲裁机构取得对特定案件管辖权的前提是当事人事先就将特定争议提交仲裁作出书面约定，而在合同中订立仲裁条款便是约定方式之一。但这一方式存在一个问题，即作为合同条款之一的仲裁条款，其与合同整体在效力上是否一致？英国上诉法院 1942 年在前述案件中所阐述的观点回应了这一问题，首次确立了仲裁条款独立原则，因而在英国裁判史上具有重要的里程碑意义。但该案所涉仅是在合同有效存在前提下仲裁条款能否独立存在的问题，而不涉及合同自始无效或违法合同中的仲裁条款能否独立存在的问题。若合同自始无效，或合同通过欺诈方式订立，则该无效合同中的仲裁条款是否亦应随之无效？1967 年，美国最高法院在 Prima Paint Co. v. Flood & Conklin Manufacturing Co. 一案的判决中对仲裁条款独立原则作出了新的发展，即：仲裁条款可独立于自始无效的欺诈合同。

第一节　概　述

对于国际商事活动中的当事人而言，在发生纠纷时可以采取多种解决方式，如协商、和解、调解、仲裁以及诉讼等。其中，国际商事仲裁作为解决国际商事纠纷的一种方式由来已久。早在 13、14 世纪商品交换较为频繁的意大利各城邦，国际商事仲裁便已出现。其后，随着国际经济贸易的不断发展，各国普遍将仲裁作为解决国际商事争议的一种有效方式。国际商事仲裁不仅具有方便快捷、节省费用的特点，而且充分尊重当事人的自主性，并可有效保护当事人的

① 赵秀文：《国际商事仲裁案例评析》，中国法制出版社 1999 年版，第 39—40 页。

商业秘密，这些均为其他争议解决方式所不具备。因此，国际商事仲裁自然而然地成为解决国际商事争议的一种重要制度。

一、国际商事仲裁的概念

仲裁，亦称公断，是由争议的双方当事人将其争议交付第三者居中裁判的争议解决方法。国际商事仲裁则是指在国际商事活动中，当事人双方通过协议，自愿将他们之间的有关争议提交某一临时仲裁庭或某一涉外常设仲裁机构进行审理，并作出具有约束力的仲裁裁决的制度。

对于国际商事仲裁概念中的“国际”和“商事”如何理解，关系到国际商事仲裁的范围，但各国对此并未形成一致理解。按照联合国国际贸易法委员会1985年《国际商事仲裁示范法》的解释，涉及下列情况的仲裁具有国际性。(1)仲裁协议的各方当事人在缔结协议时，其营业地位于不同国家。(2)下列地点之一位于当事人各方营业地所在国之外：①仲裁协议中或根据仲裁协议确定的仲裁地；②商事关系义务的主要部分将要履行的地点或与争议标的具有最密切联系的地点。(3)双方当事人已明确约定仲裁协议的标的与一个以上的国家有联系。至于此处“商事”的内涵，该示范法规定：对商事这个术语应给予广义的解释，它包括所有商事性质关系所发生的争议，不问其性质为契约与否。商事性质关系包括但不仅限于下述交易事项：任何提供或交换商品或服务的交易；销售协议；商业代理；租赁；建筑工程；咨询、许可、投资和金融；银行；保险；代理；勘探协议或特许；合资企业或其他形式的工商业合作；空中、海上、铁路或公路的货运或客运。

二、国际商事仲裁的特征

仲裁不同于调解。调解是由第三方对双方的争议进行调停，从而促使双方当事人达成和解的一种争议解决方法。但调解人并不能对争议双方施加压力从而形成具有约束力的裁决，争议双方是否和解完全取决于双方意愿。而在仲裁下，只要双方当事人同意将其争议提交仲裁，仲裁机构即可对其施加压力，并作出对双方均具有约束力的裁决。

仲裁也不同于诉讼，其与诉讼相比具有如下特征：

(一)管辖权的非强制性

仲裁最根本的特征在于仲裁庭管辖权的非强制性。受理国际商事纠纷的仲裁机构为民间组织，其管辖权由争议双方当事人事先通过仲裁协议自愿授予。法院的管辖权则由法律所赋予，诉讼的进行无须当事人事先自愿达成协议，只要原告在有管辖权的法院起诉便可启动诉讼程序。

(二)当事人的自主性

国际商事仲裁以当事人意思自治为基础，争议当事人可以通过仲裁协议自行选择仲裁地点、仲裁机构、仲裁员以及仲裁适用的程序法和实体法，对争议的解决具有较大影响。诉讼则是法院依照本国的法律规定所进行的审判活动，法官由国家任命或指定，在固定的地点依法定程序行使审判权，当事人无权指定法官，更不能选择诉讼的程序法或实体法。

(三)审理的保密性

对案件的不公开审理和裁决是国际商事仲裁的原则，也是国际上的通行做法。仲裁的这一特性有利于当事人保护自己的商业秘密，也有利于当事人维护自身形象，以相对平和的方式解决争议，从而为下次合作留下空间。诉讼除涉及国家机密与当事人隐私外，一般应公开审理，即便不公开审理，其判决也应公开。

(四)程序的高效性

仲裁审理的方式较为灵活,且通常是一裁终局,双方当事人均不得向法院起诉,也不得向其他机构提出变更仲裁裁决的请求,从而可以更快地解决争端,也降低了当事人的费用。诉讼则有严格的程序规定,且通常设有两个或两个以上的审级,当事人对下级法院的判决不服,有权在法定期限内向上级法院提起上诉,争议的最终解决往往耗时较长。

(五)裁决的易执行性

关于国际商事仲裁裁决执行的《承认与执行外国仲裁裁决公约》的适用区域广泛,因而国际商事仲裁裁决能在更为广泛的国际范围内得到执行,这一优势是法院判决和其他争议解决方式所无法比拟的。

三、国际商事仲裁的法律依据

迄今为止,国际上还未形成世界性的国际商事仲裁公约,所谓的国际商事仲裁法律依据仅为国际上示范性的法律规则及各国的有关法律。

(一)《国际商事仲裁示范法》

1985 年 6 月 21 日,联合国国际贸易法委员会制定了《国际商事仲裁示范法》,并于同年 12 月 11 日由联合国大会通过。该示范法的目的在于统一各国的仲裁法律制度,以利于采用仲裁方式解决国际商事争议。但其并非国际公约,因而对各国仲裁立法仅具有示范作用。

《国际商事仲裁示范法》共 8 章 36 条,主要内容包括:

1. 总则及适用范围。示范法只适用于国际商事仲裁。其所指的商事如前所述,包括所有契约或非契约的商事关系。

2. 仲裁协议。仲裁协议可采取合同中的仲裁条款形式,也可采取单独订立仲裁协议的形式。无论采取哪一种形式,都必须以书面形式作出。如果一方当事人将其订有仲裁协议的争议提交法院裁决,则法院将指令该当事人将该争议提交仲裁,除非法院查明该仲裁协议是无效的、已失效的、未生效的或不能履行的协议。

3. 仲裁庭的组成。当事人可以自由确定仲裁员的人数,如未作规定,则仲裁员的人数应为 3 人。

4. 仲裁庭的管辖权。仲裁庭成立后,可对其管辖权,包括仲裁协议的存在或效力的任何异议作出裁决。当事人也可申请对争议标的采取临时性保全措施。当事人对仲裁庭没有管辖权的抗辩不得迟于答辩书的提出。

5. 仲裁程序的进行。当事人有权自由商定仲裁所应遵循的程序规则和仲裁地点。

6. 裁决的作出。仲裁庭应按当事人选定的适用于争议的实体法规则对争议作出裁决。若当事人未作选择,则可适用依冲突规则所确定的法律或有关的贸易惯例。裁决应以书面形式作成并附具理由。

此外,示范法还对仲裁程序中所使用的语言文字、申诉书和答辩书、证据、一方当事人的缺席、由仲裁庭任命专家、取证时的司法协助、程序的终止、裁决的更正和解释、补充裁决、裁决的起诉以及承认和执行等问题作出了具体规定。示范法充分体现了国际商事仲裁法律的发展趋势,具有广泛的代表性,故诸多国家和地区均以此为蓝本制定了各自的仲裁法。

(二)《中华人民共和国仲裁法》

1994 年 8 月 31 日第八届全国人民代表大会常务委员会第九次会议通过、1995 年 9 月 1 日起生效的《中华人民共和国仲裁法》,首次实现了我国涉外仲裁与国内仲裁制度的统一,改变了两套内容大相径庭的仲裁制度同时并存的尴尬局面，意义十分重大。该法实施后又先后经历 2009 年、2017 年两度修订，全文共 8 章 80 条，主要包括如下内容：

1. 适用范围。根据该法第 2 条与第 3 条的规定，平等主体的公民、法人和其他组织之间发生的合同纠纷和其他财产权益纠纷可以仲裁，但婚姻、收养、监护、扶养、继承纠纷以及依法应当由行政机关处理的行政争议除外。

2. 基本原则。该法第 4 条、第 8 条、第 9 条、第 14 条、第 15 条分别确立了中国仲裁制度所应遵循的下述原则：当事人自愿仲裁原则、独立仲裁原则、一裁终局原则以及仲裁机构的社团性、独立性原则。

3. 仲裁协议。根据该法第 16～20 条的规定，仲裁协议包括合同中订立的仲裁条款和以其他书面方式在纠纷发生前或者纠纷发生后达成的请求仲裁的协议。仲裁协议应当具有下列内容：(1)请求仲裁的意思表示；(2)仲裁事项；(3)选定的仲裁委员会。有下列情形之一的，仲裁协议无效：(1)约定的仲裁事项超出法律规定的仲裁范围的；(2)无民事行为能力人或者限制民事行为能力人订立的仲裁协议；(3)一方采取胁迫手段，迫使对方订立仲裁协议的。仲裁协议对仲裁事项或者仲裁委员会没有约定或者约定不明确的，当事人可以补充协议；达不成补充协议的，仲裁协议无效。仲裁协议独立存在，合同的变更、解除、终止或者无效，不影响仲裁协议的效力。仲裁庭有权确认合同的效力。当事人对仲裁协议的效力有异议的，可以请求仲裁委员会作出决定或者请求人民法院作出裁定。一方请求仲裁委员会作出决定，另一方请求人民法院作出裁定的，由人民法院裁定。当事人对仲裁协议的效力有异议，应当在仲裁庭首次开庭前提出。

4. 仲裁庭的组成。根据该法第 30～38 条的规定，仲裁庭可以由 3 名仲裁员或者 1 名仲裁员组成。由 3 名仲裁员组成的，设首席仲裁员。当事人约定由 3 名仲裁员组成仲裁庭的，应当各自选定或者各自委托仲裁委员会主任指定 1 名仲裁员，第三名仲裁员由当事人共同选定或者共同委托仲裁委员会主任指定。第三名仲裁员是首席仲裁员。当事人约定由 1 名仲裁员成立仲裁庭的，应当由当事人共同选定或者共同委托仲裁委员会主任指定仲裁员。当事人没有在仲裁规则规定的期限内约定仲裁庭的组成方式或者选定仲裁员的，由仲裁委员会主任指定。仲裁员有下列情形之一的，必须回避，当事人也有权提出回避申请：(1)是本案当事人或者当事人、代理人的近亲属。(2)与本案有利害关系。(3)与本案当事人、代理人有其他关系，可能影响公正仲裁的。(4)私自会见当事人、代理人，或者接受当事人、代理人的请客送礼的。仲裁员是否回避，由仲裁委员会主任决定；仲裁委员会主任担任仲裁员时，由仲裁委员会集体决定。

5. 仲裁裁决。裁决应当按照多数仲裁员的意见作出，少数仲裁员的不同意见可以记入笔录。仲裁庭不能形成多数意见时，裁决应当按照首席仲裁员的意见作出。裁决书应当写明仲裁请求、争议事实、裁决理由、裁决结果、仲裁费用的负担和裁决日期。当事人协议不愿写明争议事实和裁决理由的，可以不写。裁决书由仲裁员签名，加盖仲裁委员会印章。对裁决持不同意见的仲裁员，可以签名，也可以不签名。仲裁庭仲裁纠纷时，其中一部分事实已经清楚，可以就该部分先行裁决。当事人提出证据证明裁决有下列情形之一的，可以向仲裁委员会所在地的中级人民法院申请撤销裁决：(1)没有仲裁协议的；(2)裁决的事项不属于仲裁协议的范围或者仲裁委员会无权仲裁的；(3)仲裁庭的组成或者仲裁的程序违反法定程序的；(4)裁决所根据的证据是伪造的；(5)对方当事人隐瞒了足以影响公正裁决的证据的；(6)仲裁员在仲裁该案时有索贿受贿、徇私舞弊、枉法裁决行为的。人民法院经组成合议庭审查核实裁决有前款规定情形之一的，应当裁定撤销。人民法院认定该裁决违背社会公共利益的，也应当裁定撤销。人民法院受理撤销裁决的申请后，认为可以由仲裁庭重新仲裁的，通知仲裁庭在一定期限内重新仲裁，并裁定中止撤销程序。仲裁庭拒绝重新仲裁的，人民法院应当裁定恢复撤销程序。

此外，该法还就仲裁的申请与受理、开庭、证据与鉴定、和解、裁决的执行以及涉外仲裁的有关特殊事项作出了详尽规定。这些规定与下文的中国国际经济贸易仲裁委员会仲裁规则以及中国民事诉讼法的有关规定相互协调呼应，构成中国的仲裁制度体系。

第二节　国际商事仲裁机构及其仲裁规则

依据国际商事仲裁机构在组织形式上的不同，可将其分为临时仲裁机构与常设仲裁机构。其中，前者是指根据双方当事人的仲裁协议，在争议发生后由双方当事人依法选定的仲裁员临时组成的，负责审理当事人之间的有关争议，并在审理终结作出裁决后即行解散的仲裁机构。临时仲裁机构没有固定的组织、规则和委员，争议双方在选任仲裁员、决定仲裁程序和适用法律等方面享有充分的自由权，因而在常设仲裁机构已经遍布全球的情况下，临时仲裁机构仍然发挥着重要作用。后者则是指根据国际公约或有关国内立法所设立的，制定有自己的组织章程、仲裁规则，并具有固定名称、地址、办事机构和行政管理制度的仲裁机构。以下即围绕常设性仲裁机构及其仲裁规则予以介绍。

一、联合国国际贸易法委员会仲裁规则

联合国没有设立专门的常设性仲裁机构。1976 年联合国第三十一届大会通过了《联合国国际贸易法委员会仲裁规则》（以下简称规则），但该规则在任何国家都不具有法律拘束力，仅供当事人自愿选择适用。如果双方当事人决定采用该规则，则可在合同中写入下列典型仲裁条款："因执行本合同发生的或与本合同有关的任何争议、争端或请求，或有关本合同的违约、终止或失败，应按目前有效的《联合国国际贸易法委员会仲裁规则》予以解决。"该规则适用范围较广，除适用于国际商事纠纷外，还可用于国内商事纠纷。规则最新版为 2010 年修订版，分为总则、仲裁庭的组成、仲裁程序和裁决四章共 43 条。主要内容如下：

1. 规则的适用范围、仲裁的通知与期限、代理与辅助

该规则总则规定，在合同双方当事人书面同意凡与该合同有关的争议应按《联合国国际贸易法委员会仲裁规则》交付仲裁时，该争议应根据本规则予以解决，但双方当事人倘书面约定对此有所修改时，则从其约定。仲裁应受本规则的支配，但本规则任何规定部分如与双方当事人必须遵守的适用于仲裁的法律规定相抵触时，应服从法律的规定。

在实施本规则的范围内，一切通知（包括通告、送达或申请），如经确实送达收件人或已送达其惯常的住所、营业地点或通信地址，则被认为已经送交，或如经适当调查未能发现上述各处所，则可送交最后所知的收件人住址或营业地点。按本条规定送交的通知应认为送交日即已收到。

为了计算本规则规定的期限，此项期限应自收到通知、送达、通告或申请之次日起算。如期限的最后一日在收件人住址或营业地点为法定假日或非营业日，则期限将延长到随后的第一个营业日。期限中的法定假日或非营业日应包括在计算期限之内。

自被诉人收到仲裁通知书之日起，仲裁程序开始。仲裁通知应载明下列事项：将争议提交仲裁的要求；当事人各方的姓名和地址；援引的有关仲裁条款或单独的仲裁协议；引起争议或

与争议有关的契约;要求的一般性质,如涉及金钱时,并应说明金额;所寻求的救济或补救;如当事人各方事先未就仲裁员人数达成协议,应就仲裁员人数(1 名或 3 名)提出建议。

当事人各方可由他们所遴选的人代表或协助。代表或协助人员的姓名和地址必须以书面形式通知另一方,该通知书中应载明所选任的目的是属于代理性质还是属于辅助性质。

2. 仲裁庭的组成

如当事人双方对于仲裁员的人数(即 1 人或 3 人)事先并无约定而在被诉人收到仲裁通知书后十五日内双方又未能同意仲裁员仅为 1 人时,则应任命 3 名仲裁员。如任命一名独任仲裁员时,当事人任何一方得向对方提出一人或数人的姓名,其中一人将作为独任仲裁员;如当事人双方对指派机构尚无约定时,得提出一个或一个以上的机构或人员的名称或姓名,其中之一将作为指派机构。如当事人一方收到上项提议 20 日内,双方当事人尚未就一名独任仲裁员的选定达成协议时,应由双方当事人所同意的指派机构任命一名独任仲裁员。如双方当事人就指派机构尚未达成协议,或已为双方当事人同意任命的指派机构拒绝或未能在收到一方请求后 60 日内任命仲裁员,则任何一方当事人可请求海牙常设仲裁法庭秘书长任命指派机构。除此之外,规则还就指派机构任命仲裁员的具体办法、对仲裁员的异议、仲裁人的更替等问题作出了详尽规定。

3. 仲裁程序

仲裁庭可以按照它认为适当的方式进行仲裁,但须平等地对待各方当事人,并且在仲裁程序的任何阶段都给予当事人以陈述其主张的充分机会。在程序进行中的任何阶段,倘任何一方要求仲裁庭听取证人包括专家证人的证词或进行口头辩论时,应即举行听证。倘无这一要求,仲裁庭应自行决定是否开庭听证或是否根据文件和其他资料进行仲裁程序。

除非当事人约定举行仲裁的地点,否则该地点应由仲裁庭考虑到仲裁的情况来决定。仲裁庭可将仲裁处所确定在当事人所约定的国家之内。仲裁庭考虑到仲裁情况,可在其认为合适的任何地点听讯证人和为仲裁员彼此间互相协商而举行会议。除前述对仲裁地点的规定外,规则还就仲裁所使用的文字、申诉书、答辩书、申诉和答辩的改正、对仲裁庭管辖权的抗辩、期限、证据和听证、临时性的保全措施、专家、迟误、听证的终止、对于适用规则的弃权等问题作出了规定。

4. 裁决

在有 3 名仲裁员裁决的情况下,裁决应由多数仲裁员作出。裁决应以书面形式作成,除当事人双方同意无须说明理由外,裁决应附具理由。仲裁庭除作出终局裁决外,亦可作出临时性的、中间的或部分的裁决。仲裁庭仅在当事人双方同意的情况下,方得公开其裁决。仲裁庭应将由仲裁员签署的仲裁裁决副本送达双方当事人。

当事人任何一方在收到裁决后 30 天内,可于通知另一方后,要求仲裁庭对裁决加以解释。仲裁庭应在收到要求后 45 天内作出书面解释,该解释构成裁决的一部分。当事人任何一方在收到裁决书后 30 天内,可于通知另一方后,要求仲裁庭更正裁决中的任何计算上的错误、笔误、排印错误或任何类似性质的错误。仲裁庭可以在送达裁决后 30 天内主动作这种更正,且更正须以书面形式作出。在上述期间内,当事人一方在通知对方后,可要求仲裁庭就在仲裁程序中提出而未载入裁决书内的要求作成附加的裁决。仲裁庭如认为附加裁决的要求合理,且认为此项遗漏无须举行任何其他审理或获得其他证据即可修正的,应在收到要求后 60 天内完成其裁决书。

二、国际商会仲裁院及其仲裁规则

国际商会仲裁院系国际商会附设的国际商事仲裁机构，成立于1923年，总部设在巴黎。1998年生效的《国际商会仲裁规则》由国际商会在1988年《国际商会调解与仲裁规则》的基础上修订而来，后者中的调解规则在2001年修订为《国际商会友好争议解决规则》。

《国际商会仲裁规则》明确规定，仲裁院的职责是根据规则以仲裁方式解决国际性商务争议；如果有仲裁协议的明确约定，还可以仲裁非国际性商务争议。仲裁院本身并不直接解决争议，而是由经仲裁院任命或明确的仲裁员组成仲裁庭来解决。仲裁院下设秘书处，由秘书长领导，作为仲裁院的日常工作机构。该规则全文共35条，其主要内容包括：仲裁的性质；仲裁程序的开始；仲裁申请与答辩的要求；仲裁庭；管辖权；仲裁员的确定、回避和替换；仲裁程序及法律适用；裁决的作出；仲裁费用等。以下择其要者做出扼要介绍。

1. 仲裁申请。一方当事人如愿将争议提交国际商会仲裁，应向国际商会仲裁院秘书处提交仲裁申请书。秘书处收到申请书的日期视为仲裁程序开始日期。嗣后，秘书处应将申请书副本及其附件材料寄送被诉人。被诉人应在收到文件之日起30日内就提名仲裁员事宜表示意见并提出答辩状，或在提交答辩状的同时向秘书处提出反诉。

2. 仲裁庭。如双方当事人商定由1名独任仲裁员处理争议，则应共同指定1名仲裁员，并提请仲裁院确认。如果在申请人的申请书为另一方当事人收到之日起30日内，或在秘书处许可的延长期内，当事人没有共同提名1名独任仲裁员的，应由仲裁院委任独任仲裁员。如果争议由3名仲裁员审理的，各方当事人应分别在其申请书或答辩中提名1名仲裁员供仲裁院确认。如果一方当事人未能提名，仲裁院将代其委任1名仲裁员。第三名仲裁员由仲裁院委任并担任首席仲裁员。

3. 审理事项。仲裁庭收到秘书处转来的卷宗后，应尽快根据当事人提供的文件，起草一份有关审理事项的文书，内容包括当事人的有关情况、当事人的请求、争议范围、仲裁员的情况、仲裁地点、仲裁可适用的程序规则等。该文件由双方当事人及仲裁员签字后递交给仲裁院，经仲裁院确认后，仲裁庭方可正式开始审理。

4. 法律适用。当事人可以自由约定仲裁庭处理案件实体问题所应适用的法律规则。当事人没有约定的，仲裁庭适用其认为适当的法律规则。但在任何情况下，仲裁庭均应考虑合同的规定以及有关贸易惯例。

5. 仲裁裁决。仲裁裁决应在前述文件签署之日起6个月内作出，但在仲裁庭合理请求或仲裁院认为必要时，可以延长该期限。仲裁庭由数名仲裁员组成的，应根据多数意见作出裁决。如果不能形成多数意见，则裁决应由首席仲裁员独自作出。裁决应说明其所依据的理由。仲裁员在签署仲裁裁决前须将裁决草案交仲裁院审阅，后者一般只能作出形式修改或提醒仲裁员注意某些实质性问题。仲裁裁决一旦作出，秘书处应向双方当事人发送裁决文本。

为继续提升仲裁的透明度与仲裁效率，国际商会仲裁院宣布对《国际商会仲裁规则》做出重要修改，该规则修订案于2017年3月1日生效。新规则规定，涉案金额低于200万美元的案件将自动进行加速仲裁程序；涉案金额更高的案件，可选择采取加速仲裁程序。①

① 《国际商会仲裁院修改规则 加强透明度与效率》，http://www.ccpit.org/Contents/Channel_3466/2016/1107/715259/content_715259.htm，2020年7月30日最后访问。

三、瑞典斯德哥尔摩商会仲裁院及其仲裁规则

瑞典斯德哥尔摩商会仲裁院成立于 1917 年，为瑞典最重要的常设仲裁机构。由于瑞典仲裁制度较为完备，加之其政治上的中立国地位，该仲裁院逐步发展成为东西方经济贸易争端的裁决中心。仲裁院现行仲裁规则为 1976 年 10 月 1 日生效的《商会规则》。该规则对仲裁庭的组成、法律适用、仲裁裁决等问题作出了较为明确的规定。仲裁院对仲裁员的国籍未加任何限制，双方当事人可以指定任何国家的公民担任仲裁员。双方当事人在仲裁协议中自行确定仲裁员的人数，奇数、偶数均可。若双方当事人对仲裁员人数未作规定，则由 3 名仲裁员组成仲裁庭。若双方当事人同意争端由 1 名独任仲裁员处理，则该独任仲裁员应由仲裁院指定。在其他情况下，则由双方当事人各指定数目相同的仲裁员，由仲裁院指定 1 名仲裁员担任仲裁庭主席。《商会规则》对法律适用问题未作规定。仲裁庭原则上按双方当事人选择的法律进行实质性裁决。若双方当事人未指定可以适用的法律或指定的法律同特定交易并无实质联系，则适用对有关争端的实质与合同有最密切联系的法律。裁决一般需在委任仲裁员后 1 年内作出。若双方当事人未商定其他表决规则，则在实际解决争端的表决中，由多数票的意见决定；仲裁庭主席在表决票数相等时，不具有投决定票的权利。

现行仲裁规则自 2017 年 1 月 1 日生效。本次修订并非彻底改变仲裁院的仲裁程序，而是根据当事者要求，简化某些程序并将现有实践经验融入规则。具体措施包括引入简易程序、提供多重解决方案、引入行政秘书、仲裁员人数灵活化、案件管理会议、费用担保、效率和快速办案等。

四、英国伦敦国际仲裁院及其仲裁规则

英国伦敦国际仲裁院的组织机构源于 1892 年 11 月 23 日成立的伦敦仲裁会，1903 年 4 月 2 日改名为伦敦仲裁院，由伦敦城市和伦敦商会各派 12 名代表组成的联合委员会管理。1975 年，伦敦仲裁院与女王特许仲裁员协会合并，1981 年改为伦敦国际仲裁院。现由伦敦市、伦敦商会和女王特许协会共同组成的联合管理委员会管理。仲裁院的日常工作由女王特许协会负责，仲裁协会会长兼任仲裁院主席。英国伦敦国际仲裁院是国际社会成立最早的常设仲裁机构之一，在国际上享有较高声望。该仲裁院可受理任何性质的国际争议，尤擅长国际海事案件的审理。仲裁院备有仲裁员名单供当事人选择，这些仲裁员来自 30 多个国家，均为有关领域的专家。

根据 1998 年 1 月 1 日起生效的《伦敦国际仲裁院仲裁规则》，当事人未就仲裁员人选达成协议时，由该院从其仲裁员名单中加以指定。在涉及不同国籍的当事人的商事争议中，独任仲裁员或仲裁庭主席不得与任何当事人国籍相同。开庭地点可设于伦敦，也可设于各方一致认可的其他地点。仲裁庭应以当事人选择的适用于其争议的实体法和法律规范裁决当事人的争议。若当事人未作选择，则应适用仲裁庭认为适当的法律。仲裁庭须以书面形式作出裁决，并应附具裁决所依据的理由。倘若仲裁由 3 名仲裁员组成而未能就任何事项达成一致意见，仲裁员应以多数作出决定。若未能以该方式作出决定，则由仲裁庭主席作出决定。仲裁庭可在不同时间就不同事项作出裁决，此类裁决具有与仲裁庭作出的其他任何裁决相同的法律效力。其现行的仲裁规则自 2014 年 10 月 1 日生效。[①]

---

① 该规则的英文可从如下网址下载：http://www.ci-ca.org/caseShow_77.html，2020 年 7 月 29 日访问。

五、美国仲裁协会及其仲裁规则

美国仲裁协会成立于1926年，总部设于纽约，并在美国24个主要城市设有分支机构。协会由理事会领导，由理事会所选任的仲裁和法律专家组成常设机构进行管理。

《美国仲裁协会国际仲裁规则》于1991年3月1日生效。根据该规则，各方当事人对于仲裁员的人数如无约定，则由该协会指定1名独任仲裁员。争议标的巨大或案情复杂的，应指定3名仲裁员组成仲裁庭。若当事人就仲裁地点无法达成协议，则协会可初步选定，但仲裁庭有权在组庭后60天内最后确定仲裁地点。若当事人未约定应适用的法律，则仲裁庭应适用其认为适当的法律。涉及适用合同的仲裁，仲裁庭应按照合同的条款进行仲裁，并应考虑到适用于该项合同的贸易惯例。仲裁庭的任何裁决、决定或裁定在有1名仲裁员以上时，应由仲裁员以多数作出。在得到当事人或仲裁庭的授权时，首席仲裁员可以对程序问题作出决定或裁定，但仲裁庭可以改变。仲裁庭应以书面形式作出裁决，并应说明裁决所依据的理由。除作出终局裁决外，仲裁庭亦可作出临时裁决、中间裁决或部分裁决。其现行国际商事仲裁规则制定于2014年。

六、中国国际经济贸易仲裁委员会及其仲裁规则

中国国际经济贸易仲裁委员会属于民间性的常设仲裁机构，总部设于北京，在深圳、上海、天津、重庆均设有分会或中心。仲裁委员会设秘书局，在仲裁委员会秘书长的领导下负责处理仲裁委员会的日常事务。仲裁委员会设立仲裁员名册，仲裁员由中国国际贸易促进委员会从国际贸易、科学技术以及法律等领域的中外专家中聘任。中国国际贸易促进委员会、中国国际商会于2005年1月11日修订通过了《中国国际经济贸易仲裁委员会仲裁规则》，并于2012年2月、2014年11月进行多次修订，最新修订通过的规则于2015年1月1日起施行。全文共84条，主要内容包括总则、仲裁程序、裁决、简易程序、国内仲裁的特别规定、香港仲裁的特别规定以及附则。以下择其要者予以介绍：

(一)受案范围

仲裁委员会根据当事人的约定受理契约性或非契约性的经济贸易等争议案件。包括：(1)国际或涉外争议案件；(2)涉及香港特别行政区、澳门特别行政区及台湾地区的争议案件；(3)国内争议案件。

(二)规则的适用

当事人约定将争议提交仲裁委员会仲裁的，视为同意按照本规则进行仲裁。当事人约定将争议提交仲裁委员会仲裁但对本规则有关内容进行变更或约定适用其他仲裁规则的，从其约定，但其约定无法实施或与仲裁程序适用法强制性规定相抵触者除外。当事人约定适用其他仲裁规则的，由仲裁委员会履行相应的管理职责。当事人约定按照本规则进行仲裁但未约定仲裁机构的，视为同意将争议提交仲裁委员会仲裁。当事人约定适用仲裁委员会专业仲裁规则的，从其约定，但其争议不属于该专业仲裁规则适用范围的，适用本规则。

(三)仲裁协议

仲裁协议应当采取书面形式。书面形式包括合同书、信件、电报、电传、传真、电子数据交换和电子邮件等可以有形地表现所载内容的形式。在仲裁申请书和仲裁答辩书的交换中，一方当事人声称有仲裁协议而另一方当事人不做否认表示的，视为存在书面仲裁协议。仲裁协议的适用法对仲裁协议的形式及效力另有规定的，从其规定。合同中的仲裁条款应视为与合

同其他条款分离的、独立存在的条款,附属于合同的仲裁协议也应视为与合同其他条款分离的、独立存在的一个部分;合同的变更、解除、终止、转让、失效、无效、未生效、被撤销以及成立与否,均不影响仲裁条款或仲裁协议的效力。

(四)仲裁地

当事人对仲裁地有约定的,从其约定。当事人对仲裁地未作约定或约定不明的,以管理案件的仲裁委员会或其分会/仲裁中心所在地为仲裁地;仲裁委员会也可视案件的具体情形确定其他地点为仲裁地。仲裁裁决视为在仲裁地作出。

(五)放弃异议

一方当事人知道或理应知道本规则或仲裁协议中规定的任何条款或情事未被遵守,仍参加仲裁程序或继续进行仲裁程序而且不对此不遵守情况及时地、明示地提出书面异议的,视为放弃其提出异议的权利。

(六)仲裁申请、答辩、反请求

仲裁程序自仲裁委员会仲裁院收到仲裁申请书之日起开始。仲裁委员会根据当事人在争议发生之前或在争议发生之后达成的将争议提交仲裁委员会仲裁的仲裁协议和一方当事人的书面申请,受理案件。仲裁委员会仲裁院收到申请人的仲裁申请书及其附件后,经审查,认为申请仲裁的手续完备的,应将仲裁通知、仲裁委员会仲裁规则和仲裁员名册各一份发送给双方当事人;申请人的仲裁申请书及其附件也应同时发送给被申请人。仲裁委员会仲裁院经审查认为申请仲裁的手续不完备的,可以要求申请人在一定的期限内予以完备。申请人未能在规定期限内完备申请仲裁手续的,视同申请人未提出仲裁申请;申请人的仲裁申请书及其附件,仲裁委员会仲裁院不予留存。被申请人应自收到仲裁通知后 45 天内提交答辩书。被申请人确有正当理由请求延长提交答辩期限的,由仲裁庭决定是否延长答辩期限;仲裁庭尚未组成的,由仲裁委员会仲裁院作出决定。被申请人未提交答辩书,不影响仲裁程序的进行。被申请人如有反请求,应自收到仲裁通知后 45 天内以书面形式提交。被申请人确有正当理由请求延长提交反请求期限的,由仲裁庭决定是否延长反请求期限;仲裁庭尚未组成的,由仲裁委员会仲裁院作出决定。仲裁委员会仲裁院认为被申请人提出反请求的手续已完备的,应向双方当事人发出反请求受理通知。申请人应在收到反请求受理通知后 30 天内针对被申请人的反请求提交答辩。申请人确有正当理由请求延长提交答辩期限的,由仲裁庭决定是否延长答辩期限;仲裁庭尚未组成的,由仲裁委员会仲裁院作出决定。申请人对被申请人的反请求未提出书面答辩的,不影响仲裁程序的进行。

(七)仲裁员及仲裁庭

仲裁庭由一名或三名仲裁员组成。除非当事人另有约定或本规则另有规定,仲裁庭由三名仲裁员组成。申请人和被申请人应各自在收到仲裁通知后 15 天内选定或委托仲裁委员会主任指定一名仲裁员。当事人未在上述期限内选定或委托仲裁委员会主任指定的,由仲裁委员会主任指定。第三名仲裁员由双方当事人在被申请人收到仲裁通知后 15 天内共同选定或共同委托仲裁委员会主任指定。第三名仲裁员为仲裁庭的首席仲裁员。双方当事人可以各自推荐一至五名候选人作为首席仲裁员人选,并于收到仲裁通知后 15 天内提交推荐名单。双方当事人的推荐名单中有一名人选相同的,该人选为双方当事人共同选定的首席仲裁员;有一名以上人选相同的,由仲裁委员会主任根据案件的具体情况在相同人选中确定一名首席仲裁员,该名首席仲裁员仍为双方共同选定的首席仲裁员;推荐名单中没有相同人选时,由仲裁委员会主任指定首席仲裁员。双方当事人未能按照上述规定共同选定首席仲裁员的,由仲裁委员会主任指定首席仲裁员。

(八)审理

除非当事人另有约定,仲裁庭可以按照其认为适当的方式审理案件。仲裁庭应开庭审理案件,但双方当事人约定并经仲裁庭同意或仲裁庭认为不必开庭审理并征得双方当事人同意的,可以只依据书面文件进行审理。除非当事人另有约定,仲裁庭可以根据案件的具体情况采用询问式或辩论式的庭审方式审理案件。仲裁庭可以在其认为适当的地点以其认为适当的方式进行合议。除非当事人另有约定,仲裁庭认为必要时可以就所审理的案件发布程序令、发出问题单、制作审理范围书、举行庭前会议等。经仲裁庭其他成员授权,首席仲裁员可以单独就仲裁案件的程序安排作出决定。

(九)裁决

仲裁庭应在组庭后 6 个月内作出裁决书。经仲裁庭请求,仲裁委员会仲裁院院长认为确有正当理由和必要的,可以延长该期限。仲裁庭应当根据事实和合同约定,依照法律规定,参考国际惯例,公平合理、独立公正地作出裁决。当事人对于案件实体适用法有约定的,从其约定。当事人没有约定或其约定与法律强制性规定相抵触的,由仲裁庭决定案件实体的法律适用。

第三节 仲裁协议与仲裁庭

一、国际商事仲裁协议

根据联合国国际贸易法委员会制定的《国际商事仲裁示范法》的规定,仲裁协议是指当事人各方同意将他们之间确定的不论是契约性还是非契约性的法律关系上已经发生或可能发生的一切或某些争议提交仲裁的协议。仲裁协议是国际商事仲裁的基石,它既是当事人将争议提交仲裁的依据,也是仲裁机构取得相应案件管辖权的依据。

(一)仲裁协议的形式

仲裁协议主要表现为两种形式,即商事合同中的仲裁条款与独立的仲裁协议。

1. 仲裁条款

仲裁条款是指双方当事人在订立国际商事合同时,在合同中所约定的表示愿意把将来可能发生的争议提交仲裁解决的一项专门条款。这是仲裁协议最基本的形式。国际商事合同一般都订有仲裁条款,内容详略不等。

在采取仲裁条款的情况下,如果合同归于无效,则作为该合同组成部分的仲裁条款是否亦随之无效?对此,英国法院最早在海曼诉达文思一案中确立了仲裁条款独立原则,即仲裁条款可独立于其所依据的合同而存在。该原则已为各国立法所采纳。我国《仲裁法》第 19 条即规定:“仲裁协议独立存在,合同的变更、解除、终止或者无效,不影响仲裁协议的效力。”我国《民法典》第 507 条亦作出类似规定:“合同不生效、无效、被撤销或者终止的,不影响合同中有关解决争议方法的条款的效力。”

2. 仲裁协议

独立的仲裁协议是指双方当事人在争议发生之后,经平等协商,表示愿将已发生的争议交付仲裁的一项专门协议。由于仲裁协议订立时争议已经发生,当事人已掌握了争议的性质、程度、细节等情况,因此所提交的仲裁协议的内容较仲裁条款更为详尽。但争议发生后,双方当事人因利益冲突、关系紧张而往往难以就仲裁协议的内容达成一致，故而该种形式在国际商事仲裁实践中并不多见。

此外，若存在能证明双方均愿将争议交付仲裁的其他书面文件，如双方的往来函件、电报、电传等，则亦视为双方已就争议解决方式作出了约定。

(二)仲裁协议的内容

仲裁协议通常包括如下内容：

1. 提交争议的事项。仲裁协议应明确提交仲裁的事项，该争议须同当事人之间特定的法律关系相关联。当事人实际提请仲裁的争议不得超越仲裁协议所约定的范围，倘若超越该约定范围，则仲裁庭就超越部分所作裁决无效。

2. 仲裁机构。当事人可选择常设仲裁机构或临时仲裁机构进行仲裁。在常设仲裁机构进行的仲裁也称机构仲裁，是较为普遍的仲裁方式。只有在当事人认为无适当常设仲裁机构的情况下，才会将争议提交临时仲裁庭，由临时仲裁庭所进行的仲裁也称特别仲裁。无论是由何种仲裁机构进行裁决，当事人均须在仲裁协议中明确表示将争议交付该仲裁机构裁决，否则该仲裁机构将不予受理。

3. 仲裁地点。仲裁地点的选择事关仲裁所适用的程序法和实体法。如果当事人在仲裁协议中没有明确规定仲裁所适用的法律，则支配仲裁的法律往往是仲裁地法，故而仲裁地点的选择对于仲裁程序乃至结果均具有十分重要的影响。在签订仲裁协议时，当事人一般均力争在本国进行仲裁，原因在于其更为熟悉本国法律和仲裁制度，也比较信任本国的仲裁机构。在双方无法就此达成一致时，可协商将争议提交第三国或国际性的仲裁机构。

4. 仲裁程序规则。仲裁程序规则是指双方当事人及仲裁庭在仲裁过程中所应遵循的程序和规则，包括仲裁申请的提出、答辩的方式、仲裁员的选定、仲裁庭的组成、仲裁的审理、仲裁裁决的作出、裁决的效力以及费用的负担等内容。双方当事人在订立仲裁协议时，应明确约定有关仲裁所应适用的程序规则，尤其是在临时仲裁庭所进行的仲裁中，双方当事人可自由选择仲裁规则。若由常设仲裁机构进行仲裁，一般也应允许当事人自行决定采用其他国际商事仲裁规则，除非该仲裁机构的仲裁规则已排除其他仲裁规则的适用。

(三)仲裁协议的效力

仲裁协议的效力主要体现为如下三个方面：

1. 对当事人的效力。仲裁协议一旦成立，当事人即丧失就特定争议事项向法院提起诉讼的权利，除非双方当事人就争议的解决方式作出了变更。如果仲裁协议的一方当事人违背了这一约定而就协议规定范围内的争议事项向法院提起诉讼，则对方当事人有权依据仲裁协议要求法院终止诉讼程序，将争议发还仲裁机构审理。

2. 对仲裁机构和仲裁员的效力。有效的仲裁协议是仲裁员或仲裁机构受理争议案件、行使仲裁管辖权的依据。仲裁机构只能受理当事人有仲裁协议的案件，且仅能受理当事人在仲裁协议中约定的争议事项。

3. 对法院的效力。仲裁协议对法院的效力可包括两个方面：其一，排除其司法管辖权的效力。如果当事人已就特定争议事项订有仲裁协议，则法院不应受理此项争议；其二，一项有效的仲裁协议是保证仲裁裁决具有强制执行力的依据。如果一方当事人不履行仲裁裁决，对方当事人可就有效的仲裁协议与裁决书向有关法院申请强制执行。

二、仲裁庭

(一)仲裁庭的组成及仲裁员的任职资格

根据组成仲裁庭的仲裁员人数的不同,仲裁庭可以分为由1位仲裁员组成的独任仲裁庭、由2位仲裁员组成的仲裁庭以及由3人或3人以上仲裁员所组成的仲裁庭。其中最为常见的是独任仲裁庭和由3位仲裁员组成的仲裁庭。对于仲裁员的任命一般采用意思自治原则,即由当事人自行选择;只有在当事人未对仲裁员的选任或选任方式作出约定时,各国法律或仲裁机构的仲裁规则才规定应依何种方式任命仲裁员。如前所述,在无相反约定时,仲裁庭一般由3名仲裁员组成。在这3名仲裁员中,有2名应由当事人分别指定,另1名一般应由这2名仲裁员指定。在当事人拒绝履行或拖延履行指定仲裁员的义务或当事人所选定的2名仲裁员不能就另1名仲裁员人选达成一致时,一般由该仲裁机构代为指定。

各国法律对仲裁员的资格一般不作严格限制,但凡具有完全民事行为能力且具有完全公民权的人,包括本国人和外国人,都可以被指定为仲裁员。同时,尽管各国对此一般未作要求,仲裁员还须具有一定的专门学识和资历,因为当事人对此类人选更为信赖。不过,我国《仲裁法》第13条对此作出了明确规定,要求仲裁员应符合下列条件之一:(1)通过国家统一法律职业资格考试取得法律职业资格,从事仲裁工作满八年的;(2)从事律师工作满八年的;(3)曾任法官满八年的;(4)从事法律研究、教学工作并具有高级职称的;(5)具有法律知识、从事经济贸易等专业工作并具有高级职称或者具有同等专业水平的。此外,仲裁员还应当具有良好的道德品质,这是为保证仲裁的独立性与公正性所必需的。

(二)仲裁庭的权力和义务

如前所述,当事人之间存在合法有效的仲裁协议是仲裁庭取得管辖权的依据。因此,仲裁庭的权力来源之一便为当事人的有效仲裁协议。此外,仲裁庭所应适用的法律与仲裁程序规则也是其权力来源。据此,仲裁庭的权力主要包括如下几个方面:

1. 决定其管辖权限

仲裁庭的管辖权与管辖权限存在区别。如果仲裁庭对某一特定案件无管辖权,就无权受理此案。如果仲裁庭对某一案件享有管辖权,接下来所要考虑的问题就是它对该案行使管辖权的范围。例如,某合同中的仲裁条款规定:"因执行本合同所发生的争议应提交仲裁解决。"若双方在合同履行过程中发生争议并将该争议提交仲裁,则仲裁庭有权就该争议是否属于该仲裁条款项下的争议作出裁决,从而决定其管辖权限。

2. 决定有关仲裁程序事项

有关仲裁的程序规则一般可由双方当事人作出约定或选择。在当事人未作约定的情况下,仲裁庭有权就仲裁审理过程中的程序事项作出决定,包括仲裁的地点、语言、证据规则等。仲裁庭在其认为必要时,还可自行调查并收集证据,也可对争议标的采取临时性的保全措施,或要求当事人提供与此措施有关的担保。当然,各仲裁庭是否具有前述各项权力,还取决于其所适用的仲裁规则与仲裁法的具体规定。

3. 决定仲裁应当适用的法律

当事人可对仲裁所应适用的法律作出约定。在当事人未作约定的情况下,仲裁庭有权决定仲裁应当适用的法律,包括仲裁协议应当适用的法律、仲裁程序应当适用的法律和解决争议的实体问题应当适用的法律。

4. 作出仲裁裁决

仲裁程序以仲裁庭作出终局裁决而告终。仲裁庭在仲裁审理过程中，既可就争议事项作出终局裁决，也可就临时发生的情况作出救济性裁定，如当事人之间的金钱支付或财产处置、仲裁费用的中间交付等，这些裁定均从属于终局裁决。

仲裁庭的义务主要为独立审理当事人所提交的仲裁案件并及时作出公正裁决，此外还负有为当事人保密等义务。

第四节 仲裁裁决的承认与执行

仲裁裁决作出后，若一方当事人怠于履行，便会涉及国际商事仲裁裁决的承认与执行问题。所谓国际商事仲裁裁决的承认与执行，是指法院或其他法定有权机关承认国际商事仲裁裁决的终局约束力，并予以强制执行的制度。

国际商事仲裁裁决的承认和执行包括对本国国际商事仲裁裁决的承认和执行及对外国国际商事仲裁裁决的承认和执行。其中，对本国国际商事仲裁裁决的承认和执行较为简单，一般均比照本国国内商事仲裁裁决的承认和执行，由获得有利裁决的一方当事人向有管辖权的法院提出申请，该法院经审查认为裁决在形式上合法后即发布执行该裁决的命令，对该裁决予以强制执行。执行过程中若对方当事人依法提出有效异议，则应中止强制执行。若经法院审查该异议不能成立则恢复强制执行；若异议成立，则该仲裁裁决不能被执行。各国对外国国际商事仲裁裁决的承认和执行制度一般都较复杂，其原因主要在于其涉及本国的国家利益和有关当事人的利益。也正因此，各国均对承认和执行外国国际商事仲裁裁决作出了严格限制。

为了解决各国在承认与执行外国国际商事仲裁裁决问题上所存在的分歧和障碍，促进国际仲裁特别是国际商事仲裁的发展，国际社会曾先后制定出三部有关承认和执行外国仲裁裁决的公约，分别为 1923 年在国际联盟倡导下所制定的《仲裁条款议定书》，1927 年由国际商会倡议、国际联盟主持制定的《关于执行外国仲裁裁决的公约》，以及 1958 年在联合国主持下在纽约缔结的《承认和执行外国仲裁和裁决的公约》(简称《纽约公约》)。其中，参加国最多、影响最为广泛者为《纽约公约》。该公约扩大了承认和执行外国仲裁裁决的范围，简化了承认和执行外国仲裁裁决的程序，从而在较大程度上便利了外国仲裁和裁决的承认与执行。我国于 1986 年加入该公约，并于 1987 年 4 月 2 日正式受其约束。但中国只在互惠的基础上对在另一缔约国领土所作出的仲裁裁决的承认和执行适用该公约，且只对根据我国法律认定为属于契约性和非契约性的商事法律关系所引起的争议适用该公约。而商事法律关系的具体内涵，则由我国最高人民法院作出解释。

《纽约公约》全文共 16 条，主要规定如下：

1. 适用范围。公约适用于如下仲裁裁决：(1)由于自然人或法人间的争议而在申请执行地国以外的国家领土上做出的仲裁裁决；(2)仲裁裁决执行国认为该裁决是非国内裁决；(3)对临时仲裁庭与常设仲裁庭所作裁决均可适用；(4)作出裁决的争议不管是否属于契约性质，只要依缔约国国内法的规定为商事关系，亦可适用。

2. 缔约方的义务。缔约各方应相互承认仲裁裁决具有约束力，并应依执行地的程序规则及公约所载的条件予以执行；各缔约方在承认和执行其他缔约方的仲裁裁决时，不应在实质上比承认和执行本国的仲裁裁决提出更为麻烦的条件或征收更高的费用。

3. 当事人应提交的文件。申请承认和执行仲裁裁决的当事人在申请时应提交原裁决的正本或其正式副本;据以裁决的仲裁协议的原本或其正式副本;如上述裁决或仲裁协议所用文字不是执行地国的正式文字,申请者还必须提交关于裁决和仲裁协议的执行地国正式文字的译本,该译本还应经外交、领事或有关译员的认证。

4. 仲裁裁决的拒绝承认和执行。缔约方只有在下列情况下,才可以拒绝承认和执行外国仲裁裁决,(1)当事人一方证明裁决存在下列情形之一:①签订仲裁协议的当事人依对其适用的法律有某种无行为能力的情形,或该协议依当事人约定的准据法或当事人无约定时依裁决地国家的法律无效;②当事人一方未接到关于指派仲裁员或仲裁程序的适当通知,或因其他原因未能对案件进行申辩;③裁决所处理的争议并非交付仲裁的标的,或超出仲裁协议范围,但交付仲裁事项的裁决部分与未交付仲裁事项可区分时,裁决中关于交付仲裁事项的裁决部分应予承认和执行;④仲裁庭的组成及仲裁程序与各方当事人间的协议不符,或无协议时与仲裁地国家的法律不符;⑤裁决对当事各方尚无约束力,或者已经裁决地国家或据其法律作出裁决的国家的主管机关撤销或停止执行。(2)申请承认及执行地国家的主管机关认定有下列情形之一:①依该国法律,争议事项不能或不适合以仲裁方式处理;②承认或执行裁决有违该国公共政策或公共秩序。

我国承认与执行外国仲裁裁决的主要依据为《民事诉讼法》的有关规定。根据该法第273～275 条规定,一方当事人不履行仲裁裁决的,对方当事人可以向被申请人住所地或者财产所在地的中级人民法院申请执行。对中华人民共和国涉外仲裁机构作出的裁决,被申请人提出证据证明仲裁裁决有下列情形之一的,经人民法院组成合议庭审查核实,裁定不予执行:(1)当事人在合同中没有订有仲裁条款或者事后没有达成书面仲裁协议的;(2)被申请人没有得到指定仲裁员或者进行仲裁程序的通知,或者由于其他不属于被申请人负责的原因未能陈述意见的;(3)仲裁庭的组成或者仲裁的程序与仲裁规则不符的;(4)裁决的事项不属于仲裁协议的范围或者仲裁机构无权仲裁的。人民法院认定执行该裁决违背社会公共利益的,裁定不予执行。仲裁裁决被人民法院裁定不予执行的,当事人可以根据双方达成的书面仲裁协议重新申请仲裁,也可以向人民法院起诉。

本章小结

1. 国际商事仲裁系解决国际商事争议的一种重要制度。国际商事仲裁具有管辖权的非强制性、当事人的自主性、审理的保密性、程序的高效性及裁决的易执行性等特征。目前,国际商事仲裁法律依据主要为联合国国际贸易法委员会所制定的《国际商事仲裁示范法》,但该法并无强制约束力,仅推荐给各国采用。

2. 依据国际商事仲裁机构在组织形式上的不同,可将其分为临时仲裁机构与常设仲裁机构。其中,国际主要常设仲裁机构包括国际商会仲裁院、瑞典斯德哥尔摩商会仲裁院、英国伦敦国际仲裁院及美国仲裁协会,均制定有其自身适用的仲裁规则。我国亦设有常设性国际商事仲裁机构,即中国国际经济贸易仲裁委员会,并制定有相应的仲裁规则。

3. 仲裁协议是指当事人各方同意将他们之间确定的不论是契约性还是非契约性的法律关系上已经发生或可能发生的一切或某些争议提交仲裁的协议。仲裁协议是国际商事仲裁的基石,它既是当事人将争议提交仲裁的依据,也是仲裁机构取得相应案件管辖权的依据。仲裁协议既可采取仲裁条款的形式,也可采取独立的仲裁契约的形式。在采取仲裁条款的情况下,合同的无效并不导致仲裁条款的无效。仲裁庭一般由 3 名仲裁员组成,并享有一定的权力,承担一定的义务。

4. 仲裁裁决作出后,若一方当事人怠于履行,便会涉及国际商事仲裁裁决的承认与执行问题。有关国际商事仲裁裁决的承认与执行的国际公约主要为《纽约公约》,其就有关国际商事仲裁的承认与执行的诸问题作出了明确规定。

关键概念

国际商事仲裁;临时仲裁机构;常设仲裁机构;国际商会仲裁院;瑞典斯德哥尔摩商会仲裁院;英国伦敦国际仲裁院;美国仲裁协会;中国国际经济贸易仲裁委员会;仲裁协议;仲裁条款;仲裁条款的独立性;仲裁裁决的承认与执行;《纽约公约》

思考与练习

1. 国际商事仲裁的特征包括哪些?
2. 试述国际主要商事仲裁机构及其仲裁规则。
3. 试述仲裁协议及其作用。
4.《纽约公约》规定的承认与执行国际商事仲裁裁决的条件包括哪些?

参考文献

[1]沈宗灵. 比较法总论[M]. 北京:北京大学出版社,1987.

[2][美]阿瑟·库恩. 英美法原理[M]. 陈朝璧译. 北京:法律出版社,2002.

[3][美]约翰·亨利·梅利曼. 大陆法系(第二版)[M]. 顾培东,禄正平译. 北京:法律出版社,2004.

[4]韩德培,肖永平. 国际私法(第三版)[M]. 北京: 高等教育出版社,2014.

[5]李双元,欧福永. 国际私法(第五版)[M]. 北京:北京大学出版社,2018.

[6]赵秀文. 国际私法学原理与案例教程(第四版)[M]. 北京:中国人民大学出版社,2016.

[7]韩德培. 国际私法问题专论[M]. 武汉:武汉大学出版社,2004.

[8]王传丽. 国际贸易法(第五版)[M]. 北京:法律出版社,2012.

[9]王传丽,史晓丽. 国际贸易法(第三版)[M]. 北京:中国人民大学出版社,2019.

[10]郭寿康,韩立余. 国际贸易法(第四版)[M]. 北京:中国人民大学出版社,2014.

[11][英]施米托夫. 国际贸易法文选[M]. 赵秀文选译. 北京:中国大百科全书出版社,1993.

[12][美]理查德·谢弗,菲利伯多·阿格斯蒂等. 国际商法(第8版)[M]. 韩永红译. 北京:中国人民大学出版社,2018.

[13]沈四宝,刘刚仿,沈健. 国际商法(第二版)[M]. 北京:对外经贸大学出版社,2017.

[14]杨士富. 国际商法理论与实务(第2版)[M]. 北京:北京大学出版社,2017.

[15]左海聪. 国际商法(第二版)[M]. 北京:法律出版社,2013.

[16]吴建斌,肖冰,彭岳. 国际商法(第三版)[M]. 北京:高等教育出版社,2017.

[17][德]C. W. 卡纳里斯. 德国商法[M]. 杨继译. 北京:法律出版社,2006.

[18][法]伊夫·居荣. 法国商法(第1卷)[M]. 罗结珍,赵海峰译. 北京:法律出版社,2004.

[19][日]近藤光男. 日本商法总则·商行为法[M]. 梁爽译. 北京:法律出版社,2016.

[20]苏号朋. 美国商法(制度判例与问题)[M]. 北京:中国法制出版社,2000.

[21]董安生. 新编英国商法[M]. 上海:复旦大学出版社,2009.

[22][意]阿尔贝特·桑塔·马里雅. 欧盟商法[M]. 单文华,蔡从燕译. 北京:北京大学出版社,2007.

[23]何勤华,魏琼. 西方商法史[M]. 北京:北京大学出版社,2007.

[24]施天涛. 商法学(第六版)[M]. 北京: 法律出版社,2020.

[25]宋永新. 美国非公司型企业法[M]. 北京:社会科学文献出版社,2000.

[26]郭富青. 中国非公司企业法研究[M]. 北京:法律出版社,2009.

[27]石碧波. 非法人团体研究[M]. 北京:法律出版社,2009.

[28]王军. 中国公司法(第2版)[M]. 北京:高等教育出版社,2017.

[29]朱锦清. 公司法学(修订本)[M]. 北京:清华大学出版社,2019.

[30]王文宇. 公司法论(第六版)[M]. 台北:元照出版有限公司,2018.

[31]方嘉麟. 变动中的公司法制度[M]. 台北:元照出版有限公司,2018.

[32][英]保罗·戴维斯,莎拉·沃幸顿. 现代公司法原理(第九版)[M]. 罗培新等译. 北京:法律出版社,2016.

[33]葛伟军. 英国公司法讲义[M]. 北京:法律出版社,2014.

[34][美]汉密尔顿. 美国公司法(第5版)[M]. 齐东祥等译. 北京:法律出版社,2008.

[35]苗壮.美国公司法:制度与判例[M].北京:法律出版社,2007.

[36][德]托马斯·莱塞尔,吕迪格·法伊尔.德国资合公司法(第6版)[M].高旭军,方小敏等译.上海:上海人民出版社,2019.

[37] [德]斯蒂芬·格伦德曼.欧盟公司法[M].周万里主译.北京:法律出版社,2018.

[38][日]近藤光男.最新日本公司法(第7版)[M].梁爽译.北京:法律出版社,2016.

[39]黄辉:现代公司法比较研究——国际经验及对中国的启示(第二版)[M].北京:清华大学出版社,2020.

[40]余劲松.跨国公司法律问题专论[M].北京:法律出版社,2008.

[41]汪渊智.代理法论[M].北京:北京大学出版社,2015.

[42]韩世远.合同法总论(第四版)[M].北京:法律出版社,2018.

[43]崔建远.合同法(第六版)[M].北京:法律出版社,2016.

[44]杨帧.英美契约法论(第四版)[M].北京:北京大学出版社,2007.

[45][美]杰弗里·费里尔,迈克尔·纳文.美国合同法精解[M].陈彦明译.北京:北京大学出版社,2009.

[46]李响.美国合同法要义[M].北京:中国政法大学出版社,2010.

[47]何宝玉.英国合同法[M].北京:中国政法大学出版社,1999.

[48][英]A. G. 盖斯特.英国合同法与案例[M].张文镇等译.北京:中国大百科全书出版社,1998.

[49]范明志.欧盟合同法一体化研究[M].北京:法律出版社,2008.

[50]郭明瑞,房绍坤等.担保法(第五版)[M].北京:中国人民大学出版社,2017.

[51]杨良宜.国际货物买卖[M].北京:中国政法大学出版社,1999.

[52]刘彤.国际货物买卖法(第2版)[M].北京:对外经济贸易大学出版社,2013.

[53]张玉卿.国际货物买卖统一法(第三版)[M].北京:中国商务出版社,2009.

[54][美]威廉·H.劳伦斯,威廉·H.亨宁.美国货物买卖和租赁法精解[M].周晓松译.北京:北京大学出版社,2009.

[55]陈若鸿.英国货物买卖法:判例与评论[M].北京:法律出版社,2003.

[56]吴晓露.产品责任制度的法经济学分析 [M].杭州:杭州大学出版社,2014.

[57]冉克平.产品责任理论与判例研究[M].北京:北京大学出版社,2014.

[58]李响.美国产品责任法精义[M].湖南:湖南人民出版社,2009.

[59]李俊.美国产品责任法案例选评[M].北京:对外经济贸易大学出版社,2007.

[60]张丽英.海商法学(第三版)[M].北京:高等教育出版社,2016.

[61]司玉琢.海商法(第四版)[M].北京:法律出版社,2018.

[62]傅廷中.海商法(第二版)[M].北京:法律出版社,2017.

[63]司玉琢.海商法专论(第三版)[M].北京:中国人民大学出版社,2015.

[64]温世扬.保险法(第三版)[M].北京:法律出版社,2016.

[65]李玉泉.保险法(第三版)[M].北京:法律出版社,2019.

[66][美]小罗伯特·H.杰瑞,道格拉斯·R.里士满.美国保险法精解(第四版)[M].李之彦译.北京:北京大学出版社,2009.

[67]韩长印.美国保险法原理与实务[M].北京:中国政法大学出版社,2012.

[68]庞红,尹继红等.国际结算(第六版)[M].北京:中国人民大学出版社,2019.

[69]许南.国际结算案例与分析[M].北京:中国人民大学出版社,2015.

[70]谢怀栻,程啸.票据法概论(增订二版)[M].北京:法律出版社,2017.

[71]刘心稳.票据法(第四版)[M].北京:中国政法大学出版社,2018.

[72]张凝.日本票据法原理与实务[M].北京:中国法制出版社,2012.

[73]赵新华.票据法问题研究[M].北京:法律出版社,2007.

[74]王秉乾.比较票据法案例选评[M].北京:对外经贸大学出版社,2013.

[75]杨良宜.信用证[M].北京:中国政法大学出版社,1998.

[76]周红军.国内信用证与福费廷电子化[M].北京:中国金融出版社,2020.

[77]傅海龙.信用证与 UCP600(第二版)[M].北京:对外经贸大学出版社,2014.

[78]乔欣.仲裁法学(第二版)[M].北京:清华大学出版社,2015.

[79]蔡虹,刘加良.仲裁法学(第二版)[M].北京:北京大学出版社,2011.

[80]赵秀文.国际商事仲裁法(第二版)[M].北京:中国人民大学出版社,2014.

[81]李政,徐秋菊等.仲裁法实训教程[M].北京:法律出版社,2017.

[82]刘晓红.国际商事仲裁协议的法理与实证[M].北京:商务印书馆,2005.

[83][西]帕德罗·马丁内兹—弗拉加.国际商事仲裁——美国学说发展与证据开示[M].蒋小红,谢新胜等译.北京:中国社会科学出版社,2009.

[84]韩健.涉外仲裁司法审查[M].北京:法律出版社,2006.

21世纪普通高等教育“十三五”规划教材·国际经济与贸易系列

国际商法习题集

（第三版）

吴建斌　朱　娟　编著

上海财经大学出版社

目　录

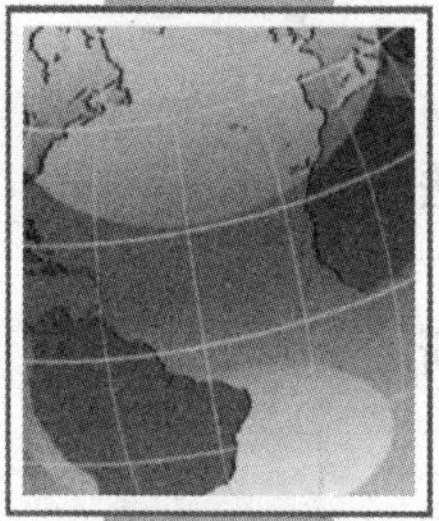

绪 论

一、填空题

1. 国际商法主要由国际商事________法和________法两大部分组成。
2. 国际商法的主要渊源即主要表现形式为________。
3. 2006 年《跟单信用证统一惯例》的英文缩写是________。
4. 最具代表性的大陆法系国家为________和________。
5. 英美法系的主要法律渊源为________。
6. 大陆法系国家普通法院大体分为________三审制和________三审制。
7. 英美法系国家构成判例的判决中的________对同类案件有约束力。
8. 鉴于美国联邦共和制的国体,美国法律分为________与________两大部分。
9. 日本战后公司法主要受________的影响。
10. 中国大陆商事诉讼实行________终审制。

二、单项选择题

1. 在中国法律学科分类中,WTO 规则归入(　　)更为合适。
A. 国际商法　　B. 国际经济法　　C. 国际贸易法　　D. 国际商事交易法
2. 国际商法的发展轨迹为(　　)。
A. 国际法—国内法—国际法　　B. 国内法—国际法—国际法
C. 国际法—国际法—国内法　　D. 国内法—区域法—国际法
3.(　　)优先于(　　),是英国法律制度的一个重要原则。
A. 普通法　衡平法　　B. 衡平法　普通法
C. 判例法　成文法　　D. 成文法　判例法
4. 英国实际上的主审法院是(　　)。
A. 最高法院　　B. 高等法院　　C. 下议院　　D. 上议院
5. 美国商事立法权原则上归属于(　　)。
A. 参议院　　B. 众议院　　C. 各州　　D. 联邦
6. 大陆法系国家法官的法律推理方式一般采取(　　)。
A. 抽象法　　B. 推导法　　C. 归纳法　　D. 演绎法

7. 大陆法系诉讼制度在传统上采取(　　),英美法系在传统上采取(　　)。
A. 对抗制　职权制　　B. 职权制　对抗制
C. 职权制　辩论制　　D. 辩论制　对抗制
8. 德国(　　)的判决对下级法院具有强制性约束力。
A. 联邦宪法法院　B. 宪法法院　C. 普通法院　D. 专门法院
9. 在商事立法领域,(　　)在2005年制定了统一的公司法典。
A. 日本　B. 美国　C. 英国　D. 俄罗斯
10. 中国台湾地区采取(　　)的立法体例。
A. 商法独立　B. 民法独立　C. 民商分立　D. 民商合一

三、判断题

1. 跨国私法主要调整不同国家或者地区个人、个体之间的关系。(　　)
2. 英美法国家没有明确的部门法划分。(　　)
3. 国际税法是国际商法的组成部分。(　　)
4. 衡平法产生于普通法之前。(　　)
5. 美国联邦法院法官实行终身制。(　　)
6. 美国《标准商事公司法》不是一部实定法。(　　)
7. 中国大陆凡是调整经济关系的法都是经济法。(　　)
8. 中国近现代法律深受日本立法的影响。(　　)
9. 德国商法堪称现代商法之渊源。(　　)
10. 中国大陆的计划经济体制为完善商事立法体系奠定了基础。(　　)

四、简答题

1. 简述国际商法的构成和特点。
2. 简述大陆法系的概念及影响范围。
3. 简述英美法系的概念及影响范围。
4. 英国的先例拘束力原则是如何体现的?
5. 简述两大法系的发展趋势。

五、案例分析题

英国制靴匠萨洛蒙于1892年将其制靴店改组注册为有限公司。依照章程规定,该公司的资产全部折为股本,萨洛蒙本人持股20 001股,1股1镑,其妻子、女儿和4个儿子各持股1股,总计20 007股,另向萨洛蒙发行浮动担保公司债10 000镑。后该公司因经营失败而清算,公司总资产仅值6 000镑,而对其他债权人的负债则高达7 000镑。该案历经数审,均判决公司资产全部清偿给其他债权人,萨洛蒙不服,上诉至英国上议院。1897年,上议院作出终审判决:从法律上讲,该公司注册成立后即具有独立于萨洛蒙的主体资格,而萨洛蒙既是公司股东,又是担保公司债的债权人,他应优先于其他债权人而受到清偿。其他债权人分文未得。

问题:

(1)萨洛蒙制靴店属于什么类型的企业?它与萨洛蒙有限公司有何本质区别?

(2)萨洛蒙有限公司的主体资格独立于萨洛蒙个人还是两者混为一体?

(3)担保公司债与累积的优先股有何不同?
(4)本案萨洛蒙有限公司清偿顺序是否符合破产法的一般规则?
(5)上议院在英国审判组织中处于什么样的地位?
(6)本案形成的判例在全球公司法上有何意义?

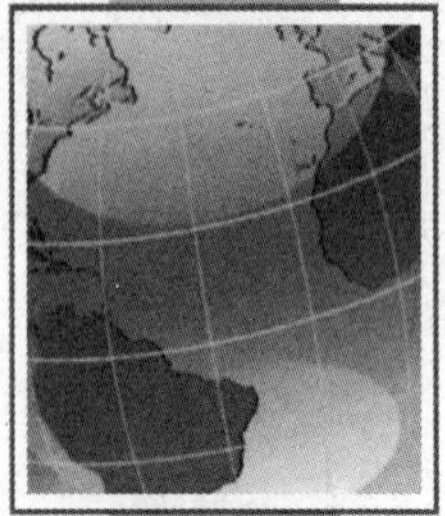

第一章
商事组织法

一、填空题

1. 美国的 LLLP 实际上是________与________的结合体。
2. 德国法上创制的有限公司股东持有的份额，不采取________这种有价证券形式。
3. 设立中的公司与成立以后的公司属于________。
4. 股份公司为典型的________公司。
5. 中国大陆公司法通常采取列举式与________相结合的方式规范股东出资形式。
6. 通过认购股份参与创设股份公司的人称为________。
7. 最能代表美国公司法特色的是________州公司法。
8. 根据董事在公司中的特殊地位，可以认为其本质上是公司或者全体股东的________。
9. 股东代表诉讼通常具有代表性及________性。
10. 中国国有独资公司采取________形式。

二、单项选择题

1. 隐名合伙的出资人就企业对外债务(　　)连带责任。
A. 不承担　B. 承担　C. 有时承担　D. 偶然承担
2. 修改公司章程的股东会决议通常采取（　　)的形式。
A. 普通决议　B. 特殊决议　C. 特别决议　D. 专项决议
3. 中国现行公司资本制度为(　　)。
A. 折中授权资本制　B. 折中资本制
C. 授权资本制　D. 法定资本制
4. 公众公司保护社会公众投资者的最好方式是(　　)。
A. 强化监管　B. 信息公开
C. 防止舞弊　D. 完善交易制度
5. 中国全部由外国投资者投资的公司(　　)一人公司。
A. 属于　B. 不同于　C. 并不完全等同于　D. 类似于
6. 美国上市公司董事会专门委员会中最重要的机构是(　　)委员会。
A. 战略　B. 审计　C. 提名　D. 薪酬

7. 累积投票制通常是为股份公司选举(　　)时便于少数股东代表当选而设置的制度。

A. 经理　　B. 监事　　C. 独立董事　　D. 董事

8. 中国公司机关决议撤销之诉的除斥期间为决议作出之日起的(　　)日。

A. 15　　B. 30　　C. 60　　D. 90

9. 英国的(　　)在设立时无须实际出资。

A. 保证有限公司　　B. 有限公司

C. 股份公司　　D. 封闭式公司

10. 日本公司法典废止的公司类型是(　　)公司。

A. 无限　　B. 有限　　C. 两合　　D. 一人

三、判断题

1. 股东是公司财产的所有权人。　(　　)
2. 公司治理主要围绕“谁投资,谁管理”问题展开。　(　　)
3. 股份公司设立失败的责任由发起人承担。　(　　)
4. 公司章程的效力优先于公司法的非强制性规定。　(　　)
5. 未经法定召集程序,即使全体股东一致同意的股东会决议也是无效的。　(　　)
6. 中国国有独资公司监事会拥有代表公司起诉董事的权力。　(　　)
7. 英国 2006 年对公司法作了重大修订。　(　　)
8. 美国发生“次贷”危机的公司治理结构原因为内部监督不力。　(　　)
9. 除中国大陆以外,个人独资企业通常并无单独立法。　(　　)
10. 分公司具有法人资格。　(　　)

四、简答题

1. 简述公司及其法律特征。
2. 中国大陆主要的合伙企业形式有哪些?
3. 何谓授权资本制?何谓声明资本制?
4. 简述股份及其分类。
5. 少数股东保护措施通常有哪些?

五、案例分析题

中国某公司自 2016 年年初成立后,董事会决定聘任非股东张某担任总经理。两年后,张某见公司业务渐入佳境,盈利可观,就背着全体股东及董事,借用他人名义另设一同类公司,并将其接洽的部分业务转由新公司经营,公司发现后欲采取法律行动。

问题:

(1)张某的行为违反了公司经理的哪些义务?

(2)假如公司想提起诉讼,如何形成公司意思?

(3)股东提起代表诉讼的条件是什么?

(4)公司的民事权利救济方式有哪些?

第二章
商事代理法

一、填空题

1. 根据大多数国家的法律规定，代理是指________根据________的授权，代表________与________订立合同或从事其他法律行为，由此而产生的权利义务直接归属于________的行为。

2. 在大陆法系国家，按照代理人是以委托人名义还是以代理人自己的名义从事代理行为，可将代理分为________与________。

3. 在大陆法系国家，根据代理人是否基于代理权而为法律行为，可将代理分为________与________。

4. 英美法系以代理人是否披露本人和代理身份为标准，将代理分为________和________。

5. 我国民法上的代理主要包括________、________与指定代理三种。

6. 代理人和相对人恶意串通，损害被代理人合法权益的，代理人和相对人应当承担________责任。

7. 未被追认的无权代理行为对________无效，行为人应对其无效代理行为向________承担法律责任。

8. 代理人需要转委托第三人代理的，应当取得________的同意或者追认。

9. 行为人________、________或者________后，仍然实施代理行为，未经被代理人追认的，对被代理人不发生效力。

10. 代理人知道或者应当知道代理事项违法仍然实施代理行为，或者被代理人知道或者应当知道代理人的代理行为违法未作反对表示的，________和________应当承担连带责任。

二、单项选择题

1. 根据英美法，一个人以他的言辞或行动使另一个人有权以他的名义签订合同，这种代理权产生的原因为（　　）。

A. 明示的指定　　B. 追认

C. 客观必需的代理权　　D. 默示的授权

2. 下列各项中，不属于代理人忠实义务内容的是（　　）。

A. 代理人不得与本人进行竞争性的商业活动

B. 代理人不得从代理行为中谋取任何私利或收受任何贿赂

C. 代理人不得与第三人恶意串通，损害被代理人的利益

D. 代理人应亲自履行代理义务，不得擅自转托他人

3. 信用担保代理人对(　　)承担由他所介绍的(　　)适当履行合同的责任。

A. 第三人　本人　　B. 本人　第三人

C. 本人　被代理人　　D. 被代理人　本人

4. 保付代理人是代表国外的(　　)(买方)向本国的(　　)(卖方)订货，并在国外买方的订单上加上保付代理人自己的保证，由他担保国外的买方将履行合同的代理人。

A. 第三人　本人　　B. 本人　被代理人

C. 本人　第三人　　D. 被代理人　本人

5. 英美法上代表不公开本人身份的代理类似于大陆法上的(　　)。

A. 直接代理　　B. 间接代理　　C. 法定代理　　D. 意定代理

6. 以下对第三人承担特别责任的代理人不包括(　　)。

A. 保付代理人　　B. 保兑银行　　C. 保险经纪人　　D. 信用担保代理人

7. 甲为某保险公司合法保险代理人，则其在保险公司授权范围内的行为应由(　　)承担责任。

A. 代理人甲　　B. 保险公司　　C. 投保人　　D. 甲和保险公司

8. A公司业务员甲常年负责A公司与B公司的业务往来。2020年3月15日，A公司因故解雇甲，但未通知B公司。同年4月22日，甲以A公司名义与B公司签订了一份业务合同，则该合同后果(　　)。

A. 由甲承担　　B. 由A公司承担

C. 由B公司自行承担　　D. 由甲与A公司共同承担

9. 根据大陆法国家的法律规定，在有偿代理中，本人不承担的义务是(　　)。

A. 支付佣金或酬劳

B. 偿还代理人因正常业务支出而产生的费用

C. 偿还代理人为履行代理义务而产生的费用

D. 允许代理人检查核对本人的账册

10. 承运人在遇到紧急情况时，有权采取超出他通常权限的、为保护委托人的财产所采取的行动，这种代理为(　　)。

A. 意定代理　　B. 追认的代理　　C. 客观必需的代理　　D. 法定代理

三、判断题

1. 在大陆法中，根据第三人究竟是同本人还是同代理人订立合同的标准，可将代理分为直接代理与间接代理。(　　)

2. 根据英美法的规定，代理权仅可基于明示授权与默示授权而产生。(　　)

3. 只要转委托代理未经被代理人同意或者追认的，代理人在任何情形下均应对转委托的第三人的行为承担责任。(　　)

4. 国际商事代理关系中的当事人有本人、代理人与第三人。(　　)

5. 所谓隐名代理，是指代理人以自己的名义而不表明被代理人身份而实施的代理行为。（　　）

6. 所谓间接代理，是指代理人以本人名义，为了本人的利益而与第三人订立合同，日后再将其权利义务通过另外一个合同转移于本人的代理。（　　）

7. 表见代理是一种特殊的有权代理。（　　）

8. 代理关系终止时，必须通知第三人，否则对第三人不发生效力。（　　）

9. 无权代理行为被本人追认后，其效力同于有权代理。（　　）

10. 承担特别责任的代理人有保付代理人、证券经纪人和运输代理人。（　　）

四、简答题

1. 代理人有哪些主要义务？
2. 代理有何法律特征？
3. 保付代理与信用担保代理存在哪些区别？
4. 代理权的来源包括哪些？
5. 代理终止可产生何种法律效果？

五、案例分析题

1998 年底，蓬莱外贸与环球株式会社口头达成买卖单冻无卵扇贝柱的协议。1998 年 12 月 25 日，环球株式会社开出以蓬莱外贸为受益人的不可撤销信用证。蓬莱外贸接到信用证后，分别于 1999 年 1 月 29 日、1999 年 2 月 5 日发出信用证项下的货物，但该批货物后经专业机构鉴定并不符合信用证所规定的质量要求，难以出售。

1999 年 1 月 10 日，龙口外运与利盛公司签订一份出口代理合同，利盛公司委托龙口外运出口扇贝柱。龙口外运副经理孙世强在协议中签字。1999 年 1 月 22 日，蓬莱外贸与龙口外运签订一份代理出口协议，龙口外运委托蓬莱外贸代理出口扇贝柱。龙口外运的孙世强一直参与蓬莱外贸的供货过程，其向环球株式会社介绍身份所出示名片的职务为“蓬莱外贸公司经理”。孙世强提交给环球株式会社的单据如发票、装箱单、原产地证明、重量证明书、受益人保证书、保函、HACCP 生产记录等，均有蓬莱外贸法定代表人刘某的签字。1999 年 4 月 7 日，环球株式会社与孙世强就该批扇贝柱所产生的质量问题达成初步处理协议，该协议的落款人为蓬莱外贸孙世强与日方代表。1999 年 7 月 7 日，环球株式会社派员到蓬莱外贸处索赔未果，遂向山东省烟台市中级人民法院提起诉讼，要求蓬莱外贸承担货物不符要求的相关损失，并得到一审法院支持。但蓬莱外贸对此不服，向山东省高级人民法院提起上诉称，本案孙世强既非蓬莱外贸的工作人员，也未取得蓬莱外贸的书面授权，事后亦未得到蓬莱外贸追认，孙世强没有权利代表蓬莱外贸与环球株式会社签订任何协议，否则即构成越权代理；并且，1999 年 4 月 7 日的处理协议上也未加盖蓬莱外贸单位公章。孙世强在未征得蓬莱外贸同意的前提下冒充蓬莱外贸经理与环球株式会社于 1999 年 4 月 7 日签订质量索赔协议，该代理行为对蓬莱外贸自始至终不产生法律效力。

问题：

(1)本案中，孙世强的行为性质是什么？

(2)孙世强是否有权代表蓬莱外贸与环球株式会社签订质量处理协议？

(3)孙世强系列行为的法律后果应由谁承担？

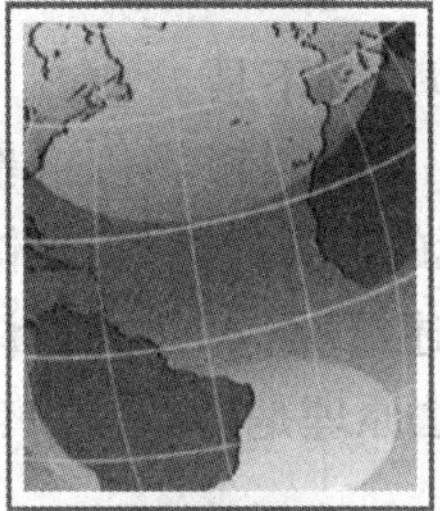

第三章 商事合同法

一、填空题

1. 根据我国合同法，合同是调整________之间设立、变更、终止________的协议。

2. 当事人订立合同可采取________、________和其他形式。

3. 根据法律是否规定一定名称和相应规范，可将合同分为________合同和________合同两种。

4. 根据法律或当事人是否对合同形式设置特殊要求，可将合同分为________合同和________合同两种。

5. 根据合同成立是否需要实际交付标的物，可将合同分为________合同与________合同。

6. 撤回要约的通知应当在要约________或________到达受要约人时方产生撤回效力。

7. 拍卖公告、招标公告、招股说明书、债券募集办法、基金招募说明书、商业广告和宣传、寄送的价目表等为要约邀请，但________和________的内容符合要约条件的，构成要约。

8. 当事人就质量、价款或者报酬、履行地点等内容没有约定或者约定不明确的，可以协议补充；不能达成补充协议的，按照________或者________确定。

9. 因不可抗力不能履行合同的，应当________，以减轻可能给对方造成的损失，并应当________。

10. 质权分为________质权与________质权两种。

二、单项选择题

1.（　　）为我国合同法所调整的法律关系。

A. 婚姻关系　　B. 收养关系　　C. 监护关系　　D. 财产关系

2. 采取格式条款订立的合同，若格式条款和非格式条款不一致的，应采用（　　）。

A. 格式条款　　B. 诚信原则　　C. 非格式条款　　D. 法律规定

3. 下列合同中，属于单务合同的是（　　）。

A. 赠与合同　　B. 买卖合同　　C. 租赁合同　　D. 承揽合同

4. 法律规定应当采用书面形式订立的合同，当事人未采用书面形式，但已履行主要义务的，该合同（　　）。

A. 有效成立　　B. 可变更　　C. 无效　　D. 可撤销

5. 具有撤销权的当事人自知道或应知道撤销事由之日起1年内行使撤销权，该1年的性质为(　　)。

A. 诉讼时效　　B. 除斥期间　　C. 履行期间　　D. 以上都不是

6. 甲、乙签订一份分期交货的设备买卖合同后，由于制作设备的主要原材料市场价格暴涨，超过签约时的价格近3倍，如仍按原合同履行，则甲将承受近100万元的损失，故甲提出修改合同，提高供货价格，乙不允，甲遂中止供货。后乙诉至法院。根据上述情况，承办法官认为，本案应将设备价格适当提高，或者解除合同。这一分析所依据的合同法原理是(　　)。

A. 情势变更原则　　B. 诚实信用原则

C. 公平互利原则　　D. 公序良俗原则

7. 甲于2018年4月4日向乙发出要约，要约中规定本要约于2018年4月15日之前有效，要约于4月6日中午12:00到达乙，那么(　　)。

A. 甲可以在2018年4月15日之前撤回要约

B. 乙在2018年4月17日作出的承诺也有效

C. 甲可以在2018年4月6日中午12:00之前撤回要约

D. 甲可以在2018年4月15日之前撤销要约

8. 下列情形中，属于效力待定合同的有(　　)。

A. 10周岁的少年出售劳力士金表给30岁的王某

B. 10周岁的儿童接受馈赠

C. 成年人甲误将本为赝品的油画当成真品购买

D. 出租车司机借抢救重病人急需租车之机将车价提高20倍

9. 甲、乙双方互负债务，没有先后履行顺序，一方在对方履行对待给付之前有权拒绝其履行要求，一方在对方履行债务不符合约定时有权拒绝其相应的履行要求。这在我国合同法理论上称为(　　)。

A. 先履行抗辩权　　B. 先诉抗辩权

C. 同时履行抗辩权　　D. 不安抗辩权

10. 债权人甲下落不明，债务人乙难以履行债务，遂将标的物提存。乙将标的物提存后，该标的物如果发生意外毁损或灭失，则相应损失(　　)。

A. 应由乙承担　　B. 应由甲承担

C. 应由甲与乙共同承担　　D. 应由提存机关承担

三、判断题

1. 违约责任是一种侵权责任。　(　　)

2. 留置权的取得须债权人依法占有债务人的动产。　(　　)

3. 甲将其电脑借给乙使用，乙却将该电脑卖给不知情的丙。乙与丙之间的电脑买卖合同无效。　(　　)

4. 根据我国合同法，债务免除是债权人抛弃债权的单方行为，由债权人表示免除，无须债务人同意即可生效。　(　　)

5. 债务人怠于行使其到期债权，对债权人造成损害的，债权人可以向人民法院请求以自己的名义代位行使债务人的债权。　(　　)

6. 平等原则一直被看作民法中的最高原则和理念，并因此而被誉为“帝王规则”。（　　）

7. 甲向乙借款 10 万元，以一台机器作抵押，并办理了抵押登记。随后，甲又将该机器质押给丙。丙在占有该机器期间，将其交给丁修理，因拖欠修理费而被丁留置。则就该机器受偿的顺序为：乙先于丙，丙先于丁。（　　）

8. 买卖合同一般为双务有偿合同。（　　）

9. 受要约人对要约内容做出了非实质性修改，要约人未及时表示反对的，承诺有效。（　　）

10. 当事人在订立合同时，可以约定合同解除的条件，条件成就时，当事人一方可以依约解除合同。（　　）

四、简答题

1. 简述不安抗辩权的适用条件。
2. 合同变更的效力体现为哪些？
3. 要约的消灭原因主要有哪些？
4. 简述缔约过失责任的主要特点。
5. 简述提存的原因。

五、案例分析题

甲公司与乙公司于 2019 年 7 月 3 日签订一份空调购销合同，约定甲公司从乙公司购进 100 台空调，每台空调单价 2 000 元，货到付款。乙公司于 7 月 18 日通过铁路发出该 100 台空调。甲公司由于发生资金周转困难，于 7 月 19 日传真告知乙公司自己将不能履行合同。乙公司收到传真后，努力寻找新的买家，于 7 月 22 日与丙公司签订了该 100 台空调的购销合同。合同约定：丙公司买下 100 台托运中的空调，每台单价 1 900 元，丙公司于订立合同时向乙公司支付 10 000 元定金，在收到货物后 15 天内付清全部货款；在丙公司付清全部货款前，乙公司保留对空调的所有权；如有违约，违约方应承担合同总价款 20%的违约金。乙公司同时于当日传真通知甲公司解除与甲公司签订的合同。铁路运输公司在运输过程中于 7 月 21 日遇上泥石流，30 台托运中的空调毁损。丙公司于 7 月 26 日收到 70 台完好无损的空调后，又与丁公司签订合同准备将这 70 台空调全部卖与丁公司。同时丙公司以其未能如约收到 100 台空调为由拒绝向乙公司付款。

问题：

(1)乙公司在与甲公司的合同履行期届满前解除合同的理由是什么？

(2)遭遇泥石流而毁损的空调的损失应由谁承担？为什么？

(3)乙公司认为丙公司拒绝付款构成违约，决定不返还其定金，还要求其支付违约金，其主张能否得到支持？为什么？

(4)丙公司与丁公司所签合同的性质如何？为什么？

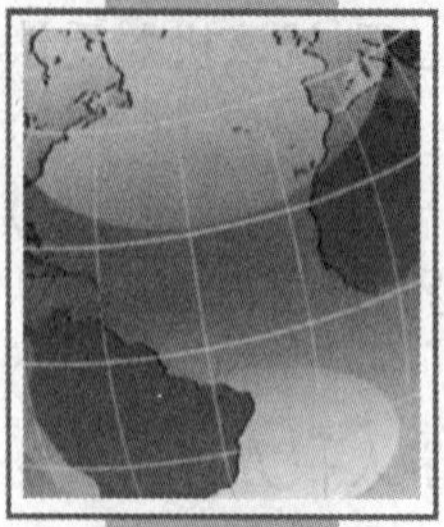

第四章 国际货物买卖法

一、填空题

1. 中国加入《联合国国际货物销售合同公约》时提出了两项重大保留，分别是对________的保留和对________的保留。其中，对________的保留已经撤回。

2. 2020 年《国际贸易术语解释通则》对________种贸易术语作出了解释，并将其分为________和________两组不同的类型。

3.《民法典》规定：卖方多交标的物的，买方可以接收或者拒绝接收多交的部分。买方接收多交部分的，按照________价格支付价款；买方拒绝接收多交部分的，应当________。

4. 根据国际货物买卖合同公约的规定，要约于________时生效。

5. 一项有效的承诺应由________作出。

6. 国际货物买卖中，买方的义务主要为________和________。

7. 根据我国合同法的规定，标的物的所有权自________时起转移。

8. 美国的产品责任归责原则或确认依据大致经历了合同责任、疏忽责任、担保责任和________四个阶段。

9. 国际货物买卖中，卖方的担保义务主要为________和________。

10. 我国合同法规定，标的物毁损、灭失的风险，在标的物交付之前由________承担，交付之后由________承担，法律另有规定或者当事人另有约定的除外。

二、单项选择题

1.《联合国国际货物销售合同公约》在承诺的生效时间上，原则上采用(　　)。

A. 到达生效　B. 了解生效　C. 投邮生效　D. 发出生效

2. 在以下贸易术语中，卖方责任最小的是(　　)。

A. CFR　B. DDP　C. EXW　D. FOB

3. 对 INCOTERMS2010 中 D 组贸易术语正确的表述有(　　)。

A. DAF 边境交货(指定地点)　B. DEQ 目的港码头交货(指定目的港)

C. DES 目的港船上交货(指定目的港)　D. DAP 指定目的地交货

4. 依《联合国国际货物销售合同公约》规定，如果合同没有明示或默示地规定货物的价格或规定确定价格的方法时，应按(　　)确定货物的价格。

A. 交货时的合理价格　　B. 提货时的合理价格
C. 进口国的法律规定　　D. 订立合同时的通常价格

5. 依照《联合国国际货物销售合同公约》对于买方违约时卖方采用的下列补救措施中，表述不正确的是（　　）。

A. 买方不接受货物，卖方将货物售与他人后，对所产生的损失向买方请求损害赔偿
B. 买方在卖方规定的合理的额外时间内履行合同，卖方仍然请求损害赔偿
C. 买方未在卖方规定的合理的额外时间内履行合同，卖方宣告撤销合同
D. 因卖方撤销合同而致合同中的仲裁条款归于无效，卖方向法院提起诉讼

6.《联合国国际货物销售合同公约》中规定的卖方交货与合同规定不符时，买方可采取的救济措施不包括（　　）。

A. 要求加价　　B. 交付替代物　　C. 请求损害赔偿　　D. 要求减价

7.《联合国国际货物销售合同公约》规定，在分批交货合同中，如果一方当事人对其中任何一批货物已构成根本违反合同，且合同项下的各批货物是相互依存、不可分割的，则买方可以（　　）。

A. 宣告合同对该批货物无效
B. 宣告合同对包括该批货物在内的以前各批货物无效
C. 宣告整个合同无效
D. 宣告合同对包括该批货物在内的以后各批货物无效

8. 根据《民法典》规定，货物质量没有约定或约定不明确，首先按（　　）确定。

A. 合同有关条款　　B. 交易习惯　　C. 协议补充　　D. 强制性国家标准

9. 目前各国主流的产品责任归责原则为（　　）。

A. 合同责任　　B. 疏忽责任　　C. 担保责任　　D. 严格责任

10.《联合国国际货物销售合同公约》中规定的买卖双方均可采取的救济措施不包括（　　）。

A. 实际履行　　B. 交付替代物　　C. 请求损害赔偿　　D. 解除合同

三、判断题

1.《联合国国际货物销售合同公约》内容广泛，对合同的内容、效力等问题作出了详尽规定。（　　）

2.《联合国国际货物销售合同公约》不仅适用于货物贸易，还可适用于服务贸易和技术贸易。（　　）

3. 在合同成立之前，发价可予撤销。（　　）

4. 在买卖关系的确立过程中，逾期的接受确定无效。（　　）

5. 在分批交货合同中，如果一方当事人不履行对其中任何一批货物的义务，便已对该批货物构成根本违反合同，则对方可以宣告合同对该批货物无效，但不能撤销整个合同。（　　）

6.《联合国国际货物销售合同公约》对货物风险的转移作出了详尽规定，因此，当事人一般不得自行约定货物风险的转移。（　　）

7. 如卖方所交货物的数量大于合同规定的数量，买方可以收取全部货物，也可以拒绝收取多交部分的货物，但不能拒收全部货物。如买方收取多交部分的货物，必须按合同规定的价格付款。（　　）

8. 中国的产品质量法中所规定的受害人提起诉讼的时效期间为1年,自其已知或应知其权利受到损害时起算。 ( )

9. 根据各国法律规定,实际履行、回复原状、解除合同等方式都可以作为违约的补救方式。 ( )

10. 对于货物所有权的转移,英美法系国家所奉行的一般原则是:非特定物的买卖在货物特定化之前,所有权不发生转移。 ( )

四、简答题

1. 简述《联合国国际货物销售合同公约》在适用范围上的限制。
2. 根据欧洲的产品责任法,被告有关其无罪责的抗辩事由包括哪些?
3. 简述中国加入《联合国国际货物销售合同公约》时所作保留的具体内容及其变动情况。
4. 简述《联合国国际货物销售合同公约》中卖方权利担保义务的主要内容。
5. 简述《联合国国际货物销售合同公约》针对出售在途货物风险转移的规定。

五、案例分析题

中国甲公司与加拿大乙公司订立了一份国际货物买卖合同。合同约定:甲公司出售一批土特产给乙公司。履行方式为:甲公司于2008年6月30日之前将该批货物交铁路发运至宁波,由宁波船运至温哥华,乙公司支付相应对价。但嗣后甲公司并未依约发货。2008年7月5日,乙公司通知甲公司,该批货物最迟应在8月底之前发运。同年8月13日,甲公司依约将货物交铁路运至宁波,但货物在自宁波至温哥华的运输途中因海难损失60%。由于双方对货物灭失的风险约定不明,遂发生争执。乙公司认为,甲公司违约在先,应承担损害赔偿责任;合同因甲公司未按时履行义务已终止,故货物损失的风险理应由甲公司承担。

根据《联合国国际货物销售合同公约》,请回答如下问题:

(1)乙公司是否有权要求甲公司承担损害赔偿责任?为什么?

(2)乙公司认为合同因甲公司违约已经终止的观点是否正确?为什么?

(3)本案中,货物损失的风险应由谁承担?为什么?

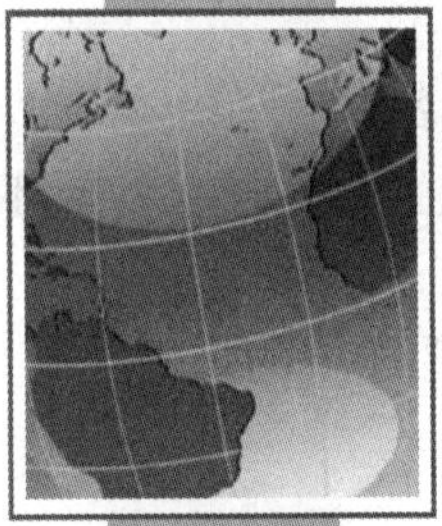

第五章 国际货物运输法

一、填空题

1. 根据运输方式的不同，海上货物运输主要分为________和________两类。

2. 海上货物运输中应用最为广泛的单证为________。

3. 按照提单签发时货物是否已装船，可将提单分为________和________。

4. 按照提单签发时是否作不良批注，可将提单分为________和________。

5. 租船运输往往经由双方当事人签订合同而达成。租船合同可分为________合同、________合同与________合同。

6. 海上货物运输合同是指________收取运费，负责将________托运的货物经海路由一个港口运至另一个港口的合同。

7. 提单上的签发日期应为货物________日期。

8. 目前调整海上货物运输的公约主要为________、________和《汉堡规则》。

9. 根据我国《海商法》，对于承运人的责任期间，集装箱装运的货物适用________原则，非集装箱装运的货物适用________原则。

10. 关于承运人的免责，我国《海商法》总体上吸收了________的规定，也部分接受了________的内容。

二、单项选择题

1. 专事调整提单法律关系的国际公约是(　　)。

A.《维斯比规则》　　B.《约克·安特卫普规则》

C.《华沙公约》　　D.《海牙议定书》

2. 以下国际货运公约中，加重了承运人责任，比较公正地划分了船货双方的权利义务关系的是(　　)。

A.《汉堡规则》　　B.《维斯比规则》

C.《海牙规则》　　D.《联合国国际货物多式联运公约》

3.《海牙规则》规定的承运人对货物的责任不包括对(　　)的责任。

A. 舱面物　　B. 活动物　　C. 集装箱货物　　D. 危险物

4. 海上货物运输的承运人和实际承运人不一致时，两者通常对托运人承担(　　)赔偿责任。

A. 连带　　B. 个别　　C. 各别　　D. 共同

5. 记名提单不能(　　)转让。

A. 流通　　B. 交付　　C. 背书　　D. 签名

6. 根据我国《海商法》的规定，承运人对责任期间内货物因(　　)而发生的灭失或者损坏承担赔偿责任。

A. 船长、船员、引航员或者承运人的其他受雇人在驾驶船舶或者管理船舶中的过失

B. 承运人本人的过失所造成的火灾

C. 罢工、停工或者劳动受到限制

D. 货物的自然特性或者固有缺陷

7. 以下可视作物权凭证的单据为(　　)。

A. 铁路运单　　B. 海运提单

C. 航空货运单　　D. 不可转让的多式联运单据

8. 在定期租船中，通常由承租人承担的费用是(　　)。

A. 船用物料　　B. 船员薪水　　C. 港口费　　D. 船舶保险费

9. 国际商事活动中一般不被接受的提单为(　　)。

A. 转船提单　　B. 不清洁提单　　C. 已装船提单　　D. 指示提单

10. 承运人所承担的义务不包括(　　)。

A. 在船舶开航以前和开航之时使船舶适航

B. 适当谨慎地装载、搬运、保管和照料所运货物

C. 任何情况下均不得绕航

D. 按约定或习惯航线将货物运往目的港

三、判断题

1.《海牙规则》决定承运人的责任采用的原则是推定过失责任原则。(　　)

2. 转船提单与联运提单均允许货物在运输途中转运，均可适用于多种运输方式。(　　)

3.《维斯比规则》是对《海牙规则》进行修改的成果文件，它强调了承运人及其受雇人员的责任限制，提高了承运人对货物损害赔偿的限额。(　　)

4. 联运人自接收货物时起至交付货物时止，对货物的灭失、损坏、迟延交付等负责，而不得以全程或某一阶段委托给其他承运人为由推卸责任。(　　)

5. 指示提单又称空白提单，是指提单正面的“收货人”一栏没有填写具体的收货人，一般只注明“持有人”或“交与持有人”字样的提单。(　　)

6. 航次租船合同、定期租船合同中承租人向船舶出租人交付的费用一般称为运费，光船租船中承租人所交付的费用则一般称为租金。(　　)

7. 所谓国际货物多式联运，是指多式联运经营人按照多式联运合同，安排两种运输方式将货物从一国指定地点运到另一国指定地点的运输。(　　)

8. 加注后的备运提单一般被视为已装船提单。(　　)

9. 根据《海牙规则》，如果货物是使用岸上的装卸设备装卸，则责任期间为从货物在装货港越过船舷时起到在卸货港越过船舷时止；如果货物是使用船上的吊钩装卸，则责任期间为从货物装上吊钩时起到离开吊钩时止。简称为“舷到舷”或“钩到钩”。(　　)

10.《汉堡规则》对承运人责任的规定为强制性规则，不允许当事人通过合同加以免除。（　）

四、简答题

1. 试述提单及其作用。
2. 何为“倒签提单”？其法律性质如何？
3. 如何理解“预借提单”？
4. 简述《维斯比规则》对《海牙规则》的主要修订内容。
5. 简述提单的种类。

五、案例分析题

2006年4月与7月，中国某进出口公司委托承运人将两批土特产分别运往英国。双方约定采用《海牙规则》处理有关争端。第一批货物抵达目的港后，在卸货过程中，有一箱货物虽已安全卸至码头，却被其后卸下的货物砸坏。另外还有十箱货物被海水浸湿。第二批货物装船后，承运人向委托人签发了已装船清洁提单，但委托人向银行议付时，银行却将全套正本提单退还给委托人，导致委托人货、款两失。委托人遂要求承运人对前述三项损失承担相应的赔偿责任，则承运人的如下抗辩能否成立：

(1)对于在卸货过程中被砸坏的货物，承运人认为，在《海牙规则》下，承运人的责任期间为“钩到钩”，该箱货物已脱钩，其毁损灭失的风险便与承运人无关。

(2)对于湿损货物，承运人辩称，该轮在出航之前曾作例行检查，并抽样钻探船身铁板厚度，由于习惯做法只需抽样钻探，而船身有一处实际已被腐蚀达80%，但检查员未能察觉，仍授予适航证书。后在航行途中该处铁板开裂，海水涌入并致货物湿损。承运人已尽其责任，使船舶在起航前与航行时适航，因而可以免责。

(3)对于第二批货物，承运人辩称，其已将货物交给记名提单上的记名收货人，并无过错。

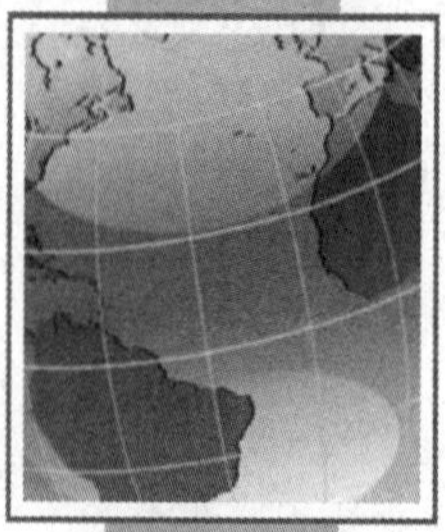

第六章 国际货物运输保险法

一、填空题

1. 根据运输方式的不同，国际货物运输保险主要分为________、________和________。

2. 保险合同所涉主体除包括保险合同关系的当事人以外，还包括合同________与________。

3. 国际货物运输保险合同的当事人为________与________。

4. 保险合同关系人是指虽非保险合同当事人，但受合同保护或享有保险利益的人，包括________与________。

5. 保险合同辅助人是指对保险合同的订立和履行具有一定辅助作用的人，通常包括________、________与________。

6. 国际货物运输保险合同的订立也须经过________与________两个阶段。

7. 国际海上货物运输保险承保的范围包括________、________与________。

8. 海上风险主要包括海上发生的________、________以及________。

9. 海上损失按照货物损失程度，可分为________和________。

10. 根据现行中国人民保险公司海洋运输货物保险条款，我国海上货物运输的保险险别可依能否单独投保，划分为________和________两类。

二、单项选择题

1. 保险经纪人是(　　)的代理人，而非(　　)的代理人。

A. 投保人　保险人　　　　B. 保险人　投保人

C. 保险人　被保险人　　　D. 被保险人　保险人

2. 保险代位追偿权多限于(　　)保险范围，一般不得用于(　　)保险。

A. 人身　财产　　　　B. 财产　人身

C. 责任　信用　　　　D. 信用　责任

3. 以下不属于一般外来风险的为(　　)。

A. 短量　　B. 渗漏　　C. 包装破损　　D. 罢工

4. 以下不属于国际货物运输保险合同特点的是(　　)。

A. 双务合同　　B. 射幸合同　　C. 最大诚信合同　　D. 要式合同

5. 保险代理人的佣金由（　　）支付，保险经纪人的佣金由（　　）支付。

A. 保险人　投保人　　B. 保险人　保险人

C. 投保人　保险人　　D. 投保人　被保险人

6. 保险合同自（　　）时起成立。

A. 保险人在投保单上签字承诺　　B. 保险人出具暂保单

C. 保险人签发保险凭证　　D. 保险人签发正式保单

7. 以下不属于推定全损的是（　　）。

A. 保险标的在海上遭遇危险，虽然没有完全灭失，但估计完全灭失已不可避免

B. 保险标的受损后，修理和续运至目的地的费用将超过货物到达目的地的完好价值

C. 保险标的遭遇海上危险，已丧失商业价值或失去原有用途

D. 保险标的遭遇危险后，被保险人丧失了对保险标的的所有权，欲收回这一所有权的费用将可能超过货物本身的价值

8. 以下各险别的风险涵盖范围排序，正确的是（　　）。

A. 水渍险＞平安险＞一切险　　B. 平安险＞一切险＞水渍险

C. 一切险＞平安险＞水渍险　　D. 一切险＞水渍险＞平安险

9. 除战争险外，保险人的责任期间一般为（　　）。

A. 仓到仓　　B. 装到卸　　C. 钩到钩　　D. 接到交

10. 作为一种合同，国际货物运输保险合同的签订所必须遵循的特殊原则不包括（　　）。

A. 可保利益原则　　B. 最大诚信原则

C. 近因原则　　D. 平等原则

三、判断题

1. 保险单据与被保险货物具有较大关联性，因而一般不得转让。（　　）

2. 投保人违反如实告知义务或违反保证条件，投保人或被保险人故意制造保险事故的，保险人有权解除合同。（　　）

3. 目前国际范围内尚无关于国际货物多式联运保险的国际公约或统一规则，也未形成某一国家相对权威的国内制度，各国对于国际货物多式联运保险大多根据各个不同运输方式，按照各个承保区段分别计算的方法进行处理。（　　）

4. 国际货物运输保险是指投保人根据合同约定，向保险人支付保险费，保险人对于合同约定的可能发生的事故因其发生所造成的财产损失承担赔偿保险金责任的行为。（　　）

5. 可保利益是保险法律关系的基本要素，这种利益无须以货币计价或衡量。（　　）

6. 甲为自己投保人寿险，因其长相年轻，因此将年龄少报了15岁，保险人签署了投保单。嗣后，即便保险人发现甲隐瞒真实年龄也不得解除合同，因为合同已有效成立。（　　）

7. 保险人的赔偿额不得高于保险金，并且还不得高于被保险人对保险标的的所享有的保险利益，这是补偿原则的体现。（　　）

8. 在代位追偿的情况下，无论保险人向第三者追偿所得款额为多少，均归于保险人。（　　）

9. 国际货物运输保险中的受益人一般是指保险合同中由投保人所指定的享有保险金请求权的人。（　　）

10. 保险公证人的酬金一般由保险人支付。（　　）

四、简答题

1. 简述共同海损的概念及成立要件。
2. 何为实际全损？它包括哪些形态？
3. 简述外来风险。
4. 中国人民保险公司海洋运输货物保险条款中所规定的保险人的除外责任包括哪些？
5. 简述陆上运输冷藏货物险的责任范围与除外责任。

五、案例分析题

"天赐"号货轮在从中国香港至日本的航行途中遇特大风险，不幸触礁，船身被撞穿一个大洞，随即海水大量涌入，不仅使货物遭到严重水渍，而且船舶由于大量进水，随时有沉船的危险。为了船、货的共同安全，船长急令轮船驶向附近的浅滩，同时命令将部分货物抛到海里。船舶在浅滩搁浅后，被一过路货轮发现，拖到附近港口检修。经检查与核对，在这次事故中，该船遭受了如下损失：(1)因触礁，船舶被撞了一个大洞。(2)因船舶进水，有 50 包大米被抛到海里；另有 50 包大米只有水渍损失，经晒干后，可作为次米出售。(3)因搁浅而造成的损失。

问题：

上述损失中，属于共同海损的有哪些？属于单独海损的有哪些？依据是什么？

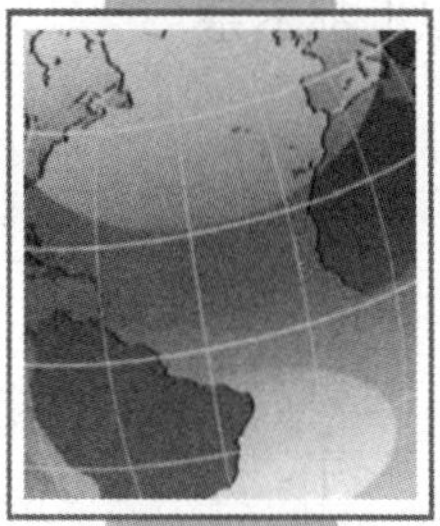

第七章 国际结算法

一、填空题

1. 在国际商事实践中，________、________和________已经成为最常见的支付工具。

2. 汇付是基于________信用所进行的国际结算方式。

3. 票据瑕疵主要包括票据的________、________和________。

4. 票据权利属于债权，主要包括________和________。

5. 票据行为的内容完全以票据上的文字记载为准，即使文字记载与实际情形不一致也仍以文字记载为准，不允许当事人以票据外的证据加以变更或补充，这说明票据具有________特点。

6. 票据关系中的当事人可包括两类：其一为________，其二为________。

7. 按出票人的不同，可将汇票具体分为________和________。

8. 信用证交易须遵循两大原则，即________与________。

9. 付款行凭信用证所规定的随附单据付款的信用证称为________。

10. 卖方仅开出汇票而不附有任何商业单据的托收称为________。

二、单项选择题

1. 根据我国《票据法》的规定，以下(　　)均属票据。

A. 物权票据、资金票据及其他一切债权凭证

B. 合同、仓单、汇票

C. 发票、汇票、提单

D. 汇票、本票、支票

2. 票据的必要项目必须齐全，且符合法定要求，票据行为也应符合法定形式，这称为票据的(　　)。

A. 无因性　　B. 要式性　　C. 抽象性　　D. 流通性

3. 某公司签发的汇票上注明“AT 60 DAYS AFTER SIGHT”，则这是(　　)。

A. 远期汇票　　B. 跟单汇票　　C. 即期汇票　　D. 光票

4. 一般而言，票据的持票人在获得付款后应当在票据上签收，并(　　)。

A. 将票据交给付款人　　B. 收妥票据

C. 当面废除该票据　　D. A或C

5. 本票的基本当事人有(　　)。

A. 一个　　B. 两个　　C. 三个　　D. 以上都不是

6. 国际商会的以下出版物中,适用于托收的是(　　)。

A. UCP600　　B. ISP98

C. URC522　　D. INCOTERMS2000

7. 支票的出票人和付款人的关系是(　　)。

A. 债务人和债权人　　B. 债权人和债务人

C. 供应商和客户　　D. 存款人和银行

8. 在结算方式中,按出口商承担风险从小到大的顺序排列,应为(　　)。

A. 付款交单托收、跟单信用证、承兑交单托收

B. 跟单信用证、承兑交单托收、付款交单托收

C. 跟单信用证、付款交单托收、承兑交单托收

D. 承兑交单托收、付款交单托收、跟单信用证

9. 信用证业务中,(　　)不对受益人承担付款责任。

A. 开证行　　B. 通知行　　C. 保兑行　　D. 付款行

10. 保理服务的内容不包括(　　)。

A. 企业资信调查　　B. 账目管理

C. 信用风险保障　　D. 货币兑换

三、判断题

1. 从资金流向和支付工具传递的方向来看,汇付属于顺汇法,因其资金流向与支付工具及付款人汇交收款人的方向相同。(　　)

2. 承兑交单只适用于远期汇票的托收。(　　)

3. 跟单信用证中使用的是商业汇票,因此,信用证结算方式是一种商业信用。(　　)

4. 依照国际结算惯例,在信用证流转过程中,特定银行只能担当一项职责,不能兼顾。(　　)

5. 所谓严格相符原则,是指必须做到“单单相符,单证相符”,银行才付款。(　　)

6. 根据UCP600,对于信用证金额、数量以及单价中的“约”或“大约”,应解释为允许有关金额或数量或单价有不超过5%的增减幅度。(　　)

7. 付款交单(D/A),是指卖方交单以买方付款为条件,即委托行必须在买方付清货款后方能将装运单据交给买方。(　　)

8. 国际贸易中常见的结算方式主要包括汇付、托收、信用证和保付代理四种。(　　)

9. 收款人从出票人处取得票据的方式为继受取得。(　　)

10. 票据中,正式保证的保证人一般承担连带责任,略式保证的保证人则须与被保证人承担相同的责任。(　　)

四、简答题

1. 简述票据及其种类。

2. 简述票据权利。

3. 信用证结算有何特征？
4. 简述信用证的当事人及其主要职责。
5. 简述信用证独立原则。

五、案例分析题

2007 年 8 月，中国甲公司与美国乙公司签订了一份大豆出口合同，合同约定货物品质为二级，不可撤销信用证支付，分三批装运。

第一批交货时甲因二级大豆缺货，便改装成一级货，发票上亦注明货品为一级，货款仍按二级价格计收。甲至银行议付时，银行认为发票对货品的描述与信用证的要求不一致，因此拒绝收单付款。

至第二批交货时，二级大豆仍然缺货，甲遂将货品改为一级，但仍按二级价格计收货款，并在发票上注明货品为二级，以符合信用证的要求。但乙因该批货物有特殊用途，不同意甲的做法，故以甲所交货物与合同不符为由，要求议付行拒绝收单付款。

第三批发货前，乙对信用证作出修改，要求对第三批货物分批装运，同时将甲的发货时间与信用证有效期分别延展两个月，分别为 2008 年 4 月 15 日与 2008 年 4 月 30 日。议付行及时通知了甲，但甲未置可否。至 2008 年 4 月 15 日，甲一次性履行了第三批全部交货义务。

问题：

(1)第一种情况下，银行的做法是否合理？为什么？

(2)第二种情况下，乙的要求能否得到银行支持？为什么？

(3)第三种情况下，甲能否顺利议付？为什么？

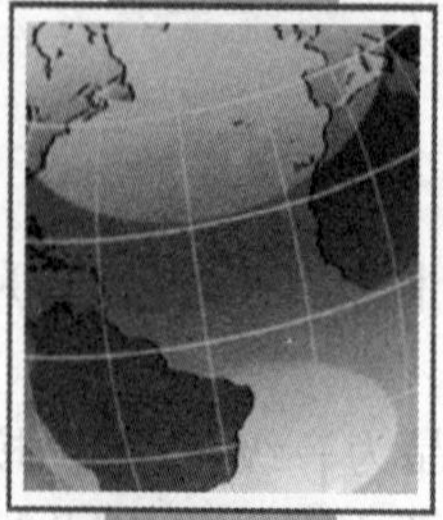

第八章 国际商事仲裁

一、填空题

1. 根据中国国际经济贸易仲裁委员会仲裁规则，仲裁庭一般由________名或________名仲裁员组成。

2. 国际商事仲裁一般以________为基础。

3. 迄今为止，参加国最多、影响最为广泛的有关承认和执行外国仲裁裁决的公约为________。

4. 国际商事仲裁上的商事包括________和________商事关系。

5. 外国仲裁裁决申请人可直接向我国被执行人住所地或其财产所在地的________申请执行。

6. 国际性的商事仲裁机构分为________仲裁机构和________仲裁机构两种。

7. 国际商事仲裁的国际性主要体现为双方具有不同国籍，或其________分处不同国家或地区，或________、法律关系具有涉外因素。

8. 中国国际经济贸易仲裁委员会属于民间性的常设仲裁机构，总部设于北京，在天津、重庆、________、________均设有分会。

9. 仲裁审理通常是________，双方当事人均不得向法院起诉，也不得向其他机构提出变更仲裁裁决的请求。

10. 仲裁协议包括________订立的仲裁条款和以其他书面方式在纠纷发生前或者纠纷发生后达成的请求仲裁的协议。

二、单项选择题

1.《纽约公约》的全称为（　　）。

A.《联合国国际贸易法委员会仲裁规则》

B.《联合国承认和执行外国仲裁裁决的公约》

C.《国际商会调解与仲裁规则》

D.《联合国国际贸易法委员会调解规则》

2. 仲裁制度虽发端于（　　），但（　　）却是仲裁法的诞生地。

A. 英国　荷兰　　　　B. 瑞典　英国

C. 法国　意大利　　D. 意大利　瑞典

3. 20 世纪以来，在处理东西方贸易争议方面较为理想的仲裁机构为(　　)。

A. 瑞典斯德哥尔摩商会仲裁院　　B. 伦敦国际仲裁院

C. 美国仲裁协会　　D. 国际商会仲裁院

4. 由联合国大会通过的《国际商事仲裁示范法》具有(　　)性质。

A. 国际惯例　　B. 条约　　C. 示范法　　D. 公约

5. 根据中国国际经济贸易仲裁委员会仲裁规则的规定，申请人和被申请人应当各自在收到仲裁通知之日起(　　)内选定 1 名仲裁员或者委托仲裁委员会主任指定仲裁员。

A. 15 天　　B. 20 天　　C. 30 天　　D. 60 天

6. 根据联合国国际贸易法委员会仲裁规则规定，首席仲裁员的国籍应(　　)。

A. 与申请仲裁一方的国籍相同　　B. 与被申请仲裁一方的国籍相同

C. 与申请仲裁双方的国籍都不同　　D. 与当事人的国籍无关

7. 瑞典斯德哥尔摩商会仲裁院(　　)仲裁员名册。

A. 设有固定　　B. 设有临时　　C. 随时确定　　D. 没有固定

8. 根据中国国际经济贸易仲裁委员会仲裁规则，仲裁庭应自组庭之日起(　　)内作出裁决书。

A. 3 个月　　B. 6 个月　　C. 1 年内　　D. 以上都不是

9. 如果仲裁协议的一方当事人违背仲裁协议的约定而就协议规定范围内的争议事项向法院提起诉讼，则法院(　　)该争议。

A. 应受理　　B. 可受理

C. 不应受理　　D. 视具体情形而定

10. 对《纽约公约》的适用范围，表述不正确的是(　　)。

A. 可适用于法人之间的争议　　B. 可适用于临时仲裁庭所作裁决

C. 不得适用于非契约性商事关系　　D. 可适用于常设仲裁庭所作裁决

三、判断题

1. 本着为当事人保密的原则，仲裁一般均采取不开庭的方式审理，即不公开审理。(　　)

2. 目前，国际上唯一的国际商事仲裁公约为《国际商事仲裁示范法》。(　　)

3. 国际商会仲裁院系国际商会附设的国际商事仲裁机构，总部设于纽约。(　　)

4. 事前订立的仲裁条款和事后提交的仲裁协议具有同等法律效力。(　　)

5.《联合国国际贸易法委员会仲裁规则》适用范围广泛，对各国均具有法律拘束力。(　　)

6. 瑞典斯德哥尔摩商会仲裁院对仲裁员的国籍未加任何限制，双方当事人可以指定任何国家的公民担任仲裁员。(　　)

7. 根据伦敦国际仲裁院仲裁规则，倘若仲裁由 3 名仲裁员组成而未能就任何事项达成一致意见，则由仲裁庭主席作出决定。(　　)

8. 作为合同中的一个条款，仲裁条款的效力将随着合同整体的无效而无效。(　　)

9. 仲裁庭不能进行缺席审理和作出缺席裁决。(　　)

10. 仲裁庭的组成中最为常见的是独任仲裁庭和由三位仲裁员组成的仲裁庭。(　　)

四、简答题

1. 简述国际商事仲裁协议的法律效力。
2. 与诉讼相比，仲裁具有哪些特征？
3. 简述仲裁协议的形式。
4. 若外国仲裁裁决要求我国法院承认与执行，则应具备哪些条件？
5. 简述我国仲裁法中所规定的仲裁协议无效的情形。

五、案例分析题

美国A公司与中国B公司签订了1 000吨特级东北大米买卖合同，同时约定合同的纠纷解决方式为提交中国国际经济贸易仲裁委员会仲裁。嗣后，A公司通过银行向B公司开具了信用证，履行了合同有关义务，并与英国C公司签订了特级东北大米转售合同，合同同时约定，合同纠纷的解决方式为“双方友好协商解决或以仲裁院仲裁为准”。

随后，B公司如期向A公司交付了1 000吨东北大米。但A公司收货后却发现，仅有少量大米的质量等级符合要求，大部分大米均为次米，与特级大米的市价存在天壤之别。A公司一怒之下向当地法院提起诉讼，要求确认合同无效，并要求B公司赔偿A公司一切损失。B公司以仲裁条款提出诉讼管辖权异议。A公司则称，由于欺诈，原合同无效，因此其中的仲裁条款亦当无效。

C公司因A公司未能如期交付合同标的物而向英国伦敦国际仲裁院提起仲裁申请。A公司对此亦提出管辖权异议，认为英国伦敦国际仲裁院对该纠纷不具有管辖权。

问题：

(1)在A公司与B公司的合同纠纷中，A公司有关仲裁条款因合同无效而无效的说法是否正确？为什么？

(2)在A公司与C公司的合同纠纷中，A公司提出管辖权异议有无依据？为什么？

(3)一个有效的仲裁条款或仲裁协议一般应包括哪些内容？

国际商法综合自测题 1

一、填空题

1. 当今世界上具有代表性的法律体系分为________法系和________法系。

2. LLP 在中国大陆合伙企业法上称为________普通合伙。

3. 传统公司法上的资本三原则是指________、________和资本不变原则。

4. 中国大陆强制适用累积投票制的公司类型为________。

5. 代理人对委托人所负的基本义务是________与________。

6. 在所有违约救济方式中,________是最具普遍适用性的一种方式。

7. 连带责任保证人与一般保证人在责任承担方面的最大不同在于其并无________权。

8. 提单是一种________凭证。

9. 票据通常分为________、本票与________。

10. 中国大陆最重要的国际商事仲裁机构是________仲裁委员会。

二、单项选择题

1. 联邦法与州法并列的二元结构是(　　)法律构架的基本特点。

A. 英国　　B. 美国　　C. 法国　　D. 德国

2. 英美代理法上的隐名代理,类似于欧陆代理法上的(　　)代理。

A. 间接　　B. 直接　　C. 委任　　D. 意定

3. 在双务合同中,有先为给付义务的当事人因他方当事人的财产显著减少或经营状况恶化而有难为对待给付之虞时,在他方未为对待给付或提供担保前所享有的拒绝自己给付的权利,称为(　　)。

A. 先履行抗辩权　　B. 同时履行抗辩权

C. 履行瑕疵抗辩权　　D. 不安抗辩权

4. 在 CIF 术语中,货物的风险从卖方转移给买方的时间是(　　)。

A. 卖方将货物交给指定承运人时　　B. 卖方将货物交给买方支配时

C. 货物在装运港口被装上船时　　D. 货物确定在合同项下时

5. 民法中的责任竞合主要表现为(　　)责任与(　　)责任的竞合。

A. 违约　侵权　　B. 法定　约定

C. 法律　经济　　D. 违约　法定

6. 对买受人较为有利的信用证结算方式是开具(　　)。

A. 即期信用证　　B. 远期信用证

C. 不可撤销信用证　　D. 可撤销信用证

7. 国际货物出卖人的权利担保义务是指担保其出售的货物(　　)。

A. 不侵害第三人的知识产权　　B. 不侵害第三人的权利

C. 不含任何质量瑕疵　　D. 合格

8. 国际货物多式联运的联运人责任属于(　　)。

A. 推定过错责任　　B. 过错责任

C. 无过错责任　　D. 综合责任

9. 英美法上的非上市公司可以统称为(　　)。

A. 有限公司　　B. 股份公司　　C. 封闭式公司　　D. 开放式公司

10. 国际商事仲裁机构受理仲裁申请的依据为(　　)。

A. 仲裁规则　　B. 当事人间仲裁协议

C. 仲裁法律　　D. 国际公约

三、判断题

1. 仲裁机构通常是半官方机构。(　　)
2. 中国对外贸易结算最常用的方式是托收。(　　)
3. 相对于国内结算,国际结算的最主要风险是汇率风险。(　　)
4. 被保险财产一旦产生毁损,承保人就有义务理赔。(　　)
5. 租船运输出租人通常可为任何目的并以任何顺序自由地挂靠任何港口。(　　)
6. 严格责任是世界各国产品责任法的通例。(　　)
7. 股份公司发行的所有股份都是均等的。(　　)
8. 国际商事合同无须采取书面形式签订。(　　)
9. 董事和经理都是公司的高级管理人员。(　　)
10. 国际商法的发展轨迹是先有国内法,后有国际法。(　　)

四、简答题

1. 两大法系的主要差别有哪些?
2. 简述大陆法系公司章程的分类。
3. 简述合同法的基本原则。
4. 租船合同通常有哪些种类?
5. 简述信用证交易原则。

五、案例分析题

美国罗利公司由约翰一人投资设立并全权负责管理,公司章程载明股本金 10 000 美元,实际出资 2 000 美元。2008 年,公司因参与衍生金融产品交易,亏损 20 万美元,在全球金融危机冲击下宣告破产,公司总资产仅剩 3 000 美元,无力偿付包括其他债务在内的全部债务 25 万美元。

问题：

(1)罗利公司对外清偿责任有数额限制吗?

(2)约翰应当承担什么责任?

(3)如果根据中国公司法,应当如何处理?

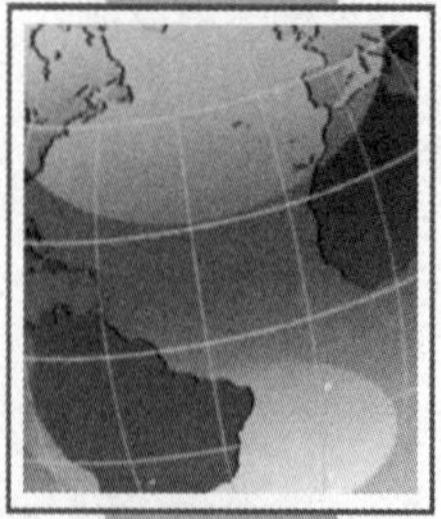

国际商法综合自测题 2

一、填空题

1. 本票票据关系的基本当事人是指________和________。

2. 禁令是________法上的一种特殊救济方法。

3. 合同消灭的事由可包括________、________、________和抵销、免除几种方式。

4. 我国法律中所规定的无民事行为能力人包括________和________。

5. 在英国的法院组织中，高等法院分为________和________。

6. 国际性的商事仲裁机构分为________仲裁机构和________仲裁机构两种。

7. 大陆法中，根据第三人究竟是同本人还是同代理人订立合同，把代理分为________与________。

8. 我国合同法规定，标的物毁损、灭失的风险，在标的物交付之前由________承担，交付之后由________承担，法律另有规定或者当事人另有约定的除外。

9. INCOTERMS2010 中，卖方责任最小的价格术语为________。

10. 目前调整海上货物运输的公约主要为________、________和《汉堡规则》。

二、单项选择题

1. 股份公司通常发行的基本股份是（　　）。

A. 特别股　　B. 记名股　　C. 普通股　　D. 优先股

2. 要约撤回通知的作出时间应是（　　）。

A. 在要约发出之后，到达受要约人之前

B. 在要约到达受要约人之后

C. 在要约已到达受要约人，受要约人尚未作出承诺之前

D. 在要约送达受要约人，受要约人作出承诺之后

3. 票据上的权利义务只能根据票据上所载的文字意义来确定其效力，这一特性说明票据是（　　）证券。

A. 要式　　B. 无因　　C. 有价　　D. 文义

4. 在 FCA 术语中，货物的风险从卖方转移给买方的时间是（　　）。

A. 卖方将货物交给指定承运人时　　B. 卖方将货物交给买方支配时

C. 货物装到运输工具上时　　D. 货物确定在合同项下时

5. 英美法的结构特点之一是把全部法律分为(　　)。

A. 普通法与衡平法　　B. 实体法与程序法

C. 公法与私法　　D. 国内法与国际法

6. 以下国际货运公约中,加重了承运人责任,比较公正地划分了船货双方的权利义务关系的是(　　)。

A.《汉堡规则》　　B.《维斯比规则》

C.《海牙规则》　　D.《联合国国际货物多式联运公约》

7. 下列各项学说中,不属于美国产品责任法的法学理论依据的是(　　)。

A. 疏忽说　　B. 违反担保说

C. 违反条件说　　D. 严格责任说

8. A 公司业务员甲常年负责 A 公司与 B 公司的业务往来。2008 年 3 月 15 日,A 公司因故解雇甲,但未通知 B 公司。同年 4 月 22 日,甲以 A 公司名义与 B 公司签订了一份业务合同,则该合同后果(　　)。

A. 由甲承担　　B. 由 A 公司承担

C. 由 B 公司自行承担　　D. 由甲与 A 公司共同承担

9. 各国合伙法通常规定,一个合伙人退出合伙以后,对其作为合伙人期间的合伙所负的债务(　　)。

A. 不承担清偿责任

B. 承担清偿责任

C. 视不同情况确定是否承担清偿责任

D. 须征得本人同意才承担清偿责任

10. 美国各州公司法一般均允许股东按应选董事的人数,将全部票数集中投于他所同意的董事名下,这在公司法原理上被称为(　　)。

A. 简单多数决原则　　B. 双重多数决原则

C. 累积投票制　　D. 单纯多数决原则

三、判断题

1. 本着为当事人保密的原则,仲裁一般采取不开庭的方式审理,即不公开审理。(　　)

2. 实践合同是指除当事人双方达成合意之外,以交付合同标的物这一特定行为作为成立要件的合同,因而是不要式合同的对称。(　　)

3. 无处分权的合同为无效合同。(　　)

4. 代理人应勤勉谨慎地履行代理职责,且一般情况下不得将本人授予的代理权转托他人。(　　)

5. 各国的产品责任法中对人身伤害的损害赔偿范围一般包括合理的医疗费用与因身体残废所产生的有关费用,而不包括对精神上的痛苦和苦恼的赔偿。(　　)

6. 英美法上的合同对价可以是待履行的对价、已履行的对价和过去的对价。(　　)

7. 公司债与股份的持有人地位不同,其所承担的风险责任也大相径庭。(　　)

8. 违约金是指为了保证合同的履行,当事人双方事先在合同中约定当一方违约时,应向对方支付的金钱。(　　)

9.《汉堡规则》对承运人责任的规定为强制性规则，不允许当事人通过合同加以免除。（ ）

10. 甲向乙借款10万元，以一台机器作抵押，并办理了抵押登记。随后，甲又将该机器质押给丙。丙在占有该机器期间，将其交给丁修理，因拖欠修理费而被丁留置。则就该机器受偿的顺序为：乙先于丙，丙先于丁。（ ）

四、简答题

1. 简述不安抗辩权的适用情形。
2. 简述汇票持票人行使追索权所必须具备的条件。
3. 简述有效要约所应具备的条件。
4. 试述公司与合伙企业的主要区别。
5. 何谓共同海损？

五、案例分析题

我国货船“幸运”号在驶往目的地科隆港的途中，为避免与某一违章行驶的外轮发生碰撞而偏离航线，从而触礁并引起火灾。“幸运”号在起航前以自己的名义投保了一切险。

请根据我国有关法律规定，回答以下问题：

(1)“幸运”号在上述情况下是否具有灭火义务？为什么？

(2)“幸运”号从保险公司获得赔偿后能否对已从保险公司获得的赔偿部分再向违章外轮请求赔偿？为什么？

(3)保险公司从何时开始方可向外轮追偿？追偿的法律依据是什么？